일본군 위안부 문제

법적 쟁점의 정리와 최근 동향의 분석

이석태 김재영 김진 이상희 이재정 정혜선 최중영

차 례

책을 펴내며

2000년 12월 일본 도쿄에서 열린 「2000년 일본군 성노예 전범 여성 국제법정」(이하 2000년법정)은 민간법정이어서 현실적인 이행 강제력을 갖지 못하는 한계에도 불구하고 일본군 위안부 문제에서 중요한 전환점이 되는 커다란 성과를 가져다 주었다. 무엇보다도 일본군 위안부 피해자들과 관련있는 나라들의 전문가와 시민단체들이 공동으로 국제실행위원회를 만들고 공동 기소단을 구성하여 2000년법정에 참여하였으며, 2차 대전 중 일본제국주의 군대 하에서 성노예 생활을 강요당했던 생존 피해자들이 스스로 겪은 고통스런 인권 침해 사실을 증언했다. 일본군 위안부 피해자들에 대한 인권 유린은 그 잔혹성과 규모 면에서 20세기 최대의 추악한 범죄였으며 역사상 유례를 찾기 어려운 반인도적 범죄였다.

전 · 현직 법관을 비롯한 저명한 국제법 전문가들로 구성된 재판부는 일본군 위안부 피해자들의 증언과 사실 조사 및 그동안에 반복되어 온 일본정부의 여러 주장들에 대한 심리를 마치고 최종적으로 2001년 12월 네덜란드 헤이그에서 판결을 내렸다. 그 판결에 따라 일본 '천황'을 비롯한 당시 일본군 내각 책임자와 군 수뇌들은 유죄 선고를 받았고, 일본정부는 일본군 위안부 피해자들에 대한 명예회복과 공식 사과 및 배상책임 등을 권고받았다. 한마디로 2000년법정은 1990년대 이래 지속되어 온 유엔 인권기구와 ILO 및 국제인권 NGO들을 비롯한 국내외 시민단체들의 논의와 활동성과를 집대성한 것이었다. 그 판결에 의하여 일본의 국제법적 책임은 재론의 여지없이 분명하게 규명되었고, 이후 국제여론은 인권 존중과 평화국가 이념을 표명해 온 경제대국 일본에 의한 2000년법정 판결 상의 제반 의무 이행을 기다리게 되었던 것이다.

그러나 유감스럽게도 일본정부는 이같은 국제사회의 기대 및 생존해 있는 일본군 위안부 피해자들의 간절한 염원을 충족시키지 못했다. 2000년법정 이후에도 일본정부는 여전히 조약과 협정 등에 의해 일본군 위안부 피해자들에 대한 배상문제는 모두 해결되었다는 종래의 주장을 되풀이했고, 거기에 피해자들이 일본군 위안소로 옮겨 가는 과정에 일본 당국이 강제연행 등의 물리력을 쓴 바 없다는, 이른바 '협의의 강제'는 없었다는 상투적인 변명을 추가했다.

반면 2000년법정에서 명명백백하게 일본군 위안부 문제의 진실이 드러나고 일본정부의 법적 책임이 분명했기 때문에 2000년법정 이후 유엔 인권기구 등은 새롭게 논의를 진전시켜야 할 현실적인 필요성이 크지 않아 대체로 종래의 권고사항을 반복하는 수준 이상으로 나아가지 못했다. 또 일본군 위안부 문제 해결을 위해 물심양면으로 활동해 온 국내외 여러 시민단체들도 2000년법정 판결이 구속력이 없음을 안타깝게 여기며 일본정부의 책임이행을 보다 효과적으로 추궁할 방안은 달리 더 없는가 고민한 것으로 보인다.

그러던 차에 일본군 위안부 문제에서 돌파구가 될 국제적으로 믿기 힘든 현상이 전개되었다. 미국 연방 하원이 전혀 예기치 않게 2007년 7월 30일 일본군 위안부 관련 결의를 하였던 것이다. 누구나 알다시피 미국은 2차 대전이 끝나고 냉전에 대한 대응책의 하나로 일본의 이익을 우선시하는 정책을 취해 왔다. 미국의 그런 정책의 영향으로 일본을 상대로 한 전후 처리과정에서 한국은 배제되었으며, 이후 한국정부의 무지와 무관심 속에서 일본군 위안부 피해자들은 명예회복과 배상 등을 받을 기회를 놓쳤던 것이다. 그러나 유엔의 세계인권선언을 새삼 거론할 필요도 없이 일본군 위안부 피해자들이 겪은 끔찍한 인권침해야말로 개별 국가 차원을 넘어 세계시민이 관심을 가져야 할 심대한 인권문제다. 일본의 최우방국인 미국이 일본군 위안부 문제에서 일본군 위안부의 인권침해 사실을 인정하고 그에 대한 일본정부의 공식 사과 등을 촉구하는 결의를 한 것은 세계여론을 이끄는 미국의 국제적 위상에 비추어 일본군 위안부 문제의 탈국경적 성격을 다시 한 번 확인한 것이었다. 2007년 7월 30일의 그 기념비적인 순간에 미국 연방 하원 의사당에 있었을 일본군 위안부 피해자 할머니들과 그 결의를 얻기 위해 뛰어다닌 미국에 거주하는 한국인들 및 일본군 위안부 관련 시민단체 대표자나 활동가들이 받았을 흥분과 감격은 능히 짐작할 만하다. 그것은 불의한 일본의 로비를 꺾은 정의의 승리였다.

미국 의회의 결의는 주권 존중의 원칙상 다른 나라 일에는 관여하지 않는다고 하는 국제사회의 통례를 넘어서는 것이었다. 그것은 일본군 위안부 문제에서 피해자 할머니들이 세상을 떠나기만 기다려 온 듯한 일본정부의 불순한 의도와 부도덕한 기대를 여지없이 깨뜨렸다. 이어서 미국 연방 하원의 결의로 점화된 국제사회의 이성이 뜨겁게 분출하기 시작했다. 미국의 결의에 이어 네덜란드 및 캐나다 의회가 결의를 하였고, 유럽 국가를 대표하는 유럽 의회가 순차로 결의를 했다. 그리고 일본군 위안부 피해자들이 생존해 있는 필리핀, 대만 의회가 결의를 한 데 이어 한국 국회도 결의를 했다.

현재 이어지고 있는 각국의 결의가 어디까지 갈지는 누구도 모른다. 그러나 각국의 결의를 바탕으로 한 세계여론이 마침내 일본의 소극적 태도를 변화시킬 때까지 지속적으로 움직여 갈 것이라는 점은 전망키 어렵지 않다. 일본군 위안부 문제에서 이러한 예상하지 못한 발전은 물론 환영할 만한 것이지만, 동시에 일본군 위안부 문제의 해결을 위해 노력해 온 모든 이에게 그 놀라운 변화의 흐름을 보다 지속적이고 효과적인 방향으로 이끌어 가야 할 책무를 아울러 부과하고 있다.

이런 상황에서 평소 인권문제에 관심을 가져 온 이 책의 필자들은 법률실무가로서 이러한 새로운 동향의 배경을 이해하고 그 진전에 도움을 주기 위한 방안의 하나로 우선 과거의 법적 쟁점을 정리하여 대중에 드러내 보이는 것이 필요하다는 데 의견의 일치를 보았다. 그래서 2007년 11월부터 2008년 8월까지 대략 월 1회의 간격으로 1990년대 이래 제기되어 온, 유엔 인권기구를 비롯한 여러 부문에서 축적된 일본군 위안부 관련 성과들과 최근의 변화된 동향을 법률적인 시각에서 정리하고 분석하는 세미나를 가졌다. 이후 세미나에서 공유된 인식을 토대로 각자 한 부분씩을 맡아 집필을 시작했다.

구체적으로 제1장 '일본군 위안부 문제의 선결 쟁점들'은 최중영 공익법무관, 제2장 '일본에서의 일본군 위안부 소송'은 김재영 변호사, 제3장 '일본군 위안부 문제와 유엔 인권기구 – 국제 NGO 활동을 포함하여'는 이상희 변호사, 제4장 'ILO와 일본군 위안부(성노예) 문제'와 제7장 '일본군 위안부 문제에 대한 헌법소원'은 김진 변호사, 제5장 '2000년 일본군 성노예 전범 여성 국제법정'은 이재정 변호사, 제6장 '미국에서의 일본군 위안부 소송'은 정혜선 변호사, 제8장 '일본군 위안부 문제 관련 각국 의회의 결의를 비롯한 국제사회의 최근 동향'은 본인이 담당해 썼으며 전체적으로 용어의 통일이 이루어지도록 윤문했다.

다만 이 책의 집필 이전에 필자 대부분이 일본군 위안부 문제와 관련한 활동에서 다소 떨어져 있었고, 이미 일본군 위안부 문제에서의 주된 법적 쟁점은 여러 전문가들이 되풀이하여 각 영역에서 심층적으로 다루어 왔던 까닭에 그 이상으로 깊이 있게 분석하기는 어려웠다. 필자들은 분석의 심화 이전에 전술한 바의 새로운 국제사회의 동향에 부응하기 위해서 먼저 그동안 일본군 위안부 문제와 관련해서 이루어진 다양한 부문별 법적 쟁점을 한 권의 책으로 일

목요연하게 정리하는 것이 필요하다고 보았다. 이렇게 최소한의 정리가 이루어지면 일본군 위안부 문제 해결을 위해 애쓰는 시민사회단체들의 전열 정비와 전진에 다소나마 도움이 되지 않을까 하는 것이 필자들의 생각이다. 그래서 종래의 논의에서 더 나아간 새로운 연구성과를 기대하는 독자들은 실망할 수도 있겠으나, 본문 말미에 기록된 참고문헌을 찾아 읽어보시기 바란다.

이처럼 특별할 게 없는 이 책을 엮으면서 필자들의 능력 부족으로 많은 분들의 도움을 받았다. 이성순 한국정신대연구소 소장은 일본군 위안부 자료 정리의 필요성을 강조해 책 집필에 중요한 동기를 부여해 주었고, 세미나에 필요한 여러 자료를 제공해 주어 우선 감사를 표하고 싶다. 아울러 여순주 한국정신대연구소 부소장도 일본군 위안부 관련 여러 자료를 제공해 주었는데, 특히 일본에서의 일본군 위안부 소송과 관련하여 한국인 원고들 소송의 번역문을 포함한 다수의 소송 자료를 기꺼이 보내 주어 집필에 큰 도움이 되었다.

정진성 서울대 사회학과 교수는 일찍이 일본군 위안부 문제의 일선에서 운동해 온 전문가로서 이 책의 집필 초기 과정에서 중요한 조언을 해 주어 도움을 받았으며, 자신의 저서 『일본군 성노예제 - 일본군 위안부 문제의 실상과 그 해결을 위한 운동』 여러 권을 필자들의 세미나 자료로 제공해 주는 호의를 베풀어 감사를 드리지 않을 수 없다. 조시현 건국대 법학과 교수는 미공간 2000년법정 논문을 포함하여 그가 집필한 여러 깊이 있는 국제법 논문을 자료로 제공해 주어 일본군 위안부 문제의 국제법적 쟁점 정리과정에서 마주칠 애로를 피할 수 있게 도움을 주었으며, 아울러 (이성순 한국정신대연구소 소장과 함께) ILO와 일본군 위안부(성노예) 문제 부분의 세미나에 참여하여 중요한 논평을 해준 데 대해 감사한다. ILO와 일본군 위안부(성노예) 문제 부분은 이창근 민주노총 국제국장과 이인덕 한국노총 국제부장으로부터도 전문적 조언과 실제 활동 내용을 청취하는 도움을 받아 감사를 표하고 싶다.

김창록 경북대 법학과 교수로부터도 많은 도움을 받았는데, 무엇보다도 일본군 위안부 문제의 선구 연구자로서 그가 집필한 여러 논문으로부터 큰 빚을 졌다. 이 책 내용 중 그가 이미 연구하여 쓴 부분과 관련해서는 이 책을 일별한 후 가능한 한 참고문헌에 소개되어 있는 그의 저서나 논문을 일독하여 미진한 부분을 메우도록 권하고 싶다. 덧붙여 김교수가 정리하여 보관하고 있는 적지 않은 양의 미국에서의 일본군 위안부 소송 자료 파일을 필자들에게 보내 주지 않았더라면 그 부분의 집필은 쉽지 않았을 것이다. 그리고 미국에서의 일본군 위안부 소송의 이론적인 부분은 최태현 한양대 법학과 교수의 미공간 관련 논문에 의존한 바가 적지 않다. 최교수의 후의에 진심으로 감사드린다.

미국 연방 하원에서의 결의부터 최근의 유럽 의회 결의에 이르기까지 일본군 위안부 피해자 할머니들의 청문회 증언과 이른바 '스피킹 투어'를 비롯한 시민단체들의 역동적인 활동은 윤미향 한국정신대문제대책협의회 상임대표가 빠지지 않고 보내 주는 「주간소식」에서 그때그때 주요한 정보를 얻을 수 있었다. 이 자리를 빌어 이 책을 쓰면서 정대협이 쌓아 온 많은 자료들로부터도 큰 도움을 받았다는 사의와 함께 윤대표에게 감사의 말씀을 드린다. 아울러 미국에 거주하는 정연진 '바른 역사를 위한 정의연대' 대표와 재미언론인 한우성 씨에게도 고마운 말씀을 전하고 싶다. 두 분의 도움으로 미국에서의 일본군 위안부 소송과 미국 연방 하원의 일본군 위안부 관련 결의과정에서의 세부적인 내용을 이해할 수 있었다.

이 책에서 다룬 일본군 위안부 문제 헌법소원은 최봉태 변호사의 주도로 제기되어 현재 헌법재판소에 계류중이다. 그는 필자들처럼 법률 실무가이면서도 일본군 위안부 문제 초기부터 적극적으로 관여해 적지 않은 기여를 해 왔으며, 위 서술 부분을 읽고 필요한 논평을 해 주었다. 또 양현아 서울대 법학과 교수로부터는 2000년법정 당시의 남북 공동기소장 부록을 비롯한 긴요한 자료를 제공받았으며, 아울러 일본군 위안부 피해자 할머니들이 지금도 받고 있는 육체적, 정신적 고통으로부터 일본군 위안부 문제가 갖고 있는 범죄의 '현재성'에 관해 중요한 시사점을 받았다.

마지막으로 어려운 사정에도 불구하고 이 책의 출판을 흔쾌히 맡아 준 민족문제연구소에 심심한 감사의 말씀을 드리며, 이 책의 편집을 도와준 법무법인 덕수의 권효정 씨에게도 고마운 말씀을 전한다.

2009년 3월
필자들을 대신하여
이 석 태

제1장
일본군 위안부 문제의 선결쟁점들

I. 들어가며

일본이 1932년경부터 시작하여 2차 대전이 끝날 때까지의 기간 동안 일본군이 주둔하고 있던 곳을 중심으로 일본군을 위한 위안소를 설치하고, 한반도를 비롯하여 중국, 대만 등 점령지의 10대 혹은 20대 초반의 수많은[1] 여성들을 강제로 동원하여 또는 속임수로 납치하다시피 하여 일본군의 성노예로 이용한 사건, 즉 소위 일본군 위안부 문제가 국내외에 알려지고 사회적으로 이슈가 된 것은 그리 오래된 일이 아니다. 1945년 일본이 연합국에 항복을 선언하여 2차 대전이 끝난 뒤에도 성적 노예나 다름없었던 일본군 위안부가 존재했었다는 사실은 꽤 오랜 기간 동안 은폐되어 왔다.

1990년대에 이르러서야 2차 대전 당시 일본군에 의해 일본군 위안소가 조직적으로 설치되었고 단순한 군대매춘부가 아닌, 강제로 동원되어 일본군을 위해 성적 위안을 강요당한 일본군 위안부들이 존재했음을 뒷받침하는 여러 자료들이[2,3] 세상에 하나둘씩 알려지기 시작하였다. 이런 상황에서도 일본정부는 전쟁 중 일본군에 의하여 성적 위안을 강요당한 일본군 위안부의 존재 자체를 부정하거나 일본군의 관여나 개입을 시인하지 않았고, 일본군 위안부들

1 2007년 11월 30일 한국근대사학회와 동북아역사재단이 공동으로 주최한 '일제 식민 지배의 폭력성과 일본군 위안부'를 주제로 한 국제학술회의에서 일본 주오(中央)대 요시미 요시아키(吉見義明) 교수는 "일본군 위안부로 추정되는 인원수는 일정기간 감금・강간당한 경우를 제외하면 최저 5만 명 전후"라며 "일정기간 감금되고 강간당한 이들을 포함하면 8만~20만 명 정도 된다"고 밝힌 바 있다. 동 교수는 또한 1940년 대본영 육군부 연구반의 자료를 근거로 "새롭게 성병에 걸린 일본군 병사의 '상대녀' 비율이 거의 '위안부' 비율을 반영하고 있다고 본다면 조선인은 51.8%, 중국인 36.0%, 일본인 12.2%로 조선인과 중국인 비율이 압도적"이라고 밝혔다. 문화일보, 2007. 12. 4.자

2 이들 중 일본군의 관여를 뒷받침하는 대표적인 기록문헌으로 일본 주오대학교 요시미 요시아키 교수가 일본 방위청 방위연구소 도서관에서 발견하여 1992년 1월 11일 일본 아사히신문에 공표한 문서인 「군위안소 종업부 등 모집에 관한 건」(1938년 3월 4일 일본 육군성 병무국 병무과 기안)을 들 수 있다. 이 문서에는 "중국 사변 현지의 위안소를 설치하기 위해 일본 본토에서 그에 관한 종업원을 모집함에 있어서 종업원을 모집하는데 타당성을 결여하여 사회문제로까지 되고 있으므로 앞으로 이들을 모집할 때는 파견군 쪽에서 통제하고 이를 담당할 인물 선정을 주도면밀하게 하며 이것을 실시할 때는 관계 지방의 헌병 및 경찰 당국과 긴밀하게 연계하여 군의 위신 유지 면뿐만 아니라 나아가 사회문제 면에서 밖으로 새어나가는 일이 없도록 배려하기 바라면서 이 통지를 보낸다"라는 내용이 포함되어 있다.

3 1944년 미군 정보당국이 미얀마의 위안소 운영자와 위안부들을 신문한 내용을 담은 보고서가 미국정부의 공식문서를 통해 확인되기도 하였는바, 동 보고서는 첫머리부터 경성(서울)의 일본군 사령부가 위안소 사업을 제안하고 업체를 선정했다는 내용을 담고 있음은 물론 전군을 상대로 업자들에게 편의를 제공하라는 확인증을 써주고 위안부 이동과정에는 무료 도항증을 발급하였다는 내용까지 포함되어 있다. 국민일보, 2008. 8. 13.자

을 일본군이 주둔하고 있던 곳에서 일본군을 상대로 몸을 팔아 돈을 번 군대 매춘부로 몰아갔다. 그러던 중 1991년 8월 작고한 김학순 할머니가 일본군 위안부로서의 삶을 세상에 고백했고, 이것이 계기가 되어 국내에 생존하고 있던 다수의 피해자들의 증언이 뒤따라 일본군 위안부 문제가 국내외에서 이슈가 되기 시작하였다. 그 후 1993년 8월 일본의 관방장관 고노 요헤이(河野洋平)에 의하여 일본군 위안부의 존재와 일본군의 직간접적인 관여 및 강제동원 등의 사실이 시인되었고[4] 이를 계기로 일본군 위안부 피해자들의 일본정부에 대한 사죄 및 배상 요구가 이어지게 되었다. 그러나 일본정부는 그때부터 책임 부정을 반복할 뿐 공식적인 사죄나 배상책임을 인정하지 않고 2008년 현재에 이르고 있는 실정이다.

직접 경험하지 못한 후세들에게 익숙한 이른바 '근로정신대' 또는 '종군위안부'라는 말은 우리 민족이 겪은 수많은 아픈 역사들 중의 한 장면을 떠올리게 하거나, 또는 태평양전쟁 당시 일제강점 하 한국 여성들이 겪은, 안타까운 인권유린의 실상을 떠올리게 하는 '오래된 과거의 문제'로 인식되고 있을지도 모른다. 그러나 일본군 위안부 문제는 그 피해자 할머니들 일부가 생존해 있는 여전히 현재 진행형의 문제로서, 역사적 사실이나 과거에 입은 피해를 밝히는 차원에서 나아가 가해국 일본에 대한 법률상의 책임을 규명하는 문제로 인식되어야 할 것이다. 일본군 위안부에 대한 행위, 즉 전시 일본군의 성적 노예로 삼기 위해 여성들을 동원하는 과정에서부터 일본군 위안소를 설치하고 운영한 일련의 행위들은 마땅히 인간의 존엄성에 대한 범죄(offense to human dignity)였음이 분명함에도 불구하고, 이에 대한 일본의 공식적인 책임인정과

4 당시 고노 요헤이 관방장관은 "장기적이고도 광범위한 지역에 걸쳐 위안소가 설치되었으며 많은 위안부가 존재했었다는 것이 확인되었다. 위안소는 당시 군당국의 요청에 의해 설치 운영되었으며 위안소의 설치, 관리 및 위안부의 이송에 대해서는 구 일본군이 직접 또는 간접적으로 이에 관여했다. 위안부 모집에 대해서는 군의 요청을 받은 업자가 주로 담당하였으나 그 경우도 감언, 강압 등 본인들의 의사에 반하여 모집된 사례가 많으며 더욱이 관헌 등이 직접 이에 가담한 적도 있었던 사실이 밝혀졌다. 또한 위안소에서의 생활은 강제적인 상황 하에서 더욱 참혹했다. 또한 전지로 이송된 위안부의 출신지에 대해서는 일본을 제외하면 한반도가 큰 비중을 차지하고 있었는데 당시의 한반도는 일본국의 통치하에 있었기 때문에 모집, 이송, 관리 등도 감언, 강압 등에 의해, 총체적으로 본인들의 의사에 반하여 이루어졌다."고 발표하였다.

사죄 그리고 배상은 반세기가 훨씬 지난 현재까지도 이루어지지 못하고 있기 때문이다.

II. 일본군 위안부의 호칭 문제

1. 용어 사용의 중요성

일본군 위안부 논의와 관련하여 여러 용어가 사용되어 혼란[5]을 주는 경향이 있다. 일제강점기에 일본군에 동원되어 일본군의 성노예로 이용된 피해자들을 지칭하는 용어에는 일정한 가치 판단이 내포되므로, 일본군 위안부 문제를 논의함에 있어 어떤 용어를 사용하는가는 특히 중요한 의미를 갖는다.

2. '정신대' 용어 사용의 부적절성

일본군 위안부를 가리키는 용어와 관련하여 가장 대표적인 것은 '여자정신대' 또는 '여자근로정신대'라는 지칭이다. '정신대'는 일제시대 주로 군수공장에서의 노동을 위해 동원된 여성들로서 1944년 8월 22일 일왕 서명의 칙령(제519호)으로 공포된 여자정신근로령에 의해 공식화되었다.[6] 한편 일제는 1937년 이후 국가총동원체제로 들어가면서 이미 한국인 여성들에 대한 노동력 동원을 시작하였고, 그 과정에서 여러 명목을 붙인 정신대라는 용어가 사용된 것 또한 사실이다. 이와 관련하여 생존한 일본군 위안부 피해자들 중 "정신대

5 일본군 위안부가 그 용어에 있어서 혼란을 빚고 있는 것에 대하여, 일본군 위안부 제도가 비밀리에 시행되어 공식적으로 거론되지 않았을 뿐만 아니라 추업부, 종업부, 작부 등의 용어로 당시 일본군 관련 문서에 산발적으로 사용되었기 때문임을 지적하는 견해로는 정진성, 『일본군 성노예제 - 일본군 위안부 문제의 실상과 그 해결을 위한 운동』, 서울대학교 출판부, 2004, 4쪽

6 여자정신근로령 제1조는 "근로상시요원으로서 여자(학도근로령의 적용을 받는 자를 제외)의 대조직(이하 여자정신대라 칭한다)에 의한 근로협력에 관한 명령으로 국가총동원법 제5조의 규정에 기초하여 해당 명령에 의한 근로협력을 하는 자 및 여자정신대에 의한 종업을 하는 자의 고용, 사용, 취직, 종업 또는 급여, 기타의 종업조건에 관한 명령으로 동법 제6조에 기초하는 것에 관해서는 본령이 정하는 것에 따른다."라고 규정하고 있었다.

로 끌려갔다가 일본군 위안부가 되었다"고 증언하는 경우도 있는데, 이를 고려하면 일본군 위안부 동원의 명목으로 '정신대'라는 명칭이 이용되었을 가능성도 크다.

하지만 '정신대'라는 용어에는 자발적으로 근로를 제공한다는 뜻이 포함되어 있어 강제동원된 위안부 피해자에게는 맞지 않는다. 또한 '정신대'는 일제가 무상으로 노동력을 동원하기 위하여 만든 제도였을 뿐만 아니라 유형별로 다수의 정신대가 존재했던 까닭에, 일본군에게 성적 위안을 제공하도록 강요당한 피해자들을 특정하는 용어로는 그 범위가 너무 광범위하다는 점에서, 일본군 위안부를 지칭하는 용어로는 부적절하다고 생각된다.[7]

3. '종군위안부' 용어 사용의 문제점

정신대와 같은 다소 추상적이고 광범위한 표현 이외에 일본군 위안부를 가리키는 용어로는 '종군위안부'를 들 수 있다. 종군위안부라는 용어는 1980년대 말부터 일본에서 사용하기 시작한 것으로 국내에서도 일본군 위안부를 지칭하는 말로 쓰이는 경우가 있다. 그러나 이러한 '종군위안부'라는 용어 사용에 대해서는 여러 비판이 제기되고 있다.

그 첫번째 비판은 '종군'(從軍)이라는 말 속에는 종군기자, 종군간호사 등과 같이 자발적인 의사로 군대를 따라간다는 의미가 내포되어 있으므로, 일본군에 의해 강제로 동원되어 성적 노예와 같은 삶을 살아야 했던 일본군 위안부를 표현하기에는 적절하지 않다는 것이다. 실제 일본군 위안부 피해자들을 종군위안부로 칭하는 것 자체가 피해자들에 대한 심각한 명예훼손이 될 수 있는 것도 위와 같은 '종군'의 함의에 기인한다. 두번째는 '위안부'라는 용어 사용

7 반대로 '정신대의 설치는 일본의 칙령에 의한 것으로 일본이 이를 부정할 수 없으나 일본군 위안부는 일본측에서 국가의 행위가 아니라는 주장이 가능하다'는 이유로 정신대라는 용어를 사용하는 입장으로는 김명기, 「정신대에 대한 비인도적 행위와 전쟁범죄」, 한국정신대문제대책협의회 2000년 일본군성노예전범 여성국제법정 법률위원회 엮음, 『일본군 위안부 문제에 대한 법적 해결의 전망』, 풀빛, 2001, 75쪽

이다. 일본군 위안부 문제에 있어서는 명백한 가해자와 명백한 피해자가 존재함에도 불구하고, '위안부'라는 용어만으로는 가해자의 성적 학대행위 또는 성폭력이 가려질 뿐만 아니라 피해자들의 성적 피해 사실 또한 제대로 반영하지 못하는 문제가 있다는 것이다. 일본군 위안부의 문제를 논의함에 있어서 '강제성'과 '성적 학대행위 또는 성폭력'은 그 전제가 된다는 점에서 타당한 지적이라고 생각된다.

4. 국제사회에서의 용례 : 'comfort women' 또는 'military sexual slave'

한편 국제사회에서는 일본군 위안부를 지칭하는 용어로, 초기에는 'comfort women'(위안부)라는 용어가 사용되다가 현재는 'military sexual slave'(군대성노예)라는 표현이 사용되고 있다. 1993년 한국정신대문제대책협의회와 일본 시민단체가 유엔에 일본군 위안부 문제를 제기했을 때의 용어는 'comfort women'이었고, 그 직후인 1994년 국제법률가협회(International Commission of Jurists, ICJ)가 남북한과 일본, 필리핀을 조사하여 발표한 일본군 위안부 문제에 관한 보고서에도 'comfort women'이라는 용어가 사용되었다. 그 후 일본군 위안부 문제가 국제사회에서 '전시하 조직적 강간, 성적 노예제 및 유사 노예제'의 범주로 논의되면서 일본군 위안부 문제는 'military sexual slavery'(군대성노예제)로 지칭되기도 하였다. 특히 라디카 쿠마라스와미(Radhika Coomaraswamy) 특별보고관은, 1996년 유엔 경제사회위원회 인권위원회에 제출한 '전쟁 중 군대성노예제 문제에 관한 조선민주주의인민공화국, 대한민국 및 일본 조사 보고서'에서, "위안부라는 용어는 피해자들이 전시에 강제매춘과 성폭력을 겪으면서 감내해야 했던 고통, 즉 연일 거듭되는 강간과 심각한 육체적 학대와 같은 고통의 내용을 전혀 반영하지 못한다는 의견에 전적으로 공감한다. 따라서 특별보고관은 군대성노예라는 용어가 훨씬 정확하고 적절한 용어라고 확신한다."라고 밝힌 바 있다.[8]

8 Radhika Coomaraswamy, Report on the Democratic People's Republic of Korea, the Republic

위와 같은 국제사회에서의 일본군 위안부에 대한 용례에 따라 국내에서도 일본군 위안부를 지칭하는 용어로 군위안부 대신에 당시 군위안부의 노예나 다름없던 상황을 잘 표현하는 '성노예'라는 용어를 사용하는 것이 옳다는 주장이 있다.[9] 일본군 위안부를 '성노예' 또는 '일본군 성노예'라는 용어로 표현하자는 논의는 용어 사용의 혼란을 정리하자는 차원을 넘어, 그렇게 부름으로써 호칭 자체로 일본군 위안부의 실상을 알리는 하나의 운동으로 확산시키자는 중요한 의미가 담겨 있는 것으로 볼 수 있다.[10] 그러나 다른 한편 국내적으로 일본군 위안부를 지칭하는 용어로 여전히 정신대, 종군위안부, 위안부 등의 용어들이 혼재되어 사용되고 있는 사정을 고려한다면, 일제하 일본군으로부터 성적 학대를 강요받은 피해자들을 지칭하는 말로 성노예 또는 일본군 성노예라는 용어를 사용하는 것은 자칫 일본군 위안부 이외에 또 다른 형태의 여성인권에 대한 반인도적 가해행위가 존재했던 것은 아닌가 하는 오해를 낳을 소지가 있다.

5. '일본군 위안부' 호칭

이상에서 동원의 강제성과 가해 주체의 표시 및 실제 위안소와 위안부라는 호칭이 사용된 용례를 고려할 때, 일제하 전시 강제동원체제에서 일본군에 의해 성적 노예 상태에 처했던 피해자들을 '일본군 위안부'로 통칭하는 것이 적절하다고 생각된다. 다만 '위안부'라는 문언 자체로는 당시 피해자들이 받은 성적 학대 등을 제대로 담아내고 있지 못하는 한계가 있으므로, 필요에 따라서는 '일본군 성노예'라는 호칭을 쓰는 것이 상황설명에 보다 나은 경우가 있을 것이다.[11] 참고로 국내의 일본군 위안부 관련 법률에서는 '일본군 위안부

of Korea and Japan on the Issue of Military Sexual Slavery in Wartime, Report of the Special Rapporteur on Violence against Women, its Causes and Consequences, in accordance with Commission on Human Rights resolution 1994/45(E/CN.4/1996/53/Add.1), para. 10

9 강만길, 「일본군 위안부의 개념과 호칭 문제」, 『일본군 위안부 문제의 진상』, 역사비평사 1997, 11쪽

10 정진성, 앞의 책, 5쪽

11 위안부라는 용어만으로는 라디카 쿠마라스와미의 지적처럼 당시 일본군 위안부가 당한 성적 학대 등을 제대로 표현하지 못한다고 할 것이지만, '위안부'와 '강요' 또는 '강제'를 함께 사용할 경우 이러한 문제점은 어느 정도

피해자'라는 용어를 사용하고 있다.[12]

III. 일본군 위안소의 설치, 위안부 동원 및 위안소의 실상

1. 일본군 위안소의 설치 · 확대와 그 배경

일본군의 직접 통제 하에 조직적으로 설치된 최초의 일본군 위안소는 중국과 일본 간의 적대감이 심화되던 1932년 초 중국 상해에 설치되었던 것으로 알려져 있다.[13] 당시 상해 침공작전의 지휘관 중 한 명인 오카무라 야스지(岡村寧次) 중장은 일본군에 의한 강간 사건이 급증하는 것에 대한 대책으로 군인들을 위한 위안소 설립을 제안하였음을 자신의 회고록에서 고백한 바 있다.[14] 일본군 위안소는 중일전쟁이 발발했던 1937년 이후 광범위하게 조직적으로 설치되기에 이른다.

이렇게 설치된 일본군 위안소는 전쟁기간 중 일본군이 주둔하는 곳이면 어디든지 존재하고 있었는데, 중국과 대만, 보르네오, 필리핀, 태평양의 많은 섬들, 싱가폴, 미얀마, 인도네시아 등 전쟁이 진행되었던 곳을 따라서 일본군 위안소도 설치되고 그 범위가 확대되었던 것으로 보인다.[15]

위와 같이 일본군 위안소가 설치되고 확대된 것에 대해서는, 1937년 말 난징대학살[16] 과정에서 일본군에 의한 민간인 강간과 성폭력이 자행되자 일본

극복될 수 있다고 본다.

12 국내에서 일제에 의하여 강제동원되어 위안부로서의 생활을 강요당한 피해자를 보호 · 지원하고 피해자의 명예회복과 진상 규명을 위한 기념사업을 수행함으로써 이들의 생활안정과 복지증진을 기하고 국민의 올바른 역사관 정립과 인권증진에 기여하기 위하여 제정된 법률의 명칭도 '일제하 일본군 위안부 피해자에 대한 생활안정지원 및 기념사업 등에 관한 법률'이고, 동법률 제2조 제1호는 일제에 의하여 강제동원되어 성적 학대를 받으며 위안부로서의 생활을 강요당한 피해자를 일본군 위안부 피해자로 정의하고 있다.

13 다만 군위안소의 원초적 형태로 1905년 러일전쟁 당시에도 이미 군이 위안소를 설치했다는 병사들의 회고를 찾을 수 있으나(정진성, 앞의 책, 33쪽 참조), 이 시기의 위안소는 일본에서 일찍부터 존재해왔던 '공창'이 군대 주변에 세워졌고 이를 군이 묵인 또는 사실상 공인했던 정도의 것으로 보인다.

14 Radhika Coomaraswamy, 앞의 보고서, para. 24

15 위의 보고서, para. 17~18

16 1937년 7월 중일전쟁 발발 후 일본군이 중국에서 전선을 확대하던 중 중국 국민당 정부의 수도인 난징(南京)에

군에 의한 민간인 강간을 방지함으로써 군의 규율을 바로 세우는 한편 일본군의 성적 욕구를 해결하여 군의 사기를 진작하기 위해서였다는 설명도 있다. 라디카 쿠마라스와미도 전술한 1996년 보고서에서 "위안소 제도 설립의 공식적인 명분은 매춘행위를 제도화하고 그것을 통해 매춘행위를 통제함으로써 육군의 점령지역에서 보고되는 강간 수치를 줄일 수 있을 것이라는 것이었다."[17], "1937년 난징 강간 이후 일본인들에게는 군의 규율이 개선되어야 한다는 것이 명백해졌으므로 위안소의 설치 계획이 다시 등장했다."라고 밝히고 있다.[18]

그러나 일본군이 위안소를 설치하고 이를 전쟁경로를 따라 일본군이 주둔하는 곳마다 확대·설치함으로써 위안부를 일본군 내에서 제도화한 배경을 단순히 일본군에 의한 점령지의 민간인 강간 방지라는 군의 규율 차원이나 성적 위안 제공을 통한 군의 사기 진작 차원에서 구하는 것에는 의문이 있다. 그보다는 오히려 전쟁기간 중 위안소 운영을 통해서 총체적이고 장기적인 전쟁수행에서 승패를 좌우하는 전투력의 손실을 최소화하는 데 본질적인 목적이 있었지 않나 생각된다.

일본군은 이미 러일전쟁(1904년) 당시 전투병력 유지의 중요성을 실감했고, 이후 시베리아 출병[19] 때에는 중요한 전투병력이 전투가 아닌 성병(시베리아 매독) 감염으로 인해 엄청나게 손실될 수 있음을 경험하였다. 때문에 당시 일본군부로서는 일본군 개개인에 의한 민간인 강간을 묵인하거나 방조하는 차원을 넘어서 일본군 개개인에게 이른바 성병 감염의 우려가 없거나 미약한 위안부를 제공하여 일본군의 성병 감염을 예방함으로써, 전쟁수행 기간 중 전투병력의 손실 방지, 즉 사실상의 병력 증대 효과를 얻기 위하여 위안소를 설치

침입하여 저지른 대학살 사건. 1937년 12월부터 그 이듬해 초까지 계속된 일본군에 의한 약탈, 강간, 방화에 이어 민간인과 중국 국민당군 포로에 대한 무차별 살해 사건으로 약 30만 명이 희생되었다.

17 Radhika Coomaraswamy, 앞의 보고서, para. 11

18 위의 보고서, para. 25

19 1918년부터 1924년까지의 기간 동안 미국·영국·프랑스·이탈리아·일본이 러시아 혁명에 간섭하기 위하여 체코슬로바키아군을 원조한다는 구실로 시베리아에 출병한 사건을 말한다. 일본은 1918년 8월 12일부터 1922년까지 약 73,000여 명의 병력을 시베리아로 출병하였으나, 전사자만 3,500여 명과 그 몇 배의 부상자, 전비 약 10억 엔을 소모하고 아무런 소득 없이 철수하였다.

했던 것으로 보인다.[20] 일본군 위안소의 지리적 위치가 일본군의 전쟁경로를 따라 설치되어 그 분포가 점차 확대되었다는 점이 이를 뒷받침한다.[21]

2. 위안부 동원

이와 같이 일본군 위안소의 설치범위가 확대됨에 따라 위안부에 대한 군의 수요 역시 급속하게 증가되었다. 따라서 기존의 일본인 매춘부들을 군위안소의 위안부로 고용하던 것만으로는 그 수요를 충족할 수 없게 되었고, 이에 군 정책으로 일본군 위안부 모집, 즉 동원이 필요하게 되었다. 위안부 피해자들의 증언에 의하면, 소위 취업사기에 의한 연행, 폭행이나 협박에 의한 강제연행, 인신매매, 근로정신대를 통한 동원, 공출 · 봉사대 · 근로대 등의 명목으로 동원되기도 하였다.[22] 이 중 취업사기에 의한 동원은 당시 일제강점 하에 있던[23] 한국의 극심한 빈곤 상태에 기인했을 것으로 보인다. 상당수의 일본군 위안부 피해자들은 빈곤한 가정에서 입을 덜기 위해, 가족의 빚을 갚기 위해 돈을 벌 수 있는 좋은 직장(예컨대, 부상병을 돌보는 간호부 등)으로 생각하며 따라나섰다가 결국 일본군 위안소로 가게 되었다. 근로정신대, 공출 등 명목으로 위안부가 동원된 것은 일제의 전시 국가총동원체제하의 각종 노동력동원제도가 실제로는 위법 · 부당한 것임에도 합법을 가장하여 활용되었음을 보여준다.

20 한홍구, 「한 · 일 수구파들의 공동 '성폭행'」, 한겨레21, 2005. 4. 20.자(제556호)
21 군 위안소 설립과정에 대한 상세한 논의는 정진성, 앞의 책, 29~49쪽 참조
22 위의 책, 66~72쪽 참조
23 일본군 위안부 문제가 시기상 1932년경부터 태평양전쟁이 끝나는 1945년까지의 기간 동안 있었던 사건이라는 점을 고려할 때, 당시 한국이 일제의 강압적인 지배 하에 있었다는 사실은 일본군 위안부 문제의 역사적 배경이 될 수밖에 없다. 전술한 국제법률가협회(ICJ)의 1994년 'Comfort Women' 보고서는 한국의 일본군 위안부 문제에서 군위안부 동원은 1905년 을사조약의 위법성에서 비롯된 식민지적 착취의 총체적 불법성이란 맥락에서 이해되어야 한다고 강조한 바 있다. 또한 라디카 쿠마라스와미도 전술한 보고서에서 식민지 시기 국가총동원법이 강화되어 식민지 조선(한국)인들이 총체적으로 동원되는 과정에서 군위안부 동원이 사기와 폭력에 의하여 이루어졌음을 밝히고 있고, 특히 동 보고서의 위안부 징집과 수송에 관한 분석을 보면 일본군 위안부 문제가 식민지 지배의 역사적 맥락에서 이루어진 것으로서 일반적인 전시 하 여성폭력과는 다른 별도의 범주를 형성하고 있음을 확인할 수 있다.

3. 위안소의 실상[24]

가. 위안소의 형태 및 내부구조

위안소 자체는 지역에 따라 달랐지만 진주하는 일본군들이 점거한 건물일 때도 있었고 '위안소'라는 특별한 목적을 위해 군인들이 지은 임시 구조물이기도 했다. 전방의 경우 위안소는 대체로 텐트이거나 임시 목조 오두막이었다. 위안소는 일반적으로 일층 또는 이층 짜리 건물로 밑에는 거실이나 접견장이 있었다. 일본군 위안부들의 방은 주로 위층이나 뒤쪽에 위치했고, 뒤틀리고 협소한 침실로 약 0.9m×1.5m 넓이의 침대 하나만 들어갈 수 있는 크기였다. 어떤 지역에서는 일본군 위안부들이 마루 위에 매트리스만 깔고 자야 하는 곳도 있어 심한 냉기와 습기에 노출되었다.

나. 감시 속의 성노예 생활

위안소는 주로 가시철조망에 둘러싸여 있었고 철저하게 차단·감시되었다. 일본군 위안부들의 동태는 가까이서 감시되었고 제한을 받았다. 이러한 감시 속에서 그리고 열악한 환경 속에서 일본군 위안부들은 매일 60명에서 70명의 군인들에게 성적 위안의 제공을 강요받아야 했다. 일반적으로 1인당 '사용' 한도 시간은 제한되어 있었으나, 실제로는 너무나 많은 군인들이 위안소에 몰려서 '사용'시간 제한이 필요없었다. 이런 탓에 한 사람이 2~3분 정도밖에 위안소를 '사용'할 수 없었으며, 20~30명이 문 밖에서 줄을 서서 기다리는 경우도 있었다.[25]

다. 건강 검진

일본군 위안부들에 대한 건강 검진은 군의관들이 했으나 이들에 대한 정기

24 이에 대한 전반적인 분석은 Radhika Coomaraswamy, 앞의 보고서, para. 32~38을 참조하였음.
25 정진성, 앞의 책, 96쪽, 주 37

검진은 단지 성병 감염을 막기 위한 것이었고, 군인들이 여성들에게 가하는 담배불로 지진 상처, 멍, 총칼에 의한 자상, 부러진 뼈 등에 대해서는 거의 신경을 쓰지 않았다.

라. 음식과 옷가지 등

음식과 옷은 군에서 제공하였지만, 음식은 항상 부족하였다. 위안소의 규정에는 '사용'시간에 따라 계급별로 위안부에게 돈이나 군표를 지불하도록 되어 있으나, 실제로 위안부에 대한 '사용요금'의 지불은 거의 이루어지지 않은 것으로 보인다. 피해자들의 대부분은 보수를 전혀 받지 못했거나, 군인들로부터 요금에 갈음하는 표는 받았지만 관리인에게 그것을 주고 돈으로 정산하지는 못했다.[26]

마. 성병과 임신의 공포

또한 일본군 위안부들은 항상 성병과 임신의 공포에 처해 있었다. 대다수의 위안부들은 성병에 감염되었던 것으로 보인다. 감염기간 중 이들에게는 회복기가 주어졌으나, 다른 때에는 심지어 생리 중에도 이들은 계속 '일을 하도록' 강요당했다. 모든 여성 피해자들이 느꼈던 깊은 수치심과 함께 이러한 상황들은 그들로 하여금 자살하거나 탈출을 기도하게 만들었는데, 그 같은 시도의 실패는 죽음을 의미하는 것이었다.[27]

IV. 일본군 위안부에 대한 강제성 논의

1. 아베 신조 전 총리의 발언

26 위의 책, 96쪽
27 위안부들에 대한 패전시 처리와 귀향 후의 생활에 대하여는 위의 책, 98~99쪽 참조

앞서 언급한 1993년 8월의 고노 담화에서 일본정부는 일본군 위안부의 존재 사실과 위안소 운영 및 그 강제동원 사실을 시인한 바 있다. 그럼에도 불구하고 일본정부는 이에 대한 공적 사죄 및 사법적 해결을 미뤄 왔다. 그런데 일본군 위안부에 대한 미 하원의 결의를 앞둔 2007년 3월 5일, 당시 일본의 아베 신조(安倍晋三) 총리는 참의원에 출석 답변하는 과정에서 "일본군 위안부의 모집·동원과정에서 '협의의 강제성'은 없었다."라고 발언하였다.[28] 곧이어 3월 16일 일본 내각은 각료회의에서 위와 같은 아베 신조 총리의 발언을 이어받아 "일본정부가 발견한 자료 중에는 군과 관헌에 의한 소위 강제연행을 직접 나타내는 기술에 해당하는 것은 없었다."는 소극적인 입장을 재차 확인하였다. 이와 같은 아베 전 총리의 발언과 일본 내각의 입장 표명은, 미 의회가 당시 위안부 문제에서 일본에게 불리한 내용을 의결할 듯한 기미를 보이자, 이를 방어하기 위한 것이었다.

2. 협의 · 광의 구분의 부당성

위와 같은 일본정부의 강제성에 대한 입장 표명 이후 국내외 여론이 악화되자 일본정부는 '여전히 고노 담화를 계승한다'라는 등의 유화적 제스처를 취했다. 그러나 미국 의회는 2007년 7월 30일 결국 위안부 문제에서 일본정부의 공적 사과 등을 촉구하는 결의를 하여, 국제사회에서 일본정부의 입장은 거부되었다. 아베 신조 전 총리 주장의 요지는, 일본군 위안부를 모집 · 동원하는 과정에서 일본 군인이나 관헌이 부녀자를 강제로 끌고 갔다는 공문서상의 기록은 그 어디에도 없으니 '협의의 강제성'은 인정할 수 없고, 다만 어려운 경제적 형편 때문에 또는 민간업자의 꾐에 빠져 본의 아니게 위안부가 될 수밖에 없었던 '광의의 강제성'만 인정할 수 있다는 것이다. 물론 이러한 강제성 관련 주장은 아베 신조 전 총리의 발언이 있기 전부터 일본의 우파에 의해 주장되고

28 연합뉴스, 2007. 3. 5.자

있었던 것이기도 하다.[29]

그러나 일본정부 스스로 위안부 피해자에게 성노예가 될 위안소의 실상을 알려주지 않고 동원한 사실을 인정하는 이상, 그 동원의 형태가 강압적이든(아베 전 총리가 말하는 소위 '협의의 강제'), 회유나 기망에 의한 것이든(소위 '광의의 강제') 위안부 문제의 위법성에는 영향이 없다. 더욱이 일본정부는 일본군 위안부들이 위안소에서 자유의사에 따라 귀환하는 것을 허용하지 않았다. 따라서 일본군 위안부 문제에서 '광의의 강제성'을 인정하면서도, '협의의 강제성'을 부인하는 일본정부의 입장은 일본군 위안부 문제의 해결을 위한 것이라기보다는, 이를 외면하기 위한 것으로서 설득력이 없다. 그럼에도 일본정부가 여전히 '협의의 강제성' 주장을 고집하는 이유는 위안부 모집 · 동원 과정에서의 강제성과 위안소 내에서의 강제성(성적 위안을 강요한 행위 및 감시 · 감금 등을 통한 신체의 자유 박탈 등)을 의도적으로 분리하여 논의의 초점을 흐리게 하기 위한 것으로 보인다.[30] 그러나 일본군 위안부 문제에 있어서 핵심은 '성적 위안의 강요', 즉 성노예 상태의 지속에 있으므로, 이와같은 일본정부의 입장은 일본군 위안부 문제의 본질을 호도하는 것이라는 비판을 면할 수 없다.

3. '강제성'의 본질적 내용 : 성노예 상태의 불고지

상술한 바와 같이, 일본군 위안부 모집 · 동원 과정에서 물리적 폭력이 있었는지 여부에 따라 협의의 강제와 광의의 강제로 나누는 것은 위안부 문제의 본질을 숨기는 것이다. 위안부 문제에서 강제성 문제는 모집 · 동원되는 여성에게 장차 일본군 위안부가 된다는 것을 사전에 알려주었느냐 여부와 떼어놓고 생각할 수 없다. 따라서 위안부 내용을 미리 고지받지 않는 한, 모집 · 동원

29 정진성, 앞의 책, 51~52쪽

30 한국정신대연구소, 「일본군 위안부 문제의 강제성 재논의, 강제성이란 무엇인가 : 일본군 위안부 문제」, 『2007 한일 공동 세미나 종합토론집』, 120쪽

과정의 형태는 원칙적으로 문제가 되지 않는다. 상식적으로 장차 일본군의 성노예 상태로 전락된다는 것을 알면서도 그 명목이 어떻든 여성이 모집·동원에 응한다는 것은 상상할 수 없다. 즉 성노예 상태로의 일본군 위안부 동원은 본질상 강제적이고 기망적일 수밖에 없는 것이다.[31] 그렇기 때문에 단순한 물리적 폭력에 의하여 사실상 징집된 여성뿐만 아니라, 위안부가 될 것이라는 사실을 전혀 알지 못한 채 취업사기 등으로 또는 근로정신대 등의 명목으로 위안소로 가게 된 모든 경우에 대해 법률상 강제성을 인정해야 할 것이다.

4. 위안소 내에서의 강제성

반복하자면, 일본군 위안부 문제의 핵심은 피해자들이 어떻게 위안소로 모집·동원되었느냐에 있다기보다는 위안소 내에서 피해자들이 겪은 강제적인 성적 위안 행위와 그로부터 본인의 자유의사에 따라 빠져 나올 수 없었다는 점에 있다. 현재까지 위안부 피해자들이 겪은 비참한 상황에 대해서는 이론이 거의 없다. 이와 같이 볼 때 일본군 위안부에 대한 강제성 문제는 오히려 논란의 대상이 될 수 없는 쟁점이라고 본다. 그럼에도 불구하고 일본정부는 일본군 위안부 동원시 강제연행 관련 문서가 발견되고 있지 않다는 이유로 위안부 문제 해결을 피하고 있고,[32] 이를 근거로 일본 우파도 위안소는 상업적 이익을 추구하는 일종의 사창 형태로 운영되었다고 주장하고 있다.[33] 그러나 이런 주장은 모두 위안부 문제의 본질을 감추거나 사실을 왜곡하는 것이다.

31 정진성, 앞의 책, 53쪽

32 추측컨대 이른바 '협의의 강제성'을 직접 뒷받침할 수 있는 문헌은 존재할 가능성이 희박하다고 생각된다. 일본군 위안부의 모집동원과 관련한 기록문헌에 '폭행, 협박 등 물리력을 사용해서라도 강제로 징집하라'는 지시내용이 기재되어 있을 리는 없기 때문이다.

33 한국정신대연구소, 앞의 종합토론집, 120~123쪽

V. 일본의 한국 지배와 일본군 위안부 문제

1. 역사적 배경으로서의 한국 병합

1904년 발발한 러일전쟁에서 승리한 일본은 1905년 을사조약 체결을 강요하여 대한제국의 외교권을 박탈하고, 1907년 정미7조약을 체결하여 대한제국의 내정권을 탈취한 뒤 1910년 한일합병조약에 의하여 '대한제국'[34]을 일본에 병합시켰다. 이러한 일본의 한국 합병은 그것이 국제법적으로 적법 · 유효한 양국 간의 조약에 의하여 이루어졌는지 여부와 상관없이 한국인 일본군 위안부 피해자들에게 중요한 역사적 배경이 되었음은 분명하다. 나라를 잃었기 때문에 한국인 여성들은 제도적 보호가 부재한 가운데 당시 일본의 국가총동원체제 하에서 여러 명목으로 일본군 위안부 피해자로 모집 · 동원되는 불행을 피할 수가 없었다고 생각된다.

2. 일본의 전쟁법규 위반 여부와의 관련

나아가 일본에 의한 한국 지배를 불법적인 군사적 강점으로 볼 것인지 아니면 적법한 식민통치로 볼 것인지의 문제는, 당시 일본이 일본군 위안소를 설치하고 운영한 행위 및 일본군 위안부로 하여금 성적인 위안을 강요한 행위에 대하여 일본의 국제법 위반, 특히 전쟁법규 위반의 책임을 물을 수 있는지 여부와 관련되어 논의되기도 한다.

34 일제강점기의 한반도를 지칭하는 명칭으로 종래 '조선'이라는 용어가 사용되어 왔다. 그것은 1910년 8월 29일의 일본 천황의 칙령 제318호('한국의 국호를 고쳐 지금부터 조선(朝鮮)이라 칭한다')에 의해 대한제국이라는 국호가 조선으로 바뀐 것에 기초한다. 하지만 1910년의 합병조약이 무효라면 이를 근거로 한 위의 칙령 또한 무효라고 할 것이므로 일제강점기의 한반도를 조선이라고 칭하는 것은 부적절하다. 김창록, 「일제 및 일제강점기의 법적 실체」, 한국정신대문제대책협의회 2000년 일본군성노예전범 여성국제법정 법률위원회 엮음, 『일본군 위안부 문제에 대한 법적 해결의 전망』, 풀빛, 2001, 25쪽 주17 참조. 다만 이 글에서는 이와 같은 지적을 고려하여 '한국'을 쓰기로 하되, 일제시대 문헌과 통례에서 '조선'이 광범위하게 사용되고 있음에 비추어 서술의 편의상 필요에 따라 '조선'을 쓰기도 한다.

가. 육전의 법규 및 관례에 관한 협약[35] 제46조 위반

육전의 법규 및 관례에 관한 협약(이하 '육전협약') 제46조는 교전국에 대해 점령지에 있어서 '가족의 명예 및 권리, 개인의 생명, 사유재산'을 존중할 것을 규정함으로써 전시에 있어서의 강간이나 강제매음으로부터 여성의 보호를 약속하고 있다.[36] 이에 따르면 2차 대전 기간 동안 일본군이 일본군 위안소를 설치하고 일본군 위안부를 강제로 동원하여 일본군에 대한 성적 위안을 강요한 것은 육전협약 제46조 소정의 '가족의 명예 보호 요청'에 명백히 위배되는 행위가 될 것임이 틀림없다.

나. 한국인 일본군 위안부의 경우

그런데 위와 같이 일본에 의한 일본군 위안부 피해자들에 대한 강간 등의 행위가 육전협약 제46조 소정의 '가족의 명예 보호'에 대한 위반으로서 전쟁범죄가 될 수 있다고 하더라도, 한국인 일본군 위안부들의 경우 일본의 지배가 1910년의 한일합병조약에 따른 적법·유효한 조약에 의한 합법적인 지배였다고 하면, 당시 한국인은 대한제국의 국민이 아니라 일본국의 국민이 되어 과연 육전협약에 의하여 보호받을 수 있는지 여부가 문제될 수 있다. 일본정부는 일본군 위안부 문제에 대한 일본의 전쟁범죄 성립, 즉 육전협약 위반 여부에 대하여 "당시 조선(한국)은 일본의 식민지 상태에 있었고 전쟁 상대방인 교전국의 국민이라고 할 수 없으므로 조선인(한국인) 위안부의 경우 전쟁범죄의 객체 자체가 될 수 없다"는 입장을 취하고 있다.[37]

35 International Convention concerning the Laws and Customs of War on Land(The Hague, 18 October 1907). 육전협약은 그동안 불문의 국제관습법으로 남아있던 전쟁법규를 최초로 성문화한 협약으로서 1907년 헤이그 제2차 평화회의에서 채택되었고 1910년에 발효되었으며 일본은 1912년에 이를 비준하였다.

36 International Convention concerning the Laws and Customs of War on Land(The Hague, 18 October 1907) Section Ⅲ 'Military Authority over the territory of the hostile state' Article 46 "Family honour and rights, individual life and private property, as well as religious convictions and worship, must be respected. Private property may not be confiscated."

37 Gay J. MacDougall, Systematic rape, sexual slavery and slavery-like practices during armed conflic, (U.N. Doc. E/CN.4/Sub.2/1998/13), 22 June 1998, para. 4

그러나 1905년의 을사조약은 '강박'[38]에 의해 체결된 것으로서 국제법상 유효하지 않으므로[39] 그 이후 을사조약의 유효성을 전제로 하여 한국의 독립을 사실상 침탈한 가운데 체결된 일련의 조약들 및 그 연장선상에 위치한 1910년의 한일합병조약 역시 무효라고 보아야 한다.[40,41] 즉 위 조약들에 근거한 일본의 한국에 대한 지배는 오로지 물리력에만 근거한 불법적인 강제점령에 해당한다고 할 것이다. 따라서 당시 한국인 위안부 피해자들의 경우 일본의 식민지 국민이 아니라 여전히 대한제국 국민의 지위를 갖고 있었다 할 것이므로, 한국인 위안부 피해자들에 대한 행위는 명백한 육전협약 위반으로서 '전쟁범죄'로 취급함이 타당하다.

3. 전쟁범죄의 의미 확장 : 인도에 반한 죄

종래의 전통적인 의미에서의 전쟁범죄(conventional war crimes)는 전쟁 그 자체의 개시 · 수행에 관한 범죄가 아니라 일단 개시된 전쟁에 있어서 전쟁법에 위반한 행위(violation of the law of war)를 의미했다. 이와 같은 종래의 전쟁범죄는 1 · 2차 세계대전을 거치면서 '전시범죄' 이외에 침략전쟁의 위법성을 인정한 소위 '평화에 대한 죄'(crimes against peace) 및 비인도적 행위의 위법성을 인정한 소위 '인도에 대한 죄'(crimes against humanity)를 포함하는 것으로

38 한영우, 『다시 찾는 우리 역사』, 경세원, 2006, 499쪽 : "이토(伊藤博文)는 주한 일본공사 하야시 곤스케(林權助)와 함께 일본 군대를 거느리고 경운궁 중명당에 들어가 고종황제와 대신들을 위협하면서 보호조약에 서명할 것을 강요하였다. 그러나 황제와 대신들이 끝끝내 서명에 반대하자 일본군인이 외무대신 박제순의 직인을 가져다가 날인해 버렸다(1905.11). 그러나 황제는 끝까지 서명을 부인하였다. 당시 대한제국은 황제가 외국과의 조약권을 가지고 있으므로, 황제의 재가가 없는 이 조약은 당연히 무효였다." 이에 따라 을사조약을 을사 '늑약'(勒約, 억지로 맺은 조약)으로 부르는 학자들도 있다.

39 1905년 을사조약에 관한 '부당 · 불법(불성립)론', '부당 · 합법론'에 대한 상세는 강성은, 한철호 옮김, 『1905년 한국보호조약과 식민지 지배책임』, 선인문화사, 2008을 참조할 것.

40 김창록, 앞의 글, 16~17쪽

41 이 문제와 관련하여 1965년에 체결된 한일기본관계조약 제2조는 "1910년 8월 22일 및 그 이전에 대한제국과 대 일본제국 간에 체결된 모든 조약 및 협정이 이미 무효(already null and void)임을 확인한다"고 규정하고 있는바, 일본정부는 위 조항 소정의 '이미 무효'라는 것은 1910년의 한일합병조약이 원천적으로 무효라는 의미가 아니라 그 조약들이 정당한 절차를 거쳐 체결되었기에 조약 체결 당시에는 유효했으나 종전 후 한국이 해방된 시점인 1945년 8월 15일 이후로 효력이 없어졌음을 확인하는 의미로 해석하고 있다. 戸塚悅郎, 박홍규 옮김, 『'위안부'가 아니라 '성노예'이다』, 소나무, 2001, 33쪽

확장되었다.

이처럼 확장된 새로운 전쟁범죄와 구별하기 위하여 종래의 전통적인 전쟁범죄를 전시범죄 또는 통상의 전쟁범죄라 칭하기도 한다. 즉 양차 세계대전 후 전쟁범죄는 이와 같이 확장된 의미의 새로운 전쟁범죄를 의미하게 되어 오늘날 전쟁범죄라 함은 전통적인 의미에서의 전쟁범죄 이외에 평화에 대한 죄, 인도에 대한 죄를 모두 포함하는 의미가 되었다. 이처럼 확장된 전쟁범죄에 속하는 '인도에 반한 죄'는 성격상 그 적용 유무를 피해자의 국적 여하에 따라 좌우할 수는 없다고 생각된다.[42]

앞에서 소개한 바 있는 1996년의 보고서에서 라디카 쿠마라스와미 특별보고관 역시 한국인 위안부에 대해서도 국제인도주의법(또는 전쟁법)이 국제관습법으로서 적용됨을 인정하고 있고,[43] 이후 1998년의 보고서에서 게이 맥두걸(Gay J. MacDougall) 유엔 인권위원회 특별보고관은 "전시와 평화시에 적용될 수 있는 국제관습법 위반범죄와 인도에 반한 죄로서, 이러한 행위들은 범죄가 저질러졌던 시점에서의 조선의 영토적 지위와 관계없이 국제관습법의 잔학한 위반인 것으로 명백하게 금지되었다. 결과적으로 이 규범들은 조선여성들에게 점령지역에 있는 민간인이었는가를 묻지 않고 똑같이 적용된다."고 밝히고 있다.[44]

VI. 극동국제군사재판(도쿄전범재판)과 일본군 위안부 문제

1. 태평양전쟁의 종전과 전범재판

42 이 점과 관련하여 국제법률가협회로부터 연구의뢰를 받은 연구자들은 한국은 당시 일본의 식민지였으므로 1907년 헤이그 육전의 법규 및 관례에 관한 협약이 적용될 수 없고 일본과 한국인의 관계는 국내문제로 전적으로 일본법에 맡겨져 있다는 견해를 취했다가, 이후 한국인 위안부에 대해서도 전쟁범죄와 인도에 반하는 죄가 성립할 수 있음을 인정하였다. Ustinia Dolgopol and Snehal Paranjape, Comfort Women: An Unfinished Ordeal, International Commission of Jurists, Geneva, 1994, 161~170쪽 참조

43 Radhika Coomaraswamy, 앞의 보고서, para. 97~101 참조. 다만 라디카 쿠마라스와미의 경우 일본 지배의 불법성 문제는 직접적으로 다루고 있지 않다.

44 Gay J. MacDougall, 앞의 보고서, para. 30

1945년 8월 15일 12시 일본은 일왕의 라디오 방송을 통해 포츠담 선언의 이행을 무조건 수락하는 항복을 선언하고, 1945년 9월 2일 이를 성문화한 항복문서의 서명이 도쿄만에 있는 미함정 미조리호의 함상에서 일본측 대표와 연합국측 대표 사이에서 이루어졌다. 그 후 극동에 있어서 전쟁범죄에 대한 처벌문제가 구체적으로 거론되어 1945년 12월 26일 미국, 영국, 소련은 모스크바 회담에서 항복문서의 이행을 위한 모든 명령을 연합군최고사령관이 발하도록 하는 데 합의하기에 이른다.

이에 1946년 1월 19일 태평양지구 연합군최고사령관 맥아더(Douglas MacArthur) 장군은 극동국제군사재판소의 설립에 관한 포고를 발하고 일반명령 제1호의 형식으로 동 포고의 부속서인 극동국제군사재판소헌장을 공포한 뒤 곧이어 1946년 2월 15일 동 재판소의 재판관을 임명한다. 이후 1946년 2월 일본에 대한 정책을 결정할 극동위원회가 설립되고, 맥아더 사령관은 1946년 4월 3일 극동위원회의 결의를 채택한 후, 1946년 4월 26일 일반명령 제1호를 대체하는 일반명령 제20호를 발표하였다. 이에 따라 수정 · 발표된 극동국제군사재판소헌장 제5조는 동 재판소의 관할에 속하는 범죄를 평화에 대한 죄, 전시범죄, 인도에 반한 죄로 규정하였다.[45] 위 극동국제군사재판에서 도조 히

45 Charter of the International Military Tribunal for the Far East Article 5
Jurisdiction Over Persons and Offenses. The Tribunal shall have the power to try and punish Far Eastern war criminals who as individuals or as members of organizations are charged with offenses which include Crimes against Peace. The following acts, or any of them, are crimes coming within the jurisdiction of the Tribunal for which there shall be individual responsibility:
(a) Crimes against Peace: Namely, the planning, preparation, initiation or waging of a declared or undeclared war of aggression, or a war in violation of international law, treaties, agreements or assurances, or participation in a common plan or conspiracy for the accomplishment of any of the foregoing;
(b) Conventional War Crimes: Namely, violations of the laws or customs of war;
(c) Crimes against Humanity: Namely, murder, extermination, enslavement, deportation, and other inhumane acts committed against any civilian population, before or during the war, or persecutions on political or racial grounds in execution of or in connection with any crime within the jurisdiction of the Tribunal, whether or not in violation of the domestic law of the country where perpetrated. Leaders, organizers, instigators and accomplices participating in the formulation or execution of a common plan or conspiracy to commit any of the foregoing crimes are responsible for all acts performed by any person in execution of such plan.

데키(東條英機) 등 태평양전쟁 당시의 일본 전범들이 유죄판결을 받고 처벌되었다.

2. 처벌되지 않은 인도에 반한 죄 : 일본군 위안부 문제

일본군 위안소 설치 · 운영과 일본군 위안부에 대한 감금 · 강간 등의 가혹행위가 위 헌장 제5조 c) 소정의 '인도에 반한 죄'가 될 수 있음은 명백하다. 즉 일본의 각급 군지휘관 등이 일본군 위안소를 설치 · 운영한 행위와 일본군이 피해자들에게 성적 위안을 강요한 행위는 '노예적 혹사'(enslavement) 또는 '기타의 비인도적 행위'(other inhumane acts)에 해당하는 것으로 보인다. 또 일본군 위안소가 설치 · 운영될 수 있도록 하거나 이를 방치한 일본 당국의 행위는 위 헌장 제5조 c) 후단의 '공동계획 또는 공동모의의 입안 또는 실행에 참가한 지도자, 조직자, 교사자 및 공범자가 그러한 계획의 수행상 행하게 된 일체의 행위'에 해당될 것이다.

그럼에도 불구하고 당시 극동국제군사재판소에서 재판을 받고 전범으로 처벌받은 자들[46] 가운데 인도에 반한 죄로 처벌받은 피고인은 단 한 명도 없었다.[47] 당시 연합국 검사단은 총 28명의 피고인들에 대하여 총 55개의 공소사실로 기소하였는데, 55개의 공소사실 가운데 36개가 평화에 반한 죄에 대한 것이었고, 16개가 살인에 대한 것이었으며 나머지 3개가 인도에 반한 죄 또는 통례의 전쟁범죄에 관한 것이었다.[48] 이러한 55개의 공소사실 가운데 재판소는 단 10개의 공소사실에 대해서만 유죄를 인정하였는데, 이 중 8개가 평화에 반

46 1946년 4월 29일에 동 재판소의 기소장이 제출되어 2년 후인 1948년 4월 16일에 심리를 종결하였고, 동년 11월 4일 판결이 선고되었다. 최초의 피고인 숫자는 28명이었으나 3명의 병고와 사망으로 판결은 25명에게만 선고되었다. 7명이 교수형, 16명이 무기금고형, 1명이 20년 금고형, 1명이 7년 금고형으로 각각 선고되었다.

47 반면 종전 후 독일의 주요 전범들을 처벌하기 위한 뉘른베르크 전범재판의 경우 재판에 회부된 177명 가운데 142명이 유죄판결을 받았고, 이 가운데 인도에 반한 죄가 압도적으로 많았다고 한다. 하종문, 「천황제, 도쿄재판, 샌프란시스코 강화조약 : 일본식 과거극복 과정의 세 계기」, 『고려대학교아세아문제연구소』, 아세아연구 2001(통권 106호), 134쪽

48 박원순, 「동경전범재판의 시작과 끝」, 『근현대사강좌연구』, 한국현대사연구회, 1995, 104쪽

한 죄를 적용한 것이었고, 나머지 2개가 통례의 전쟁범죄를 적용한 것이었다. 심지어 난징대학살의 책임자로 기소된 마쓰이 이와네(松井岩根)조차도 '집단학살 등과 같은 잔혹한 행위를 막기 위하여 적절한 조치를 취하여야 했음에도 불구하고 고의 또는 중대한 과실로 이를 무시 또는 방치한 행위'로 통례의 전쟁범죄로 처벌되었다.[49]

이와 같이 전후 도쿄재판에서 일본군 위안부에 대한 범죄가 기소조차 되지 않은 이유에 관해서는 당시 일본군에 의하여 위안소가 설치 · 운영되었다는 사실이 일본군에 의하여 은폐되었기 때문이라는 짐작 외에 아직 뚜렷한 연구성과가 나오지 않고 있다. 다만 지난 2007년 4월 17일 일본전쟁책임자료센터에서 찾아내 발표한 도쿄재판 증거 서류들[50]에 의하면, 당시 일본군에 의해서 실제로 위안소가 설치 · 운영되었음은 물론 위안부로 삼기 위해 여성들을 강제로 연행하거나 강간 등의 행위를 한 사실이 도쿄재판의 기소과정에서 일부 드러났음을 확인할 수 있다.

3. 식민지 종주국들 모임인 연합국의 한계

극동국제군사재판에서 일본군 위안부 문제가 일체 거론되지 않았고 그 책임자를 인도에 반한 죄로 처벌하지 않은 이유는 당시 연합군, 특히 미국을 중심으로 한 강대국들 스스로 식민지 종주국의 지위에 있었다는 한계 때문이었

49 하종문, 앞의 글, 134쪽

50 한국정신대연구소, 앞의 종합토론집, 34~35쪽. 여기서 요시미 요시아키 교수가 소개하는 이 증거서류들(필사본) 중 일부의 개요를 소개하면 다음과 같다.

① (PD5326/EX1701A) '폰티아낙 학살 사건에 관한 1946년 3월 하야시(林秀一) 서명 첨부 신문조서' : 해군 군속 하야시는 폰티아낙의 게이메이 경비대장의 명령으로 여성들을 알몸으로 신문해 일본인과 친밀하게 되었다고 인정하게 하여 매춘집으로 이송할 구실로 삼으려 했다고 진술하고 있음.

② (PD5330/EX1702) '일본 해군 점령기간 중 네덜란드령 동인도 서부 보르네오에서 강제매음행위에 관한 보고 1947년 7월 5일' : 폰티아낙의 해군특별경찰대가 위안소에 여성들을 보충하기 위하여 거리에서 부녀자를 붙잡아 강제적으로 의사의 검진을 받게 한 후 위안소에 보냈다고 기록하고 있음.

③ (PD5591/EX1794) '오하라 세이다이 육군 중위의 선서 진술서 1946년 1월 13일' : 인도네시아 모어섬의 지휘관이었던 오하라 세이다이 육군 중위가 일본군이 세르마타섬, 로에안섬의 주민을 모어섬에서 학살했을 당시 살해당한 주민의 딸 5명을 위안소로 강제적으로 연행했다고 진술하고 있음.

다는 견해가 있다. 당시 전승국에 속하는 미국, 영국 등 강대국들의 사고 속에는 식민지배의 불법성에 대한 인식이 거의 없었기 때문에 일본의 한반도나 대만 등에 대한 식민지배의 불법성을 문제삼지 않았고, 이것이 일본의 식민지 국민이었던 일본군 위안부 피해자들의 문제를 외면하게 했다는 것이다.[51] 즉 종전 후 극동국제군사재판에서 일본의 전쟁범죄는 '식민지 종주국들의 입장에서 본' 전쟁범죄였다는 점이[52] 결국엔 일본군 위안부 문제를 포함한, 일본이 식민지 국민들에 대하여 자행한 수많은 비인도적 행위들에 대하여 그 책임을 제대로 추궁할 기회를 차단했고[53] 이 점이 극동국제군사재판의 한계였던 것이다.

VII. 샌프란시스코 강화조약, 한일기본조약 및 한일청구권협정

1. 샌프란시스코 강화조약의 체결과 한국의 배제

종전 후 일본은 2차 대전을 완전히 끝맺고 세계 각국과의 국교를 새롭게 맺기 위하여 1951년 9월 8일 샌프란시스코에서 미국 · 영국 등 48개국을 상대로 샌프란시스코 강화조약(대일강화조약)을 체결하였다. 연합국, 특히 미국이 일본에 대한 점령통치를 종료하고 샌프란시스코 강화조약 체결을 준비하는 과정에서 한국은 일본에 대한 전후 배상 청구를 목적으로 샌프란시스코 강화회의에 적극 참가하여 샌프란시스코 강화조약에서 서명국(태평양전쟁의 승전국)의 자격을 얻고자 외교적 노력을 기울였다.

그러나 당시 미국은 동북아지역의 공산세력에 대한 방파제로서 일본의 역할을 중시하여 일본에 대한 배상을 요구하지 않는다는 입장을 견지하고 있었

51 戸塚悅郎, 박홍규 옮김, 앞의 책, 278쪽

52 이와 관련하여 극동국제군사재판의 아시아 관점 · 피해자 관점의 부재를 지적하는 견해로는 하종문, 앞의 글, 133쪽

53 박원순, 앞의 글, 121~122쪽 참조

기 때문에 한국이 대일 배상 청구를 목적으로 강화조약의 서명국 자격을 요구하는 것을 받아들이는데 주저하였다. 뿐만 아니라 연합국 중 영국이 한국의 법적 지위가 연합국과 다름을 이유로 한국의 서명국 참가를 명시적으로 반대하고 있었고 일본 역시 한국이 강화조약의 서명국이 되는 것을 반대하였다.[54] 이러한 반대 속에서 미국은 결국 한국을 샌프란시스코 강화조약의 서명국에서 배제하기로 결정하고[55] 한국의 일본에 대한 전후배상 등의 문제는 차후에 한일 양국 간의 별도의 약정을 통해서 해결하도록 하였던 것이다.

2. 한일기본조약 및 한일청구권협정의 체결

이후 한국과 일본은 1952년부터 무려 7차례에 걸친 한일회담을 거쳐 1965년 6월 22일 '양국 국민관계의 역사적 배경과 선린관계 및 주권 상호 존중의 원칙에 입각한 양국 관계의 정상화에 대한 상호 희망을 고려'하여 '대한민국과 일본국 간의 기본관계에 관한 조약'(기본조약)을 체결하고, 부속협정[56] 중의 하나로 '양국 및 양국 국민의 재산과 양국 및 양국 국민 간의 청구권에 관한 문제를 해결할 것을 희망'하여 '대한민국과 일본국 간의 재산 및 청구권에 관한 문제의 해결과 경제협력에 관한 협정'(청구권협정)을 체결하였다.

54 당시 일본 수상 요시다 시게루(吉田茂)가 일본을 방문한 미국 국무성 고문 덜레스(John Foster Dulles)에게 1951년 4월 23일 회담에서 제시한 「한국과 강화조약」이라는 문서에 의하면, 일본은 한국의 경우 일본과 전쟁 혹은 교전 상태에 있지 않았기 때문에 연합국으로 보기 어렵다는 점, 한국이 서명국이 될 경우 150만 명에 이르는 재일 한국인이 연합국 국민으로서의 권리를 주장하여 일본에 대하여 엄청난 액수의 배상을 요구하게 될 것이라는 점을 반대이유로 내세우면서 대일강화조약에서는 일본의 한국에 대한 모든 권리, 권한 및 청구권의 포기와 한국의 완전독립 승인 정도만 규정되기를 바라고 한일 간의 국교정상화는 한국전쟁이 끝난 이후 양국 간의 협정에 의하여 해결하겠다는 입장을 밝히고 있었다. 김태기, 「1950년대 초 미국의 대한(對韓) 외교정책 : 대일강화조약에서의 한국의 배제 및 제1차 한일회담에 대한 미국의 정치적 입장을 중심으로」, 『한국정치학회보』, 제33집 제1호, 359~366쪽

55 당시 미국무성은 한국을 대일강화회의에 참가시켜 공산주의세력에 대한 우방으로서의 한국의 위상을 높이느냐 아니면 일본의 정치적 위치를 보다 중시하여 한국의 일본에 대한 배상청구를 제한하고 재일 한국인을 주도하고 있는 공산주의 세력의 강화를 저지하기 위해 한국의 참가를 배제하느냐 하는 점을 고려하고 있었던 것으로 보인다. 위의 글, 365쪽

56 1965년 6월 22일 체결된, 한일 간의 국교정상화 조약은 본 협정인 기본조약, 4개의 부속협정 및 1개의 교환공문으로 구성되어 있다. 청구권협정 외의 다른 부속협정으로는 '대한민국과 일본국 간의 일본국에 거주하는 대한민국 국민의 법적 지위와 대우에 관한 협정'(법적지위협정), '대한민국과 일본국 간의 어업에 관한 협정'(어업협정), '대한민국과 일본국 간의 문화재 및 문화협력에 관한 협정'(문화재협정)이 있고, 분쟁해결에 관한 교환공문이 있다.

위 청구권협정은 샌프란시스코 강화조약 제21조[57] 및 제4조 (a)항에 근거한 것으로 볼 수 있다. 즉 샌프란시스코 강화조약 제21조는 연합국의 지위에 있지 않았고 동 조약상의 서명국도 아니었던[58] 한국에게 동 조약 제2조(영토조항), 제4조(청구권조항), 제9조(어업협정조항) 및 제12조(통상항해조항)에 의한 이익을 받을 권리가 있음을 규정하였고, 동 조약 제4조 (a)항[59]에서는 일본의 통치로부터 이탈된 지역의 정부 당국 및 주민과 일본 및 일본 국민 간의 재산상 채권 · 채무관계는 위 해당국과 일본 사이의 특별약정으로써 처리할 것을 규정하고 있기 때문이다. 이처럼 한일 간의 청구권협정이 샌프란시스코 강화조약 제4조 (a)항에 근거해 체결되었다는 점은 후술하는 바와 같이 일본군 위안부에 대한 일본의 배상책임과 관련해 매우 중요한 의미를 갖는다.

3. 한일청구권협정과 일본의 배상책임

가. 일본의 배상책임 부정 논리

57 San Francisco Peace Treaty, Article 21 : Notwithstanding the provisions of Article 25 of the present Treaty, China shall be entitled to the benefits of Articles 10 and 14(a)2; and Korea to the benefits of Articles 2, 4, 9 and 12 of the present Treaty.

58 San Francisco Peace Treaty, Article 25 : For the purposes of the present Treaty the Allied Powers shall be the States at war with Japan, or any State which previously formed a part of the territory of a State named in Article 23, provided that in each case the State concerned has signed and ratified the Treaty. Subject to the provisions of Article 21, the present Treaty shall not confer any rights, titles or benefits on any State which is not an Allied Power as herein defined; nor shall any right, title or interest of Japan be deemed to be diminished or prejudiced by any provision of the Treaty in favour of a State which is not an Allied Power as so defined. 즉 샌프란시스코 강화조약 제25조에 의하면 연합국의 일원으로서 서명국이 아닌 국가의 경우 동 조약상의 어떠한 권리나 이익도 누릴 수 없음을 규정하고 있는데, 동 조약 제21조가 이러한 원칙에 대한 예외가 되는 것이다.

59 San Francisco Peace Treaty, Article 4 : (a) Subject to the provisions of paragraph (b) of this Article, the disposition of property of Japan and of its nationals in the areas referred to in Article 2, and their claims, including debts, against the authorities presently administering such areas and the residents (including juridical persons) thereof, and the disposition in Japan of property of such authorities and residents, and of claims, including debts, of such authorities and residents against Japan and its nationals, shall be the subject of special arrangements between Japan and such authorities. The property of any of the Allied Powers or its nationals in the areas referred to in Article 2 shall, insofar as this has not already been done, be returned by the administering authority in the condition in which it now exists. (The term nationals whenever used in the present Treaty includes juridical persons.)

한국인 일본군 위안부 문제와 관련하여 여전히 해결되고 있지 않은 것은 일본정부의 일본군 위안부 피해자들에 대한 피해배상 문제이다. 일본은 1965년 체결된 한일청구권협정 및 이에 따른 청구권 자금의 교부 등 그 후속조치에 의하여 한일 간의 배상청구권에 관한 모든 문제가 이미 해결되었음을 이유로 피해배상책임을 부정하고 있다. 즉 한일청구권협정 제2조 제1항은 "양 체약국은 양 체약국 및 그 국민(법인을 포함함)의 재산, 권리 및 이익과 양 체약국 및 그 국민 간의 청구권에 관한 문제가 1951년 9월 8일에 샌프란시스코에서 서명된 일본국과의 평화조약 제4조 (a)에 규정된 것을 포함하여 완전히 그리고 최종적으로 해결된 것이 된다는 것을 확인한다."고 규정하고 있으므로 일본군 위안부 피해 배상청구권 역시 이로써 해결되었다는 것이, 일본이 배상책임을 부정하는 주장의 요지인 것이다.

나. 일본의 배상책임 부정 논리의 부당성

그러나 한일청구권협정으로 인하여 한국인 일본군 위안부 피해자들 개인의 일본에 대한 배상청구권이 소멸하였다는 주장은, 한일청구권협정으로 소멸된 것은 한국의 외교적 보호권에 불과하고[60] 국가 간의 협정에 의하여 해당국 국민 개인의 청구권까지 소멸된 것으로 볼 수 없다[61]는 점과 일본군 위안부 문제의 경우 한일청구권협정 당시 전혀 논의된 바 없어 양국 간에 양해되거나 양해될 사항이 아니었다는 점에서 타당하다고 볼 수 없다. 무엇보다도 1965년의 한일청구권협정은 샌프란시스코 강화조약 제4조에 그 근거를 두고 있는데, 일본은 연합국과 1951년 샌프란시스코 강화조약을 체결할 당시 위안소의 설치, 관리 및 위안부 동원 등과 관련한 일본군의 관여 여부 및 그 정도에 대하여 밝히지 않았다. 그리고 샌프란시스코 강화조약 체결 후 1952년부터 시작된 한일

60 이장희, 「일본군'위안부'와 한일 청구권협정의 재검토」, 한국정신대문제대책협의회 2000년 일본군성노예전범 여성국제법정 법률위원회 엮음, 『일본군 위안부 문제에 대한 법적 해결의 전망』, 풀빛, 2001, 116쪽

61 그 개인청구권이 일본군 위안부와 같이 중대한 인권침해로 인하여 피해자가 가지는 청구권이라는 점을 고려하면, 국가 간의 협정에 의한 처분대상이 될 수 없다고 본다. 일본군 위안부가 침해당한 권리는 생명에 관한 권리이자 신체의 자유에 관한 권리 등으로서 타인에게 양도불가능한 기본적인 인권에 해당하는 것이기 때문이다.

회담 과정에서도 일본군 위안부 문제는 고려된 바 없으므로, 국제법상의 일반 원칙인 '중대한 사정변경의 원칙'[62] 등을 굳이 거론하지 않더라도, 일본이 한일 청구권협정을 이유로 일본군 위안부에 대한 배상책임을 부정하는 것은 형평(공평)과 정의의 관점에서 설득력이 없다.

한편, 한국인 일본군 위안부 피해자 이외의 중국, 대만 등의 일본군 위안부에 대하여 일본은 이들의 일본에 대한 모든 청구권 역시 1951년의 샌프란시스코 강화조약에 의하여 이미 해결되었다고 주장하면서 동 조약 제14조[63]를 근거로 들고 있다. 동 조약 제14조 (b)항은 동 조약에서 달리 정한 경우를 제외하고 연합국이 연합국의 일본에 대한 모든 배상청구권, 전쟁의 수행 중 일본국과 그 국민이 취한 행동으로 생긴 연합국과 그 국민의 다른 청구권 및 점령의 직접적인 군사비용에 관한 연합국의 청구권을 포기한다고 규정하고 있기 때문이다. 그러나 한국의 경우와 마찬가지 이유로, 대만 등 위안부 피해자들의 경우 샌프란시스코 강화조약 체결 과정 당시 일본군 위안소의 설치 및 관리 등에 일본군이 직접적으로 개입하고 있었다는 점은 감추어져 있었기 때문에, 당시의 샌프란시스코 강화조약 소정의 배상청구권 포기 조항이 일본군 위안부의 중대한 인권침해로 인한 배상청구권을 배제한 것으로 보기 어렵다고 해석된다.[64]

62 조약법에 관한 빈협약 제62조는 조약을 체결할 때 존재했던 사정에 추가로 근본적인 변화가 생기는 경우 해당 사정의 존재가 조약에 구속되는지 여부에 대하여, 당사국의 동의가 불가결한 기초를 이루고 있는 경우에는 조약 종료나 탈퇴의 근거로 삼을 수 있다고 규정하고 있다.

63 San Francisco Peace Treaty, Article 14 : (a) It is recognized that Japan should pay reparations to the Allied Powers for the damage and suffering caused by it during the war. Nevertheless it is also recognized that the resources of Japan are not presently sufficient, if it is to maintain a viable economy, to make complete reparation for all such damage and suffering and at the same time meet its other obligations.
(b) Except as otherwise provided in the present Treaty, the Allied Powers waive all reparations claims of the Allied Powers, other claims of the Allied Powers and their nationals arising out of any actions taken by Japan and its nationals in the course of the prosecution of the war, and claims of the Allied Powers for direct military costs of occupation.

64 나아가 게이 맥두걸은 1998년의 보고서에서 "샌프란시스코 강화조약 제14조 (b)항의 문언상 연합국의 모든 배상청구권(all reparations claims of the Allied Powers)과 연합국과 그 국민의 다른 청구권(other claims of the Allied Powers and their nationals)이 명백히 구별되고 있으므로, 포기조항에서 고려된 유일한 배상은 연합국 자신의 것만이고, 연합국 국민의 경우 청구권 외에 배상 책임은 포기 대상으로 고려된 바 없다는 이유로,

국제법률가협회의 1994년의 보고서에서는 "1965년 협약의 협상과정 속에서 전쟁범죄, 인도에 반한 죄, 노예금지규범위반, 추업종사를 목적으로 한 여성의 매매금지규약, 기타 국제관습법 위반행위로부터 발생하는 개인적 권리의 침해에 관하여 아무런 고려도 없었다는 것이 분명하다."고 밝히고 있다.[65] 라디카 쿠마라스와미도 1996년의 보고서에서 "대일강화조약이나 쌍무적인 조약들 어떤 것도 인권유린 일반이나 특히 군대성노예 문제를 다루지 않고 있고 체약국들의 의도에는 위안부들이 제기한 특정한 청구권은 포함되어 있지 않으며 일본에 의해 전쟁 중 자행된 여성의 인권침해 문제를 고려하지 않고 있으므로 일본정부는 결과적으로 국제인도법을 위반한 것에 대한 법적 책임을 피할 수 없다."는 견해를 표명하였다.[66] 나아가 게이 맥두걸의 1998년 보고서에서도 "1965년의 한일협정의 조약문을 볼 때 이 협정이 이들 국가 사이의 재산청구권을 해결하기 위한 경제조약이고 인권문제를 다루지 않은 것임은 자명하다. 이 조약에는 위안부, 강간, 성노예 또는 일본군이 한국 민간인에게 자행한 다른 잔학행위에 대한 어떠한 언급도 없다."고 밝히고 있다.[67]

VIII. 맺으며

지금까지 이 글에서는 2차 대전 당시 강제로 동원되어 일본군 위안소 내에서 일본군에게 성적 위안을 강요당한 피해자를 정신대나 종군위안부가 아닌 '일본군 위안부'로 호칭하는 의미와, 국제사회에서는 위안소 내의 실상을 고려하여 위안부 피해자들을 '군대성노예'라고 칭하고 있음을 소개하였다. 한편 일본정부는 위안부 피해자들의 모집 · 동원 과정에서 이른바 '협의의 강제성'은

일본군 위안부 피해자들의 배상청구는 이러한 포기조항에 의하더라도 금지되지 않는다."는 입장을 제시하고 있다. Gay J. MacDougall, 앞의 보고서, para. 60

65 Ustinia Dolgopol and Snehal Paranjape, 앞의 보고서, 164쪽 참조

66 Radhika Coomaraswamy, 앞의 보고서, para. 108

67 Gay J. MacDougall, 앞의 보고서, para. 58

없었다고 주장하고 있으나, 일본군 위안부 문제의 본질이 여성을 군대의 성노예로 삼는 반인도적 범죄임을 고려할 때, 이러한 일본정부의 태도가 명백히 부당함을 밝혔다. 나아가 일본의 한반도 지배는 불법적인 군사적 강점이었기 때문에 그 상태 하의 한국인 위안부들에 대한 가해행위는 '확장된 의미의 전쟁범죄'에 속하는 '인도에 반한 죄'로서 일본은 전쟁법규 위반, 즉 전쟁범죄의 책임을 피할 수 없음도 지적하였다. 그럼에도 불구하고 종전 후 일본 도쿄에서 열린 극동국제군사재판소에서는 한국이나 대만 등 아시아 피해자들의 관점이 아닌 식민지 종주국들의 모임인 연합국의 관점에서 재판이 행해진 결과 일본군 위안부 문제는 재판에서 심리조차 되지 못했고 관련자들을 단 한 명도 인도에 반한 죄로 처벌하지 못한 한계가 있었다.

한편 미국이 중심이 된 일본과의 강화조약(샌프란시스코 강화조약) 체결과정에서 한국은 서명국의 지위를 얻지 못한 까닭에 일본과의 전후 처리를 위해서는 별도의 한일기본조약 및 한일청구권협정이 요구되었다. 그러나 일본과 체결한 이른바 한일협정에 의하더라도 개인의 외교적 보호권만 소멸될 뿐 배상청구권은 그대로 남아 있고, 또 일본군 위안부 문제는 협정체결 중에 논의된 바 없으므로, 한일협정과 관계없이 일본군 위안부 피해자들의 일본정부에 대한 배상청구는 여전히 유효하다. 이 점은 위에서 인용한 바와 같이 유엔을 비롯한 국제사회에서도 폭넓게 인정되고 있다. 그럼에도 불구하고 일본정부는 여전히 공적 사과와 법적 해결에 소극적이다. 따라서 그동안 이 문제에 관심을 보인 국내외 학계 및 여론과 국제사회가 향후 어떻게 효과적인 대응방안을 마련해 나갈지 주목된다.

제2장
일본에서의 일본군 위안부 소송

Ⅰ. 들어가며 : 소송의 배경

제2차 세계대전이 끝난 후에도 오랫동안 침묵을 지켜왔던 일본군 위안부 문제가 1980년대 말을 기점으로 사회적 이슈로 등장하기 시작하자, 일본은 이 문제에 대한 일본정부와 일본군의 개입을 완강히 부인하는데 급급했다. 그러나 시간이 흐를수록 하나씩 드러나는 결정적인 증거들은 일본으로 하여금 종래의 태도를 그대로 유지할 수 없도록 만들었고, 일본은 그러한 증거들이 발견될 때마다 마지못해 사실을 인정하는 듯한 태도를 보였다. 그러다가 1994년 6월 30일 사회당과 자민당의 연립에 의한 무라야마 정권 출범을 계기로 피해자들에 대한 직접 배상 대신 일본 국민의 모금으로 위로금을 지급하고 총리의 사죄편지를 보내는 것을 골자로 하는 '여성을 위한 아시아평화국민기금'(女性のためアジア平和國民基金, AWF) 안을 추진하면서 국가적 차원의 법적 책임을 전면 부정하는 종래의 태도로 회귀하였다.[1] 이러한 국민기금안은 1992년 일본이 처음으로 정부 관여를 인정하고서 당시 미야자와 정권이 검토했던 기금안의 틀을 이어받아 정부와 국민의 공동 모금을 통해 피해자들을 위한 기금을 마련하자는 것으로 애초부터 국가배상과는 그 성격을 달리하는 것이었다.[2] 이처럼 진보적이라 여겨지던 사회당조차도 국민기금을 내놓는 데 그치자 일본군 위안부 피해자들은 일본법원에서의 배상소송에 주목하게 되었다.[3] 그래서 일본군 위안부 피해자들은 1991년 12월 6일 도쿄지방재판소에 아시아태평양전쟁한국인희생자보상청구소송을 처음으로 제기하였고, 이를 시작으로 지금까지 총 10건에 이르는 위안부 소송이 일본법원에 제기되었다. 그런데 이 가운데 9건은 최고재판소에서 이미 패소판결이 확정되었고, 가장 최근에 제기된

1 일본군 위안부 문제에 관한 일본정부의 태도 변화에 대해서는 정진성, 『일본군 성노예제 – 일본군 위안부 문제의 실상과 그 해결을 위한 운동 –』, 서울대학교출판부, 2005, 216-220쪽 참조

2 이가라시 고조(五十嵐廣三) 당시 관방장관의 설명. 와다 하루키 · 오누마 야스아키 · 시모무라 미츠코 공편, 이원웅 역,『군대위안부 문제와 일본의 시민운동』(오름 : 2001년), 36-38쪽 ; 홍성필,「국제인권발전에 대한 한국 여성의 기여와 역할」,『저스티스』 통권 제102호, 한국법학원, 2008, 220쪽에서 재인용

3 홍성필, 위의 책, 223쪽

중국인 · 해남도 「종군위안부」 손해배상청구소송은 도쿄지방재판소에서 원고들 패소판결이 선고된 후 현재 도쿄고등재판소에 항소심이 계류 중이다.

II. 소송의 경과

1. 한국인 피해자 사건

가. 아시아태평양전쟁한국인희생자보상청구소송(일명 태평양전쟁희생유족회재판)[4]

(1) 사건 개요[5]

원고 김학순 외 2인(1992년 4월 13일 원고 6인 추가)은 제2차 세계대전 중 일본군 위안부로서 이루 말할 수 없는 피해를 입었음을 이유로 일본국을 상대로 하여 1991년 12월 6일 도쿄지방재판소에 손실보상 내지 손해배상 청구소송을 제기했다. 도쿄지방재판소는 그로부터 무려 9년 여 지난 2001년 3월 26일에 이르러서야 원고들의 청구를 기각하는 판결을 선고했다. 원고들이 판결에 불복하여 상소하였으나, 도쿄고등재판소는 2003년 7월 22일 항소를 기각했고, 최고재판소는 2004년 11월 29일 상고를 기각했다.[6]

판결에서 인정된 사실관계를 토대로 대체적인 사건 개요를 살펴보면 다음과 같다.

- 원고 甲은 1927년 3월 15일 경상북도 포항군에서 태어났다. 1942년 봄 무렵 귀가

4 이하 소송의 명칭은 '일본의 전쟁책임 자료센터(http://www.jca.apc.org/JWRC/index-j.html)' 홈페이지에 게재되어 있는 '전후보상재판일람표'상의 명칭을 따르기로 한다.

5 아시아태평양전쟁한국인희생자보상청구소송에는 원고 박칠봉을 비롯한 군인·군속 41인이 제기한 인적 손실 등의 손실보상 내지 손해배상청구와 미불급여청구 및 미불급여채권 등의 소멸에 대한 손실보상청구도 포함되어 있으나, 이 글은 위안부 소송에 관한 것이므로 위와 같은 군인·군속의 청구 부분은 논외로 한다.

6 最高裁 平成15年(オ)第1895號(判例時報1879號58頁)

하던 중 부산역 부근 골목에서 일본인과 조선인 남성 2명이 甲을 불러 세우고 '구라시키(倉敷)의 군복 공장에 돈을 벌러 가지 않겠는가'라고 하길래 승낙하지 않았으나 강제로 배로 끌려가 라바울[7]로 연행되었다. 그후 甲은 현지 교회에 칸을 나누어 만든 위안소에 끌려가서 1일 평균 10명, 많을 때에는 15명이 넘는 군인과의 성행위를 강요당하였다. 甲은 전쟁이 끝난 사실을 알지 못한 채 남겨졌다가 1946년 4월에 귀국선에 의해 귀국했다.

- 원고 乙은 1926년 경상북도 영천군에서 태어났고 그 뒤 가족과 함께 울산으로 이사했다. 1937년 집 밖에서 놀고 있는데 일본인과 조선인 남성이 '아버지가 부르신다'며 속여서 끌고가 하숙집에 감금한 후 창화(彰化)의 위안소로 데리고 가서 세탁과 심부름을 하게 했다. 乙은 2개월쯤 뒤에 도망나와 경찰서로 갔고 그 뒤 현지 경찰부장 후지모토(藤本)의 집에 거주하면서 가정부 생활을 하였다. 그런데, 1942년 경찰부장 후지모토가 乙을 그 집에 그대로 놔둔 채 일본으로 귀국하는 바람에 乙은 일본군인에 의해 연행되어 창화의 위안소로 끌려 간 후 고웅(高雄) 특공대의 위안소로 옮겨져 군인과의 성행위를 강요당하였다. 고웅의 위안소는 군인용 시설이며 민간인의 출입은 없었다. 乙은 일본 패전 후 군인들에 의해 버려져 대만에서 방랑하고 있다가 귀국선 관계자에게 발견되어 귀국했다.

- 원고 丙은 1920년~1921년경 충청남도에서 태어났다. 17세 되던 해 봄에 10명 정도의 일본 군인에 의해 손발을 묶인 채 트럭과 기차를 타고 오오테산 부대의 위안소로 끌려갔다. 위안소에서는 성행위를 계속 강요당했고, 하룻밤에 30, 40명에서 때로는 50명의 군인을 상대했다. 그리고 군인으로부터 총검으로 왼발 밑을 찔려 중상을 입기도 했는데, 그때의 상흔이 지금도 사라지지 않았다. 丙은 18세 때 한 번 임신했지만 낙태수술을 했고, 수술 후 1주일 후에 퇴원하자마자 또 성행위를 강요

7 태평양 남서부, 파푸아뉴기니령 뉴브리튼섬의 주도(主都)

당했다. 오오테산 위안소에서 3년이 될 무렵 도망 나와 청진으로 갔지만, 거기서 일본 군인에 잡혀 길림 부대의 위안소로 끌려가 요시무라 대위의 전속 위안부가 되었다. 丙은 길림에 끌려간 지 5년 후 전쟁이 끝남에 따라 귀국했다.

- 원고 丁은 1921년 10월 22일 도쿄에서 조선인 아버지와 일본인 어머니 사이에서 태어났고, 그 뒤 곧 아버지의 고향인 경상북도를 거쳐 충청남도로 옮겨졌다. 17세 되던 해인 1938년 '일본인이 소개하는 좋은 일자리가 있다'는 말에 속아 끌려갔는데, 중국 각지의 위안소에서 하루에 10명 내지 30명의 군인과의 성행위를 강요당하였다. 몸도 마음도 매우 괴로운 위안소 생활 때문에 아편을 들이마시게 되었는데 그로 인해 아편 중독에 걸려 1945년 봄 무렵 아편 치료를 위해 귀국했다.

- 원고 戊는 1924년 2월 24일 황해도 연백군에서 태어났다. 戊는 1940년 3월 중순경 경찰관에 의해 검문을 받고 경찰서로 연행된 후 고문을 당하고 후쿠오카라는 곳으로 끌려 가 매일 몇 십 명의 군인과의 성행위를 강요당하였다. 그 뒤 두 차례 위안소를 옮겼는데 위안소에서 매독에 걸려 아이를 낳을 수 없는 상태가 되었다. 전쟁이 끝난 후 공장에서 일하고 여비를 모아 1952년 무렵 귀국했다.

- 원고 己는 1926년 2월 20일 전라남도 강진군에서 태어났다. 1944년 여름 일본인과 조선인으로부터 '일본 공장에 일하러 가서 1년 정도 하면 시집갈 준비도 할 수 있다'는 권유를 받고 거절했지만 강제적으로 버마의 랭군으로 끌려가 그곳 위안소에서 평일에는 10명 내지 15명, 휴일에는 30명 내지 40명의 군인과의 성행위를 강요당하였다. 己는 1945년 3월 무렵 공중폭격을 피하기 위해 위안소로 옮겨지는 과정에서 도망나와 같은 해 9월 내지 10월경 귀국했다.

(2) 쟁점

이 사건의 쟁점은 크게 국제법에 근거한 청구와 관련된 쟁점과 일본 국내법에 근거한 청구와 관련된 쟁점으로 나누어 볼 수 있다. 국제법에 근거한 청구와 관련해서는 '인도에 반한 죄'(crime against humanity) 위반 및 그 외의 국제법 위반에 따른 민사책임 유무, 포츠담선언 수락 등에 근거한 보상책임 유무, 국제법상 평등원칙 위반에 근거한 민사책임 유무 등이 문제되었고, 일본 국내법에 근거한 청구와 관련해서는 일본 헌법 제29조 제3항에 근거한 보상책임 유무, 조리에 근거한 보상책임 유무, 신의칙상 안전배려의무위반에 따른 민사책임 유무, 민법상 불법행위책임 유무, 입법부작위에 의한 국가배상책임 유무 등이 쟁점이 되었다.

(3) 법원 판단

(가) 도쿄지방재판소의 판시 내용 : 원고들 주장 모두 배척

1) '인도에 반한 죄' 위반 및 그 외의 국제법 위반에 따른 민사책임 유무

도쿄지방재판소는 "국제법상의 주체성은 원칙적으로 국가에 인정되는 것이다. 따라서 국가를 구성하는 개인은 원칙적으로 국제법상의 권리의무주체가 될 수 없고, 국제법 분야에서는 개인이 타국에서 받은 피해 등은 소속국의 외교보호권 행사에 의해 국가 간의 문제로 처리되는 것이 원칙이며, …… 개인이 그 소속국 이외의 국가에 대해 직접 권리를 행사하려면 개인이 소속국 이외의 국가에 대해 직접 권리를 행사하는 것을 인정하는 특별한 국제법 규범이 존재해야 한다고 생각된다.

…… 헤이그육전조약[8] 제3조[9]에 의하면 교전당사자인 국가는 군대 구성원이 행

8 '육전법규관례에 관한 조약'(약칭 '헤이그육전조약')은 1907년에 개최된 제2차 헤이그 평화회의에서 채택되고 1910년부터 효력이 발생했다. 일본은 1911년 11월 6일 헤이그육전조약 및 헤이그육전규칙을 비준하고, 같은 해 12월 31일 그 비준서를 기탁했다. 이에 따라 위 조약 및 규칙은 일본에서 1912년 2월 12일 효력이 발생했다.

9 헤이그육전조약 제3조는 "위의 규칙(헤이그육전규칙) 조항을 위반한 교전 당사자는 손해가 있을 때 배상책임을

한 헤이그육전규칙 위반행위에 의해 발생한 개인의 손해에 대해서도 배상책임을 지는 것이 분명하다. 그러나 동 조의 문언 및 취지에 따르면, 각국 군대 및 그 구성원에게 헤이그육전규칙을 준수시키기 위해 교전당사자인 국가에 동 규칙 위반행위에 의해 생긴 손해배상책임을 부과한 것이라고 인정되는 이상으로 피해를 받은 개인의 권리를 보호하는 것까지 정했다고 해석하기는 어렵다. 또 헤이그육전조약 및 헤이그육전규칙에는 피해를 받은 개인이 권리를 행사하는 방법 기타 개인의 권리를 인정하는 것을 시사하는 규정은 없고 동 조약의 기초 과정에도 이를 시사하는 것은 없다. 그렇다면 헤이그육전조약 3조는 피해자 개인의 가해국에 대한 손해배상청구권을 인정한 것이라고 할 수 없다. …… 뉘른베르크 국제군사재판소헌장 제6조[10] 및 극동국제군사재판소헌장 제5조[11]에 관해서 국제관습법이 성립하고 있다고 해도 '인도에 반한 죄'[12]의 피해자에게 그 위반행위자 개인이 소속하는 국가에 대한 손해배상청구권 내지 보상청구권이 인정되었다고 말할 수는 없다. …… 노예조약[13]은 체결국에 대해 노예제도의 폐지 실현의무를 부여하지만, 피해자인 개인이 국가책임을 추궁할 수 있다든가 피해자 개인에게 보상해야 할 내용이 규정된 것은 아니고

진다. 교전 당사자는 그 군대를 구성하는 인원의 일체 행위에 관해 책임을 진다."고 규정하고 있다.

10 뉘른베르크 국제군사재판소헌장 제6조는 "다음의 제 행위 혹은 그 어느 하나의 행위는 재판소의 관할권에 속하는 범죄이며, 이에 대해서는 개인적 책임이 있다. (a) 평화에 대한 죄…, (b) 전시 범죄…, (c) 인도에 반한 죄, 즉 범행이 이루어진 국가의 국내법을 침해했는지 여부와 관계없이 본 재판소의 관할 내에 있는 특정 범죄의 수행에 대해 또한 이와 관련하여 전쟁 전 및 전쟁 중 일반 인민에 대해 이루어진 살해, 노예화, 강제이송 및 그 외의 비인도적 행위, 혹은 정치적·인종적·종교적 이유에 따르는 박해"라고 규정하고 있다.

11 극동국제군사재판소헌장 제5조는 "본 재판소는 평화에 대한 죄를 포함하여 범죄에 대해 개인으로서 또는 단체 구성원으로서 소추된 극동 전쟁범죄인을 심리하여 처벌하는 권한을 가진다. 이하에 제시하는 하나 또는 몇 가지 행위는 개인책임이 있는 것으로 보고 본 재판소의 관할에 속하는 범죄로 한다. (a) 평화에 대한 죄…, (b) 통례의 전쟁범죄…, (c) 인도에 반한 죄, 즉 전쟁 전 또는 전쟁 중에 행해진 살육, 섬멸, 노예적 혹사, 추방 기타의 비인도적 행위, 혹은 범행지의 국내법 위반 여부를 불문하고 본 재판소의 관할에 속하는 범죄의 수행으로서 또는 이에 관련하여 행진 정치적 또는 인종적 이유에 의한 박해행위"라고 규정하고 있다.

12 '인도에 반한 죄'는 1945년 뉘른베르크 국제군사재판소헌장에 의해 처음으로 규범화되고, 1946년 극동군사재판소헌장에 의해 재확인된 범죄유형이다. 김창록,「일본군'위안'부 문제에 관한 법적 검토」,『국제법논문선집』, 동북아의 평화를 위한 바른역사정립기획단, 2006, 412쪽

13 1926년에 체결된 노예조약 제1조는 체약국에 대해 소유물과 마찬가지의 상태에 둘 의사를 가지고 개인을 포착·수송하는 행위를 방지하고 금지하도록 체약국들에게 의무지우고 있다. 일본은 비록 위 조약을 비준하지 않았지만 적어도 1926년 이후에는 노예제 금지라는 국제관습법의 구속을 받고 있었다. 김창록, 위의 책, 413-414쪽

배려의무를 게을리 했다고 주장할 뿐, 해당되는 구체적 상황에 따른 구체적인 의무의 내용을 특정하지 않고, 의무 위반에 해당하는 사실을 주장 · 입증하지 않기 때문에 원고들의 위 주장은 주장 자체로 이유가 없다고 해야 한다. 또 원고들은 피고가 조선인을 군인, 군속, 군위안부로서 강제연행했다는 것 등을 주장하여 강제연행에 내재된 의무로서 생명 · 신체를 스스로 침해하지 않고 타인에게 침해시키지 않는다는 내용의 안전배려의무를 진다고 주장하는 듯하나, 그러한 결과책임을 수반하는 절대적인 안전배려의무를 피고가 지고 있었다고는 볼 수 없다."고 판시하였다.

7) 민법상 불법행위책임 유무

도쿄지방재판소는 "명치헌법 하에서는 권력적 작용에 의해서 개인에게 손해가 발생했다 하더라도 민법을 적용할 수 없었고, 일반적으로 국가의 배상책임을 인정한 법률이 없었으며, 행정재판소에서도 '손해배상을 요구하는 소송'을 수리할 수 없다고 하여(행정재판소법 26조) 국가의 배상책임을 인정할 근거법령이 없었으므로, 그 손해에 대해 국가의 배상책임을 인정할 수 없다. …… 원고들이 주장하는 피고의 행위는 전쟁이라는 국가의 권력적 작용에 부수하는 행위에 해당하기 때문에 피고는 이에 근거한 손해에 대해 민법상 불법행위책임을 질 수 없다고 해야 한다. 또한, …… 본건 소송은 태평양전쟁 종결시부터 20년 이상 경과한 후에 제기되었던 것이 기록상 분명하므로 원고들이 주장하는 손해배상청구권은 민법 제724조 후단에 따라 제척기간의 경과로 인해 소멸되었다고 인정된다."고 판시하였다.

8) 입법부작위에 의한 국가배상책임 유무

도쿄지방재판소는 "국회에 의한 입법도 공권력의 행사에 해당하므로 국회의원의 입법행위(입법부작위 포함)도 국가배상법 제1조 제1항에 의한 배상의 대상이 될 수 있지만, 헌법이 채용하는 의회제 민주주의 하에서 국회의원의 입법행동은 원칙적으로 국회의원 각자의 정치적 판단에 따르고 그 당부는 최종적으로 자유로운 언론이나 선거를 통한 국민의 정치적 평가에 맡길 수 있다고 보아야 한다. 따라서 국회의원은 입법에 관해 원칙적으로 국민 전체에 대한 관계로 정치적 책임을 지는 데 머무르며, 개별 국민의 권리에 대응한 관계로 법적 의무를 지는 것이 아니고, 국회 내지 국회의원의 입법행위는 입법의 내용이 헌법의 일의적인 문언에 위반함에도 불구하고 국회가 굳이 해당 입법을 실시하는 등 쉽게 상정하기 어려운 예외적인 경우가 아니라면 국가배상법 제1조 제1항에 따라 위법하다고 평가받는 것이 아니라고 해석해야 한다. …… 그렇다면 원고들이 주장하는 입법을 실시하는 것이 헌법상 필수적인 요청이고 일의적으로 위와 같은 입법작위의무가 정해져 있다고 해석할 수 없다."고 판시하였다.

(나) 도쿄고등재판소(2심)의 판시 내용 : 원고들 항소 기각

2심인 도쿄고등재판소의 판시 내용은 상술한 도쿄지방재판소의 판시 내용과 큰 차이가 없다. 다만, 민법상 불법행위책임 유무와 관련하여 도쿄고등재판소는 "군위안부 관계의 항소인 등은 그 의사에 반해 고용주인 위안소 경영자에 의해서 군대위안부로서 고용계약을 체결하는 것을 강요당하고, 예속적 고용관계 하에서 위안소 경영자 및 구 일본군의 관리를 받아 열악한 노동환경에서 일상적으로 장기에 걸쳐 구 일본 군인에게 강제적 매춘을 강요당하고 있던 것이라고 인정되기 때문에, 당시의 공창제도를 전제로 해서 고려하더라도 군위안부 관계의 항소인 등 군위안부를 고용한 고용주와 이를 관리감독하고 있던 구 일본 군인의 개개 행위 안에는 군위안부 관계의 항소인 등의 군대 위안행위 강제에 대해 불법행위를 구성하는 경우도 없지 않았다고 추인된다. 그러한 사례에 대해서는 피항소인[20]에게 위안소 영업에 대한 지배적인 계약관계를

20 일본국을 말한다.

가진 자 또는 민간업자와의 공동사업자적 입장에 서는 자로서 민법 제715조 제2항의 감독자책임에 준하는 불법행위책임이 발생하는 경우도 있을 수 있었음을 부정할 수 없다. 따라서 피항소인은 군위안부 관계의 항소인 등의 1937년 무렵부터 1945년 무렵까지의 군위안부로서의 노동에 대해 사적으로는 민간영업자와 함께 민법 제709조, 제715조 제2항에 의해 불법행위책임을 져야 할 여지도 있었다고 하지 않을 수 없다." 하여 비권력적 작용에 의한 배상책임을 인정하는 듯한 태도를 취했으나, 그 배상청구권이 조치법[21] 제1조에 의해 소멸되었거나 20년의 제척기간 경과로 소멸되었다고 판시함[22]으로써 일본국의 배상책임을 전면 부인하는 도쿄지방재판소와 결론을 같이 했다.

(다) 최고재판소(3심)의 판시 내용 : 원고들 상고 기각

최종심인 최고재판소는 헌법 제29조 제3항에 근거한 보상책임 유무와 관련해서는 "이른바 군위안부 관계 상고인 등이 당한 손실은 헌법 시행 전의 행위로 발생한 것이기 때문에 헌법 제29조 제3항이 적용되지 않는 것이 분명하다."

21 '재산 및 청구권에 관한 문제 해결 및 경제협력에 관한 일본국과 대한민국과의 협정 제2조 실시에 따른 대한민국 등의 재산권에 대한 조치에 관한 법률'(昭和 40年 법률 제144호)을 말한다.

22 "한일청구권협정 제2조 제1항, 제3항의 취지는 한일 양국이 양국과 그 국민의 법률상 근거에 기초를 두어 재산적 가치를 인정받는 모든 종류의 실체적 권리인 '재산, 권리 및 이익' 및 그 외의 '청구권'에 대해 외교보호권을 행사하지 않는 것으로 하는 것과 동시에 각각 상대국이 이에 대해 어떠한 국내법적 조치를 취할지 전면적으로 맡기는 것을 합의한 것이며, 이것을 받아 일본국이 국내법적 조치로서 제정한 조치법 제1조로 한국 또는 그 국민의 일본국 또는 그 국민에 대한 채권, 한일청구권협정 제2조 제3항의 '재산, 권리 및 이익'에 해당하는 것은 1965년 6월 22일에 소멸한 것으로 인정된다. …… 항소인 戊를 제외한 군대위안부 관계 항소인 등은 1947년 8월 15일부터 한일청구권협정의 서명일까지 우리나라(즉, 일본국)에 거주했던 적이 있다고 인정받지 못하기 때문에 위 항소인 등의 청구권은 한일청구권협정 제2조 2(a)에 해당하지 않는다. 그렇다면 위 항소인 등의 청구권은 모두 한일청구권협정 제2조 제3항의 '재산, 권리 및 이익'에 해당하며 조치법 제1조의 적용에 의해 1965년 6월 22일로서 소멸한 것으로 해석하는 것이 마땅하다. …… 항소인 戊는 1940년부터 1952년 무렵까지 우리나라에 거주하고 있던 사람이며, 그 손해배상채권은 한일청구권협정 제2조 2(a)에 해당하며 한일청구권협정 제2조 제3항의 '재산, 권리 및 이익'에 해당하지 않게 되기 때문에 조치법 제1조에 따라 소멸하지 않았고, 더 존속했을 가능성이 있는 것으로 해석하는 것이 마땅하다. …… 항소인 戊의 손해배상청구권의 존속기간(제척기간)에 대해 검토할 때, …… 그 제척기간의 기산일은 1947년 8월 15일부터 한일청구권협정의 서명일인 1965년 6월 22일까지 일본에 거주했던 적이 있는 한국인의 재산, 권리 및 이익에 관한 실체상 권리가 소멸하는 일 없이 존속한다고 확정된 한일청구권협정의 발효일 및 조치법의 시행일인 1965년 12월 18일이라고 인정하는 것이 마땅하다. 항소인 戊는 제척기간의 기산일인 1965년 12월 18일부터 20년 이상 경과한 후 1992년 4월 13일에 본소를 제기하고 손해배상을 요구한 것인 바, …… 손해배상청구권은 이미 본소 제기 전 20년의 제척기간이 경과한 시점에서 법률상 당연히 소멸한 것이 된다."고 판시하였다.

고 판시하고, 조치법의 헌법 제17조, 제29조 제2항, 제3항 위반 여부와 관련해서는 "제2차 세계대전의 패전에 따라 국가 간의 재산처리 사항은 본래 헌법이 예정하지 않은 범위이고, 그 과정에서 손해가 생겼다고 하더라도 그 손해에 대한 보상은 전쟁손해와 같이 헌법이 예상하지 않은 것이라고 보아야 한다는 것이 본 재판소 판례의 취지다(昭和 43年 11月 27日 大法廷判決). 따라서 상기 법률이 헌법의 위 각 조항에 위반하는 것은 아니"라고 판시한 다음, "그 나머지 상고이유는 위헌 및 이유의 미비 · 불일치를 말하지만, 그 실질은 사실오인 또는 단순한 법령위반을 주장하는 것이며, 민사소송법 제321조 제1항 또는 제2항에 규정하는 사유에 해당하지 않는다."고 판시하여 상고를 기각하였다.

나. 부산「종군위안부」· 여자정신대 공식사죄청구소송(일명 관부재판)

(1) 사건 개요[23]

원고 박두리 외 2인은 1937년 무렵부터 1945년 무렵까지 사이에 중국 상해, 대만 등으로 강제연행되어 일본군 위안부로서 일본 군인과의 성교를 강요당함으로써 막대한 피해를 입었는데도 일본국이 피해실태의 조사에 착수하지 아니한 채 그 관여 및 가해사실을 적극적으로 계속 부정해 온 것이 위헌 · 위법함을 이유로 일본국을 상대로 국회 및 국제연합총회에서의 공식사죄와 손해배상을 청구하는 한편, 법무대신이 위안부는 공창이라고 한 발언에 의해 위안부인 원고들의 명예가 현저히 침해되었음을 이유로 일본국을 상대로 국가배상법에 따른 손해배상을 청구하는 소송을 1992년 12월 25일 야마구치지방재판소 시모노세키지부에 제기하였다. 이에 야마구치지방재판소 시모노세키지부는 1998년 4월 27일 일본 헌법 질서의 근간이 되는 가치에 관계되는 기본

23 부산「종군위안부」· 여자정신대 공식사죄청구소송에는 원고 유찬이를 비롯한 여자근로정신대원 7인이 제기한 공식사죄 및 손해배상청구도 포함되어 있으나, 이 글은 위안부 소송에 관한 것이므로 위와 같은 여자근로정신대원의 청구부분은 논외로 한다.

적 인권의 침해를 초래하는 경우에도 예외적으로 국가배상책임이 발생함을 전제로 일본군 위안부제도는 나치의 만행에 준하는 중대한 인권침해라는 사실을 고려하면 내각 관방장관의 조사결과 발표에 관한 담화가 나온 1993년 8월 4일 이후에 시급하게 특별입법을 행할 헌법상의 의무가 있음에도 담화 후 3년이 지난 1996년 8월말까지 입법을 하지 않은 것은 당해 입법부작위가 국가배상법상 위법에 해당한다는 이유로 위 원고들에 대하여 각 30만 엔 및 이에 대한 지연이자를 지급하도록 명하는 판결을 선고했다.[24] 그러나 히로시마고등재판소는 2001년 3월 29일 헌법의 제 규정이 국회에 대하여 사죄와 보상에 관한 일의적인 입법의무를 부과한 것으로 해석할 수 없다는 이유로 위 원심판결을 취소하고 원고들에게 패소판결을 선고했고,[25] 최고재판소는 2003년 3월 25일 상고불수리결정을 내렸다.

판결에서 인정된 사실관계를 토대로 대체적인 사건 개요를 살펴보면 다음과 같다.

- 원고 甲은 1924년 경상남도 삼랑진군에서 태어났다. 17세 무렵 조선어와 일본어를 하는 낯선 남자가 甲의 집으로 찾아와 '일본의 공장에서 돈이 되는 일이 있다.'고 말했고, 甲은 돈을 벌어 부모님도 모시고 시집도 가고 싶다는 생각에 그 남자를 따라 나섰다. 하지만 甲은 그 남자의 말과 달리 부산에서 배로 대만의 위안소로 끌려가 일본 군인들에 의해 강간을 당하였다. 그 후 甲은 하루에 10명 전후의 남자와의 성관계를 강요당하였다. 甲은 위안부로서 오랜 세월 강제적으로 성교한 것 때문에 넓적다리가 붓는 병에 걸려 수술을 받기까지 했다. 甲은 일본 패전 후 위안소의 관리인인 조선인 남자에 의해 고향으로 돌아 올 수 있었다.

- 원고 乙은 1918년 전라북도에서 태어났다. 1937년 봄 무렵 저녁식사를 준비하기

24 山口地方裁判所下關支部 平成4年(ワ)第349號(判例時報1642號24頁)
25 廣島高等裁判所 平成10年(ネ)第278號(判例時報1759號42頁)

위해 밭에서 쑥을 캐고 있었는데, 40세 정도의 낯선 조선인 남자가 다가와 '그런 일을 하고 있는 것보다도 나를 따라 오면 신발도 주고 옷도 준다. 배부르게 먹을 수 있는 곳에 데려가 주겠다.'고 말했고, 궁핍했던 乙은 그 남자를 따라 가기로 결심했다. 乙이 '부모에게 인사하고나서 가고 싶다.'고 간청했음에도 그 남자는 '시간이 없다. 서두르자.'면서 乙의 손을 끌고 갔다. 여관에서 하루 잔 후 乙은 3명의 일본 군인에 의해 중국 상해로 갔다. 그 후 乙은 일본 육군 주둔지로 갔고, 그곳에서 미야자키 장군에게 3일간 강간을 당한 후 1945년 8월 해방 때까지 약 8년간 매일 아침 9시부터 평일은 8~9명, 휴일은 17~18명의 일본 군인과 강제로 성교를 하였다. 乙은 '자신과 약속해 놓고 왜 다른 남자와 잤냐?'고 따지는 일본 군인에 의해 군화로 배를 차이고 칼로 등에 문신이 새겨지는 고통을 당하기도 했다. 일본 패전 후 육군 주둔지에 방치된 乙은 한 조선인과 함께 지붕이 없는 화차를 며칠 동안 타고 간신히 집으로 돌아올 수 있었다.

- 원고 丙은 1918년 전라남도 목포시에서 태어났다. 1937년 봄 무렵 장을 보기 위해 외출했다가 일본인 1명과 조선인 1명으로부터 '돈벌이를 할 수 있다. 일이 있으니까 따라 오지 않겠는가.'라는 말을 듣고 돈벌이를 하고 싶다는 생각에 그들을 따라갔다. 丙은 일본 오사카로 갔다가 그곳에서 하루 잔 후 다시 배를 타고 중국 상해로 갔다. 중국 상해에서 丙은 '육군부 위안소'라는 간판이 걸린 연립주택으로 끌려가 매일 아침 9시부터 다음날 새벽 2시 정도까지 일본 군인과의 성교를 강요당하였다. 丙은 위안부생활을 견디다 못해 위안소에서 도망쳤지만 주인에게 발각되어 취사장에 끌려가 길이 약 50㎝의 떡갈나무 곤봉으로 심하게 맞아 머리에서 큰 출혈을 일으켰다. 일본 패전 후 위안소 주인과 군인들은 丙을 위안소에 내버려 둔 채 사라졌고 丙은 한 중국 부인의 도움으로 간신히 귀국선을 타고 고향으로 돌아올 수 있었다.

(2) 쟁점

이 사건의 쟁점은 '도의적 국가로서의 의무'에 근거한 공식사죄 및 배상책임 유무, 명치헌법 27조에 근거한 손실보상 책임 유무, 입법부작위에 의한 국가배상책임 유무, 위안부를 공창이라고 한 법무대신의 발언과 관련한 불법행위에 의한 국가배상책임 유무 등이라고 할 수 있다.

(3) 법원 판단

(가) 야마구치지방재판소 시모노세키지부의 판시 내용 : 입법부작위에 의한 배상책임 인정

1) '도의적 국가로서의 의무'에 근거한 공식사죄 및 배상책임 유무 : 불인정

야마구치 지방재판소 시모노세키지부(이하 '시모노세키지부'라고만 한다)는 "원고들은 …… 1943년 카이로선언, 1945년 포츠담선언, 일본헌법 전문 및 제9조가 피고에 대해서 침략전쟁과 식민지 지배의 피해자에 대한 사죄와 배상을 구체적 내용으로 하는 '도의적 국가의 의무'를 부여하게 하고 있다고 하여 국가배상법 제1조 제1항, 제4조, 민법 제723조의 유추적용에 의해 피고에 대해 공식사죄 및 손해배상의 지불을 요구할 권리를 가진다고 주장한다. …… 사실 '도의적 국가로서의 의무'의 내용은 매우 다의적이지만, 이 다의성은 근본적으로는 그 주장에 있어서의 법적 의무와 도의적 의무와의 구별이 애매함에서 유래하는 것처럼 생각된다. 따라서 '도의적 국가로서의 의무'를 논증함에 있어서는 법해석으로서 무엇이 일본국 헌법의 법적 의무인지를 검토해야 한다고 생각된다. …… 일본국 헌법은 확실히 제국 일본의 군국주의와 여기에 따른 식민지, 점령지 지배에 관해서 부정적인 인식과 반성을 가지는 한편 그 발

본적 개혁을 하려는 의도 하에 존립하고 있는 것에 대해서는 의문이 없다. 그러나 그렇다고 해서 위 군국주의의 피해자 개인에 대해서 일본헌법이 직접적인 사죄와 배상을 명해 그 취지의 헌법상 입법의무를 즉시 피고에게 부과하고 있다고까지는 해석할 수 없다."고 판시하였다.

2) 명치헌법 제27조에 근거한 손실보상 책임 유무 : 불인정

시모노세키지부는 "명치헌법은 늦어도 일본헌법의 시행에 의해서 전면적으로 실효하였고, 경과규정에 의한 효력유지조항도 없다. …… 원고들은 명치헌법에 대해서도 당시 해석에 의한 것이 아니라 현시점에서 정당한 해석을 한 다음 이것을 적용해야 한다는 취지로 주장하지만, 실질적으로는 일본헌법의 소급 적용을 인정함과 같아 채용할 수 있는 논의는 아니다. 그렇다면 보상입법이 존재하지 않는 것을 전제로 하여 명치헌법 제27조에 근거해 직접적인 손실보상청구권이 발생한다고 해석하는 것은 불가능하다."고 판시하였다.

3) 입법부작위에 의한 국가배상책임 유무 : 인정

시모노세키지부는, 단지 입법내용이 헌법의 일의적(一義的)인 문언에 위반하고 있는 것에도 불구하고 국회가 해당 입법을 실시하지 않는 경우뿐만 아니라 일본국 헌법 질서의 근간적 가치에 관계되는 기본적 인권의 침해를 가져오는 경우에도 예외적으로 입법부작위가 국가배상법상 위법이 될 수 있다는 전제 하에 "종군위안부제도가 이른바 나치스 만행에 준하는 중대한 인권침해이고 이것에 의해 위안부로 여겨진 많은 여성들이 입은 손해를 방치하는 일 또한 새롭게 중대한 인권침해를 일으키는 것임을 고려하면, 늦어도 내각관방장관 담화가 나온 1993년 8월 4일 직후 입법작위의무는 위안부 원고들이 입은 손해를 회복하기 위한 특별한 배상입법을 이루어야 할 일본헌법상의 의무로 바뀌어 명확하게 국회에 대한 입법과제를 제기했다고 해야 한다. 그리고 위 담화에서 늦어도 3년이 경과한 1996년 말에는 위 입법을 이루어야 할 합리적 기간을 경과했다고 말할 수 있기 때문에 해당 입법부작위가 국가배상법상 위법이 되었다고 인정된다."고 판시하여 이 부분 원고들 청구를 인정하였다.

4) 위안부를 공창이라고 한 법무대신의 발언과 관련한 불법행위에 의한 국가배상책임 유무 : 불인정

시모노세키지부는 "그 내용[26]은 어디까지나 종군위안부에 대한 역사적, 제도적 인식과 그 평가에 관한 것으로 더욱이 그 발언 상황을 볼 때도 이에 대해 일반론으로서의 의견을 말한 것에 지나지 않는 것이 분명하다. …… 따라서, 나가노(永野) 전 법무대신의 발언이 위안부 원고들의 명예와 인격적 가치를 침해한다고 인정하기에 부족하기 때문에 그 나머지 점에 대해서 판단할 것도 없이 원고들의 국가배상청구는 이유 없다."고 판시하였다.

(나) 히로시마고등재판소(2심)의 판시 내용 : 1심 번복, 원고 주장 모두 배척

상술한 바와 같이 시모노세키지부의 판결에 대해 원 · 피고 쌍방 모두 항소하였다. 2심인 히로시마고등재판소는 1심인 시모노세키지부에서 원고들에 대해 입법부작위에 의한 손해배상책임을 인정한 것을 번복하였다. 그리고 그 밖의 나머지 원고들 주장 부분은 1심과 마찬가지로 받아들이지 않았다. 이중 입법행위 부작위에 대해서는 "국회의원의 입법행위는 입법의 내용이 헌법의 일의적 문언에 위반하고 있는 것임에도 불구하고 국회가 굳이 해당 입법을 시행하는 것과 같이 쉽게 상정하기 어려운 예외적인 경우가 아닌 한 국가배상법 제1조 제1항 규정의 적용상 위법의 평가를 받지 않는 것으로 해석하는 것이

26 "위안부는 정도의 차이는 있지만, 미군, 영군 등에서도 동일한 일을 하고 있다. 일본만이 나쁘다고 하는 것은 가혹하다. 위안부는 당시 공창이며, 그것을 지금의 눈에서 여성 멸시라든지, 한국인 차별이라고는 말할 수 없다."는 취지의 발언 내용을 말한다.

타당하다. …… 헌법의 전문 및 각 조문을 각각 개별적으로 봐도 또 그것을 종합적으로 고려해도 헌법 문언의 해석상 종군위안부에 대한 사죄와 보상에 대한 입법의무의 존재가 일의적으로 명백하다고는 할 수 없고 따라서 국회의원에 의한 위 입법부작위는 국가배상법 제1조 제1항 규정의 적용상 위법하다고 평가받을 것은 아니라고 해야 한다."고 판시했다.

이와 달리 판단한 원심의 판시에 대해서는 "헌법이 채용하는 의회제 민주주의제도 하에서는 국민의 의견 및 이익의 다양성, 자유로운 토론과 다수결원리에 따른 입법과정의 성질, 국회의원의 입법행위의 정치성 등에 비추어 생각하면, 특정한 구체적인 입법의 필요와 불필요, 내용, 시기 등에 대해서는 해당 입법을 시행하지 않는 것이 헌법의 일의적인 문언에 위반하지 않는 한, 국권의 최고기관으로서의 입법부의 재량적 판단에 맡겨지고 있고, 국회의원은 개별 국민의 권리에 대응한 관계로 특정한 구체적인 내용의 입법에 대해 헌법상 입법의무를 지는 것이 아니고, 위 입법부작위는 국가배상법상 위법의 평가를 받지 않는 것으로 해석하는 것이 타당하며 원심의 위 견해는 국회의 입법과정 및 국회의원의 입법행위의 성질 등에 비추어 시인할 수 없다."고 판시한 후 나머지 쟁점에 관해서는 원심과 마찬가지로 원고들의 주장을 모두 배척하였다.

(다) 최고재판소(3심)의 판시 내용 : 상고 불수리

최고재판소는 "헌법위반이나 판례위반을 묻는 것이 아니기 때문에 기각한다."며 상고 불수리 결정을 내렸다.

다. 재일 한국인「종군위안부」국가보상청구소송(일명 송신도재판)

(1) 사건 개요

원고 송신도는 제2차 세계대전 중 약 7년간에 걸쳐 중국 대륙에서 일본군 위안부로서 일본 군인들로부터 폭행, 강간 등의 피해를 받아 현저한 육체적 · 정신적 고통을 받았음을 이유로 일본국을 상대로 공식사죄와 손해배상을 구하는 소송을 1993년 4월 5일 도쿄지방재판소에 제기했다. 도쿄지방재판소는 1999년 10월 1일 원고의 청구를 기각했고,[27] 원고가 이에 불복하여 항소하였으나, 도쿄고등재판소는 2000년 11월 30일 항소를 기각했다.[28] 그리고 최고재판소는 2003년 3월 28일 상고불수리결정을 하였다.[29]

판결에서 인정된 사실관계를 토대로 사건 개요를 살펴보면 다음과 같다.

- 원고는 1922년 11월 충청남도에서 태어났다. 1938년 무렵 초로의 조선인 여성이 원고에게 다가와 원고의 어머니를 아는 사람이라고 말한 뒤 '국가를 위해서 전쟁터에 가서 일하면 돈을 번다.', '결혼 같은 것을 하지 않아도 혼자서 살아갈 수 있다.'는 등의 말로 전쟁터에서 일하도록 유인했다. 원고는 그 일이 성에 관계된 것이라거나 심지어 추업이라는 것 등을 전혀 몰랐기 때문에 그녀의 유혹에 넘어가 전쟁터에서 일하는 것을 승낙했다. 그런데 당초 원고가 예상했던 것과 달리 원고는 중국 천진(天津)을 거쳐 무창(武昌)에 있는 일본군 위안소로 연행되었다. 그곳에서 원고는 군의관으로부터 성병검사를 받고 일본 군인과의 성교를 강요당하였다. 원고는 몇 차례 도망을 시도했지만 번번이 붙잡혀 구타를 당하였다. 원고는 이후 한구(漢口), 악주(岳州) 등의 각 위안소를 전전하며 1945년 세계대전 종료시까지 군위안부로 종사할 수밖에 없었다.

(2) 쟁점

이 사건의 쟁점은 국제법에 근거하는 사죄 및 손해배상청구권의 존부, 민법

27 東京地方裁判所 平成5年(わ)第6152號
28 東京高等裁判所 平成11年(ネ)第5333號
29 最高裁 平成13年(オ)第315號

에 근거하는 사죄 및 손해배상청구권의 존부, 명예훼손, 처벌의무위반 및 입법부작위를 이유로 하는 국가배상법에 근거하는 사죄 및 손해배상청구권의 존부 등이라고 할 수 있다.

(3) 법원 판단

(가) 도쿄지방재판소의 판시 내용 : 원고 주장 모두 배척

1) 국제법에 근거하는 사죄 및 손해배상청구권의 존부

도쿄지방재판소는 "본건 당시 원고가 주장한 피해회복의무의 존재 및 그 이행에 대한 일반관행 및 법적 확신이 확립되어 있었다고는 인정되지 않고, 이로 인해 국제관습법의 성립이 인정받지 못하기 때문에 그 나머지에 대해 다룰 것도 없이 국제관습법에 근거하는 원고의 청구는 이유 없다. …… 강제노동조약, 특히 그 제14조, 제15조가 직접 개인에게 국가에 대한 어떠한 청구권도 인정하고 있지 않다. …… 카이로선언, 포츠담선언 및 평화조약이 피고의 원고에 대한 손해배상의무 등의 근거가 될 수 없는 것은 분명하기 때문에 위 각 선언 및 조약에 근거하는 원고의 청구도 이유 없다."고 판시하였다.

2) 민법에 근거하는 사죄 및 손해배상청구권의 존부

도쿄지방재판소는 "명치헌법 하에 있어서는 권력적 작용에 의해서 개인에게 손해가 발생했다 해도 민법의 적용은 없고, …… 권력적 작용에 근거하는 손해에 대해서는 국가배상책임이 부정되어 왔다. …… 원고가 본건 행위시인 1938년경부터 1945년경까지의 시점에서 이미 20년 이상 경과한 후인 1993년 4월 5일에 본건 소송을 제기한 것은 기록상 분명하기 때문에 원고의 청구권은 위 20년의 제척기간이 경과한 시점에서 법률상 당연하게 소멸한 것이라고 하지 않을 수 없다."고 판시하였다.

3) 명예훼손, 처벌의무위반 및 입법부작위를 이유로 하는 국가배상법에 근거하는 사죄 및 손해배상청구권의 존부

도쿄지방재판소는 "노동성 직업안정국장 기요미즈(清水傳雄),[30] 와카바야시(若林之矩),[31] 관방장관 가토 고이치(加藤紘一)[32]의 각 발언 내용은 모두 피고의 종군위안부제도에 관한 조사결과를 그 단계마다 말하고 있는 것에 지나지 않고, …… 구체성이 없고, 원고를 포함한 특정의 사람들에 관해서 기술된 것이라고 이해하는 것은 어렵고, …… 따라서 이러한 발언에 의해서 원고에 대한 사회적 평가가 저하되었다고 할 수 없고, 원고의 명예가 침해되었다고 말할 수 없다. …… 범죄의 피해자는 조사기관에 의한 수사가 부적절하다거나 검찰관이 기소처분을 하지 않는다고 하여 국가배상법에 근거하는 손해배상을 청구할 수 없다고 본다. …… 헌법 명문에 대한 해석에서도 원고 주장과 같은 형태의 보상입법의무가 존재한다는 것이 일의적으로 명확하다고 하는 것은 무리이고, 그러한 보상입법이 되지 않았다고 국가배상법상 위법하게 되어야 할 이유까지는 없어, 결국 이 점에 관한 원고의 주장은 채용할 수 없다."고 판시했다.

(나) 도쿄고등재판소(2심)의 판시 내용 : 원고 항소 기각

2심인 도쿄고등재판소도 마찬가지로 국제법에 근거하는 사죄 및 손해배상청구권의 존부, 민법에 근거하는 사죄 및 손해배상청구권의 존부, 그리고 명예

30 참의원예산위원회에서 "종군위안부라는 것에 대해 그 당시 사람들의 이야기도 종합해서 들으면 역시 민간업자가 그러한 분들을 군과 함께 데리고 다녔다거나 그러한 상황이었던 것 같은데, 이러한 실태에 대해 저희들이 조사하고 결과를 내는 것은 솔직하게 말씀드려 하기 어렵다고 생각합니다."라고 발언했다.

31 참의원예산위원회에서 "저희들은 조선인 종군위안부 문제라는 지적이 있어서 조사했는데, 당시 후생성의 노동국 혹은 국민노동동원서라는 곳에서 동원업무를 담당하고 있던 것입니다만, 당시 거기에 근무하고 있었던 사람에게 사정을 청취한 결과 후생성 노동국도 국민노동동원서도 조선인 종군위안부라는 문제에는 전혀 관여하지 않았다고 했습니다. 그래서 저희들도 그 이상의 상황을 파악할 수 없습니다."라고 발언했다.

32 '모집의 방법에 관한 자료는 발견되지 않았다.'고 발언했다.

훼손, 처벌의무위반 및 입법부작위를 이유로 하는 국가배상법에 근거하는 사죄 및 손해배상청구권의 존부를 주된 쟁점으로 삼아 판단했는데, 그 판시 내용은 도쿄지방재판소의 판시 내용과 크게 다르지 않다. 다만 "종군위안부의 설치, 운영에 대해서는 당시 일본국을 구속한 강제노동조약, 추업조약에 대한 위반행위가 있는 경우도 있었다고 인정되며 각각 조약 위반에 의한 국제법상의 국가책임이 발생하고 있다고 인정된다."[33]고 하여 강제노동조약과 추업조약을 위반한 사실을 일부 인정한 것이라든지, "피항소인[34]은 항소인[35]이 1938년부터 약 7년간에 걸쳐 종군위안부로서 노동한 것에 대해 개인적으로는 민간 영업자와 함께 민법 제709조, 제715조 제2항에 의해 불법행위책임을 져야 할 여지가 있었다고 하지 않을 수 없다."[36]고 하여 민법상 불법행위책임도 인정하는 듯한 태도를 보인 것은 눈여겨 볼만하다.

(다) 최고재판소(3심)의 판시 내용 : 상고 불수리

최고재판소는 헌법위반이나 판례위반을 묻는 것이 아니라는 이유로 상고 불수리 결정을 하였다.

2. 외국인 피해자 사건[37]

33 그러나 "일본국은 국제적 불법행위를 한 위안소 경영자, 거기에 가담하고 있었다고 보여지는 구 일본군 관계자에 대한 처벌이나 시정조치, 피해자 구제조치 등을 명하는 등 처분을 할 의무가 발생하지만, 일본국이 위 국가책임을 해제하기 위한 조치를 실현시키지 않았다고 해도 그것이 곧 국가 자신의 국제적 불법행위가 되는 것은 아니다."고 하여 원고의 주장을 받아들이지 않았다.

34 일본국을 말한다.

35 원고 송신도를 말한다

36 하지만 "항소인이 늦어도 1945년 8월 15일까지 취득할 가능성이 있는 피항소인에 대한 손해배상청구권에 대해서는 그 제척기간의 기산일은 재일 한국인의 재산, 권리 및 이익에 관한 실체상의 권리가 소멸하지 않고 존속했다고 확정한 한일청구권협정의 발효일 및 재산권조치법의 시행일인 1965년 12월 18일이라고 인정하는 것이 마땅하다. 그렇다면, 항소인의 피항소인에 대한 손해배상청구권 등은 1985년 12월 18일의 경과에 의해 제척기간 만료로 소멸한 것이라고 인정된다."고 판시하고 결국 원고의 청구를 기각하였다.

37 한국인 위안부 피해자들이 제기한 앞의 소송에서 제기된 쟁점과의 중복을 피하기 위하여 사건의 개요, 법원의 판단 등은 필요에 따라 약술한다.

가. 중국인 피해자 사건

(1) 중국인 「종군위안부」 손해배상청구소송 1차소송

원고 리시우매이(李秀梅) 외 3인이 1995년 8월 7일 도쿄지방재판소에 제기한 1차 소송에 대해, 도쿄지방재판소는 2001년 5월 30일 피해사실 자체를 부인하며 청구기각 판결을 선고했다. 반면, 2심인 도쿄고등재판소는 2004년 12월 15일 피해사실 자체는 인정하면서도 헤이그조약 위반에 대한 원고들 주장에 대해서는 개인이 국제법상 주체가 될 수 없다는 이유로, 불법행위책임 주장에 대해서는 국가의 공적 권력작용의 경우 사법인 민법의 적용을 받지 않아 국가무답책(國家無答責)이 성립한다는 이유로, 그리고 설령 불법행위였다 하더라도 제척기간이 지났다는 이유로 원고들의 항소를 기각하였다.[38,39] 이후 최고재판소는 2007년 4월 27일 상고불수리결정을 내렸다.[40]

(2) 중국인 「종군위안부」 손해배상청구소송 2차소송

원고 궈씨추이(郭喜翠) 외 1인이 1996년 2월 23일 도쿄지방재판소에 제기한 2차 소송[41]에 대해 도쿄지방재판소는 2002년 3월 29일 청구기각 판결을 선고했고, 도쿄고등재판소는 2005년 3월 18일 항소를 기각했으며,[42] 최고재판소는 2007년 4월 27일 상고를 기각하였다.[43]

이 사건에서는 전후처리의 기본원칙으로서의 청구권방기[44], 일본국과 중화

38 東京高等裁判所 平成13年(ネ)第3775號

39 홍성필, 앞의 책, 227쪽

40 最高裁 平成17年(オ)第985號, 平成17年(受)第1127號

41 당시 중화민국 민법상의 사용자책임 등에 근거하여 손해배상 및 사죄광고의 게재를 청구하는 소송이다.

42 東京高等裁判所 平成14年(ネ)第2621號

43 最高裁 平成17年(受)第1735號

44 최고재판소는 "제2차 세계대전 후에 있어서 일본국의 전후처리의 골격을 정하게 된 샌프란시스코 강화조약은, …… 개인의 청구권을 포함하여 전쟁의 수행 중에 발생한 모든 청구권을 상호적으로 방기하는 것을 전제로 해서, 일본국은 연합국에 대한 전쟁배상의무를 인정하여 연합국의 관할 하에 있는 재외자산의 처분을 연합국에

민국과의 사이의 평화조약[45]에 의한 청구권방기,[46] 일본국 정부와 중화인민공

위임하고, 역무배상을 포함하여 구체적인 전쟁배상의 결정은 각 연합국 사이에서 개별적으로 행한다는 일본국의 전후처리의 취지를 정한 것이었다. 이 취지는 연합국 48개국과의 사이에서 체결되어 이에 따라 일본국이 독립을 회복했다는 샌프란시스코 강화조약의 중요성에 비추어 일본국이 샌프란시스코 강화조약의 당사국 이외의 국가나 지역 사이에서 평화조약 등을 체결해서 전후처리를 하는데 있어서도, 그 취지로 되어야 하는 것이었다. 샌프란시스코 강화조약의 취지는 일본과 연합국 48개국 사이에서의 전쟁상태를 최종적으로 종료시키고, 장래에 있어서 흔들리지 않는 우호관계를 구축한다는 평화조약의 목적을 달성하기 위해서 정해진 것이고, 이 취지가 정해진 것은 평화조약을 체결해 두면서 전쟁수행 중에 발생한 다양한 청구권에 관한 문제를 사후적·개별적인 민사재판상의 권리행사로 해결하도록 맡겨둔다면 장래 어느 국가 또는 국민에 대해서도 평화조약 체결시 예측곤란한 과대한 부담을 지게 되어 혼란을 발생시킬 우려가 있고 평화조약의 목적달성에 장해가 된다는 것에 대한 고려에 있는 것으로 해석된다. 그리고 샌프란시스코 강화조약의 취지에 있어서 청구권방기의 취지가 위와 같이 청구권의 문제를 사후적·개별적인 민사재판상의 권리행사에 의한 해결에 맡기는 것을 피한다는 점에 있음을 고려하면, 여기서 말하는 청구권의 '방기(放棄)'란 청구권을 실체적으로 소멸시키는 것까지를 의미하는 것이 아니라 당해 청구권에 근거해서 재판상 소구하는 권능을 상실시키는 것에 머무르게 되는 것으로 이해하는 것이 상당하다[참고로, 원심인 도쿄고등재판소는 "일화(日華)평화조약 제11조는 연합국에 의한 배상청구권 등의 방기를 규정한 샌프란시스코 강화조약 제14조 (b)에 따르는 것을 정하는 바, 여기서 말하는 청구권방기란 외교보호권의 방기에 머무르지 않고 청구권 자체를 포괄적으로 방기하는 취지라고 해석해야 한다."고 판시하여 청구권방기의 효력에 관해 최고재판소와 다른 입장을 취하고 있다(東京高等裁判所 平成14年(ネ)第2621號)]. 상고인들은 국가가 그것이 가지는 외교보호권을 방기하는 것이라면 각별히 국민의 고유권리인 사권(私權)을 국가 간 합의에 의해서 제한할 수 없다는 취지로 주장하나, 국가는 전쟁의 종결에 따른 강화조약 체결시에 대인주권에 근거해서 개인의 청구권을 포함한 청구권의 처리를 할 수 있는 것이어서 위 주장은 받아들일 수 없다."고 판시하였다.

45 일본정부는 1952년 4월 28일 중화민국 정부를 중국의 정통정부로 인정하고 중화민국 정부와 사이에 "일본국과 중화민국과의 사이의 평화조약(日本國と中華民國との間の平和條約 : 이하 '일화평화조약')"을 체결하였고, 위 조약은 같은 해 8월 5일에 발효되었다. 위 조약에는 일본국과 중화민국 사이의 전쟁상태가 조약의 효력발생일로 종료되는 것(제1조), 양국 간에 전쟁상태가 존재하는 결과로서 발생한 문제는 샌프란시스코 강화조약의 해당 규정에 따라 해결하는 것(제11조) 등의 조항이 있고, 또 조약과 불가분을 이루는 의정서 조항으로서, 중화민국은 일본국민에 대한 관후(寬厚)와 선의의 상징으로 샌프란시스코 강화조약 제14조 (a) 1.에 근거하여 일본국이 제공해야 할 역무의 이익을 자발적으로 방기하는 것[의정서 제1(b)]이 정해져 있다. 더욱이 위 조약의 부속교환공문에는 위 조약의 조항이 중화민국에 관해서는 중화민국 정부의 지배 하에 있거나 또는 앞으로 포함될 모든 영역에 적용된다고 확인되고 있다.

46 도쿄고등재판소는 "일화평화조약을 체결한 것은 이미 중국대륙에 대한 실효지배를 상실하고 있던 중화민국 정부이나, 당시 국제사회에서 중국을 대표하는 정통정부라고 승인되고 있었던 것은 중화민국 정부이고, 일화평화조약은 동 정부가 중국을 대표하여 국가로서의 중국과 일본국 사이에 체결된 것으로서 효력을 가지고 대륙을 포함한 중국 전체에 적용된다고 해석하는 것이 타당하다."면서 "제2차 세계대전 수행 중에 일본 군인들의 가해행위로부터 발생된 중국 국민인 원고들의 손해배상청구권은 일화평화조약에 의해서 방기되었다고 해석해야 한다"고 판시하였다. 그러나 최고재판소는 "중국과의 관계에 있어서 전후처리에 관한 조약으로는 위에 기재한 대로 중화민국 정부 사이에 체결된 일화평화조약이 존재한다. …… 그렇지만 일화평화조약이 체결된 당시 중화민국 정부는 대만 및 주변 제도만을 지배하고 있었고, 부속교환공문에는 이것을 전제로 해서 '이 조약의 조항이 중화민국에 관해서는 중화민국 정부의 지배 하에 있거나 또는 앞으로 포함될 모든 영역에 적용된다'라는 취지가 기재되어 있다. 이 기재에 의하면, 전쟁배상 및 청구권의 처리에 관한 조항은 중화인민공화국 정부가 지배하고 있던 중국 대륙에 대해서는 장래 적용의 가능성이 제시된 것에 지나지 않는다는 해석도 충분히 성립한다. 따라서 전쟁배상 및 개인의 청구권을 포함한 청구권의 방기를 정한 일화평화조약 제11조 및 의정서 제1(b)의 조항에 대해서는 동 조약의 체결 후 중화민국 정부의 지배 하에 있지 못했던 중국 대륙에 적용된다고 단정할 수 없고, 중국 대륙에 거주하는 중국 국민에 대해서 당연히 그 효력이 미친다고는 할 수 없다. 그리고 상고인들은 중국 대륙에 거주하는 중국 국민인 점이 분명하기 때문에 동인들에 대해서 당연히 위 조약에 의한 청구권방기의 효력이 미친다고는 할 수 없다."고 판시하여 원심과 다른 입장을 취하고 있다.

화국 정부의 공동성명[47] 제5항에 의한 청구권방기(請求權放棄)[48] 주장의 당부가 주요 쟁점으로 다루어졌는데, 도쿄고등재판소와 최고재판소는 원고들에 대한 일본국의 손해배상책임 자체는 인정하면서도 청구권방기[49]의 항변을 받아 들여 원고들의 항소 및 상고를 기각하였다.

(3) 중국 산서성 성폭력피해배상청구소송

중국 산서성에서 일본군의 전선부대에 납치되어 주둔지에 감금된 상태에서 성폭력을 당한 중국인 여성 10명(피해자 본인 9명, 유족 1명)이 일본국을 상

47 일본정부는 다나카 가쿠에이(田中角榮) 내각하에서 중화민국정부로부터 중화인민공화국정부로 정부승인을 변경할 방침을 공고히 하고, 이른바 일중국교정상화교섭을 거쳐 1972년 9월 29일 "일본국 정부와 중화인민공화국 정부의 공동성명(日本國政府と中華人民共和國政府の共同聲明 : 이하 '일중공동성명')"을 채택하였다. 위 성명에는 일본국과 중화인민공화국 사이에 지금까지의 비정상적인 상태는 이 공동성명이 시작되는 날로 종료된다(제1항), 일본국 정부는 중화인민공화국 정부가 중국의 유일한 합법정부인 점을 승인한다(제2항), 중화인민공화국 정부는 중일 양국 국민의 우호를 위해서 일본국에 대한 전쟁배상의 청구를 방기하는 것을 선언한다(제5항)는 등의 조항이 들어 있다. 이어서 양국 정부는 1978년 8월 12일「일본국과 중화인민공화국과의 사이의 평화우호조약(日本國と中華人民共和國の間の平和友好條約)」(이하 '일중평화우호조약')을 체결하였고, 위 조약은 같은 해 10월 23일에 발효되었는데, 위 조약의 전문에는 일중공동성명에 제시된 모든 원칙이 엄격히 준수되어야 한다는 점을 확인하는 취지가 규정되어 있다.

48 최고재판소는 "일중공동성명 제5항은 '중화인민공화국 정부는 중일 양국 국민의 우호를 위해서 일본국에 대한 전쟁배상의 청구를 방기하는 것을 선언한다'고 서술하고 있는데, 그 문언을 보면 방기의 대상이 되는 '청구'의 주체가 명시되어 있지 않고, 국가 간의 이른바 전쟁배상 외에 청구권의 처리를 포함한 취지가 어떨지 또 청구권의 처리가 포함되더라도 중화인민공화국의 국민이 개인으로서 가지는 청구권의 방기를 포함한 취지가 어떨지가 반드시 분명하다고 말할 수 없다. 그러나 공표되고 있는 일중국교정상화교섭의 공식기록이나 관계자의 회고록 등에 기초한 고증을 거쳐 현재 공지의 사실이 되고 있는 교섭경위 등을 근거로 삼아 고려한 경우, 일중공동성명은 평화조약의 실질을 가지는 것으로 해석해야 하고, 일중공동성명에 있어서 전쟁배상 및 청구권의 처리에 대해서 샌프란시스코 강화조약의 취지와 다른 결정이 내려진 것으로 해석할 수 없다고 해야 한다. …… 청구권의 처리에 대해서는 개인의 청구권을 포함해서 전쟁수행 중에 일어난 모든 청구권을 상호 방기한 것을 분명히 한 것이라고 해야 한다."고 판시하는 한편, "일중공동성명은 우리나라(일본국)에서 조약으로 취급되지 않고 국회의 비준도 거치지 않은 것이기 때문에 그 국제법상의 법규범성이 문제될 수 있다. 그러나 중화인민공화국이 이것을 창설적인 국제법규범으로 인식하고 있던 점은 분명하고, 적어도 양 국가의 일방적인 선언으로서의 법규범성을 긍정할 수 있는 것이다. 더욱이 국제법상 조약으로서의 성격을 가지는 것이 분명한 일중평화우호조약에서 일중공동성명에 제시된 모든 원칙을 엄격히 준수하는 취지가 확인됨에 따라 일중공동성명 제5항의 내용이 일본국에 있어서도 조약으로서의 법규범성을 획득한 것이라고 해야 하고, 어차피 그 국제법상 법규범성이 확인된 것은 분명하다. 그리고 앞에 쓴 대로 샌프란시스코 강화조약의 취지에 있어서 청구권의 방기는 청구권에 근거해서 재판상 소구하는 권능을 상실하게 하는 것을 의미하기 때문에 그 내용을 구체화하기 위한 국내법상의 조치는 필요하지 않고 일중공동성명 5항이 정하는 청구권의 방기도 똑같이 국내법적인 효력이 인정되어야 할 것이다. 따라서 일중전쟁 수행 중에 발생한 중화인민공화국 국민의 일본국 또는 그 국민 혹은 법인에 대한 청구권은 일중공동성명 제5항에 의해 재판상 소구할 권능을 상실한 것이고, 그와 같은 청구권에 근거한 재판상 청구에 대해 위 조항에 근거해서 청구권방기의 항변이 주장될 때에는 당해 청구는 기각을 면할 수 없다."고 판시하였다.

49 '방기'는 우리 법상 '포기'에 해당될 것이나, 판결 원본 등에 '방기'로 표기하고 있어 이하 편의상 그대로 인용한다.

대로 각 2000만 엔의 배상을 청구하는 소송을 1998년 10월 30일 도쿄지방재판소에 제기했다. 그런데 도쿄지방재판소는 2003년 4월 24일 원고들의 청구를 기각했고, 도쿄고등재판소는 2005년 3월 31일 일본군의 가해행위를 인정하면서도 그러한 가해행위가 공적 성격을 가지기 때문에 국가무답책의 법리에 따라 민법상 배상책임을 인정할 수 없다는 입장을 취하고 헤이그조약 등 국제법에 근거한 배상청구에 대해서도 국가에 대한 개인의 청구권을 부정하여 원고들의 항소를 기각했다. 원고들이 최고재판소에 상고하였으나 최고재판소는 2005년 11월 18일 상고불수리결정을 내렸다.[50]

(4) 중국인 해남도 「종군위안부」 손해배상청구소송

제2차 세계대전 중 일본군에 의해 강제적으로 위안부가 되었던 링야친(林亞金)을 포함한 8명의 여성이 일본국을 상대로 신체적 · 정신적 고통에 대한 위자료, 명예회복, 사죄문과 사죄광고를 요구하는 소송을 2001년 7월 16일 도쿄지방재판소에 제기하였다. 그런데 도쿄지방재판소는 국가무답책, 제척기간 경과, 입법부작위의 위법성 부인 등 종래 위안부 소송에서 판시한 내용과 마찬가지로 2006년 8월 30일 원고들의 청구를 기각하였고,[51] 원고들이 이에 불복하여 항소를 제기함에 따라 현재 이 사건은 도쿄고등재판소에 계류 중이다.[52]

이 사건에서는 원고들에 대한 전후 명예회복조치를 취하지 않은 행정부작위의 위법 여부가 새로운 쟁점으로 부각되었는데, 이에 대해 도쿄지방재판소는 "국가의 공권력 행사에 의해 위험한 상태가 발생하였다는 선행행위가 있는 경우, 사람의 생명이나 신체 등에 대한 극히 중대한 위험이 있는 등의 요건이 충족된 경우에는 조리에 의해 국가에 법적 의무로서 작위의무가 인정되는 경우가 있을 수 있으나, 본건에서는 본건 가해행위에 의해 본건 피해여성들이

50 홍성필, 앞의 책, 228–229쪽
51 東京地方裁判所 平 成13年(ワ)第14808號
52 홍성필, 위의 책, 229–230쪽

사회적 평가의 저하가 생겼다고는 할 수 있어도 그 때문에 그 후 본건 피해여성들의 사회적 평가가 새로이 저하되는 극히 중대한 위험이 있었다고는 할 수 없다."는 이유로 원고들의 주장을 배척하였다.[53]

나. 기타 외국인 피해자 사건

(1) 필리핀인 「종군위안부」 국가배상청구소송

마리아 로사 루나 헨선(Maria Rosa Luna Henson)을 비롯한 18명[54]의 필리핀 위안부 피해자들이 일본국을 상대로 국제관습법인 '인도에 반한 죄' 위반에 근거한 손해배상과 필리핀 및 일본 민법에 근거한 손해배상을 청구하는 소송을 1993년 4월 2일 도쿄지방재판소에 제기하였다. 그런데 도쿄지방재판소는 1998년 10월 9일 개인이 국제법을 원용하여 손해배상청구를 할 수 없고, 원고들이 주장한 '인도에 반한 죄'를 비롯한 국제관습법의 성립을 인정할 수 없으며, 필리핀 및 일본법에서 국가의 공적 권력작용의 경우에는 사법인 민법의 적용을 받지 않아 국가무답책이 성립하고, 제척기간이 도과하였다는 이유로 원고들의 청구를 모두 기각하였다.[55,56] 원고들이 판결에 불복하여 상소하였으나, 도쿄고등재판소는 2000년 12월 6일 항소를 기각하고,[57] 최고재판소는 2003년 상고를 기각하였다.[58]

(2) 네덜란드인 전포로 · 민간억류자 손해배상청구소송

2차 세계대전 당시 네덜란드령이었던 인도네시아에서 일본군에 의해 포로

53 홍성필, 위의 책, 230쪽
54 1993년 9월 20일 추가 소송을 통해 총 46명으로 되었고, 그 중 12명으로 재판 중에 사망하였다고 한다.
55 東京地方裁判所 平成5年(わ)第5966號, 同年(わ)第17575號
56 홍성필, 앞의 책, 225쪽
57 東京高等裁判所 平成10年(ネ)第5167號
58 홍성필, 앞의 책, 225쪽

및 민간인 억류자로서 수용소 생활을 해야만 했던 네덜란드인 포로 6명과 일본군 위안부 1명이 수용소에서 받은 학대 등을 이유로 일본국을 상대로 1994년 1월 25일 도쿄지방재판소에 손해배상청구소송을 제기하였다. 헤이그조약, 제네바조약 및 국제관습법 위반을 주장한 원고측 주장에 대해 도쿄지방재판소는 일본군 위안부 피해사실 등을 인정하면서도 "어떤 조약이 국내법에 의해 보완, 구체화라는 특정 조치를 취하지 않고 직접적으로 개인의 권리의무관계를 규율하는 것으로 국내재판소에 적용가능하다고 하기 위해서는 …… 당해 조약에 개인의 국가에 대한 청구권의 내용이 명확하게 있어야" 하는데, 위 각 조약의 피해자인 개인이 조약을 위반한 국가에 대해서 직접 손해배상청구권을 취득한다고 해석해야 할 조항이 없다는 이유로 1998년 11월 30일 원고측 청구를 기각하였다. 그 후 도쿄고등재판소는 2001년 10월 11일 항소를 기각하였고, 최고재판소는 2004년 3월 30일 상고불수리결정을 내렸다.[59]

(3) 대만인「종군위안부」 손해배상청구소송

대만인 위안부 피해자 9명이 1999년 7월 14일 일본국을 상대로 공식사죄와 손해배상을 청구하는 소송을 도쿄지방재판소에 제기하였다. 도쿄지방재판소는 2002년 10월 15일 '인도에 반한 죄'가 국제관습법임을 인정하면서도 개인의 국제법 원용 불가 원칙을 고수하고, 민법상 불법행위책임은 국가무답책 법리와 제척기간 경과를 이유로 인정하지 않고, 책임자 불처벌의 위법성 역시 부인하면서 원고들의 청구를 기각하였다.[60] 이후 도쿄고등재판소는 2004년 12월 3일 1심판결과 유사한 논지로 항소를 기각하였고,[61] 최고재판소는 2005년 2월 25일 상고를 기각하였다.[62]

59 홍성필, 위의 책, 227쪽
60 東京地方裁判所 平成11年(ワ)第15638號
61 東京高等裁判所 平成14年(ネ)第5850號
62 홍성필, 앞의 책, 229쪽

III. 소송에서 제기된 주요쟁점에 대한 검토

1. 쟁점 정리

위와 같이 일본법원에 제기되었던 10건의 위안부 소송의 쟁점을 살펴보면, 소송마다 약간씩 차이가 있긴 하지만 크게 국제법에 근거한 것과 일본 또는 원고들 소속국의 국내법에 근거한 것으로 구분된다. 전자, 즉 국제법에 근거한 청구와 관련된 쟁점으로는 ① '인도에 반한 죄' 위반 및 그 외의 국제(관습)법 위반에 따른 민사책임 유무 ② 포츠담선언 수락 등에 근거한 보상책임 유무 ③ 국제법상 평등원칙 위반에 근거한 민사책임 유무 등을 들 수 있다. 그리고 후자, 즉 국내법에 근거한 청구와 관련된 쟁점으로는 ① '도의적 국가로서의 의무'에 근거한 공식사죄 및 배상책임 유무[63] ② 명치헌법 제27조에 근거한 손실보상책임 유무 ③ 일본헌법 제29조 제3항에 근거한 보상책임 유무 ④ 민법상 불법행위책임 유무 ⑤ 조리에 근거한 보상책임 유무 ⑥ 신의칙상 안전배려의무위반에 따른 민사책임 유무 ⑦ 입법부작위에 의한 국가배상책임 유무 ⑧ 처벌의무위반으로 인한 국가배상책임 유무 ⑨ 명예훼손 발언으로 인한 국가배상책임 유무 ⑩ 청구권 포기 내지 방기 여부 ⑪ 제척기간 도과 여부 등을 들 수 있다.

이에 대해 상술한 바의 판시 내용을 종합해 보면, 일본법원은 국제법에 근거한 청구에 대하여 다음과 같이 판단하였다.

① '인도에 반한 죄'에 관해 규정하고 있는 뉘른베르크 국제군사재판소헌장 및 극동국제군사재판소헌장을 비롯하여 헤이그육전조약, 노예조약, 강제노동조약, 추업조약 등이 피해자인 개인에게 '인도에 반한 죄'를 위반한 국가 또는 위 각

63 부산「종군위안부」· 여자정신대 공식사죄청구소송에서 원고들은 1943년 카이로선언, 1945년 포츠담선언, 일본헌법 전문 및 제9조가 피고(일본국)에 대해서 침략전쟁과 식민지 지배의 피해자에 대한 사죄와 배상을 구체적 내용으로 하는 '도의적 국가로서의 의무'를 부여하게 하고 있다고 하여 일본국 국가배상법 제1조 제1항, 제4조, 민법 제723조의 유추적용에 의해 피고에게 공식사죄 및 손해배상을 요구할 권리를 가진다고 주장하였다.

조약을 위반한 국가에 대해서 직접 손해배상을 청구할 수 있는 권리를 부여한 것으로 볼 수 없다.

② 포츠담선언이나 샌프란시스코 강화조약이 원고들이 주장하는 손실보상의무의 근거가 되지 않는다.

③ 원호법 및 은급법의 국적조항이 합리적인 이유가 없는 차별을 실시하는 것이라고 할 수 없다.

그리고 국내법에 근거한 청구에 대해서는 다음과 같이 판단하였다.

① 군국주의의 피해자 개인에 대해서 일본헌법이 직접적인 사죄와 배상을 명해 그 취지의 헌법상 입법의무를 즉시 피고(일본국)에게 부과하고 있다고까지 해석할 수 없다.

② 명치헌법은 늦어도 일본헌법의 시행에 의해서 전면적으로 실효되었다.

③ 일본군 위안부 피해자들이 당한 손실은 일본헌법 시행 전의 행위로 발생한 것이기 때문에 헌법 제29조 제3항이 적용되지 않음이 분명하다.

④ 피고의 행위는 국가의 권력적 작용에 부수하는 행위에 해당하기 때문에 이에 근거한 민법상 손해배상책임이 발생하지 않는다.

⑤ 원고들이 주장하는 이러한 희생 내지 손해에 대해 입법을 기다리지 않고 당연히 전쟁 수행주체인 국가에 대해서 국가보상을 청구할 수 있다는 조리는 아직 존재하지 않는다.

⑥ 원고들이 안전배려의무의 구체적인 내용을 특정하지 않고 그 의무 위반에 해당하는 사실을 주장 · 입증하지도 않기 때문에 그 자체로 이유가 없을 뿐만 아니라 강제연행에 내재된 의무로서 생명 · 신체 등에 대한 안전배려의무라고 하는 그러한 결과책임을 수반하는 절대적 안전배려의무를 피고가 지고 있었다고 할 수 없다.

⑦ 입법내용이 헌법의 일의적인 문언에 위반함에도 불구하고 국회가 굳이 해당 입법을 실시하는 등 쉽게 상정하기 어려운 예외적인 경우가 아니라면 국가배상법 제1조 제1항에 따라 위법하다고 평가받는 것이 아니다.

⑧ 범죄의 피해자가 조사기관에 의한 수사가 부적절하다거나 검찰관이 기소처분을 하지 않는다고 하여 국가배상법에 근거하는 손해배상을 청구할 수는 없다고 보아야 한다.

⑨ 법무대신, 노동성 직업안정국장, 관방장관 등의 위안부 관련 발언이 위안부 원고들의 명예와 인격적 가치를 침해한다고 인정하기 부족하다.

⑩ 1947년 8월 15일부터 한일청구권협정의 서명일까지 일본국에 거주한 사실이 없는 한국인 원고들의 청구권은 조치법 제1조의 적용에 의해 1965년 6월 22일 소멸한 것으로 보아야 하고, 중화인민공화국 원고들의 청구권은 일중공동성명 제5항에 의해 재판상 소구할 권능을 상실한 것으로 보아야 한다.

⑪ 1947년 8월 15일부터 한일청구권협정의 서명일까지 일본국에 거주한 사실이 있는 한국인 원고의 청구권은 그 제척기간 기산일이 한일청구권협정의 발효일 및 조치법의 시행일인 1965년 12월 18일인데 본건 소송이 그로부터 20년 이상 경과한 후에 제기되었기 때문에 제척기간 도과로 청구권이 소멸되었다.

위 10건의 일본군 위안부 소송을 분석해 보면, 일본법원이 한국, 중국, 필리핀, 네덜란드, 대만 등 피해자의 소속 국가에 따라 차별적으로 소송의 결론이나 이유를 달리했다고 볼 수 없지만, 그렇다고 일본법원이 시대의 흐름 또는 시대적 요청을 소송의 결론이나 이유에 반영함으로써 스스로 변화 · 발전하는 모습을 보여 주었다고 볼 수도 없다. 이는 곧 누가 언제 제기하든 위안부 관련 소송에 대한 일본법원의 태도는 좀처럼 바뀌지 않았고, 앞으로도 그럴 가능성이 매우 높다는 것을 말해 준다.

위에서 언급한 여러 쟁점 중에서 중심이 되는 개인의 국제법상 주체성, 제척기간, 청구권포기 문제 등에 대한 일본법원의 판단은 수긍할 수 없다. 다만 이에 대해서는 그동안 많은 논의가 있었기 때문에 여기서는 중복을 피하여 생략하기로 한다.[64] 따라서 이하에서는 일본헌법에 의해 부과된 배상입법의무를 아직까지 이행하지 않은 입법부작위로 인한 손해배상책임과 되풀이되는 일본 각료나 의원의 일본군 위안부에 대한 명예훼손적 발언[65]으로 인한 손해배상책임을 중심으로 검토한다. 이 두 쟁점은 일본 국내법에 근거한 것일 뿐만 아니라 현재 진행되고 있거나 최근에 들어 새롭게 주목을 끌게 된 것이다. 종래 일본군 위안부 소송에서 흔히 청구기각 이유로 작용했던 전술한 개인의 국제법상 주체성, 제척기간, 한일청구권협정에 따른 청구권포기 등의 문제와는 직접적인 연관이 없다는 점에서 이 쟁점들은 앞으로 전개될 위안부 관련 소송에서는 좀 더 비중있게 다루어져야 하고, 그렇기 때문에 이에 대해서는 향후 더 깊은 연구와 논의가 이루어질 필요가 있다고 생각된다.

64 이해를 돕기 위해 그동안 논의된 내용을 간단하게 정리하면 아래와 같다.
(1) 개인의 국제법상 주체성 : 국내재판소에서 국내법의 일부로 된 국제법을 원용하고 이에 근거하여 국내재판소가 판단하는 것은 흔히 있는 일로 이 경우 국내재판소에서 개인의 국제법 주체성은 당연히 인정된다는 견해가 있다. 이에 따르면 개인이 국제사법재판소와 같은 국제기관에 제소할 수 있는 주체가 될 수 있느냐 하는 문제와 개인이 국내법정에서 국내법화된 국제법의 규범성을 주장한다는 의미에서 국제법 주체가 될 수 있느냐 하는 문제는 엄격히 구분되어야 하는데 일본법원은 개인의 국제법상 주체성을 전자의 의미로 좁게 해석하여 일련의 위안부소송에서 개인의 국제법상 주체성을 부정하는 오류를 범하고 있다는 지적이 가능하다. (2) 제척기간(시효제도) : 제척기간을 적용하는 것이 현저히 정의·공평의 이념에 반하고 그 적용을 제한하는 것이 조리에 맞다고 인정하는 경우에는 제척기간의 적용을 제한할 수 있다는 제척기간 제한이론 외에도 국제법에 근거한 개인의 청구권에는 시효제도가 없다거나, 전쟁범죄 및 인도에 반하는 죄에는 시효가 없다는 이론을 원용하여 시효제도의 벽을 넘어서려는 이론적 주장들이 존재한다. (3) 청구권포기 : 개인을 국가의 일부로 보고 국내법 아래에서만 법주체성을 인정하고 외국 및 외국인과의 관계에서는 일체의 독자적인 법주체성을 부인하려는 실체적 권리소멸론은 개인이 국가와는 다른 법적 주체라는 근대법의 근본원칙에서 도저히 수긍할 수 없는 이론이다. 개인이 외교보호권을 통하여 자신의 권리를 보호받을 것인지 아니면 개인이 직접 외국 또는 외국인을 상대로 보호를 청구할 것인지는 개인과 그 개인이 속한 국가와의 관계, 그리고 교섭과정과 그 결과에 따라 사안별로 규율되어야 할 것이지 주권국가절대론에 빠져 개인의 의사를 무시하고 국가가 개인이 가지는 권리를 마음대로 포기할 수 있다는 전제 자체가 법이론상 근본적인 한계에 부딪히고 있다고 아니할 수 없다. 결론적으로 한일청구권협정으로 소멸된 것은 대한민국의 외교적 보호권에 불과하고 대한민국 국민인 위안부 피해자 개인의 청구권까지 소멸된 것은 아니다. 위와 같은 쟁점에 관한 자세한 논의에 대해서는 최봉태, 「일본에서 진행되고 있는 일본군 '위안부' 재판의 현황과 과제」, 『일본군 '위안부' 문제에 대한 법적해결의 전망』, 풀빛, 2001, 211-237쪽 ; 최철영,「일본군 위안부 문제의 국제법적 검토」,『대구법학』제5호, 2002, 57-89쪽 ; 김부찬,「개인의 국제법적 지위」,『동아시아연구논총』제5권, 제주대학교 동아시아연구소, 1994, 135-160쪽 ; 김창록, 앞의 책, 425-440쪽 ; 김창록,「"한일협정"과 한국인 개인의 권리」,『법학연구』제43권 제1호·통권51호, 부산대학교 법학연구소, 2002, 99-113쪽 ; 김창록,「한일간 과거청산에 있어서의 국가의 논리와 개인의 권리」,『법사학연구』제30호, 한국법사학회, 2004, 233-258쪽 참조

65 최근에는 일본의 국회의원 등이 2007년 6월 14일자 워싱턴포스트지에 'The Facts'라는 제목의 의견광고를 내어 일본군 위안부 동원에 강제성이 없었다고 주장하기도 했다.

2. 입법부작위로 인한 손해배상책임 문제

상술한 바와 같이 부산「종군위안부」· 여자정신대 공식사죄청구소송에서 야마구치지방재판소 시모노세키지부는 입법내용이 헌법의 '일의적인 문언'에 위반하고 있음에도 불구하고 국회가 해당 입법을 실시하지 않는 경우뿐만 아니라, 일본헌법 질서의 근간적 가치에 관계되는 기본적 인권의 침해를 가져오는 경우에도 예외적으로 입법부작위가 국가배상법상 위법이 될 수 있다고 전제하였다. 이에 따라 일본군 위안부 문제의 경우 그 피해가 "이른바 나치스 만행에 준하는 중대한 인권침해이고 이것에 의해 위안부로 여겨진 많은 여성들이 입은 손해를 방치하는 일 또한 새롭게 중대한 인권침해를 일으키는 것임을 고려"할 때, "늦어도 내각관방장관 담화가 나온 1993년 8월 4일 직후 입법작위의무는 위안부 원고들이 입은 손해를 회복하기 위한 특별한 배상입법을 이루어야 할 일본헌법상의 의무"가 되었다고 판단했다. 따라서 일본 정부는 일본군 위안부 피해자들에 대해 입법 부작위로 인한 손해배상책임을 면할 수 없다는 것이 야마구치지방재판소 시모노세키지부의 결론이다. 이 판단은 "국회의원은 입법에 관해서는 원칙적으로 국민 전체에 대한 관계로 정치적 책임을 지는 것에 머물러 개별 국민의 권리에 대응한 관계로의 법적 의무를 지는 것이어야 하고, 국회의원의 입법행위는 입법내용이 헌법의 일의적인 문언에 위반하고 있는 것에도 불구하고 국회가 굳이 해당 입법을 실시한다고 하는 것과 같이 쉽게 상정하기 어려운 예외적인 경우가 아닌 한 국가배상법 제1조 제1항 규정의 적용상 위법의 평가를 받지 않는 것이라고 하지 않으면 안 된다."는 종래 최고재판소[66]의 판시 내용 가운데 '예외적인 경우'의 범주를 확대하여 적용한 것이다. 즉 국회가 헌법에 명백히 위반되는 흠을 치유하기 위해 해당 입법을 실시하지 않는 경우뿐만 아니라, 일본헌법 질서의 근간적 가치에 관계되는 기본적 인권의 침해를 가져오는 경우의 입법부작위도 위법이 되는 '예외적인

66 最高裁 昭和53年(オ)第1240號

경우'에 포함시킨 것이다.

위 시모노세키지부는 위와 같이 최고재판소와 달리 입법부작위가 위법이 되는 '예외적인 경우'에 일본헌법 질서의 근간적 가치에 관계되는 기본적 인권의 침해를 가져오는 경우를 포함시킨 이유에 대해 이렇게 설명하고 있다.

> 적어도 헌법질서의 근간적 가치에 관련되는 인권침해가 실제로 개별 국민 내지 개인에게 생기고 있는 경우에 그 시정을 도모하는 것은 국회의원의 헌법상 의무이고, 동시에 재판소의 헌법상 고유한 권한과 의무이기도 하며, 위 인권침해가 작위에 의한 위헌입법에 따라 생겼는지, 위헌의 입법부작위에 의해 생겼는지에 따라 이 논리가 바뀌는 것은 아니다. 단지 입법권, 사법권이라는 통치작용 내지 권한의 성질상 차이나 국회, 재판소라고 하는 기구 내지 능력상의 차이에 의해서 스스로 그 헌법상의 권한 범위나 그 행사의 본연의 자세가 정해져 재판소에 있어서는 적극적 위헌입법에 대한 시정권한은 위 인권침해 이상으로 넓고 소극적 위헌의 입법부작위에 대한 시정권한은 위 근간적 가치에 관련되는 인권침해와 같이 보다 좁은 범위에 한정되는 것으로 해석되지만, 반면 적극적 위헌입법의 시정에 대해서는 해당 법령을 그 사안에 적용하는 것을 거부하는 것에 의해 간명하게 완수되는 데 대해 소극적 위헌의 입법부작위에 대해서는 그 위헌확인소송을 인정하는 것에 여러 가지 난점이 있어 국가배상법에 따르는 배상을 인정하는 것이 거의 유일한 구제방법이 된다고도 말할 수 있는 것이며, 그 의미에서는 오히려 입법부작위야말로 위법으로 인정하는 여지를 넓힐 필요가 있다.

요컨대 입법부작위가 문제되는 것은 "해당 인권침해의 중대성과 그 구제의 고도의 필요성이 인정되는 경우"로서, "국회가 입법의 필요성을 충분히 인식해 입법이 가능했음에도 불구하고 일정한 합리적 기간을 경과"하여 이를 방치했다는 등의 상황적 요건이 발생한 경우인데, 일본군 위안부 문제의 경우 이에 해당하여 일본정부의 배상책임이 인정된다는 것이다.

위와 같은 시모노세키지부의 판결은 비록 항소심인 히로시마고등재판소[67]에 의해 취소되었지만, 헌법질서의 근간적 가치에 관련되는 인권침해가 실제로 개별 국민 내지 개인에게 생기고 있는 경우에 그 시정을 도모하는 것이 국회의원의 헌법상 의무임을 분명히 한 의미가 있다. 즉 시모노세키지부의 판결은 헌법질서의 근간적 가치에 관계되는 기본적 인권의 침해를 가져오는 예외적인 경우 헌법상 입법의무가 발생함에도 불구하고 국회의원이 합리적 기간이 경과할 때까지 그 의무를 다하지 않으면 국가배상법상 위법에 해당함을 인정한 것으로서 종래 최고재판소 판결과 비교할 때 진일보한 판결이라고 평가할 수 있다. 종래 최고재판소는 국민과 국회의원의 자유위임(=無羈束委任) 관계를 피상적으로 이해하고 국회의원이 가지는 기본권보장 기능, 즉 입법을 통해 국민의 자유와 권리를 보장하는 기능을 간과한 나머지 입법부작위가 국가배상법상 위법이 되는 '예외적인 경우'를 지나치게 한정시킨 것이다.

생각컨대 헌법 해석상 특정인에게 구체적으로 보장된 기본적 인권이 침해된 경우, 특히 그러한 기본적 인권이 헌법질서의 근본적 가치에 관계되는 경우 입법을 통해 그 시정을 도모해야 하는 것은 헌법이 국회의원에게 부여한 실정법적 의무라고 보인다. 만약 국회의원이 그러한 입법의무를 부담하고 있음에도 불구하고 입법에 필요한 상당한 기간이 경과하도록 그 의무를 이행하지 않는다면 이는 정당하게 부과된 직무를 이유없이 유기하는 것으로 보아야 할 것이다. 따라서 그런 경우 국가배상법상 위법성이 인정되므로 국가는 그에 따른 손해를 배상할 책임이 있다고 해석된다. 여기서 어떤 기본권이 침해되었

67 히로시마고등재판소는 입법부작위가 국가배상법상 위법이 되는 '예외적인 경우'를 입법내용이 헌법의 일의적인 문언에 위반하고 있는 것에도 불구하고 국회가 해당 입법을 실시하지 않는 경우에 한정하는 종래 최고재판소 판결의 취지를 그대로 원용해서 "국회의원의 입법행위는 입법의 내용이 헌법의 일의적 문언에 위반하고 있는 것임에도 불구하고 국회가 굳이 해당 입법을 시행하는 것과 같이 쉽게 상정하기 어려운 예외적인 경우가 아닌 한 국가배상법 제1조 제1항 규정의 적용상 위법의 평가를 받지 않는 것으로 해석하는 것이 타당하다. …… 헌법의 전문 및 각 조문을 각각 개별적으로 봐도 또 그것을 종합적으로 고려해도 헌법 문언의 해석상 종군위안부에 대한 사죄와 보상에 대한 입법의무의 존재가 일의적으로 명백하다고는 할 수 없고 따라서 국회의원에 의한 위 입법부작위는 국가배상법 제1조 제1항 규정의 적용상 위법하다고 평가받을 것은 아니라고 해야 한다."고 판시하였다.

을 때 '헌법질서의 근본적 가치' 훼손이 일어났느냐에 대해서는 구체적인 경우에서 달라질 수 있겠지만, 위 야마구치지방재판소 시모노세키지부가 예시하고 있는 바와 같이 나치 범죄나 일본군 위안부 피해와 같은 '반인도적 범죄'의 경우가 그 전형적인 예라고 생각된다. 그러므로 일본이 수십 년이 지난 아직까지도 일본군 위안부 피해자들이 입은 손해를 회복하기 위한 특별한 배상입법을 도모하지 않고 있는 것은 일본법상 위법하다고 보아야 한다. 이처럼 일본군 위안부 문제의 경우와 유사한 성격의 소송이 우리나라에서 제기되어 입법부작위에 의한 손해배상책임 여부가 쟁점이 된다고 가정할 때, 우리나라 국가배상법상 역시 위법한 행위로 평가되어야 할 것이다.[68]

3. 명예훼손으로 인한 손해배상책임

전술한 바와 같이 부산「종군위안부」· 여자정신대 공식사죄청구소송에서는 "위안부는 정도의 차이가 있지만, 미군, 영국군 등에서도 동일한 일을 하고 있다. 일본만 나쁘다고 하는 것은 가혹하다. 위안부는 당시 공창이며, 그것을 지금의 눈에서 여성 멸시라든지, 한국인 차별이라고는 말할 수 없다."고 한 나가노 전 법무대신의 발언이 위안부 원고들의 명예를 훼손했는지 여부가 쟁점

68 그런데, 우리 대법원은 이른바 '거창사건'으로 인한 희생자와 그 유족들이 국가를 상대로 제기한 손해배상청구소송에서 "우리 헌법이 채택하고 있는 의회민주주의 하에서 국회는 다원적 의견이나 각가지 이익을 반영시킨 토론과정을 거쳐 다수결의 원리에 따라 통일적인 국가의사를 형성하는 역할을 담당하는 국가기관으로서 그 과정에 참여한 국회의원은 입법에 관하여 원칙적으로 국민 전체에 대한 관계에서 정치적 책임을 질 뿐 국민 개개인의 권리에 대응하여 법적 의무를 지는 것은 아니므로, 국회의원의 입법행위는 그 입법 내용이 헌법의 문언에 명백히 위배됨에도 불구하고 국회가 굳이 당해 입법을 한 것과 같은 특수한 경우가 아닌 한 국가배상법 제2조 제1항 소정의 위법행위에 해당한다고 볼 수 없고, 같은 맥락에서 국가가 일정한 사항에 관하여 헌법에 의하여 부과되는 구체적인 입법의무를 부담하고 있음에도 불구하고 그 입법에 필요한 상당한 기간이 경과하도록 고의 또는 과실로 이러한 입법의무를 이행하지 아니하는 등 극히 예외적인 사정이 인정되는 사안에 한정하여 국가배상법 소정의 배상책임이 인정될 수 있으며, 위와 같은 구체적인 입법의무 자체가 인정되지 않는 경우에는 애당초 부작위로 인한 불법행위가 성립할 여지가 없다."면서 "거창사건의 희생자들의 신원 등을 위하여 원고들이 주장하는 바와 같은 내용의 특별법을 제정할 것인지 여부는 입법정책적 판단문제로서 이에 관하여 피고 국가가 구체적인 입법의무를 부담한다고 보기 어렵기 때문에 피고 국가가 현재까지 이러한 특별법을 제정하지 아니하였다는 사정만으로는 거창사건 이후 유족들에 대한 관계에서 부작위에 의한 불법행위가 성립한다고 볼 수 없다."고 판시하였다(대법원 2008.5.29. 선고 2004다33469 판결). 이는 입법부작위가 국가배상법 제2조 제1항의 위법행위에 해당하는지 여부에 관한 우리 대법원의 입장이 일본의 종래 최고재판소의 입장과 크게 다를 바 없음을 보여 준다. 이에 대해서는 비판적 검토가 반드시 따라야 할 것으로 본다.

이 되었다. 그리고 재일 한국인 「종군위안부」 국가보상청구소송에서도 "종군위안부라는 것에 대해 그 당시 사람들의 이야기도 종합해서 들으면 역시 민간업자가 그러한 분들을 군대와 함께 데리고 다녔다거나 그러한 상황이었던 것 같은데, 이러한 실태에 대해 저희들이 조사하고 결과를 내는 것은 솔직하게 말씀드려 하기 어렵다고 생각합니다."라고 한 기요미즈 노동성 직업안정국장의 발언, "저희들은 조선인 종군위안부 문제라는 지적이 있어서 조사했는데, 당시 후생성의 노동국 혹은 국민노동동원서라는 곳에서 동원업무를 담당하고 있던 것입니다만, 당시 거기에 근무하고 있었던 사람에게 사정을 청취한 결과 후생성 노동국도 국민노동동원서도 조선인 종군위안부라는 문제에는 전혀 관여하지 않았다고 했습니다. 그래서 저희들도 그 이상의 상황을 파악할 수 없습니다."라고 한 와카바야시 노동성 직업안정국장의 발언, "모집의 방법에 관한 자료는 발견되지 않았다."고 한 가토 고이치 관방장관의 발언 등이 위안부 원고의 명예를 훼손했는지 여부가 중요한 쟁점이 되었다.

이 점에 대해 앞서 살펴본 바와 같이 일본법원은 "그 내용은 어디까지나 종군위안부에 대한 역사적 · 제도적 인식과 그 평가에 관한 것으로 더욱이 그 발언 상황을 볼 때도 이에 대해 일반론으로서의 의견을 말한 것에 지나지 않는 것이 분명하다."거나 "각 발언 내용은 모두 피고의 종군위안부제도에 관한 조사결과를 그 단계마다 말하고 있는 것에 지나지 않고, …… 구체성이 없고, 원고를 포함한 특정의 사람들에 관해서 기술된 것이라고 이해하는 것은 어렵다."는 이유로 원고(들)의 명예훼손 주장을 모두 배척하였다.

이러한 판단은 명예훼손에 있어서 문제가 되는 언사를 '사실'과 '의견' 중 '사실' 적시에 해당하는 경우에만 위법성을 인정하고, 단순한 '의견' 표명에 불과한 것은 위법성이 없다는 논리에서 비롯된 것이다. 그러나 이처럼 사람의 발언이나 표현을 '사실'과 '의견'으로 엄격하게 나누는 것은 불가능하거나 어려운 경우가 있고, 또 설사 의견을 표명한 것이라도 그와 동시에 묵시적으로라도 일정한 사실을 적시하고 있는 경우에는 단순한 의견 표명과 다르게 평가하는 것이 타당하다. 위 사건들에서 예컨대 '위안부가 당시 공창'이라고 한 발언의 경우에는 단순한 의견 표명에 그치는 것이 아니라, 그와 동시에 '위안부는 자발적으로 창부가 된 것'이라고 하는 전제사실을 적시한 것이기 때문에 이와 같은 혼합의견은 사실적시에 포함시켜 판단하는 것이 바람직하다.[69] 이런 견지에서 적어도 '위안부가 당시 공창'이라고 한 발언은 일본군 위안부 원고들의 명예를 심각하게 훼손한 것이므로 위 일본법원의 판결은 문제가 있다.

이와 관련하여 일본 국회의원 등이 2007년 6월 14일자 워싱턴포스트에 'The Fact'라는 제목으로 "일제 위안부들은 보통 성노예로 묘사되고 있지만 사실은 허가를 받고 매춘행위를 했으며 이들 대다수의 수입은 일본군 장교나 심지어 장군보다도 많았다."는 내용의 광고를 게재한 일이 있었다. 위 광고는 명백한 허위 내용을 담은 것으로서, 이는 전술한 바의 '단순한 의견 표명'이 아니라 구체적 사실을 적시한 것이므로 명예훼손의 요건을 충족시키는 것으로 생각된다. 만일 일본군 위안부 피해자들이 위 일본인 국회의원 등을 상대로 위 허위 광고와 관련하여 미국에서 명예훼손으로 인한 손해배상 소송을 제기했을 때, 미국 재판에서 요구되는 소송 요건을 충족하고 배상책임의 유무 판단만 남았다고 가정할 경우, 피고들은 일본 재판에서와 달리 책임을 면하기 어려울 것으로 전망된다.

69 우리나라 대법원은 명예훼손이 되는 사실의 적시에 대해, "타인에 대한 명예훼손은 사실을 적시하는 방법으로 행해질 수도 있고, 의견을 표명하는 방법으로 행해질 수도 있는바, 그 표현이 사실을 적시하는 것인가, 아니면 단순히 의견 또는 논평을 표명하는 것인가, 또는 의견 또는 논평을 표명하는 것이라면 그와 동시에 묵시적으로라도 그 전제가 되는 사실을 적시하고 있는 것인가 그렇지 아니한가의 구별은, 당해 표현의 객관적인 내용과 아울러 일반인이 보통의 주의로 그 표현을 접하는 방법을 전제로 거기에 사용된 어휘의 통상적인 의미, 전체적인 흐름, 문구의 연결 방법 등을 기준으로 판단하여야 하고, 여기에다가 당해 표현이 게재된 보다 넓은 문맥이나 배경이 되는 사회적 흐름 등도 함께 고려하여야 하는 것이다"라고 하고 있다(대법원 2008.1.24. 선고 2005다58823 판결).

IV. 나오며 : 평가, 전망 그리고 과제

위에서 이미 언급한 바와 같이, 아시아태평양전쟁한국인희생자보상청구소송을 비롯해서 일본군 위안부 피해자들이 일본법원에 제기한 10건의 소송은 9건 패소확정과 1건 항소심 계류라는 결과를 기록했다. 이 결과는 일본군 위안부 피해자들에 대한 법적 책임을 한사코 부인하는 일본정부의 입장이 일본 사법부에 그대로 반영된 때문인지 모른다. 지금까지의 재판결과를 고려해 볼 때, 설사 새로운 일본군 위안부 관련 소송이 제기된다고 하더라도 사법적으로 의미있는 결실을 얻을 수 있을지 장담하기 어렵다. 그러나 결과를 떠나서 일본에서의 일본군 위안부소송에 대해서는 그동안 정치적 내지 도의적 영역에 머물렀던 위안부 문제를 사법적 영역으로 끌어들여 여론의 관심을 모으고 쟁점화시킨 성과가 있었다고 평가된다. 또 재판 심리 과정에서 일본법원의 사실인정을 통해 일본군 위안부의 실체와 인권침해사실이 어느 정도 진실 규명이 되었고, 이를 바탕으로 일본군 위안부 문제를 입법으로 해결하려는 일본 내의 입법화 운동에 상당한 동력을 제공해 왔다고 본다. 역사적으로 인권에 관한 소송은 시대 상황에 민감한 영향을 받는 경우가 많았다. 1990년대 이후 지속되어 온 국제사회의 압력이 머지 않아 일본인의 양심을 두드려 일본사회가 긴 잠에서 깨어날 때, 그 순간이 아마도 전열을 재정비하여 다시 일본군 위안부 소송을 제기할 때인지 모른다. 그때까지 일본군 위안부 문제에 관한 꾸준한 연구와 자료 축적이 필요하다고 생각된다.

제 3 장
일본군 위안부 문제와 유엔 인권기구
- 국제 NGO 활동을 포함하여

I. 배경

일본군 위안부 문제는 2차 세계대전 당시 일본군이 한국, 필리핀, 중국 등의 여성들을 위안소로 강제 징집하여 성행위를 강요한 반인도적 불법행위로서, 지역과 피해자가 여러 나라에 걸쳐 있기 때문에 국제법적 성격을 갖고 있고 국제적 관심사도 높은 사안이다. 따라서 국가 간의 관계를 규율하고 인권증진을 주된 목적으로 삼는 유엔이 위안부 문제에 대해 가해국 일본정부의 책임을 규명하는 것은 매우 중요하며, 이러한 유엔의 인권 관련 절차는 위안부 문제 해결을 위한 가장 의미있는 국제법적 절차라고 하겠다. 한편 위안부 문제 해결을 위한 민간단체의 운동 역시 국제적인 성격을 가질 수밖에 없다. 그리하여 한편에서는 각 피해 당사국 NGO를 중심으로 한 국제적 연대회의가 결성되어 진상규명 및 피해자 배상과 일본의 군사대국화를 막기 위한 공동 행동을 전개해왔고, 다른 한편에서는 유엔의 결의를 통해 일본의 책임을 묻는 활동을 전개해왔다.

특히 일본이 일본군 위안부 문제가 국제사회에 처음 제기되었을 때 일본이 법적 책임뿐 아니라 공적인 사과조차 하지 않았기 때문에 국제사회의 공동 대응은 절실한 과제였다. 1990년부터 유엔의 역할이 증대되고 과거에 비해 국제기구의 공식적인 결정이 각국 정부에 미치는 영향이 커졌음을 고려할 때, 유엔을 기반으로 한 활동이 더욱 중요한 의미를 가지게 되었다. 유엔에서 위안부 문제는 '여성에 대한 폭력'과 '전시하 성노예', 그리고 여성에 대한 차별의 관점에서 논의되었다. 이에 따라 국제인권단체들도 일본군 위안부 문제를 여성에 대한 폭력과 인권침해로 규정하고 진상규명 및 피해자 구제를 위해 다각도로 활동했다. 이 장에서는 일본군 위안부 문제를 해결하기 위하여 국제 NGO와 유엔 기구들이 어떤 노력들을 했고, 위안부 문제와 관련하여 일본에게 어떤 국제법적 책임을 묻고 있는지 살펴보고자 한다.

II. 일본군 위안부 문제와 유엔 인권기구

1. 인권과 관련된 유엔 기구의 조직과 활동

가. 유엔헌장에 기초한 메커니즘

2006년 인권이사회(Human Rights Council)가 설립되기 전 유엔헌장에 기초한 인권 관련 주요 기구로는 유엔총회와 경제사회이사회(Economic and Social Council)가 있었다. 경제사회이사회는 인권기능의 강화와 촉진을 위해 산하에 유엔인권위원회(Commission on Human Rights)와 여성지위위원회(Commission of the Status of Women)를 두었고, 인권위원회는 그 아래에 그 기능을 보조하기 위하여 '소수민족 차별방지 및 보호를 위한 소위원회'(Sub-Commission on Prevention of Discrimination and Protection of Minorities, 이하 '인권소위원회')를 두었다.[1,2] 경제사회이사회와 인권위원회 모두 정부대표들로 구성되었는데, 인권위원회는 경제사회이사회가 선출한 53개국 위원국으로 구성되었다. 유엔 사무총장 산하에 있는 인권고등판무관실(Office of High Commissioner for Human Rights)이 두 기구의 사무국 역할을 하였다. 유엔인권위원회와 인권소위원회는 특별한 주제 또는 특정 국가에 대한 인권침해 사안을 다루기 위하여 특별보고관(Special Rapporteurs)을 임명할 수 있었다. 인권소위원회 산하에 4개의 실무 그룹을 두었는데, 일본군 위안부 문제를 다룬 실무회의는 '현대형 노예제 실무회의'[3](Working Group on Contemporary Forms of Slavery)였다.

1 인권소위원회의 업무 진행절차는 다음과 같다. 인권소위원회에서 어떤 인권 이슈를 논의한 후 인권위원회에 상정하기로 결의하면(스위스 제네바에서 매년 7월말 혹은 8월초에 4주간의 회기로 모였다), 다음 회기인 1월말 혹은 2월초에 인권위원회(제네바에서 6주간 개최)에서 상정안건이 논의되었다. 인권위원회 결의사항은 순차로 경제사회이사회(1992년부터 7월 개최), 유엔총회(매년 9월~12월 개최)의 의제로 넘어갔다. 가끔은 인권소위원회에서 논의된 이슈가 바로 그 해 유엔총회에 상정되어 논의된 경우도 있었다. 박찬운, 『국제인권법』, 한울아카데미, 1999, 77쪽

2 인권소위원회는 정부 대표로 구성되는 인권위원회와 달리 그 자격에 따라 선출되는 전문가로 구성되어 독립성이 강하고, NGO와 긴밀한 협조관계를 유지하면서 기능과 활동영역을 확대하였다. 조태열, 『차별방지 및 소수자보호에 관한 소위원회』, 국제인권법학회, 1998, 76쪽

3 이 실무그룹에서는 인신매매, 성매매와 착취, 아동 매매, 아동 성매매 및 포르노, 아동 노동 착취, 노예제

한편 종전부터 유엔인권위원회가 시민 · 정치적 권리를 중심으로 논의하고 경제 · 사회 · 문화적 권리나 발전권 또는 평화권 등에 대해서는 상대적으로 소홀히 한다는 비판이 제기되어왔다. 또 인권위원회의 각 정부 대표가 인권 관련 의제가 제기되었을 때 이를 적절히 시정하려고 하기보다는, 인권침해 비판으로부터 정부를 옹호하는데 급급하다는 비판도 있었고, 나라별 결의안 제도를 운용함에 있어 인권의 정치화, 비효율성 논란이 끊임없이 제기되었다. 유엔은 이러한 비판과 한계를 극복하고자 2006년 3월 15일 유엔인권위원회를 폐지하고 유엔인권이사회를 설립했다.[4] 인권이사회는 경제사회이사회 산하에 있던 유엔인권위원회와 달리 유엔총회 산하에 있고, 지역그룹별 다득표 순으로 위원을 선출하며, 총회 투표 2/3의 의결로 이사국 자격을 박탈할 수 있게 하였다. 인권이사회는 연중 최소 3회, 총 10주 이상 개최되고 이사국 1/3의 요청으로 특별 회기가 가능하며, 그 산하에 자문위원회(Advisory Committee), 특별절차(Special Procedures), 실무그룹(Working Group)을 두었다. 인권이사회는 기존 유엔인권위원회의 정치화, 이중기준 문제, 선별성을 극복하기 위하여 모든 유엔회원국의 인권상황을 매 4년마다 검토하는 국가별 인권상황 정례검토 제도(Universal Periodic Review)를 도입하여 2008년 4월부터 시행에 들어갔다.

나. 인권조약에 기초한 메커니즘

유엔은 일반적 인권보장 시스템으로는 인권보장을 담보할 수 없게 되자 국제법상 법적 구속력이 있는 인권조약을 만들어 가입국들에게 그 내용의 준수

와 유사한 인종차별, 식민주의 문제 등을 다루었다. 이 실무회의에서 논의된 의제가 인권소위원회에 상정되었고, 인권소위원회에서 논의된 의제가 다시 인권위원회에 보고되었다. 신혜수, 「일본군위안부 문제 해결을 위한 국제활동의 성과와 과제」, 한국정신대문제대책협의회 진상조사연구위원회 엮음, 『일본군 위안부 문제의 진상』, 역사비평사 1997, 363쪽. 참고로 실무회의로는 '현대형 노예제 실무회의' 이외에 진정처리 실무회의(communications), 소수자 권리 실무회의(minorities rights), 원주민 권리에 관한 실무회의(indigenous populations)가 있었다.

4 유엔인권위원회 산하에 있던 인권소위원회는 인권이사회 출범 이후 인권이사회의 자문위원회(Advisory Committee)로 대체되었다. 박찬운, 『인권법』, 한울아카데미, 2008, 125쪽. 참고로 여성지위위원회는 경제사회이사회 산하에 계속 남아 있다.

를 요구하는 인권보장제도를 만들었다. 2008년 8월 현재 '경제적 · 사회적 · 문화적 권리에 관한 국제규약'(International Covenant on Economic, Social and Cultural Rights, ICESCR, 사회권규약), '시민적 · 정치적 권리에 관한 국제규약'(International Covenant on Civil and Political Rights, ICCPR, 자유권규약), '모든 형태의 인종차별철폐에 관한 국제협약'(Covenant on the Elimination of All Forms Racial Discrimination, CERD, 인종차별철폐협약), '여성에 대한 모든 형태의 차별철폐에 관한 협약'(Covenant on the Elimination of All Forms of Discrimination against Women, CEDAW, 여성차별철폐협약), '고문 및 그 밖의 잔혹한, 비인도적인, 굴욕적인 대우나 처벌의 방지에 관한 협약'(Convention against Tortures and Other cruel, Inhuman or Degrading Treatment or Punishment, CAT, 고문방지협약), '아동의 권리에 관한 협약'(Convention on the Rights of the Child, CRC, 아동권협약), '이주노동자 및 그 가족의 권리 보호에 관한 국제 협약'(International Convention on the Protection of the Rights of All Migrant Workers and Members of Their Families, CMW, 이주노동자보호협약) 등 7개의 주요 조약이 있다.[5,6]

위 각 조약에 근거하여 설립된 사회권규약위원회, 자유권규약위원회, 인종차별철폐위원회, 여성차별철폐위원회, 고문방지위원회, 아동권리위원회, 이주노동자보호위원회가 가입국들의 조약 이행 여부를 감독, 권고하고 있다.

5 http://www2.ohchr.org/english/bodies/treaty/index.htm 및 박찬운, 앞의 책, 143~144쪽

인권조약	채택일/발효일	한국 가입여부	현재 유보 조항
사회권규약	1966. 12. 16. / 1976. 1. 3.	1990. 4. 10. 가입	
자유권규약	1966. 12. 16. / 1976. 3. 23.	1990. 4. 10. 가입	제22조 (결사의 자유)
인종차별철폐협약	1965. 12. 21. / 1969. 1. 4.	1978. 12. 5. 가입	
여성차별철폐협약	1979. 12. 18. / 1981. 9. 3.	1984. 12. 27. 가입	제16조 제1항 g (가족성 선택)
고문방지협약	1984. 12. 10. / 1987. 6. 26.	1995. 1. 9. 가입	
아동권협약	1989. 11. 20. / 1990. 9. 2.	1991. 11. 20. 가입	제9조 제5항(아동의 면접교섭), 제21조 제1항 (입양 허가제), 제40조 제2항 b(v)(상소권보장)
이주노동자보호협약	1990. 12. 18. / 2003. 7. 1.	가입 안함	

6 이 밖에 유엔은 2006년 12월 13일 장애인인권협약(Convention on the Rights of Persons with Disabilities)과 선택의정서를 채택하였다. 이 협약이 발효되기 위해서는 20개국이 비준해야 하는데, 2007년 말 현재 14개국이 위 협약을 비준했다. 우리나라는 2007년 3월 30일 비준했다. 박찬운, 위의 책, 142쪽

2. 유엔 인권 메커니즘 내에서 일본군 위안부 문제논의

가. 유엔인권위원회 내에서의 논의과정 - 유엔인권이사회 출범 전

한국정신대대책협의회(이하 '정대협')는 1992년 초부터 유엔인권위원회에 일본군 위안부 문제를 제기하기 시작하였다. 정대협은 인권위원회와 그 산하 인권소위원회, 그리고 인권소위원회 밑의 '현대형 노예제 실무회의'에 수년간 꾸준히 참석하면서 일본군 위안부 문제에 대한 유엔의 조사를 요청하였다.[7] 이에 따라 이후 매년 4-5월에 '현대형 노예제 실무회의'가 열려 위안부 문제가 논의되었으며, 그 안건이 같은 해 8월에 열리는 인권소위원회로 상정되었고, 인권소위원회의 논의는 다음 해 1월에 열리는 유엔인권위원회에 상정되어 논의되었다. 정대협의 이러한 노력과 국제 NGO들의 지원에 따라 유엔인권위원회는 '여성폭력문제 특별보고관'을 임명하여 '여성에 대한 폭력'의 관점에서 일본군 위안부 문제를 조사 · 연구하게 하였으며, 인권소위원회 또한 '전시노예제에 관한 특별보고관'을 임명하여 '전시 성노예' 관점에서 일본군 위안부 문제를 조사 · 연구하게 하였다.

일본군 위안부 관련 인권위원회 내에서의 주요한 논의 내용과 특별보고관 등의 보고서 내용을 시간 순서대로 정리하면 다음과 같다.

(1) 1992년 8월 인권소위원회(제44차)[8] : 최초의 일본군 위안부 문제 제기

상술한 바와 같이 정대협은 처음으로 1992년 4월 인권소위원회 산하 '현대형 노예제 실무회의'에 일본군 위안부 문제를 제기하였다. 이 실무회의는 회

7 신혜수, 앞의 글, 359~360쪽

8 인권소위원회가 그 당시 다룬 의제 중에서 위안부 문제를 제기할 수 있는 관련 의제로는 '현대형 노예제' 의제와 '중대한 인권침해 희생자에 대한 배상' 의제가 있었다. 전자는 '현대형 노예제 실무회의'에서 논의가 이루어졌고, 후자는 특별보고관이 임명되어 보고서 작업을 진행했다. 이장희, 「종군위안부 인권침해에 대한 국제적 차원에서의 해결방안」, 『정신대 자료집 IV. 강제종군위안부 문제와 일본의 법적 책임』, 한국정신대문제대책협의회, 1993, 77쪽

의에 제출된 위안부 관련 자료를 검토하고, 이 자료가 '인권과 자유의 중대한 침해에 대한 피해자 원상회복, 배상 및 사회 복귀 권리에 관한 특별보고관'(Special Rapportuer on the right to restitution, compensatioin and rehabilitation for victims of gross violations of human rights and fundamental freedoms, 이하 '배상문제 특별보고관')에게 제출될 수 있도록 유엔사무총장에게 요청한다고 결의하였다. 이어서 1992년 8월 열린 인권소위원회 회의에서 정대협 대표단과 황금주 할머니는 위안부 문제와 관련된 발언을 하였다. 인권소위원회는 '현대형 노예제 실무회의'에 제출된 위안부 관련 자료가 배상문제 특별보고관에게 제출될 수 있도록 유엔사무총장에게 요청한다는 위 실무회의 결의를 승인하였다(E/CN.4/Sub.2/1992/L.3).

(2) 1993년 8월 인권소위원회(제45차) : '전시 노예제에 관한 특별보고관' 린다 샤베츠 임명

지난해에 이어 정대협 대표단과 북한의 일본군 위안부 피해자 정성명 할머니가 인권소위원회에서 발언하였다.[9] 배상문제 특별보고관 반 보벤(Theo van Boven)은 이 회의에서 '중대한 인권침해에 대한 배상 문제 보고서'(E/CN.4/Sub.2/1993/8)[10]를 제출하였는데, 이 보고서에서 위안부 문제가 직접 언급되지 않았지만 향후 위안부 문제 해결방안에 중요한 기초가 되었다.[11]

9 당시 정대협 등 NGO들의 상세한 활동내용에 대하여는 신혜수, 앞의 글, 372~376쪽 참조.

10 http://www.unhchr.ch/Huridocda/Huridoca.nsf/0/e1b5e2c6a294f7bec1256a5b00361173/$FILE/G9314158.pdf

11 이 보고서의 주요내용은 다음과 같다.

1) 국제법상 중대한 인권침해인 노예, 노예 유사 관행 등 일정 범위의 피해자는 국가의 위법행위(작위, 부작위 포함)에 대하여 개인 자격으로 국가에 대하여 배상 또는 보상을 청구할 권리가 있음.
2) 국가가 위법행위를 한 사인(공무원 포함)을 처벌하지 않은 경우, 불처벌에 대하여 피해자에게 보상을 하여야 함.
3) 국가는 개인의 권리를 피해자와 협의 없이 포기할 수 없고, 중대한 인권침해에 대한 손해배상청구에는 소멸시효가 적용되지 않음.
4) 보상(compensation, 포괄적 의미)은 피해자들의 요구와 희망에 부응하여야 하며, 위반의 경중 정도에 비례하여야 함. 그 종류는 다음과 같음.
① 원상회복(restitution) : 인권침해가 발생하기 이전의 상황으로 다시 회복하는 것, 무엇보다 자유, 시민권, 주거, 직업과 재산의 회복이 요구됨.
② 금전보상(compensation) : 인권침해로 발생한 금전적 손해를 보전해 주는 것. 예를들면, 신체적·정신적 피

이어서 인권소위원회는 심도있는 논의를 거친 후, 8월 20일 '전시 노예제에 관한 결의'(E/CN.4/Sub.2/RES/1993/24)를 채택하고 '전시 노예제에 관한 특별보고관'으로 린다 샤베츠(Linda Chavez)를 임명했다. 특별보고관의 중요 임무 중 하나가 2차 대전 중 일본이 저지른 '성노예' 문제의 진상규명과 법률 검토였다.[12] 인권소위원회는 특별보고관에게 보고서 제출을 요청했고(제46차, 제47차 인권소위원회에 제출할 것), 배상문제 특별보고관이 보관하고 있는 문서를 참고하도록 했다.

(3) 1994년 1월 유엔인권위원회(제50차) : 린다 샤베츠 불승인, '여성폭력문제 특별보고관' 라디카 쿠마라스와미 임명

이 회의에서 정대협을 비롯한 많은 NGO들이 성노예 범죄 책임자에 대한 처벌을 요구하였다. 인권위원회는 여성에 대한 폭력에 관해 특별보고관을 신설하기로 결의하고, 4월 '여성폭력문제 특별 보고관'에 라디카 쿠마라스와미(Radhika Coomaraswamy) 변호사[13]를 임명했다. 그러나 제45차 인권소위원회가 결의한 '전시노예제 관한 특별보고관' 린다 샤베츠의 임명안은 예산 등을 이유로 승인되지 않았다.

해, 상해 및 정서적 장애, 교육 등 기회 상실, 적절한 의료와 재활을 위한 비용, 재산손실을 포함한 경제적 손실, 명예훼손으로 인한 금전적 손실, 피해 구제를 위해 전문가나 변호사에게 지출된 비용 등을 보전해 주는 것.

③ 사회복귀(rehabilitation) : 명예회복을 위해 필요한 조치 뿐 아니라 법·의학·심리적인 치료 조치를 제공하는 것.

④ 재발방지(satisfaction and guarantee of non-repetition) : 지속되는 인권침해를 중단하고, 진상을 규명하며, 공개적으로 사죄하고 책임을 인정하며, 책임자를 처벌하고, 피해자를 추모하며, 인권침해 사실을 정확히 기록하고 교육하는 것.

12 도츠카 에츠로(戸塚悦朗), 박홍규 옮김, 『'위안부'가 아니라 '성노예'이다』, 소나무, 2001, 56쪽. 도츠카 에츠로 변호사는 1990년대 초 일본군 위안부 문제가 유엔인권위원회에서 중요 의제로 상정되고 특별보고관을 임명하게 하는데 큰 기여를 했으며, 지금도 유엔인권이사회가 열리는 제네바에서 국제인권법 전문가로 활발하게 활동하고 있다.

13 당시 쿠마라스와미 변호사는 콜롬보의 국제인종문제연구소(International Center for Ethnic Studies) 소장으로 있으면서, 아시아태평양 여성운동 단체인 APWLD(Asia Pacific Forum on Women, Law and Development) 운영위원이었다.

(4) 1994년 8월 인권소위원회(제46차) : 린다 샤베츠 '전문가' 임명

제46차 인권소위원회 회의에 앞서 1994년 4월 열린 '현대형 노예제 실무회의'에서는 위안부 피해자 구제를 위해 관련 당사국에게 헤이그 상설중재재판소(Permanent Court of Arbitration)의 중재절차 이용을 권고하기로 결의했다(E/CN.4/Sub.2/1994/33).[14] 이에 따라 정대협은 '현대형 노예제 실무회의'가 권고한 상설중재재판소의 중재를 위해 한국 피해자 10명이 위 절차에 동의하였으니 일본정부 역시 위 권고를 수락할 것을 요청하였다. 그리고 정대협은 1994년 6월 인도네시아 자카르타에서 개최된 '여성과 개발에 관한 아시아태평양각료회의'에서 위안부 등 성노예 문제와 관련하여 가해자 처벌을 요구하기로 결의한 사실을 지적했다. 인권소위원회는 '현대형 노예제 실무회의'의 결의안을 심의하고, 2차 대전 동안 일본군에 의해 자행된 성노예 및 강제노동에 관한 정보를 '불처벌문제 특별보고관' 기세(Guisse)와 조와네(Joinet) 위원에게 제공하여 연구할 것을 권고하기로 결의했다.[15] 그리고 전시 노예제에 관한 특별보고관 임명이 인권위원회에서 다시 불승인될 것을 대비하여 린다 샤베츠를 '전문가'로 임명하고 내전을 포함한 전쟁 중 조직적 강간, 성노예 및 성노예 유사 관행에 관하여 예비연구를 하도록 요청하였으며, 제47차 인권소위원회에서 린다 샤베츠의 보고서를 우선 사항으로 검토하기로 결의했다.[16]

(5) 1995년 1월 유엔인권위원회(제51차) : 특별보고관 쿠마라스와미 예비 보고서 제출

특별보고관 라디카 쿠마라스와미가 이 회의에서 여성에 대한 폭력의 양태

14 도츠카 에츠로 앞의 책, 113쪽

15 위안부들에 대한 보상을 촉구해 온 비정부기구 IFOR(International Fellowship of Reconcilliation)는 "이로써 지난 1948년 극동군사재판소 재판으로 끝난 것으로 간주됐던 일본의 전쟁범죄에 대해 유엔기구가 처음으로 공식조사를 하게 되었다"고 성명서를 발표했다. 동아일보, 1994. 8. 21.자 기사 참조

16 인권소위원회에서는 1995년에 린다 샤베츠의 연구보고서를 받은 후(E/CN.4/Sub.2/1995/38) 다시 그를 특별보고관으로 임명하는 결의를 채택했으며, 다음해 인권위원회에서 마침내 그 결의안이 통과되었다. 1996년에 1차 보고서를, 1997년에 최종보고서를 내기로 되어있던 샤베츠 위원은 한국, 필리핀, 일본을 방문하여 1996년 1차 보고서를 제출한 후(E/CN.4/Sub.2/1996/26), 위원직에서 탈락함으로써 보고서 제출을 중단했다.

와 원인 등을 개괄한 예비보고서를 제출했다. 쿠마라스와미는 보고서에서 전쟁 중 자행된 강간과 성노예 등을 전쟁범죄로 규정하고, 위안부 문제와 관련하여 극동군사재판소에서뿐 아니라 현재까지 어떠한 형사처벌도 이루어지지 않은 점을 지적하였다. 보고서의 주요 내용은 다음과 같다.

(가) 강간의 불처벌은 강간을 군사전략의 수단으로 선택하라는 정치적 승인과 같음. 강간 등 중대한 인권침해에 대해 처벌이 이루어지지 않는다면, 강간 피해자는 더 이상 보호될 수 없음.

(나) 일본이 1992년 위안부 문제를 일부 인정하기는 했는데, 더 나아가 국제법상 범죄라는 인식하에 배상 등을 해야 함.[17] 2차 대전이 종료된 지 50년이 지났으나 위안부 문제는 과거의 문제가 아니라 현재의 문제임. 전쟁 중 자행된 체계적인 강간과 성노예 책임자를 국제법 하에서 처벌해야 한다는 선례를 확립할 결정적인 사안임.

(다) 보상을 통해 전쟁 중 폭력으로 피해를 입은 여성을 구제해야 함. 적정 보상을 받을 권리는 국제법적으로 인정되었음. 배상문제 특별보고관 반 보벤은 불법행위나 불법상태를 되돌리기 위한 배상 의무는 국제법상 확립된 원칙이라고 하였음.

특히 쿠마라스와미는 위 예비보고서를 통해 무라야마 구상에 이의를 제기했는데, 무라야마 수상은 1994년 8월 31일 법적 책임을 부인한다는 전제 하에 피해자 개인에 대한 배상을 부정하고, 그 대신 아시아 · 태평양 지역 간 인재교류를 추진하고 민간모금에서 위로금을 지불하겠다고 제안하였다. 쿠마라스와미는 위 예비보고서를 통해 무라야마 구상에 이의를 제기했다. 국제법률가협회 등 저명한 국제 NGO들은 '불처벌과 책임회피' 문제를 중요하게 다룬 위 쿠마라스와미 보고서를 높이 평가하고, 무라야마 구상을 비난했다. 제51차 인권위원회에서 한 위안부 문제와 관련된 주요 결의사항은 다음과 같다.

17 도츠카 에츠로, 앞의 책, 131쪽, 149쪽

- 쿠마라스와미 특별보고관의 예비보고서를 채택한다.
- 여성에 대한 성폭력에 반대하며, 여성차별철폐선언(Declaration on the Elimination of Discrimination Against Women. 1967년 11월 유엔 채택)에 따라 가정, 공동체, 국가에서 성폭력을 근절하도록 노력한다. 각 정부는 국내법에 따라 성폭력 예방 조치를 취하며, 성폭력 사건을 철저히 수사・재판하고, 피해자에게 적절한 보상과 구제가 이루어지도록 한다.
- 전쟁 중 자행된 여성인권침해는 국제법 위반이며, 살인・체계적인 강간・성노예・강제임신 등의 인권침해에 대해서는 유효 적절한 대응을 해야 한다.

(6) 1995년 8월 인권소위원회(제47차) : 린다 샤베츠 보고서 채택

1995년 8월 열린 제47차 인권소위원회는 위안부 문제와 관련하여, "① 전쟁 중 자행된 성착취나 강제노동과 관련된 정보를 불처벌문제 특별보고관에게 전달하고, 이와 관련된 실무회의 자료들을 검토하도록 권고한다. ② 성노예 등 가혹행위를 당한 피해자 구제를 위하여 일본정부에게 행정구제 기관을 설치하라고 권고한다."고 결의하는 외에, 린다 샤베츠 보고서(E/CN.4/Sub.2/1995.38)[18]를 채택하고, 샤베츠 특별보고관 임명을 유엔인권위원회에 권고하기로 결의하였다(E/CN.4/Sub/2/1995/L.26).

(7) 1996년 1월 유엔인권위원회(제52차) : 여성폭력문제 특별보고관 쿠마라스와미 보고서 제출

1996년 1월 열린 제52차 인권위원회 회의에서 일본군 위안부 문제와 관련하여 기념비적인 성과가 있었다. 즉 여성폭력문제 특별보고관 라디카 쿠마라스와미가 여성폭력문제 보고서(E/CN.4/1996/53)의 추가문서로 '전시의 군사적 성노예 문제에 관한 조선민주주의인민공화국, 대한민국 및 일본 파견 조사 보

18 전쟁 수단으로서의 성폭행의 역사, 성폭행의 국제법 위반 문제, 피해자 구제 등의 문제를 심층적으로 연구하여 제48차, 제49차 인권소위원회에 제출하라는 내용을 담고 있다.

고서'(E/CN.4/1996/53/Add.1)를 제출하였다.[19] 이 보고서의 주요 내용은 다음과 같다.

(가) 위안부는 군사적 성노예임.

(나) 위안소 설치 · 징집 · 운영은 국제조약 및 국제인도법에 반하며, '인도에 반한 죄'에 해당함.

(다) 성노예 문제는 한일조약 등에 포함되지 않았고, 일본은 국제인도법상 법적 책임과 도의적 책임을 부담함.

(라) 일본정부는 피해자 개인이 국제법상 어떠한 권리도 갖고 있지 않다고 주장하나, 세계인권선언, 시민적 · 정치적 권리에 관한 국제협약 등에 의하면 개인이나 단체에게 유효한 청구권을 인정하고 있음.

(마) 일본정부가 만든 '여성을 위한 아시아 평화 국민 기금'(이하 '아시아여성기금'. 1995년 7월에 발족하여, 같은 해 12월에 법인으로 설립됨)은 법적 책임을 부정한 산물로서, 이것으로 성노예 문제를 해결할 수 없음.

(바) 일본정부에 대한 권고 : ① 법적 책임을 인정하라. ② '배상문제 특별보고관'이 제시한 원칙에 따라 보상하며, 피해자가 고령인 점을 감안하여 빠른 시일 내에 행정심판소를 설립하라. ③ 관련 문서를 공개하라. ④ 성노예였음을 인정하고 피해 여성에게 서면으로 사죄하라. ⑤ 역사적 사실을 교과서에 반영하라. ⑥ 위안부 징집과 위안소 제도화에 관여한 책임자를 특정하고 가능하면 처벌하라.

(사) 국제사회에 대한 권고 : 국제 NGO들은 유엔 내에서 이 문제를 계속 제기하고, 국제사법재판소나 상설중재재판소의 의견을 구하기 위한 노력을 전개하라. 남북한 정부는 위안부 배상 문제를 해결하기 위하여 국제사법재판소의 제소를 고려하라.

19 라디카 쿠마라스와미는 이 보고서 작성을 위해 1995년 7월 18일부터 22일까지 한국, 같은 달 22일부터 27일까지 일본을 방문하였고, 1995년 7월 15일부터 18일까지 북한을 방문할 예정이었으나 불가피한 사정으로 다른 인권전문가를 파견하여 조사하도록 하였다. 쿠마라스와미는 위 보고서 작성을 위해 총 16명의 피해자와, 각국의 역사학자, NGO 활동가들을 인터뷰했고, 정부 입장을 확인했다.

일본정부는 위 보고서에 즉각 반박하고, 반박 서면을 작성하여 한국, 미국, 호주 정부 등에 배포하였다. 일본은 국가 차원의 법적 손해배상을 거부한다고 발표했다.[20] 유엔인권위원회는 이어서 린다 샤베츠를 '전시 노예제에 관한 특별보고관'으로 임명한다는 인권소위원회의 결의를 승인하였다.

인권위원회에 이어 1996년 6월 열린 '현대형 노예제 실무회의'(제21차)에서 일본정부는 관련국과의 조약으로 법적 문제가 해결됐고 아시아여성기금으로 도의적 책임을 다했다는 기존의 입장을 되풀이하면서, 위 쿠마라스와미 보고서의 채택에 반대했다. 그러나 실무회의는 쿠마라스와미 보고서를 환영하면서 그 보고서의 권고대로 행정심판소를 신속하게 설치하고, 아울러 제19차 회기에서도 권고했던 합의 분쟁해결기구를 설치하라고 권고했다. 나아가 실무회의는 일본정부가 문제 해결을 위해 유엔 및 특별 기구와 협력하라고 권고했고, 불처벌문제 특별보고관에게 전시하 여성 폭력과 관련한 자료를 제공하기로 결의했다(E/CN.4/Sub.2/1996/24). 위 실무회의는 아시아여성기금에 대한 평가를 삭제하는 대신 일본군 위안부 문제를 조사하고자 하는 일본 국회의 입법 노력을 긍정적으로 평가하였다.[21]

한편 1996년 8월 열린 제48차 인권소위원회에서는 린다 샤베츠 특별보고관이 전시하에 일어난 강간, 성노예, 성노예 유사 관행 등에 관해 1차 보고서((E/CN.4/Sub.2/1996/26)를 제출했다. 그 보고서는 전쟁 수단으로 이용된 강간의 역사, 관련 국제규범, 정부와 가해자의 책임, 형사처벌과 보상, 분쟁 해결방안 등을 정리한 것이었다. 인권소위원회는 쿠마라스와미 특별보고관의 보고서를 환영하고, 신속한 피해자 구제를 위하여 앞서의 '현대형 노예제 실무회의'의

20 한국은 1992년 2월 이후부터 유엔인권위원회나 인권소위원에서 위안부 문제와 관련하여 매회 발언을 하였으나 진상규명만 요구하는 수준이었는데, 위 쿠마라스와미 보고서가 제출된 이후 인권위원회에서 처음으로 보상문제를 언급했다. 양기호, 「전후보상과 한국정부의 대응」, 『일본학보』, 53권, 629쪽

21 도츠카 에츠로, 앞의 책, 212쪽. 쿠마라스와미 보고서가 발표된 후, 일본에서는 26명의 참의원 의원이 1996년 6월 13일 '전시 성적 강제 피해자 문제 조사회 설치 법안'을 제안했다. 이 법안은 '종군위안부'라는 용어가 피해자 실태를 반영하지 못한다는 이유로 '전시 성적 강제 피해자'라는 용어를 사용했다. 이 법안은 진상 규명을 요구하고, 입법에 의한 해결을 제안했다는 점에서 주목할 만한 것이었으나, 실제 입법에 이르지는 못하였다. 도츠카 에츠로, 같은 책, 204~206쪽

권고와 같이 일본정부에게 행정심판소 설치 및 합의분쟁해결기구의 설치를 고려하라고 결의했다(E/CN.4/Sub.2/1996/L.27).[22]

(8) 1998년 1월 유엔인권위원회(제54차) : 라디카 쿠마라스와미 '국가에 의한 폭력' 보고서 제출

1998년 1월 열린 제54차 인권위원회에서 쿠마라스와미는 '국가에 의한 폭력' 보고서(E/CN.4/1998/54)를 제출하였다. 이 보고서에서 일본군 위안부 문제는 일본정부에 의한 국가폭력으로 규정되었으며, 전시하에 자행된 강간은 국제법과 국제관습법, 그리고 국제법정에서 채택한 헌장에 명백히 위반되는 행위임을 다시 강조하였다. 쿠마라스와미는 이 보고서에서, ① 여성에 대한 폭력 금지가 제네바협약 등 현존하는 국제인권 관련 규약들에 충분히 반영되어 있는지 검토하고, 필요한 개정작업을 할 것 ② 국제형사재판소(Interanational Criminal Court)규정[23]에 여성에 대한 폭력 금지 규정을 명시할 것 ③ 각 정부는 지금까지 사실상 면책된 가해자의 처벌문제를 해결할 것 ④ 여성폭력사건을 예방하고, 피해자 구제와 가해자 처벌이 적절하게 이루어지도록 노력할 것 ⑤ 또한 군대와 법집행기관이 여성에 대한 폭력을 중대한 범죄로 인식할 수 있도록 교육할 것 등을 각국에 권고했다.

(9) 1998년 8월 인권소위원회(제50차) : 특별보고관 게이 맥두걸 보고서 제출

1998년 8월 열린 인권소위원회 회의에서 일본군 위안부 문제 해결을 위한 유엔 인권기구 차원의 노력으로서 또 하나의 중요한 성과가 있었다. 즉 특별보고관 게이 맥두걸(Gay J. Macdougal)이 전시하의 체계적인 강간과 성노예,

22 1997년 6월 열린 '현대형 노예제 실무회의'에서 일본정부는 아시아여성기금에 의한 문제 해결을 다시 한 번 반복했다. 이에 대해 위 실무회의는 이전의 권고내용을 다시 상기시키며 일본정부에게 위안부 문제 해결을 위하여 유엔에 협조하라고 재차 권고했다(E/CN.4./Sub.2/1997/13).

23 참고로 국제형사재판소규정이 1998년 7월 17일 로마에서 채택되었는데, 강간, 성노예, 강제 성매매 등을 인도에 반한 죄로 규정했다.

성노예 유사 관행에 관한 최종 보고서(E/CN.4/SuB.2/1998/13)를 제출하였는데,[24] 부록으로 일본군 위안부 문제에 대한 법적 책임을 분석하였다.[25]

게이 맥두걸이 일본군 위안부 문제와 관련하여 위 보고서에 첨부한 주요 내용은 다음과 같다.

(가) 위안부 여성들의 징집 및 처우는 노예제도를 금지한 국제관습법에 위반되며, 전쟁범죄이고 반인도적 범죄임.

(나) 개별 범죄자뿐 아니라 군장교 및 정부관리 등 위안소 설치, 운영에 관여한 상급자들도 형사 책임을 져야 함.

(다) 일본정부는 위안부 피해 여성들에 대해 배상할 책임을 부담함.

게이 맥두걸은 위 보고서 부록에서, "유엔인권고등판무관은 위안소 설치 및 운영에 책임이 있는 사람들이 일본이나 다른 국가에서 기소될 수 있도록 필요한 조치를 취하"되, "일본정부와 함께 관련 증거 자료를 수집하고 피해자를 조사하며 일본 검사에게 재판에 필요한 자료를 보내고, 일본 이외의 국가에서 이 문제에 대해서도 관할권을 가질 수 있도록 입법화하는데 지원"할 것을 권고했다. 또 '아시아여성기금'의 창립으로 일본정부의 법적 배상 책임을 대신할 수 없으며, "아시아여성기금은 법적 배상이 아니므로 국제사회 대표들이 참가하는 새로운 행정기금을 마련하여 법적 배상을 제공"하도록 권고하는 외에, 일본정부는 유엔 사무총장에게 최소한 1년에 두 차례 피해자 신원을 확인하고 배상 및 처벌이 어떻게 진행되고 있는 보고하도록 권고했다. 게이 맥두걸

24 린다 샤베츠가 제49차 인권소위원회에 최종 보고서를 제출할 계획이었으나 상술한 바와 같이 중도에 사임함으로써 이를 이행하지 못했다. 대신 미국 부대표인 게이 맥두걸이 1997년 특별보고관으로 임명되었고, 제50차 인권소위원회에 보고서를 제출하였다.

25 게이 맥두걸은 보고서 본문에서, 노예제도 및 인도에 반한 범죄 등은 비엔나 조약법 협약(Vienna Convention of the Law of Treaties)상 강행 규범에 위반되는 국제범죄로서, 모든 국가들은 노예범죄, 반인권범죄, 집단학살, 고문, 전쟁 범죄 책임자를 기소하고, 다른 국가에서 요청하는 경우 범죄인 인도 의무가 있다고 지적했다. 이어서 국제사회와 유엔에 성폭력이나 성노예 등 인도에 반한 죄를 처벌하는 규범을 제정하고, 이와 같은 범죄에 대해 보편적 관할권을 적용하라는 내용 등의 권고 사항을 기술했다.

의 이와 같은 내용은 일본군 위안부 문제와 관련한 여러 법적 쟁점을 명쾌하게 분석하고 적절한 해결방안을 제시한 것으로서, 전술한 쿠마라스와미 특별보고관의 보고서와 함께 국제사회에 큰 반향을 일으켰다. 게이 맥두걸 보고서는 인권위원회의 결의로 승인되었으며, 인권위원회는 아울러 국제인도법, 국제인권법, 형법 등에서 강간과 성노예를 명백히 금지하고 있음을 재확인하는 결의를 채택했다(E/CN.4/Sub.2/RES/1998/18 참고).[26]

(10) 2000년 이후 일본군 위안부 관련 유엔 인권기구 결의 내용

인권소위원회의 결의로 임기가 연장된 특별보고관 맥두걸은 2000년 6월 열린 제52차 인권소위원회에 '무력 충돌 중 발생한 성폭력의 불처벌 문제를 해결하기 위한 국내, 국제 사회의 노력'에 관한 보고서(E/CN.4/Sub.2/2000/21)를 제출하였다. 게이 맥두걸은 이 보고서에서 일본군 위안부 문제와 관련하여, 일본정부가 여전히 법적 책임을 부인하며 피해자들에게 배상하지 않고 있는 사실을 지적하였다. 그리고 일본법원에서 진행중인 일본군 위안부 관련 소송에서 피해자 원고들이 대부분 패소한 사실 및 진상규명을 위한 기구 설치와 피해자 배상을 위한 법률안이 국회에 제출된 사실을 기술하였다.

게이 맥두걸 특별보고관의 보고서에 이어, 2001년 1월 열린 제57차 인권위원회에 쿠마라스와미 특별보고관이 국가폭력에 관한 보고서(E/CN.4/2001/73)를 제출하였다. 이 보고서에서 쿠마라스와미는 1998년의 국가폭력에 관한 특별보고서 이후 성폭력과 관련한 국제사회의 대응 및 최근 3년간 무력충돌 지역에서 발생한 성폭력 사건을 분석하였다. 이 보고서 중 위안부 문제와 관련된 주요 내용은 다음과 같다.

(가) 가해자 불처벌의 관행 때문에 여성폭력을 근절할 수 없음. 성폭력 가해자의 책

26 일본정부는 위 유엔인권위원회 결의에 대하여, "결의 내용에 일본이라는 국명이 없다", "현재 문제에 한정된 결의이므로 일본과 무관하다"는 등 구태의연한 태도를 되풀이했다. 도츠카 에츠로, 앞의 책, 227쪽

임과 관련한 국제사회의 인식과 유엔 회원국의 대응 사이에 상당한 간극이 존재하는데, 불처벌의 가장 대표적인 사례가 일본의 위안부 문제임.

(나) 일본정부는 '위안부'라고 불리는 성노예 제도에 책임이 있음에도 법적 책임을 인정하지 않고 있으며, 1996년 자신이 권고한 내용이나 1998년 맥두걸이 권고한 내용을 이행하기 위하여 어떠한 노력도 하지 않고 있음.

쿠마라스와미는 임기를 마감하면서 2003년 1월 열린 제59차 인권위원회에 성폭력 근절을 위한 국제사회의 노력과 지역별 · 국가별 상황을 분석한 최종 보고서(E/CN.4/2003/75, E/CN.4/2003/75/Add.1)를 제출했다. 그는 보고서에서 일본군 위안부 문제와 관련하여 일본정부가 여전히 법적 책임을 부인하면서 가해자를 처벌하지 않는다고 지적했다. 이후 인권소위원회는 인권위원회가 인권이사회로 격상되면서 폐지될 때까지 새로 특별보고관을 임명한다든가 또는 위안부 문제의 법적 해결을 시종 거부하는 일본정부에 대하여 더 이상의 강력한 결의나 영향력은 행사하지 못하였다.[27]

나. 유엔인권이사회 내에서의 논의 - 유엔인권이사회 출범 후

새로 출범한 유엔인권이사회의 주요 활동 중 하나가 각 국가별 인권상황 정례검토제도이다. 이 제도는 종래 없던 것으로서, 인권이사회 이사국을 포함한 유엔 회원국은 4년에 한번씩 인권상황에 대한 정기 검토를 받아야 한다. 인권이사회는 보고서 검토와 심사를 위해 47개국 이사국들로 구성된 실무그룹을 설치하였다. 심사대상국은 인권상황에 대한 보고서를 제출해야 하며, 유엔인권고등판무관도 심사대상국에 대하여 그 동안 인권 관련 유엔 기구들이 작성한 보고서와 권고사항들을 분석, 정리하여 제출해야 한다. 실무그룹은 심사대

27 2000년 이후 인권이사회 이전까지 유엔인권위원회 내의 일본군 위안부 문제와 관련한 성과에 대해서는 정진성, 앞의 책, 151~157쪽 참조

상국과 토론방식으로 인권상황을 검토한 뒤 보고서를 작성하여 인권이사회 전체 회의에 상정한다. 인권이사회 전체회의에서 보고서를 논의하기 전 심사대상국과 인권이사회 회원국, 또는 관련 당사국들은 실무그룹의 보고서 내용에 대해 의견을 제출할 수 있다.[28] 유엔헌장 · 세계인권선언 · 심사대상국이 가입한 인권조약들, 이사국 선거시 심사대상국가가 제시한 자발적 공약, 적용가능한 국제인도법이 검토기준인데, 기존 조약감시기구의 활동을 보완하는 역할을 한다.

2008년 5월 9일 인권이사회로 바뀐 뒤 처음으로 일본정부에 대한 인권상황 정례검토가 진행되었다. 이 자리에서 여러나라가 위안부 문제를 제기하였다. 프랑스 대표는 그 동안 유엔인권기구가 위안부 문제와 관련하여 여러 차례 권고한 사실을 지적하며 종국적인 해결책을 제시하라고 권고했고, 한국정부 역시 여성폭력문제 특별보고관, 여성차별철폐위원회, 고문방지위원회의 권고를 수용할 것을 촉구하며 역사 바로 세우기의 중요성을 강조했다. 북한도 유엔 인권조약기구의 권고와 유럽 의회 등의 의결에 따라 위안부 문제를 해결하라고 권고했다.[29] 이에 대해 일본은 1993년 8월 일본정부가 위안부 문제에 대해 사과와 유감(apologies and remorse)을 표명한 바 있고, 일본정부는 샌프란시스코 강화조약과 협정 등을 통해 위안부 문제를 모두 해결하였다는 종래의 주장을 되풀이하였다.[30] 인권이사회 실무그룹은 2008년 5월 26일 정례검토에 대한 보고서(A/HRC/WG.6/2/L.10)를 작성하였는데, 위안부 문제와 관련하여 '여성폭력문제 특별보고관과 고문방지위원회 권고에 성실하게 대답하라'[31]

28 http://ap.ohchr.org/documents/E/HRC/resolutions/A_HRC_RES_5_1.doc.

29 A/HRC/8/44, 6~11쪽

30 위 문서, 13쪽

31 "Respond sincerely to the recommendations of the United Nations mechanisms(Special Rapportuer on violence against women, the Committee on the Elimination of Discrimination against Women and the Committee against Torture) on the issue of 'comfort women' during the Second World War(Republic of Korea)." 참고로, 인권상황검토 절차 중 하나로 유엔인권고등판무관이 유엔기구들의 의견을 정리한 보고서(A/HRC/WG.6/2/JPN/2)를 실무그룹에 제출했는데, 위안부와 관련해서는 여성폭력문제 특별보고관의 2003년 보고서, 여성차별철폐위원회의 2003년 권고 사항, 고문방지위원회의 2007년 의견을 정리하여 보고했다.

고 권고했다. 일본은 실무그룹의 권고사항에 대하여 수용 여부에 대한 의견을 보냈는데, 위안부 문제와 관련해서는 권고를 수용하겠다는 의견 대신 "국제사회의 이해를 도모하기 위해 최선을 다할 것이며, 이 문제와 관련하여 조약기구와 지속적인 대화를 하겠다"는 실효성 없는 소극적 입장을 표명했다(A/HRC/8/44/Add.1). 유엔인권이사회는 2008년 6월 12일 투표 없이 실무그룹의 보고서를 채택하였다.[32]

다. 조약에 기초한 유엔 인권기구 내에서의 논의

(1) 유엔여성차별철폐위원회

'여성에 대한 모든 형태의 차별철폐협약'은 협약의 이행사항을 심의하기 위하여 유엔여성차별철폐위원회를 설립하고 협약 당사국이 4년마다 제출한 보고서(협약 내용 이행을 위한 법 · 제도적 조치)를 심의 · 권고하도록 하였다. 한국은 1984년 가입, 1986년 첫 보고서를 제출하였고, 일본은 1985년 가입, 1987년에 첫 보고서를 제출하였으며, 북한은 2001년 2월 가입하였고, 보고서 등을 통해 위안부 문제를 제기한 바 있다.

유엔여성차별철폐위원회에서 일본군 위안부 문제는 일본정부의 2, 3차 보고서를 심의한 13차 회기(1994년 1월) 때부터 논의되었는데, 그 내용을 정리하면 다음과 같다.

- 1994년 1월 유엔차별철폐위원회(13차) : 일본정부의 2, 3차 보고서 심의 후 위원들은 일본정부가 위안부 생존 피해자들에게 배상해야 한다는 의견을 표명했다. 이에 대해 일본정부는 1991년 위안부 조사를 착수하여 1993년 그 결과를 발표했으며 사과했다고 답변했다. 위원들은, 일본정부가 사과했다면 그 다음 조치는 당

32 http://ap.ohchr.org/documents/E/HRC/decisions/A_HRC_DEC_8_126.doc. 한편 이번 일본 정례검토 때는 사전에 정대협을 비롯한 다수의 국내외 NGO 단체가 일본군 위안부 문제와 관련하여 일본정부의 법적인 해결을 촉구하는 의견서와 성명서 등을 인권이사회에 제출했다.

연히 배상이 되어야 하는데, (일본정부가 그런 조치를 취하지 아니함으로써) 피해자들이 개별적으로 손해배상청구 소송을 제기하지 않으면 안된다고 하는 것은 피해자들에 대한 또 다른 인권침해라고 밝혔다(CEDAW/C/1994/L.1/Add.12).

- 2003년 7월 유엔차별철폐위원회(29차) : 일본정부의 4, 5차 보고서 심의가 이루어졌다. 위원들은 일본정부가 위안부 피해자들에게 금전 배상을 하고, 위안부 문제와 관련하여 올바른 역사교육을 해야 한다고 권고했다. 그러나 일본정부는 소급해서 이 협약을 적용할 수 없다고 답했다. 유엔차별철폐위원회는 심의 보고서(CEDAW, A/58/38)에서 "일본정부는 위안부 문제의 종국적인 해결을 위하여 노력해야 한다"고 권고했다.[33]

(2) 경제적 · 사회적 · 문화적 권리 위원회

'경제적 · 사회적 · 문화적 권리에 관한 인권규약'에 따라 설립된 경제적 · 사회적 · 문화적 권리 위원회(Committee on Economic, Social and Cultural Rights)는 2001년 8월 일본의 경제적 · 사회적 · 문화적 권리 이행상황을 점검한 뒤, 위안부 피해 여성들이 아시아여성기금을 수용하지 못하는 현실에 우려를 표하면서 더 이상 늦지 않도록 관련 NGO들의 의견에 귀를 기울이며 적절한 조치를 취하라고 강하게 권고했다(E/C.12/1/ADD.67).

(3) 자유권규약위원회

'시민적 · 정치적 권리에 관한 인권규약'에 따라 설립된 자유권규약위원회(Human Rights Committee)는 2008년 10월 28일과 29일 일본정부가 제출한 다섯번째 정부보고서를 검토하고 심사견해(Concluding Observation)를 인권이사회에 보고했다. 이 견해에서 자유권규약위원회는 일본정부가 여전히 일본

33 일본정부는 2008년 4월에 제출한 정부 보고서(CEDAW/C/JPN/6)에서도 아시아여성기금을 통해 피해여성들에게 위로금을 지불했다고 주장하며, 그 외 법적 책임에 대해서는 어떠한 언급도 하지 않고 있다. 이 보고서는 2009년 7월 심사가 이루어질 예정이다.

군 위안부 문제에 대한 책임을 인정하지 않고 있으며 역사교과서에도 그에 관한 내용을 거의 기술하지 않고 있는 한편, 일부 정치가와 매스미디어가 위안부 피해자의 명예를 훼손하거나 일본군 위안부 가해 사실을 부인하고 있다고 지적했다. 자유권위원회는 이어서 위 견해에서 일본정부가 위안부 피해자들에 대한 법적 책임을 인정하고 가해자들을 기소하며, 생존 피해자들에게 적절히 배상하기 위한 효과적인 사법적, 행정적 조치를 취하라는 등을 권고했다(CCPR/C/JPN/CO/5).

(4) 고문방지위원회

'고문 및 그밖의 잔혹한, 비인도적인, 굴욕적인 대우나 처벌의 방지에 관한 협약'에 따라 설립된 고문방지위원회(Committee against Torture)는 2007년 5월 제38차 회기에서 위안부 피해자가 일본법원에 제기한 소송이 소멸시효 등으로 기각된 점에 대하여 유감을 표명하며 고문에 대하여 소멸시효나 공소시효를 배제하는 법률을 제정하라고 권고했다(CAT/C/JPNCO/1).

라. 유엔이 주관한 세계인권대회에서의 논의

(1) 비엔나 세계인권대회

1993년 6월 오스트리아의 수도 비엔나에서 유엔이 주관하는 세계인권대회가 열렸다. 비엔나 세계인권대회는 여성의 권리를 '인권'으로 발전시킨, 역사적으로 매우 중요한 회의이다. 유엔 체계 내에서의 여성에 관한 권리는 크게 3단계로 나누어 볼 수 있다. 우선 유엔 창설 직후부터 여성의 권리가 중요하게 다루어졌는데 주로 시민권과 선거권 등 정치적 권리에 한정되었다. 그 다음 '평등'에 중점을 두었는데(1960~1970), 정치적 · 시민적 영역 뿐 아니라 경제적 · 사회적 영역에서도 평등을 이루기 위해 노력하여 그 결과 여성차별철폐협약을 제정하기에 이르렀다. 그러나 1980년 후반기까지 여성에 대한 폭력은 사적 영역에 대한 국가 개입의 반대 등을 이유로 국제사회에서 주목받지 못했다. 하지만 성폭력도 하나의 폭력으로 국제사회가 공동으로 대응해야 한다는 여성단체의 지속적인 운동의 성과로, 1991년 경제사회이사회와 여성지위위원회가 여성폭력 문제에 적극 대응하기로 결의했다. 여성차별철폐위원회도 1992년 제11차 회기에서 성폭력을 여성차별의 하나로 보고 체약국들에게 위원회에 제출하는 보고서에 여성폭력에 관한 사항도 포함시킬 것을 권고했다. 그리하여 마침내 비엔나 세계인권대회에서 여성의 권리를 중요한 '인권'의 하나로 재확인하고, 각 정부로 하여금 '비엔나 선언과 행동계획'(Vienna Declaration and Programme of Action)에서 여성폭력을 근절하기 위해 필요한 조치를 취하기로 결의하는 성과를 거두었다(E/CN.4/2003/75).

비엔나 세계인권대회의 후속조치로 상술한 바와 같이 유엔인권위원회는 1994년 여성폭력문제 특별보고관으로 라디카 쿠마라스와미를 임명하고 2003년까지 국가, 가정, 사회 등에서 발생하는 성폭력 문제를 다루도록 하였다. 비엔나 세계인권대회 회의에서 정대협은 필리핀 운동단체, 아시아여성인권협의회와 함께 일본군 위안부 문제를 성노예로 규정하고 아시아 여성에 대한 차별이라고 지적했는데,[34] 많은 NGO들이 위 주장을 이어받아 성노예 범죄에 대한 처벌문제를 논의했다.[35] 그리고 위 단체들의 노력으로 일본군 위안부 문제를 비엔나 세계인권대회 결의문에 포함시켰는데, 구체적으로 '여성의 평등한 지위와 인권' 항목에서 "전쟁 중 여성에게 가해지는 인권침해는 국제인권법과 국제인도법의 위반이다. 살해, 체계적 강간, 성노예, 강제임신 등을 포함한 국제인권법 · 국제인도법 위반행위에 대하여 효과적인 대응이 필요하다."는 내용을 포함시켰다.[36] 비엔나 세계인권대회는 유엔에서 일본군 위안부 문제를

34 이민아, 「사회운동 조직 간의 연대 형성과 변화에 관한 연구 : 일본군 위안부 문제 해결을 위한 운동을 중심으로」, 『서울대학교 대학원 석사논문』, 1998, 42쪽

35 도츠카 에츠로, 앞의 책, 152쪽

36 http://www.unhchr.ch/huridocda/huridoca.nsf/(Symbol)/A.CONF.157.23.En. 당시 일본은 '현재'라는 용어를 초안 심의회의에서 추가하여 위안부 문제를 배제시키려고 하였으나 여성운동 단체들의 노력으로 '현재'라는 용어가 추가되지 않았다.

다루게 된 큰 계기가 되었다.

(2) 베이징세계여성대회

비엔나 세계인권대회가 열린지 2년 후 1995년 9월 베이징에서 유엔이 주관하는 '여성과 발전에 관한 국제회의(이하 '베이징세계여성대회')가 개최되었다. 1985년 제3차 세계여성대회 이후 10년 만에 열린 것으로 그 동안 성장해온 여성운동의 역량을 결집시켜 여성권익을 신장시키는 기회가 되었다.[37] 베이징세계여성대회에서 '베이징 선언과 행동강령'(Bejing Declaration and Platform for Action)이 채택되었는데, 위안부 문제와 관련해서는 무력충돌 하에서의 여성인권 침해 의제로 결의문이 채택되었다. 즉 살상, 조직적 강간, 성노예와 강제임신 등을 여성에 대한 폭력으로 보고, 이는 국제인권 및 국제인도법의 기본원칙에 위반된다고 명시했다. 그리고 참가국들은 조직적 강간, 성매매, 성노예화 등 무력충돌 하에서 여성에게 가해진 모든 폭력을 철저히 조사하고, 책임자를 처벌하며, 피해자를 구제한다고 선언하였다.[38] 베이징세계여성대회 기간 중 NGO 포럼에서 세계 여성단체와 NGO들이 위안부 문제에 많은 관심을 기울였는데, '전쟁과 무력분쟁시 대여성폭력에 관한 국제 심포지엄' 참가자들은 일본정부의 아시아여성기금에 반대하며, 국가책임에 따른 배상을 요구하면서 일본정부가 이에 불응하면 일본의 안전보장이사회 이사국 참가에 반대할 뿐 아니라 일본 제품의 국제적 불매운동을 시작하겠다는 결의를 채택하기도 하였다. 그런데 일본정부는 '베이징 선언과 행동강령'에 규정된 '성노예'에 일본군 위안부 문제는 포함되지 않는다면서 그 이행을 거부하였다.[39]

37 신혜수, 「여성관련 국제인권협약과 여성운동」, 『한국여성인권운동사』, 한울아카데미, 1999, 485쪽

38 http://www1.umn.edu/humanrts/instree/e5dplw.htm. 비엔나 세계인권대회에서는 성노예에 대해 '대응을 요한다'는 정도의 수준이었는데, 베이징세계여성대회에서는 책임자 처벌 및 피해자 구제라는 구체적인 행동을 결의했다.

39 일본 대표는 1994년 베이징세계여성대회 지역 준비 회의인 '아시아 태평양 여성과 개발 각료회의'에서 조직적 강간의 처벌 문제를 삭제해 달라고 요구하여 국제사회에서 크게 물의를 일으켰다. 그러나 베이징세계여성대회에서는 침묵으로 일관하여, 일본정부 스스로 '성노예' 문제를 이슈화하지는 않았다. 도츠카 에츠로, 앞의 책, 170쪽.

3. 일본군 위안부 문제와 관련하여 유엔 인권기구 등에서 논의된 주요 쟁점

가. 여성인권 주요 의제로서 위안부 문제

일본군 위안부 문제는 일본과 한국에서 쟁점화된지 얼마 되지 아니하여 곧 유엔 내에서 활발히 논의되었는데, 이는 정대협 등 국내외 NGO가 유엔을 무대로 활발히 활동해서 얻은 성과 외에, 1993년 비엔나 세계인권대회를 계기로 여성인권을 인권의 주요 의제로 부각시키고자 한 유엔의 노력과도 맞물려 있다. 1990년 이전에도 유엔인권위원회나 여성지위원회를 중심으로 여성인권이 논의되었으나, 유엔기구에서 여성차별제도나 '성'에 기반한 인권유린을 무시하고 여성 관련 국제협약이 오히려 여성을 주변화시키는 결과를 초래한다는 비판이 끊임없이 제기되었다. 이에 대하여 1990년 초 여성인권운동은 여성폭력 추방을 위한 국제연대운동과 유엔을 비롯한 국제인권기구에 여성인권의 주류화를 요구하는 운동에 집중했고, 1993년 비엔나 세계인권대회에서 그 성과를 거두기 위해 노력했다.[40] 이와 같은 여성인권운동의 성과로 유엔을 비롯한 국제기구에서 여성인권문제를 다루는 새로운 중요 직책들이 신설되었는데, 전술한 바와 같이 1993년 인권소위원회에서 '전쟁 중 가해지는 조직적 강간, 성노예 및 성노예 유사 관행'을 연구할 특별보고관을 임명했고, 1994년 제50차 유엔인권위원회에서 여성폭력문제 특별보고관을 임명하게 되었던 것이다. 유엔 인권기구에서 일본군 위안부 문제는 위 특별보고관들의 연구와 조사를 중심으로 논의되었는데, 이들은 위안부 문제를 여성에 대한 중대한 폭력이자 심각한 차별로 인식되도록 노력하였다.

나. 일본군 위안부 문제에 대한 일본의 법률상 책임[41]

(1) 노예제도를 금지한 국제법 위반

40 신혜수, 앞의 책, 460쪽 이하

41 앞서의 게이 맥두걸 보고서에 일본의 법률상 책임을 인정하는 취지로 주요 부분이 설명되어 있다.

1926년 9월 25일 국제연맹이 선언한 노예협약(Slavery Convention, 1926년 9월 25일 채택, 1927년 3월 9일 발효) 제1조에 의하면 '노예'란 '어떤 사람의 소유로 취급되는 상황'을 의미한다. 일본정부도 인정한 바와 같이 일본군 위안부 피해자들은 '성 위안'을 목적으로 한 구매 대상이 되었고 강제 징집되었으며 모집된 순간부터 자유를 박탈당했다. 그들은 인간이 아닌 일본군의 재산으로 '취급'되고 자율성을 심각하게 침해당했으므로 위 노예협약에서 규정하고 있는 '노예'로 보기에 충분하다. 이런 까닭에 특별보고관 쿠마라스와미도 그의 보고서에서, '위안부'라는 용어 대신 '군대 성노예'(military sexual slaves)라는 용어를 사용해야 한다고 주장했고, 특별보고관 맥두걸이나 유엔인권위원회도 위안부 문제를 성노예 또는 성노예 유사 관행으로 보았던 것이다. 그런데 '육전법규관례에 관한 협약'[42](Hague Convention with Respect to the Laws and Usage of War on Land, 1907년 11월 8일 채택, 이하 '육전협약')이나 노예협약 모두 노예나 노예교역을 금지하고 있으며, 1932년에는 노예제도를 금지하는 국제규약만 최소 20여 개에 이르렀고, 2차 대전 무렵에는 노예금지가 국제관습법으로 선언되었다.[43] 국제군사재판소헌장[44] 제6조[45]나 극동군사재판소헌장[46] 제5조[47]에서도 노예에 해당하는 불법행위를 형사처벌의 대상으로 삼았는

42 동 협약 제4조에서는 민간인・군인 모두 노예상태나 강제 노역으로부터 보호되어야 한다고 규정하고 있다.

43 Renee Colette Redman, 'The League of Nations and the right to be free from enslavement : the first human right to be recognized as customary international law', Chicago-Kent Law Reivew, 70권, 763쪽

44 2차 대전 종료 후 뉘른베르그에 설치된 국제군사재판소의 법원(法源)

45 본 재판소의 관할에 속하는 범죄는 다음과 같다.

a) 평화에 반한 죄 – 침략전쟁 또는 국제법・조약・협정에 위반된 전쟁계획・비준・개시 또는 실행 또는 위 행위들을 달성하기 위한 공동의 예비 또는 음모

b) 전쟁범죄 – 전쟁법규 및 관습의 위반. 다음과 같은 내용을 포함하나 이것에 국한되지 않는다.
점령지역 내외 지역에 있는 민간인 살해・학대・노예노동이나 그 외의 목적을 위한 추방, 포로 또는 해상에 있는 사람의 살해・학대, 인질의 살해, 공공 또는 사유 재산의 취득, 군사적 필요에 의하여 정당화되지 않은 지역의 파괴・황폐화

c) 인도에 반한 죄 – 전쟁 전 또는 전쟁 중 행한 살육, 섬멸, 노예에 해당하는 부당행위, 추방 기타 인도에 반하는 행위, 또는 국내법 위반 불문하고 본 재판소의 관할에 속하는 범죄의 수행으로서 또는 이와 관련하여 행한 정치적・인종적 이유에 의한 박해행위(이하 생략)

46 2차 대전 종료 후 도쿄에 설치된 극동군사재판소의 법원(法源)

47 본 재판소의 관할에 속하는 범죄는 다음과 같다.

a) 평화에 반한 죄–침략전쟁 또는 국제법・조약・협정에 위반된 전쟁계획・비준・개시 또는 실행 또는 위 행

데, 유엔은 1946년 12월 11일 총회에서 국제군사재판소헌장과 도쿄극동군사재판소헌장의 내용이 국제법상 원칙임을 재확인하였다.[48] 따라서 위안소의 설치 및 운영은 노예제도를 금지한 국제법에 명백히 위반된다.

(2) 도쿄극동군사재판소 헌장이 규정하는 인도에 반한 죄(이하 '반인도적 범죄')에 해당

광범위하고 체계적으로 자행된 폭력이나 인종 · 민족 · 종교 · 정치적 신념 기타 사유 등을 이유로 한 광범위하고도 체계적인 박해는 반인도적 범죄에 해당된다고 보는 것이 국제법학계의 통설이다. 따라서 전쟁 중 이동의 자유가 박탈된 여성을 상대로 성 위안을 하도록 지속적인 폭력을 행사하였다면, 이는 '성'을 기반으로 한 광범위하고도 체계적인 폭력이므로 반인도적 범죄에 해당한다. 국제군사재판소 헌장 제6조 c항이나 극동군사재판소 헌장 제5조 c항에서 규정된 '반인도적 범죄'에는 조직적 강간 등이 명시되어 있지 않지만, 같은 이유로 광범위하고도 체계적으로 자행된 성폭력 역시 위의 양 헌장이 규정하는 반인도적 범죄에 해당한다고 해석된다.[49]

(3) 전쟁법규 위반

전쟁법인 '육전법규관례에 관한 규칙'[50](Regulations Respecting the Laws and

위들을 달성하기 위한 공동의 예비 또는 음모
b) 전쟁범죄- 전쟁법규 또는 전쟁관례의 위반
c) 인도에 반한죄 - 전쟁 전 또는 전쟁 중 행한 살육, 섬멸, 노예에 해당하는 부당행위, 추방 기타 인도에 반하는 행위, 또는 국내법 위반 불문하고 본 재판소의 관할에 속하는 범죄의 수행으로서 또는 이와 관련하여 행한 정치적 • 인종적 이유에 의한 박해행위 (이하 생략)

48 United Nations, General Assembly Resolution 91(1)

49 참고로, 강간이 반인도적 범죄의 하나로 명문화 된 것은, 유고슬라비아와 르완다에서 자행된 국제범죄를 재판하기 위하여 제정된 국제임시재판소헌장에서이다(1993년과 1994년).

50 1907년 개최된 제2차 헤이그 평화회담에서 많은 조약이 채택되었는데, 그 중 제4호 협약이 전술한 '육전법규관례에 관한 협약'이고, 이 협약에 첨부된 부속규칙이 육전규칙이다. 일본은 1911년 12월 31일 육전협약에 가입한 조약체결 당사국으로 위 조약의 법적 구속력을 받는다. 나아가 육전협약은 국제관습법으로 조약 체결 당사국 이외에 제3자에게도 적용된다. 1946년 국제군사재판소와 독일 최고관할재판소는 이미 육전협약과 육전규칙이 국제관습법에 해당한다고 판시하였다. 일본의 위안소 설치 및 운영행위에 대해서는, 육전 협약 전문(비상의 경우에 있어서도 인류의 복리와 문명의 요구에 따라야 하며, 문명국 간에 존재하는 관행 • 인도의 법규

Customs of War on Land, 이하 '육전규칙') 제46조는 "가문의 명예 및 권리, 개인의 생명 및 사유재산과 종교적 신념 및 그 행사는 존중되어야 한다"고 규정하고 있고, 전시 민간인 보호에 관한 제4차 제네바 협약 제27조는 "여성들은 그들의 명예에 대한 침해, 특히 강간, 강제추행 기타 모든 형태의 성폭력으로부터 특별히 보호되어야 한다"고 규정하고 있는바,[51] 위안소 운영과정에서 발생한 강간과 강요된 성매매 등은 양 전쟁 법규에 위반되는 전쟁범죄에 해당한다. 이와 관련하여 일본정부는 유엔인권위원회 등에서 제4차 제네바협약이 1949년 8월 12일 제정되었으므로, 그 전인 2차 세계대전에 발생한 행위에 대해서는 적용되지 않는다고 주장해왔다. 그러나 맥두걸 등 유엔 특별보고관들은 제4차 제네바협약은 국제관습법으로 성문화되기 이전부터 그 효력이 발생했으므로 소급적용의 문제가 발생하지 않는다고 지적하고 있다. 그리고 일본정부는, 전쟁법은 피점령지의 민간인들에게만 적용되는데 한국은 2차 대전 당시 일본에 합병되었으므로 전쟁법이 적용될 수 없다고 주장한다. 그러나 일본의 합병조약은 처음부터 무효이므로 이러한 주장은 부당하고,[52] 나아가 합병조약의 무효 여부와 관계없이 육전협약의 보호대상이 되는 주민은 국적을 불문하고 적용되므로, 일본은 전쟁범죄 책임을 면치 못한다.[53]

(4) 인신매매관련 국제 조약 위반

및 공공양심의 요구로부터 오는 국제법 원칙을 준수하여야 한다고 규정하고 있음)과 육전규칙 제46조("가문의 명예 및 권리, 개인의 생명 및 사유 재산과 종교의 신념 및 그 행사는 존중되어야 한다")가 적용될 수 있다. 육전협약 행위 대상은 적국민, 중립국민과 자국민 모두를 대상으로 한다고 해석되고 있다. 따라서 일본이 다른 국가와 교전상태에 있는 동안 진행된 위안소 설치 및 운영은 육전협약을 위반한 행위에 해당한다. 엄정일, 「일본의 위안소 설치·운영행위 등등의 육전협약상 위법성」,『일본군 '위안부' 문제에 대한 법적 해결의 전망』,풀빛, 2001, 55-73쪽

51 특별보고관 게이 맥두걸은 전술한 보고서에서 국제인도법에서 성폭력 피해를 명예가 실추된 것으로 표현하는 것에 비판적 입장을 갖고 있다. 그는 정작 명예가 실추된 것은 가해자이며, 강간은 인간 존엄성과 육체적 완결성에 대한 손상으로서 '폭력범죄'에 해당한다고 보았다. 강간을 명예와 결부 짓는 이유는 정조보호에 방점을 두기 때문인데, 이 점을 비판하는 맥두걸의 의견에 전적으로 동의한다.

52 김창록·이승욱, 「일본 위안부 문제에 관한 국제사회의 동향」, 여성가족부, 2003, 14, 15쪽

53 장복희, 「국제법상 전쟁범죄로서의 무력 충돌시 여성에 대한 성폭력」, 『일본군 위안부 문제에 대한 법적 해결의 전망』, 풀빛, 2001, 126쪽

일본정부가 가입한 성매매금지협정(International Agreement for the Suppression of the White Slave Traffic, 1904년)과 성매매금지조약(International Convention for the Suppression of the White Slave Traffic, 1910년) 및 '여성과 아동의 인신매매금지조약'(International Convention for the Suppression of the Traffic in Women and Children, 1921년) 등에서 성매매를 목적으로 한 납치·인신 매매 등을 금지하고 있으므로, 위안소 설치 및 운영은 위 국제조약에 위반된다. 이와 관련하여 일본정부는, 체약국의 식민지·보호령 등에는 '여성과 아동의 인신매매금지 조약'이 적용되지 않는데(동 조약 제14조) 그 당시 한국은 일본의 식민지였으므로, 위 조약이 적용되지 않는다고 주장한다. 그러나 위의 부적용 규정은 식민지 등에 남아 있는 지참금 지불 등의 관행을 즉시 폐지할 수 없기 때문에 추가된 것이지 식민지·보호령 등에서의 성매매를 용인하겠다는 취지는 아니므로, 지참금 등의 관행이 그 당시 한국에 존재하지 않은 이상 이를 핑계로 위 조약의 적용을 피해나갈 수 없다. 그리고 위안부 모집 지령이 일본 본토에 있는 육군 중앙에서 이루어졌고, 일본 선박을 이용하여 위안부를 동남아시아 등에 설치된 위안소로 이송하는 동안 유괴 등의 범죄가 지속되었는데, 이 경우 피해자들이 승선하고 있던 일본 선박도 일본 영토이므로, 당해 국가의 영토 밖에 적용되는 위 제14조는 일본군 위안부 피해자에게 적용될 수 없다.[54]

(5) 한일협정과 샌프란시스코 강화조약에 대하여

일본정부는 유엔 인권기구에서 일본군 위안부 문제가 논의되기 시작한 이래 일본이 설사 피해자들에게 법적 책임이 있다고 하더라도 1951년 체결된 샌프란시스코 강화조약과 1965년에 체결된 한일협정[55]을 통해 모든 청구권 문제

54 김창록·이승욱, 앞의 책, 12쪽

55 일본정부가 근거로 제시한 규정은 제2조 제1항과 제3항이다. 제2조 제1항은 "일본과 한국, 그리고 각 나라 국민들의 재산, 권리, 이익에 관한 문제를 완전히, 최종적으로 해결한다", 제3항은 "타방 국가의 관할에 있는 일방 국가 또는 일방 국가의 국민에 대한 재산, 권리, 이익에 대한 조치에 대하여 어떠한 문제도 제기하지 않는다."고 규정되어 있다.

가 해결되었다고 주장해왔다.

이와 관련하여 특별보고관 쿠마라스와미는 샌프란시스코 강화조약이나 한일 협정 어떠한 것도 인권유린이나 군사적 성노예 문제를 포함하지 않았다고 보고 후술하는 국제법률가협회의 보고서에 주목하였다. 국제법률가협회는 위 조약들이 처음부터 비인간적 처우에 관한 개개인의 청구권을 포함할 의도가 없었으며, 특히 한일 협정의 경우 재산처리와 상업관계 사항만 포함하고 있고 인권침해에 대해서는 별도로 다루지 않았다고 보았다. 특별보고관 게이 맥두걸도 조약 체결 당시 일본정부는 위안소 운영을 은폐하였고, 조약 내용을 보더라도 인권침해나 반인도적 범죄로 인한 손해배상을 면책시켰다고 보기 어렵다고 판단했다. 따라서 유엔인권위원회가 위 특별보고관들의 의견과 마찬가지로 한일 협정이나 샌프란시스코 강화조약을 통해 위안부 문제가 해결되었다는 일본정부의 입장에 찬동하지 아니하고 반복해서 일관되게 국제법상의 책임을 촉구해 온 것은 당연한 일이라고 하겠다.

다. 일본군 위안부 문제 관련자의 형사처벌

일본군 위안부 문제와 관련하여 성노예 범죄에 관한 형사처벌 문제를 본격적으로 논의하기 시작한 것은 1993년의 비엔나 세계인권대회부터이다. 유엔 인권위원회 특별보고관 라디카 쿠마라스와미가 전술한 그의 보고서에서 위안부 징집과 제도화에 관여된 범행자를 특정하고 가능한 한 처벌해야 한다고 처음 주장하였는데, 직접 행위자들과 상급명령자들의 행위를 구별하여 형사처벌을 논의한 것은 그 후임자인 게이 맥두걸이었다. 특별보고관 게이 맥두걸은 그의 보고서에서 일본군 위안부 문제와 관련한 형사책임 내용을 다음과 같이 명료하게 정리했다.

- 우선 위안소 설치와 운영에 직접 관련된 일본군 장교와 병사들은 그들이 행한 행

동에 대해 직접 책임을 져야 한다. 이미 1946년 네덜란드 정부는 인도네시아 바타비아의 임시전범재판소에서 9명의 일본 병사들에 대해 강제 성매매와 강간을 이유로 유죄판결을 선고했고, 필리핀 전범재판소도 일본 장교들에 대하여 강간죄로 유죄 판결을 선고했다. 극동군사재판소에서도 직접 행위자인 군장교, 부대 지휘관 등에 대해 전쟁범죄와 반인도적 범죄에 대하여 형사 책임을 물었으므로, 위안소 설치 운영의 행위자들은 형사 책임을 져야 한다.

- 그리고 위안소 설치 및 운영과 관련하여 병사들을 명령한 군장교와 정부 관리 역시 책임이 있다. 하급자에 의해 범죄가 발생할 것을 알았거나 알 수 있었음에도 이를 예방하지 않은 경우, 범죄가 발생하였으나 재발방지를 위하여 아무런 조치를 취하지 않은 경우 상급자에게 책임이 있다.

그러나 일본정부는 일본군 위안부 가해자들에 대한 형사책임 문제와 관련하여 유엔인권위원회 등에서 이미 공소시효가 지났다고 주장해왔다. 그러나 국제관할에 관한 유엔보고서(A/2645)에서도 명시된 바와 같이, 전쟁범죄나 반인도적 범죄에 대해서는 공소시효가 적용되지 않는다. 그리고 피의사실이 드러났음에도 불구하고 장기간 소추되지 아니한 데 따른 사회생활의 불안정에서 오는 불이익을 고려한 것이 공소시효 제도의 목적인 이상, 일본군 위안부 문제에서 공소시효를 완전히 배제할 수 없다고 하더라도 일본정부가 위안소 설치와 일본군대의 역할을 인정한 때는 1992년에 들어와서였으므로 최소한 그 때부터 시효를 계산하는 것이 정의 관념에 부합하다고 본다.

라. 일본정부의 배상 의무

2차 세계대전 이전부터 "정부와 그 관료들은 정부 명령과 권위에 따라 행해진 정부기구와 개인의 행위에 대해 책임을 진다"는 원시책임 원칙(theory of original liability)이 있었다. 이 원칙에 의하면 일본정부는 일본군 위안부 피해자들의 모집 · 동원에서부터 위안소 설치 · 운영에 이르기까지, 일본 군대의 행위와 일본 군대의 요구에 따라 관련 행위를 하거나 그로 인해 이득을 얻은 개인 등의 행위에 대해서도 모두 책임을 진다. 그리고 일본정부는 일본군 위안부 문제에서 지금까지 수사와 기소를 게을리 한 점에 대해서도 마땅히 책임을 져야 한다. 상술한 육전협약 제3조 후단은 "각 체약국은 무력을 행사하는 개인의 행위에 대해서도 책임을 진다"고 규정하고 있는데,[56] 이 규정은 사법상의 사용자 책임의 원칙이 국제법에 확대 적용된 것이다. 위 규정에 따라 각 국가는 군대의 행위에 대해 책임을 부담하며, 중대한 인권침해를 예방하고 위반 행위를 수사 · 처벌할 의무가 있다. 따라서 위안소 제도를 당초 예방하지 못하고 지금까지 가해자도 처벌하지 않은 일본정부는 그 자체에 대해 책임을 져야 한다.

이와 관련하여 일본정부는 유엔인권위원회 등에서 위 원시책임 원칙을 인정하는 국제관습법은 국가 사이의 관계를 규정하는 것이므로, 피해자 개인이 국제관습법을 근거로 일본정부에게 청구할 수 없다고 주장하였다. 즉, 개인은 국제법상 청구권이 없으며, 배상문제는 국가들 사이에서만 존재한다는 것이다. 그러나 세계인권선언 제8조[57]와 시민적 · 정치적 권리에 관한 국제협약 제2조 제3항[58] 등은 개인의 배상청구권을 인정하고 있다. 그리고 육전협약 제3조는 협약 위반국에 대해 포괄적 의미의 보상(compensation)이 아닌 금전배상(reparation)을 명하고 있는데, 이는 협약 제정시 개인의 금전청구를 염두에

56 관련 규정은 다음과 같다 : A belligerent party which violates the provisions of the said Regulations shall, if the case demands, be liable to pay compensation. It shall be responsible for all acts committed by persons forming part of its armed forces.

57 "모든 사람은 헌법이나 법률이 자신에게 부여한 기본적 권리를 침해당하면, 관할 국가의 법원에서 유효한 구제를 받을 권리를 갖고 있다."

58 "각 당사국은 다음의 조치를 취할 것을 약속한다. (a) 이 규약에서 인정되는 권리 또는 자유를 침해당한 사람에 대하여, 그러한 침해가 공무집행 중인 자에 의하여 자행된 것이라 할지라도 효과적인 구제조치를 받도록 확보할 것. (b) 그러한 구제조치를 청구하는 개인에 대하여, 권한 있는 사법, 행정 또는 입법 당국 또는 당해 국가의 법률제도가 정하는 기타 권한 있는 당국에 의하여 그 권리가 결정될 것을 확보하고, 또한 사법적 구제조치의 가능성을 발전시킬 것. (c) 그러한 구제조치가 허용되는 경우, 권한 있는 당국이 이를 집행할 것을 확보할 것."

두고 작성하였기 때문인 것으로 해석된다. 상술한 바의 배상문제 특별보고관 반 보벤도 세계인권선언, 시민적 · 정치적 권리에 관한 국제협약, 인종차별철폐협약 등을 근거로, 개인이 국제법에 따라 유효한 구제와 배상을 받을 권리가 있다고 보았다. 상설국제재판소도 1927년 호르죠 공장 사건(the Chorzow Factory Case)에서 국제법 위반 행위가 있기 이전의 상태로 복구될 수 없다면 재산의 전보 등 배상이 이루어져야 한다고 판시함으로써 개인의 청구권을 인정했다.[59]

마. 일본군 위안부 문제의 국제적 해결 수단

특별보고관 라디카 쿠마라스와미는 1996년 그의 보고서에서 위안부 문제 해결을 위해 가능하면 국제사법재판소를 통해 문제를 해결하라고 권고하였고, '현대형 노예제 실무회의'에서도 상설중재재판소의 중재절차를 이용하라고 권고하였다.[60] 국제사법재판소의 문제해결 방안에는 두 가지가 있는데, 하나는 제소하여 판결을 받는 방법이고, 또 다른 하나는 법적 문제에 대해 유권해석을 받는 방법이다. 우선 제소 방안에 대해 살펴보면, 한국정부가 제소하더라도 일본정부가 수락하지 않는다면 관할권이 발생하지 않기 때문에 기대하기 어렵다.[61] 그리고 유엔헌장 제96조 제1항은 "총회 또는 안전보장이사회는 법률문제와 관련하여 국제사법재판소에 권고적 의견을 요청할 수 있다"고 규정하고 있고, 제96조 제2항에서 "총회로부터 권한을 부여받은 기관이나 전문가들도 그의 활동 범위 내에서 발생한 법률문제에 대하여 국제사법재판소의 권고적 의견을 받을 수 있다"고 규정하고 있다. 위 규정에 의해 위안부 문제를

59 Chorzow Factory, Permanent Court of International Justice, Judgment No.13, Series A, No.8-17, 1927, p.29

60 후술(III. 1.)하는 바와 같이 국제법률가협회도 국제사법재판소로부터 법률적 의견을 구하거나 제소하라고 권고하였다.

61 국제사법재판소헌장 제36조 제2항에서 강제관할권 규정을 두고 있는데, 국제사법재판소의 관할권을 수락한 나라 사이에서만 강제관할권이 발생한다고 규정되어 있다.

다루어왔던 유엔 인권기구는 국제사법재판소에 권고적 의견을 요청할 수 있었다. 그러나 특별보고관들의 권고에도 불구하고 지금까지 유엔 인권기구나 경제사회이사회가 국제사법재판소에 의견을 구하는 노력을 하지 않았는데, 이는 정부 대표로 구성된 유엔인권위원회의 한계를 보여준다고 할 것이다.[62]

한편 상설중재재판소에서는 개인이 국가를 상대로 제소할 수 있으나 역시 당사자 간 동의가 이루어져야 한다. 1994년 일본정부를 상설중재재판소에 제소하자는 움직임이 일본과 국내에서 일어났다. 이를 위해 한국과 일본의 변호사들이 모여 상설중재재판소 한일 변호인단을 구성하고 활동했다. 그런데 일본정부가 상설중재재판소의 관할에 동의하지 않아 그 노력이 좌절되었다. 이후 1996년 6월 '현대형 노예제 실무회의'에서는 합의분쟁해결기구를 설치하라고 권고했다. 만일 한일 양국 또는 한일 양국을 포함한 다자간 조약을 통해 합의분쟁해결기구를 설치하면 여기서 분쟁의 사실관계를 확인할 뿐 아니라 해결조건까지 조정할 수 있을 것이다. 장기화되고 있는 위안부 문제를 외교적 해결수단에 의해 해결해야 한다고 보는 입장에서는, 한국정부가 합의분쟁해결기구인 국제심사 및 조정위원회 설치에 적극 임해야 한다고 주장한다.[63]

III. 국제 NGO의 활동

1. 국제법률가협회

일본군 위안부 문제는 유엔 인권기구에서의 적극적인 논의 이외에 다수의 저명한 국제 인권단체들이 위안부 문제에 관심을 갖고 활발한 연대운동을 전개하여 큰 도움을 주었다. 그 중에서도 특히 국제법률가협회[64]의 활동은 단체

62 이장희, 앞의 글, 81쪽

63 이장희, 위의 글, 82~83쪽. 덧붙여 '현대형 노예제 실무위원회' 등에서 일본군 위안부 피해자들의 고령을 고려하여 신속한 권리구제의 필요상 행정구제 기관이나 행정심판소를 설치하도록 권고하였음은 전술한 바와 같다.

64 1952년에 설립되고 제네바에 본부를 둔 법률가 그룹으로 전 세계 60개국의 법률가들이 참여하고 있다. 법

의 국제적 인지도와 위상 등으로 위안부 연대운동에 권위와 힘을 실어 주었다.

국제법률가협회는 1993년 초 유엔인권위원회에서 일본군 위안부 문제에 관한 논의가 시작될 무렵 최초로 정대협 등의 요청을 받아 진상규명에 착수했다. 국제법률가협회는 그 해 4월 필리핀, 남한, 북한 및 일본에 조사단을 파견하여 위안부 문제를 조사·연구했다. 그 결과를 토대로 1994년 9월 2일 대일 권고의 골자를 공표하였으며, 일본을 포함한 관계 정부에 보고서를 발송하는 한편, 1994년 11월 이를 '끝나지 않은 시련'(Comfort Women – an Unfinished Ordeal)이란 제목으로 엮어 대외적으로 발표했다. 국제법률가협회의 현지 조사와 이를 바탕으로 한 치밀한 법적 분석은 곧 일본군 위안부 문제해결을 위한 권위 있는 바로미터가 되었다. 국제법률가협회는 이상의 보고서들에서 일본군 위안부 문제에 대한 법적 평가, 국제법 위반 여부, 일본의 국제법상 책임 등을 소상히 다루었다. 이들 내용을 요약하면 다음과 같다.[65]

① 국제법률가협회가 입수한 자료에 의하면 현지 장교가 위안부를 모집하여 해당 지역에 이송하도록 도쿄 사령관에게 특별히 요청한 내용이 나온다. 이 증거는 군의 상층부에서 위안소의 존재를 알고 있었다는 것을 의미하며 동시에 군의 상층부가 위안부 모집 및 위안소에의 배치에 관해 깊이 관련되어 있다는 것을 보여준다. 이들 장교는 사인(私人)으로서가 아니라 관료로서 행동한 것이며 이는 일본정부의 책임으로 귀속된다.

② 일본정부는 이들 여성의 신상에 닥친 모든 일에 대해 직·간접적으로 책임을 진다. 그 행위는 전쟁범죄, 반인도적 범죄, 노예 및 부인과 아동의 매매에 관한

의 지배 확립, 세계인권선언 준수 촉구 등을 목적으로 하고 있다. 위원은 각국 전 대법원장, 명망 있는 판·검사 및 변호사, 국제법 권위자 등이며, 국제사면위원회와 함께 유엔 NGO 가운데 가장 영향력이 있다. 그 의견은 세계 NGO뿐 아니라 유엔 기관, 정부, 학계, 언론 등에서 권위를 인정받고 있다. http://www.icj.org/sommaire.php3?lang=en 참조. 도츠카 에츠로, 앞의 책, 126쪽

65 도츠카 에츠로, 위의 책, 127~129쪽. 국제법률가협회가 작성한 최종보고서 초안은 1994년 9월 제네바 일본정부 대표부에 보내졌으나, 외무성 관계자 내부에서 은닉되어 정부 수뇌에 제공되지 않았다고 한다(도츠카 에츠로, 같은 책, 135~138쪽).

국제법의 관습규범에 위반된 것이다. 전후 이들 행위에 대해서도 재판이 이루어졌어야 했으나, 유감스럽게도 그 당시 재판은 연합국 국민에 대한 범죄에 맞추어졌다. 일본은 지금에서라도 이에 대해 책임을 지고 피해자와 그 가족에게 적절한 보상을 해야 한다.

③ 연합국은 1945년 당시 이들 잔학행위를 충분히 알고 있었음에도 가해자를 재판에 회부하거나 피해보상에 대하여 아무런 조치를 취하지 않았다. 그 당시 연합국 구성 국가들은 이에 대해 설명할 의무가 있으며 이 문제와 관련된 자료를 공개할 의무가 있다.

④ 1965년 한일협정이나 1956년 필리핀-일본배상조약은 피해자와 유족들의 청구를 방해하지 않는다. 교섭과정에서 개개인에 대한 보상문제가 제기되지 않았으며, 동 조약은 그 문제를 해결하려고 의도된 것도 아니었다.

⑤ 일본은 여성들이 위안소에 연행된 방법, 이송 방식, 처우 등 위안소의 운영・유지에 관한 정보를 공개해야 한다.

⑥ 일본은 피해자들의 청구에 대하여 6개월 내에 문제를 해결할 수 있는 행정기관을 설치하고 관할 및 시효에 관한 본안 전 항변 등을 포기하며, 현재 계속 중인 재판의 신속한 진행을 위해 적절한 입법조치를 강구해야 한다. 일본정부가 위와 같은 조치를 취할 수 없다면, 완전한 피해회복, 의료비 부담, 주거 기타 동일한 수준의 복구 등 피해자 구제를 위한 조치를 취해야 한다. 일본이 이러한 조치도 거부하는 경우, 이 문제와 직접 관계가 없는 나라의 국제법 전문가로 구성된 법정이나 중재재판소를 설치하여 이 문제를 해결하도록 한다. 위의 모든 조치가 진행되는 동안 일본정부는 피해자에게 4만 달러를 지불해야 한다.

⑦ 일본정부가 현재와 같은 입장을 고수하는 경우 피해 여성을 대표하는 NGO는 유엔 등 전문기관에게 국제사법재판소의 의견을 구하도록 촉구한다.

⑧ 한국 및 필리핀 정부는 관계 조약의 해석에 관해 국제사법재판소에 즉시 제소해야 한다.

국제법률가협회의 보고서들은 앞에서도 살펴본 바와 같이 유엔인권위원회 등의 특별보고관들에 의한 일본군 위안부 진상조사에서 중요한 법적 근거가 되었다.

2. 기타 국제 NGO들

국제법률가협회 외에 많은 국제 NGO들이 과거에서부터 현재에 이르기까지 일본군 위안부 문제를 '인권'과 '여성주의' 관점에서 연대활동을 벌여왔다. 국제앰네스티[66]는 '여성폭력 추방' 캠페인의 일환으로 2005년 일본군 위안부 문제 조사보고서를 제출하였는데, 그 보고서에서도 일본정부에 대한 법적 책임과 가해자 처벌의 필요성을 명백히 밝혔다. 그리고 WCC(World Council of Churches), Liberation, IFOR, IED(International Education Development), IAF(International Abolitionist Federation), ASI(Anti-Slavery International) 등의 단체들이 유엔에서 공동기자회견, 설명회 등을 개최하며 유엔을 중심으로 활발히 활동하였다.[67,68]

IV. 유엔 인권기구 및 국제 NGO 활동에 대한 평가

엄청난 인명 살상과 수많은 민간인 피해를 초래한 2차 대전 종결 후 각국은 더 이상 국가권력에 의한 인권 침해 유린이 없도록 유엔을 설립하고, 유엔 인권선언을 비롯한 다수의 국제인권조약을 체결하여 개인의 인권보호 증진에 노력해왔다. 이런 의미에서 유엔인권기구의 활동과 조사 및 인권 관련 결의는 최고, 최종의 권위를 갖고 있다. 1990년대 초 처음으로 2차 대전 중 일본

66 http://www.amnesty.org/en/library/asset/ASA22/012/2005/en/dom-ASA220122005en.html

67 이민아, 앞의 책, 42쪽

68 그런데 이들은 일본의 아시아여성기금 이후 배상 문제와 관련해서는 입장의 차이를 나타내고 있다. WCC, IFOR, Liberation, ICJ 등이 아시아 여성기금에 부정적인 입장을 견지하고 있는 반면, 그 외 다수의 국제 NGO들은 동 기금이 위안부 문제 해결을 위한 최선은 아니지만 차선의 방법이라고 보기 때문에 동기금에 적극적으로 반대하지 않고 다만 소극적인 자세를 견지하고 있다. 이민아, 위의 책, 54-55쪽

군 위안부의 성노예적 인권유린 실상이 국제사회에 널리 알려지고 유엔인권위원회에 제기된 이래 국제 인권단체들과 유엔 인권기구들은 일본정부의 위안소 설치 및 운영, 위안부들에 대한 인권침해가 노예제를 금지한 국제관습법에 위반되고 전쟁범죄이며 반인도적 범죄임을 규명하고 그 해결을 거듭 권고해왔다. 특히 종전의 인권위원회에서 격상된 유엔인권이사회에서 2008년 5월 시행한 일본의 인권상황 정례 검토 절차에서 재차 일본 위안부 문제가 제기되었다. 인터넷으로 세계에 생중계되어 누구나 인터넷에 접속하면 쉽게 볼 수 있는 이 검토 자리에서 일본정부는 또 다시 법적 책임을 부인하며 아시아여성기금을 통한 위로금 지불 등으로 모든 문제가 해결되었다는 주장을 되풀이하였다. 인권문제에 관심을 가지고 있는 양식있는 일본시민이 만약 위 광경을 목격하였더라면 어떤 심정이 되었을까 상상하기 어렵지 않다. 이제까지 유엔의 인권 논의에서 분명하게 드러난 일본군 위안부 문제에서 이처럼 일본정부가 법적 책임을 부인하는 것은 단순히 과거의 부정의를 바로잡는데 지장을 초래하는 것만은 아니다. 그런 태도는 일본의 국민이 포함된 세계시민의 국제적 인권 보호를 위해 활동하는 유엔의 역사와 역할을 무시하는 것이며 나아가 미래의 평화와 인권 증진에 장애가 되는 것이다.

과거사 청산 작업은 '역사 속의 현실을 현실의 역사'로 부활시키는 작업이므로 전쟁 중 성노예로 끌려간 위안부 피해자들의 고통이 현실에서 되풀이되지 않도록 해야 한다. 그런 점에서 현재까지 일본이 소극적 태도로 일관하고 있는 상황을 바로잡을 수 있는 대안적 노력이 모색되어야 한다. 아울러 일본군 위안부 관련 가해자들에 대한 불처벌 문제 역시 중요한 이슈로 계속 논의되지 않으면 안된다. 또한 여전히 국제적인 갈등이 그치지 않고 있고, 분쟁 중 성폭력이 자행될 소지가 많은 상황에서, 유엔 인권기구의 적극적인 여성인권을 포함하는 논의와 국제적인 NGO들의 다양한 인권활동은 더욱 중요한 의미가 있다고 생각된다. 그런 논의의 진척에 따라 일본군 위안부 문제도 새로운 해결의 가닥을 찾을 수 있을 것으로 전망된다.

제4장

ILO와 일본군 위안부(성노예) 문제

I. 들어가며

국제노동기구(ILO, International Labor Organization)에서 일본군 위안부 문제를 다루거나 의견을 제시하는 것이 그렇게 자연스럽거나 친숙하게 느껴지지 않을 수 있다. 위안부에 대한 일본의 '성 착취'가 인권 유린이고 극악한 전쟁범죄 행위임에는 틀림없으나 그것을 곧바로 '노동'과 연결시키는 것이 쉽지 않다는 점 때문일 것이다. 다른 한편 위안부 문제가 이미 60년 이상 지난 '과거사' 문제이기 때문에 '국제노동기준을 협약과 권고의 형태로 제정하여 노동기본권(결사의 자유, 단결권, 단체교섭권, 강제노동 폐지, 고용평등 기타)에 대한 최소한의 기준을 설정하고 그 준수를 감독하는 국제기구'[1]라는 ILO의 성격과 맞지 않는다는 인상 때문일 것이며, 구조적으로 3자 구성 원칙에 따라 노사정이 동등한 위치에서 모든 토론과 의사결정 과정에 참여하고 문제제기 역시 노동조합 외의 사회단체나 개인은 할 수 없다는 것도 이유가 될 것이다. 일본군 위안부 문제를 다루는 NGO들의 문제제기 시점이 다른 국제인권기구에서보다 다소 늦은 것도 비슷한 까닭에서일 것이다.[2] 그러나 ILO는, 1991년 유엔 가입과 동시에 가입한 우리나라는 물론 일본이 일찌감치(1919년에 가입했으나 1940년에 탈퇴했고 다시 1951년에 재가입했다) 가입한, 유엔보다 먼저 생긴 노동문제 관련 최대 국제기구로서 2009년 2월 현재 모두 182개의 나라(2008년에 투발루가 가입)가 가입하여 그 영향력이 상당하다. 무엇보다 아동과 여성의 노동–특히 성매매 철폐에 대해 지속적인 관심을 보여 왔으며, 이를 여성에 대한 성적 착취라

1 노동부, 『ILO 협약집』, 2002, 3쪽

2 처음에 어떤 경위에서 ILO에 대한 문제제기를 시작하게 되었는지에 관해서는 정확히 알기는 어려우나 도츠카 에츠로(戸塚悅郎) 변호사에 의하면 1992년 5월 국제 NGO들이 유엔 인권소위원회 현대노예제분과에 문제제기를 하면서 그 근거로 일본이 가입·비준한 국제조약이 필요해 강제노동협약을 주장하자, 당시 회의에 참석했던 ILO 대표 등이 ILO 협약과 관련한 1차적 감독권한이 ILO에 있으므로 ILO에서 이 문제를 다루어 보는 것이 좋겠다는 의견을 제시하여 '의표를 찔렸다'고 한다. 그러한 ILO의 권한 때문에 유엔은 ILO 협약 위반 문제에는 침묵하는 편이라는 점을 알게 되어 유엔과 함께 ILO에 직접 문제제기를 하게 되었고, 당시 정부와의 대결을 달갑지 않아 한 일본 노조들 대신 한국노총이 적극적으로 나선 것이라는 것이다 – 戸塚悅郎, 『ILOとジエンダ』, 日本評論社, 2005, 122쪽 ; 도츠카 에츠로, 박홍규 옮김, 『'위안부'가 아니라 '성노예'이다』, 소나무, 2001, 221쪽

는 측면에서 뿐 아니라 '강제노동 금지'라는 핵심적인 국제노동기준의 측면에서 다루어 왔다는 점에서 위안부 문제의 본질에 닿아 있다. ILO가 성매매(또는 인신매매) 문제를 다루는 근거-강제노동협약이 이 기구의 8대 기본협약[3](fundamental ILO conventions) 중 하나라는 점, 그리고 다른 국제기구보다 압박 수준이 강한 감시기능을 가졌다는 점도 이 기구가 위안부 문제를 비중 있게 다룰 가장 적합한 국제법적 도구 중 하나로 볼 근거가 된다. 실제로 1995년 한국노총이 처음 위안부 문제를 제기한 이래 ILO 전문가위원회의 협약 해석과 의견제시를 통해 국제사회의 관심과 정당성을 획득함으로써 일본에 대해 적지 않은 압력으로 작용하였다. 따라서 이 시점에서 그동안 ILO를 통한 위안부 문제 제기의 경과를 정리하고, 앞으로 이를 어떻게 더 잘 활용할 수 있을지를 고민해 보는 것은 매우 필요하고도 유용한 작업이 될 것이다.[4]

II. ILO 개관

1. 구조와 특성

3 4개 분야 8대 협약 : 결사의 자유 - 제87호 결사의 자유 및 단결권 보호에 관한 협약(1948년), 제98호 단결권 및 단체교섭권 원칙의 적용에 관한 협약(1949년), 강제노동 - 제29호 강제노동에 관한 협약(1930년), 제105호 강제노동의 폐지에 관한 협약(1957년), 아동노동 - 제138호 취업의 최저연령에 관한 협약(1973년), 제182호 가혹한 형태의 아동노동철폐에 관한 협약(1999년), 차별금지 - 제100호 동일가치 근로에 대한 남녀근로자의 동등보수에 관한 협약(1951년), 제111호 고용 및 직업에 있어서 차별대우에 관한 협약(1958년)

4 다만 2003년까지의 경위와 평가에 관해서는 2003년 정대협 등이 주최한 국제심포지엄 자료 뿐 아니라 이미 많은 연구자들이 정리한 성과들이 있으므로, 이 글은 그 연구결과들을 토대로 다시 되짚어 보고 2003년 이후의 진행경과를 정리하면서 현재적 의미와 보완되어야 할 부분들을 모색하고자 한다. 주로 참고한 자료는 다음과 같다 - 한국정신대문제대책협의회・한국노동조합총연맹・전국민주노동조합총연맹・태평양전쟁피해자보상추진협의회 주최 국제 심포지엄 「일본군성노예・강제노동 피해자 문제해결과 ILO의 역할」(2003. 4. 17.)자료집 중 각 단체 발제문 ; 이승욱, 「ILO 강제노동협약에 비추어 본 일본군 위안부제도의 적법성」, 『법과사회』제24호, 2003, 313~354쪽 ; 정진성, 「국제노동기구(ILO)에의 문제제기의 구조 : 강제노동조약(ILO Convention 29)/전문가위원회를 통한 군위안부문제제기」, 서울대 국제지역원, 『국제지역연구』 제10권 제1호, 2001, 61쪽 ; 정진성, 「국제노동기구에서의 일본군성노예문제」, 『일본군 성노예제 - 일본군위안부 문제의 실상과 그 해결을 위한 운동』, 서울대학교 출판부, 2004, 159쪽 ; 戸塚悅朗, 「일본이 모르는 전쟁책임 : ILO국제노동회의와 유엔현노노예제연구보고」, 대한변호사협회, 『人權과正義』, 256・257호, 1997, 1998 등

ILO는 20세기 초 일국의 근로조건 저하를 통한 덤핑이 타국의 국제경쟁력에 불이익을 초래한다는 인식 아래 국제경쟁력의 공평성을 확보한다는 측면에서 제기된 '국제노동기준 제정의 필요성'을 배경으로 1919년 탄생한 국제기구로, 1946년 최초의 유엔 전문기구로 편입되었다.[5] 국제노동기준을 협약과 권고의 형태로 제정하여 노동기본권(결사의 자유, 단결권, 단체교섭권, 강제노동 폐지, 고용평등, 기타)에 대한 최소한의 기준을 설정하고 이의 준수를 감독하고 있으며, 각종 노동관련 문제에 관한 교육 및 연구를 수행하고, 연구결과를 출판하기도 한다.[6] ILO의 가장 중요한 특징은 이른바 3자 구성 원칙(tripartism)에 따라 총회, 이사회 등의 주요기관이 노사정 3자의 대표로 구성되어 있다는 점이다.[7] 3자 구성의 원칙은 이 기구가 순전히 기술 관료적 관점에서 활동하는 우려를 민주주의적 원칙에 따라 예방하는 효과를 갖기도 하지만, 때로는 기본적인 인권의 정신보다는 타협적이고 정치적인 결론에 경도될 수 있다는 위험성으로 작용하기도 한다. 그러나 ILO의 3자 구성 원칙은 여전히 성공적인 국제협력의 선례로서 유지되고 있고, 또 다른 국제기구에 적지 않은 영향을 미치고 있다.[8]

2. 기관

ILO의 중요한 기관은 총회(The International Labour Conference)와 이사회(Governing Body, '집행위원회'라고 번역하는 경우도 있음), 그리고 사무국

5 박홍규, 『한국과 ILO』, 형성사, 1991 ; 조홍석, 「국제노동기구의 헌장 및 기본조약과 국내노동법의 충돌」, 『(한터) 이철원교수 정년기념 논문집』, 1998, 123-148쪽

6 노동부, 앞의 협약집, 3쪽

7 이 원칙의 배경에는, ① 노동관계의 실질적인 당사자인 사용자와 노동자집단이 참여함으로써 국제노동기구가 제시하는 노동기준이 수용력을 갖게 되고, ② 노동기준의 결정과정에 이들이 참여함으로써 국제노동기준이 국내법적으로 집행되는 과정에서 이들 간에 협조 혹은 신뢰관계가 형성될 것이며, 이는 집행력을 확보하는데 도움을 줄 것이고, ③ 정부대표 외에 사회집단이 참여함으로써 국제노동기구가 활성화되고 역동성 있는 기구로서의 성격을 유지할 수 있게 된다는 생각이 있다 - 전광석, 「국제노동기구(ILO)의 사회보장 국제기준」, 강원대학교 비교법학연구소, 『강원법학』제10권, 1998년, 359쪽

8 전광석, 위의 글, 360쪽

(International Labour Office)이다. 총회는 각 회원국은 정부 대표 2명, 사용자 대표와 노동자 대표로 각 1명씩 파견하며(헌장 제3조 및 제7조), 최고의사결정기관으로 매년 1회 개최된다. 여기에서 구성원 3분의 2 이상의 찬성으로 협약 및 권고가 채택되며(Adoption, 헌장 제19조 제2항), 총회는 매년 기준적용위원회(Committee on the Application of Standards, ILOCAS ; 총회 위원회라고도 함 - Conference Committee)를 구성하여 협약 · 권고의 준수 심사를 담당하게 한다. 이사회는 역시 3자 구성 원칙에 따라 조직되는데, 3년마다 교체된다. 현재 14개국 56명이 이사회를 구성하고 있다. 이 중 28명이 정부 대표이고, 나머지 28명은 사용자 및 노동자 대표가 동수를 이루고 있다(헌장 제 7조 제1항). 이사회는 사무국의 활동을 지도하고, 사무총장을 임명하며(헌장 제8조), 총회에서 심리될 의사를 결정한다(헌장 제14조 제1항). 사무국은 국제노동기구의 상설사무소로(헌장 제10조 제2항), 총회와 이사회의 개최를 위한 실무를 담당하고 각종의 협약 및 권고가 회원국의 법제정 및 실무의 개선을 통해서 실현될 수 있도록 기술적인 지원을 한다.

3. 국제노동기준으로서의 ILO 협약

ILO 헌장에 기한 국제노동기준(International Labour Standards)에는 국제노동협약(Convention)과 국제노동권고(Recommendation)가 있다. 협약은 비준을 한 국가에 대해 국제법적 구속력을 가지는 국제조약(international treaties)의 성격을 가지며, 권고는 구속력은 없으나 통상적으로 협약과 함께 채택되어 협약의 국내 실행과 정책에 가이드라인을 제시하는 성격을 갖는다.[9] ILO 협약은 비엔나 조약법 협약에서 정하고 있는 의미의 조약이자 국제사법재판소규정 제38조에 규정된 재판준칙의 하나로서 국제조약에 해당하여 비준한 국가에 대해

9 이승욱 · 정인섭 · 박은정, 『국제노동기준과 우리나라 노사관계 법제의 비교 연구』, 노동부 연구용역 보고서, 2007, 6쪽

법적 구속력을 가지게 된다.[10] 2007년 12월 현재 ILO에는 188개의 협약과 199개의 권고가 채택[11]되어 있는데, 2007년 12월 현재 우리나라는 이들 협약 중 22개를 비준하고 있으며,[12] 일본은 총 41개를 비준하고 있는 상태이다(48개 중 7개의 비준을 철회).[13] 회원국은 협약을 반드시 비준할 의무는 없지만, ILO 총회에서 협약이 채택되면, 헌장에 따른 일정한 의무를 부담하며, ILO에서 채택된 협약 및 권고를 비준할 것인지 여부를 검토하기 위하여 국회 등 법령을 제정할 권한이 있는 당국에 대해 ILO에서 협약 및 권고가 채택되었다는 사실을 통보할 의무가 있고, 이와 함께 헌장 제23조 제2항에 따라 국내의 대표적인 노사단체에 대해서도 이를 통보하여야 한다.[14] 주요 협약을 비준하지 않는 회원국에 대해서는 사실상 미비준에 대한 보고서의 제출간격을 단축하는 경향이 있을 뿐만 아니라, 보고서의 양식과 관련해서도 입법, 행정적 조치, 단체협약 또는 기타에 의하여 협약 규정의 전부가 어느 정도로 실시되고 있는지 또는 실시되도록 하고 있는지를 제시하고 협약의 비준을 방해하거나 또는 지연시키는 장애에 대하여 기술하도록 하는 등 사전에 상세하게 정해져 있기 때문에

10 이승욱 외2(2007), 위의 책, 9쪽

11 어떠한 협약이나 권고를 '채택'하는 것은 이사회 논의를 거쳐 의제로 결정한 다음, 회원국의 의견을 수렴하여 총회 심의에 상정하게 되며, 참석 대표의 2/3 이상의 찬성으로 이루어진다 – 이승욱 외2 (2007) 위의 책, 8~9쪽

12 ILO 회원국의 평균 비준협약 수: 42개, OECD 국가 평균 비준협약 수: 72개 ; 한국 가입 협약 – 핵심협약 (8개 중 4개만 가입) 100 동일가치 근로에 대한 남녀근로자의 동등보수에 관한 협약, 111 고용 및 직업에 있어서 차별대우에 관한 협약, 138 취업의 최저연령에 관한 협약, 182 가혹한 형태의 아동노동철폐에 관한 협약 ; 결사의 자유에 관한 C87, C98, 강제노동에 관한 C29, C105는 비준하지 않은 상태, C29와 C105는 2006년 5월 노사정 회의를 가진바 있으며 연내(2006)비준을 준비하고 있다고 하였으나, 단 공익근무요원 등이 강제노동에 속해 다소간 이견이 있어 보류됨 ; 우선협약(Priority Convention) 중 81 공업 및 상업부문에서 근로감독에 관한 협약(1992. 12), 122 고용정책에 관한 협약(1992. 12), 144 국제노동기준의 이행을 촉진하기 위한 3자 협의에 관한 협약(1999.11) 가입 ; 그 외 19 산업재해로 인한 보상에 있어서의 내・외국인 평등대우에 관한 협약(2001. 3.), 26 최저임금의 결정제도에 관한 협약 (2001. 12), 53 상선에 승무하는 선장과 직원에 대한 직무상 자격의 최저요건에 관한 협약(2003.11), 73 선원의 건강진단에 관한 협약(1992. 12), 88 고용서비스 기관에 관한 협약(2001. 12), 131 최저임금제도 수립에 관한 협약(2001. 12), 135 근로자 대표에 관한 협약(2001.12), 142 인적자원의 개발에 있어서 직업지도 및 훈련에 관한 협약(1994.11), 50 노동행정(역할・기능・조직)에 관한 협약(1997. 12), 156 가족부양의 의무가 있는 근로자의 고용 및 기회균등에 관한 협약(2001. 31), 59 장애인 직업재활 및 고용에 관한 협약(1999. 11), 160 노동통계에 관한 협약(1997. 12), 162 석면사용시 안전에 관한 협약(2007. 9), 170 작업장에서의 화학물질 사용 안전에 관한 협약(2003. 11), 185 선원신분증명 협약(2007.9)

13 http://www.ilo.org/ilolex/english/newratframeE.htm

14 이승욱(2004), 앞의 글, 322쪽

보고의무는 사실상의 비준 압력으로서 작용하고 있으며, 이렇게 제출된 보고서는 협약 · 권고 적용 전문가위원회에 의해 상세하게 분석된다.[15]

한편 비준국은 ① 협약의 내용을 국내법으로 수용하는 것만이 아니라 실질적으로 당해 협약의 목적을 달성되도록 실행할 이행의 의무와, ② 당해 협약을 실시하기 위하여 취해진 조치를 정기적으로 ILO에 보고할 의무(헌장 제22조)를 부담하게 되고, 이러한 보고서는 전문가위원회 등 국제노동기준감시기구에 의해 면밀히 검토되어 위반사실이 인정될 때에는 권고 등 적절한 조치를 취하게 되기 때문에 상당한 실효성을 가지는 감독장치로 작용한다. 한편 이사회는 이들 협약들에 대해 우선순위를 두어 비준을 권고하고 있으며 그 중에서 특히 '기본협약'이라고 하여 비준의 시급성을 부여하는 것은 모두 4개 범주 8개 협약인데, 이 4개 분야 중 하나가 바로 일본군 위안부 문제와 관계있는 '강제노동협약'인 것이다.

4. 협약 준수에 대한 효력보장 조치

ILO와 그 협약이 다른 국제기구나 국제협약과 구별되는 것은 특수한 효력보장조치를 제도화하고 있다는 점이다.[16] 그 하나는 다른 국제협약과 마찬가지로 정기적으로 행해지는 보고(annual report)[17]를 통해 이행을 담보하는 것(헌장 제22조)인데 이를 심사하여 그에 대해 의견을 표명하는 것을 통상적 감시절차(Regular Supervisory System)라고 하고, 또 하나는 회원국의 노동조합으로

15 이승욱(2004), 위의 글, 323쪽

16 심지어 비준하지 않은 협약과 처음부터 비준을 전제하지 않는 권고에 대해서도 기능한다는 점에서 특징이 있는데, 이는 헌장 제19조 5(e), 6(d)에 의하여 회원국들의 의무로 규정되어 있고, 특히 핵심협약에 대해서는 미비준국의 법 · 제도에 생긴 모든 변화들을 보고하고 노사의 의견을 들어야 한다는 것은 1998년 6월 19일 「근로에서의 핵심적 원칙과 권리에 관한 ILO 선언(the ILO Declaration on Fundamental Principles and Rights at Work)」에서 보강되었다 – 자세한 것은 ILO International Labor Standards Department, Handbook of procedures relating to international labor Conventions and Recommendations (Rev. 2006) para. 47 참조

17 헌장의 문언 그대로라면 '연례보고서'라고 하는 것이 맞겠지만, 오늘날에는 매년 보고되지 않고 '정기적' 보고로 운영(비준 직후의 협약과 중요한 협약에 대해서는 2년마다, 그 밖의 협약에 대해서는 5년마다 한 번)되기 때문에 이렇게 번역한다. – 이승욱 외2(2007), 앞의 책, 26쪽

부터 문제제기가 있을 때 시작되는 진정 · 고충 처리 절차로, 이를 비통상적인 절차(Special Procedures)[18]라고 한다.

가. 통상적 감시절차

통상적 감시절차는 각 회원국이 제출하는 정례보고서를 바탕으로 협약 · 권고 전문가위원회가 각 회원국의 협약 준수 여부를 심사하고, 이를 바탕으로 총회 기준적용위원회가 판단하여 코멘트하는 것을 통해 이루어진다.

(1) 전문가위원회의 심사

협약 · 권고 적용 전문가위원회(Committee of Experts on the Application of Conventions and Recommendations, CEACR)는 노동법 또는 국제법의 분야에서 전문적 자질이 있다고 평가받은 명망가 중 ILO 사무총장의 추천에 따라서 이사회가 선임하는 위원들로 구성되며, 헌장에 그 근거가 없고 이사회나 총회의 부속기관도 아니지만 독립성 · 중립성 · 객관성이 인정되는 기관이다. 이 위원회는 헌장 제19조(미비준협약) 및 제22조(비준협약)에 따라 ILO에 송부된 각 회원국의 정례보고서를 심사하고 국제노동기준과 국내법령 및 실행의 적합성을 확인하는데, 비공개회의를 통해 정부에 대한 대화(dialogue) 형태로 행해지며 노사단체도 자신의 견해를 ILO에 통지할 수 있다. 전문가위원회는 이러한 검토 · 심사 결과를 3개의 보고서로 제출한다. 첫번째 부분(Part I)은 '종합보고(general report)'로, 전문가위원회 회의에서 언급된 주요 관심사항에 관한 의견(overview)을 개괄적으로 제시하는 것이고, 두번째 부분(Part II)이 협약 비준국가들의 적용(실시) 상황에 관한 개별적인 의견(individual observations)[19]을 제시

18 ILO의 위 Handbook에서는 representation과 complaint를 모아 'special procedure'라고 하고 있으나, 이를 '특별절차'로 번역하면 결사의 자유에 관한 감시절차와 혼동될 우려가 있으므로 '비통상'으로 번역한다.

19 observation을 '권고'로 번역하는 경우가 많지만 국제노동기준으로서의 ILO 권고(Recommendation)와 혼동될 가능성이 있기 때문에, 이승욱 외2(2007), 앞의 책, 32쪽을 좇아 '의견'으로 번역한다.

하는 부분이다. 여기서 제시되는 전문가위원회의 의견에는 두 가지가 있는데, 먼저 '직접청구(direct request)'로 전문가위원회를 대리하여 ILO 사무국장이 해당 회원국 정부에게 행해지는 사실관계 확인 등 보다 개별적인 코멘트로 위원회 보고서에는 게재되지 않는 것이고, 나머지 하나는 '확인(acknowledgement)'인데 이는 어느 정부가 직접 청구에 대해 완전한 답을 하였거나 추가로 사실 확인이 필요 없을 때 하는 '의견'표명이다.[20] 아래에서 보는 것처럼 위안부 문제에 관한 전문가위원회의 '견해'는 이 Part II 부분의 '확인'에 해당한다. 세번째 부분은 종합 조사보고서(General Survey)로, 협약 비준국이 취한 조치에 관한 정보와 검토내용을 (1A)로, 협약 · 권고 미비준국의 법 · 제도에 관한 연구보고서를 (1B)로 하여 제출한다. 보통 다음 해 열리는 ILO 총회를 위해 11~12월 전문가위원회가 열려 보고서와 노사단체 의견을 검토하게 되며 다음 해 3월에 보고서를 출판한다.

전문가위원회의 의견은 "… 적절한 조치가 취해질 것을 요청한다"는 객관적인 지적에서 "… 재차 강하게 호소한다", "… 거듭되는 권고를 하고 있음에도 불구하고 조치가 취해지지 않은 것은 유감이다" 등의 표현으로 공개적으로 제시되어 당사국이 국제노동기준을 위반하고 있다는 사실이 확인되는 결과로 이해될 수 있기 때문에, 당사국에 대한 사실상 제재로서의 의미를 가진다.[21] 거의 80년에 걸쳐 축적된 전문가위원회의 의사표명은 국제노동기준에 관한 한 일종의 판례법으로 실질적으로 작용한다. 물론 헌장 제37조에 의하면 ILO 협약에 관한 최종적인 해석권은 국제사법재판소가 가지기는 하지만, 이는 회원국의 신청이 있어야 하는 것이고 실제로 국제노동기준의 위반여부가 국제사법재판소에 회부되지 않기 때문에 사실상 전문가위원회는 협약의 해석에 관한 한 최종적인 권한을 행사한다고 보아야 한다.[22]

20 ILO, Handbook, para. 56
21 이승욱 외2(2007), 앞의 책, 32쪽
22 이승욱 외2(2007), 위의 책, 32쪽

(2) 총회 기준적용위원회의 심사

전문가위원회의 보고서는 사무국을 거쳐 총회에서 다시 논의가 되는데, 현실적으로는 매년 총회에 설치되는 기준적용위원회(ILOCAS 또는 C. Appl. 헌장 제7조)에서 이를 검토한다. 기준적용위원회는 전문가위원회와는 달리 총회의 하부조직으로 노사정 3자(tripartie)로 구성[23]되며, 전문가위원회 종합보고서를 바탕으로 종합토론(general discussion)을 한 다음, 개별 사안에 대한 검토(consideration of individual cases)를 진행하는데, 이를 위해서 해당 정부를 불러 의견을 들을 수 있다.[24] 전문가위원회가 취급한 많은 개별 사건 중에서 오랫동안 해결되고 있지 않은 사건, 전문가위원회가 총회위원회에서 다룰 것을 요청하는 사건, 총회위원회의 판단으로 바로 대응하는 것이 적절하다고 판단되는 사건 등을 개별적으로 선정하여 개별적인 토론을 중심으로 논의를 진행한다. 무엇을 의제로 할 것인가가 노사정 사이의 이해관계에 따라 치열하게 다투어진다. 관례상 주요안건 윤곽은 130여 개국이 회원으로 가입되어 있고 ILO 노동측 위원의 9할을 장악하고 있는 국제자유노련(International Confederation of Free Trada Unions : ICFTU)에서 결정하여 노동자그룹에서 토의되고, 이를 사용자그룹과 정부그룹이 대체로 받아들임으로써 결정된다.[25] 이렇게 의제가 된 사건에 대해 근로자위원이나 사용자위원이 질문하고 당해 정부측이 답변하는 형식으로 진행되기 때문에 선정된 사건의 당사 국가에 대해서는 정치적으로 큰 부담으로 작용하게 된다.[26] 이러한 검토 결과는 총회에 보고서 형태로 제출된다(General Report of the C. Appl). [27]

23 2007년의 경우 기준적용위원회는 정식위원 253명(정부위원 126명, 사용자위원 40명, 근로자위원 87명), 정부대리위원 11명, 사용자대리위원 45명, 근로자대리위원 45명으로 구성되어 있고, 국제 NGO 29개 조직도 옵저버로 참여하였다 – General Report of the Conference Committee on the Application of Conventions and Recommendation, 2007. para.1 : 이승욱 외2(2007), 위의 책, 33쪽에서 재인용

24 ILO, Handbook, para 60

25 정진성(2004), 앞의 글, 166쪽

26 이승욱 외2(2007), 앞의 책, 34쪽

27 ILO, Handbook, para. 60

나. 비통상적인 절차

(1) 진정(Representation)

헌장 제24조, 제25조에 의한 절차로, 협약의 비준당사국이 협약을 준수하지 않은 것에 대해 노사관계를 다루는 근로자단체나 사용자단체가 ILO 사무국에 진정을 제기한 경우에는 이사회는 당해 진정의 대상이 된 정부에 대해 그 사실을 알리고 정부 입장 진술을 권유할 수 있다. 진정이 접수되면 이사회는 3인 위원회를 설치하여 수리가능성(receivability)을 심사하는데, 수리가능성이란 그 진정이 ⅰ) 서면에 의해 행해졌는지, ⅱ) 근로자 · 사용자 단체에 의해 행해진 것인지, ⅲ) 헌장 제24조를 인용하고 있는지, ⅳ) ILO 회원국에 관한 것인지, ⅴ) 회원국이 비준한 협약에 관한 것인지, ⅵ) 회원국이 그 협약을 어떻게 위반하였는지를 지적하고 있는지 등의 형식적 요건만(without discussing the substance of the matter) 판단하여, 수리 가능한 경우에는 절차에 따라 이를 심리할 3인 위원회를 구성하거나 (노동조합에 관한 것일 때에는) 결사의 자유위원회로 이송한다.[28] 3인위원회는 통상 반년 내지 1년간의 심사를 거쳐 조사 결과를 이사회에 보고하는데, 이에 대한 해당 정부의 대응이 만족스럽지 않은 경우 그 대응을 공표할 수 있다. 그런데 전문가위원회를 비롯한 통상적 감시절차가 실효적으로 기능하고 있기 때문에 굳이 진정절차를 밟을 필요가 없다는 점 때문에 진정 제기 절차는 그다지 활용되지 않고 있다.[29]

(2) 고충제기(Complaint)

헌장 제26조 내지 제34조에 상세히 규정된 절차로, 각 회원국이나 총회 대표, 이사회가 회원국의 비준협약 불이행을 고충으로 제기하는 것이다. 고충이 제기되면 조사위원회(commission of inquiry)를 구성하여 조사하고(헌장 제27조),

28 ILO, Handbook, para. 77
29 이승욱 외2(2007), 앞의 책, 36쪽

조사위원회는 해당 정부로부터 보고서를 받고 조사하여 권고를 하며(제28조), 해당국 정부는 ILO 사무총장에 대해 조사위원회의 권고를 수락할 것인지, 수락하지 않는 경우 국제사법재판소에 제소할 것인지를 3개월 이내에 통보해야 한다(제29조). 조사위원회의 활동에 관해 구체적인 절차 지침은 없으며 이사회는 이를 전적으로 조사위원회에 일임하고 있다.[30]

(3)결사의 자유 침해에 관한 고충제기(Complaints as to the infringement of freedom of association)

결사의 자유가 침해된 것에 대해 진정이나 고충제기가 있을 때에는 결사의 자유위원회에 이를 이송하고, 결사의 자유위원회 이사회는 그 수리가능성을 심사해 수리 가능한 경우 이를 결사의 자유 사실 확인 및 조정 위원회(Fact-finding and Conciliation Commission on the Freedom of Association)로 하여금 조사 · 검토하게 한다.[31] 이는 결사의 자유와 관련된 단결권 침해 사안에 특수한 것으로서 위안부와 관련된 강제노동협약과는 직접적 관련이 없으므로, 상세한 설명은 생략한다.

III. 강제노동협약

1. 강제노동협약의 채택 경위

처음 ILO에서 강제노동 문제가 제기된 것은 제1차 세계대전 이후로, 1926년 전문가위원을 두어 당시 비독립국에서 주로 행해지고 있던 강제노동제도에 관해서 연구를 행한 것이 처음이고, 그 결과 1930년에 강제노동에 관한 ILO 제29호 조약(Forced Labour Convention, 1930)과 강제노동에 관한 권고(제35호)와

30 ILO, Handbook, para. 80
31 ILO, Handbook, para 81~84

강제노동의 규제에 관한 권고(제36호)가 채택되었다.[32] 제2차 세계대전 후에는 정치적 강제를 위해 행해진 강제노동의 체계에 관해서도 관심을 기울이기 시작하였고, 유엔과 공동으로서 강제노동에 관한 위원회를 두어 강제노동의 가능한 존재형태에 관한 조사를 실시하여(1951~1953), 1957년에는 ILO총회에서 새로운 강제노동의 금지에 관한 조약(제105호)이 채택되기에 이른다.

2. 제29호 협약

이 협약은 2009년 2월 현재 173개국이 비준한, ILO에서 가장 많은 국가가 비준한 협약으로,[33,34] 강제노동의 점진적 철폐를 규정하고 그 완전철폐까지 일정한 조건 하에서 예외적인 경우만 허용한다는 형태를 취하고 있다. 이 협약에 의하면 강제노동이란 "어떠한 자가 처벌의 위협 하에 또한 자기의사에 의하지 않은 형태에서 강요되는 것(제21조)"이며, 전적으로 군사적 성격의 작업, 통상적인 공민의 의무를 구성하는 의무, 법원판결의 결과로 강요되는 교도소 노무, 긴급상태 등은 예외적으로 허용된다(제2조 제2항). 그러나 협약 제11조 이하에서는 징집이 허용되는 요건을 상세히 정하고 있어, 여자, 18세 이하 또는 45세 이상인 남자, 신체장애자 개인 및 사적기업을 위한 노동, 갱내노동,

32 이을형, 「강제노동과 고용의 국제적 규제」, 숭실대학교 『법학논총』, 1997, 28쪽

33 일본은 1932년 11월 21일 가입, 우리나라는 2009년 2월 현재 미비준

34 노동부는 협약 비준과 관련하여 i) 공익근무요원이 제29호 협약과 일치하지 않는다는 견해가 있으나 공익근무 요원은 유사시 현역병으로 전환된다는 점, 대상자중 현역근무를 희망하는 자에 대해서는 신체검사 재검의 기회를 부여하여 그 결과에 따라 현역 근무를 할 수 있는 점 등을 고려할 때 본인의 의사에 반한 강제노동으로 볼 수 없음, ii) 교도소 노역과 관련하여, '외부기업체 등에의 통근작업'과 교도소 등 운영의 효율성 제고와 수용자 처우향상 및 사회복귀 촉진 목적으로 교도소 설치·운영업무를 민간에 위탁하는 '민영교도소제도'는 ILO 제29조 협약과 일치하지 않는다는 일부 의견도 있으나 통근작업의 경우 모범수에 한하여 본인의 동의를 얻어 작업을 실시하고 법무부 감독관이 감독을 수행하므로 협약에 위배되는 강제노동으로 볼 수 없고, 민영교도소제도의 경우도 비영리단체가 운영주체가 되게 함으로써 제29호 협약과 일치하지 않는다고 할 수 없다고 평가하고 있다 – 노동부, ILO 강제노동금지에 관한 협약 비준 검토(2006. 7.), 3쪽 ; 이와 관련하여 "국제적 노동기준에서 우선적 지위를 가지는 ILO 협약의 성격, 노동기준의 국제화 경향(대한민국 헌법은 국제법질서존중주의를 원칙으로 하고 있음), 강제노동 관련 협약은 핵심협약으로서 90% 이상의 회원국이 현재 비준하여 있는 점. 강제노동의 금지는 법규정의 존재를 기다리지 않고서도 문명사회에서 당연히 요구되는 규범적 원칙으로서 기본적 인권에 해당한다는 점 등에 비추어, 강제노동에 관한 협약 비준은 지극히 당연하고, 그리고 시급하게 이루어져야 한다(민주사회를 위한 변호사모임 노동위원회, 강제노동 관련 ILO 협약 비준에 따른 쟁점에 대한 검토 의견, 국가인권위원회 제출 의견서, 미공간)"는 의견이 제기되고 있다.

공공목적일지라도 기근방지나 식량 확보의 필요성이나 현실의 긴급성이 없는 노동집단별로 행해지는 것 등에 대해서는 즉시 폐지해야 한다고 한다. 한편 협약에 정해진 기준의 실효적 보장을 위하여 강제노동의 불법적인 강요는 형사상의 범죄로 처벌되어야 한다는 규정을 두고 있으며(제25조), 강제노동에 대하여도 휴일 등에 관한 권리와 임금청구권이 인정되어야 함을 분명히 하였다(제14조).

3. 제105호 협약

1957년의 제40차 ILO 총회는 강제노동의 폐지에 관한 제105호 협약(Abolition of Forced Labour Convention, 1957)을 채택하고 109개국(2009년 2월에는 169개국)[35,36]의 비준을 얻었다. 이 협약은 ① 정치적인 압제 혹은 교육의 수단 또는 정치적인 견해 혹은 기존의 정치적, 사회적 혹은 경제적 제도에 이

35 일본과 우리나라 모두 비준하지 않았다. 2007년 전문가위원회의 General Survey에 의하면 일본정부는 "협약이 금지하는 강제노동의 범위가 명확하지 않아 이에 대한 검토가 필요하다"는 이유로, 한국정부는 "제29호 협약 등 핵심 협약 비준을 위해 국내법적으로 제거해야 할 장애물(obstacles)에 대한 연구 진행을 요청했고, 2006년 이러한 비준을 위한 노사정 워크숍이 진행되었음을 알고 있다"고 한다 – ILO, General Survey concerning the Force Labour Convention 1930 (No. 29), and the Abolition of Forced Labour Convention 1957 (No. 105), 2007 para. 25, 30

36 이 협약 비준과 관련하여 노동부는 ⅰ) 불법파업에 대한 업무방해죄 적용과 징역형 부과에 대하여 ILO 제105호 협약이 '파업참가에 대한 제재로서의 강제노동'을 금지하고 있고, ILO의 전문가위원회는 파업에 대하여 사법부에 의한 유죄판결의 결과 집행되는 교도소 노동을 협약위반으로 보고 있어 불법파업에 형법 제314조의 업무방해죄를 적용하여 징역형을 부과하는 것은 협약에 저촉, 그러나 실제 형 집행시 노역을 제외한다면 불법파업에 업무방해죄를 적용하여 처벌하는 것이 결사의 자유 관련 협약(제87호 및 제98호) 위반은 되겠지만 강제노동 철폐에 관한 협약(제105호) 위반은 아닐 수 있음, ⅱ) 공무원의 노동조합 활동과 관련, 공무원의 파업시 국가(지방) 공무원법에 의해 징역형을 부과하는 경우 협약 위반이라는 견해가 있으나, 국가의 이름으로 권한을 행사하는 공무원의 파업권은 제한할 수 있다는 것이 ILO의 그간 해석이며, 우리나라에서는 공무원의 파업은 법으로 인정되지 않는 불법행위이므로 이에 대한 처벌은 파업에 대한 제재가 아니라 국가공무원법 위반에 대한 징벌이므로 협약에 위반된다고 볼 수 없을 것으로 판단, ⅲ) 국가보안법상 찬양·고무 등 및 이적표현물 규정과 관련하여서도 ILO 제105호 협약이 '기존의 정치적·사회적·경제적 제도에 사상적으로 반대하는 견해를 발표하는 것에 대한 제재로서의 강제노동'을 금지하고 있어 국가보안법 제7조의 찬양·고무등과 이적표현물 관련 규정은 사상의 자유를 침해하는 규정으로서 위반자에 대하여 징역형을 부과하는 것은 협약에 저촉된다는 견해가 있으나, 국가보안법은 어떠한 사상의 표현자체를 처벌하는 것이 아니라 반국가단체를 이롭게 하는 반국가행위를 처벌하는 것으로 위 협약에 저촉된다고 보기는 어려움, ⅳ) 업무개시명령과 관련하여, ILO 제105호 협약은 '노동규율의 수단으로서의 강제노동'을 금지하고 있어 일정한 경우에 발해지는 국가기관의 업무개시명령은 본인의 의사에 반하는 근로를 강제하는 것으로서 협약에 저촉된다는 견해가 있으나, 의료법상의 업무개시명령은 국민보건에 중대한 위해를 초래하거나 초래할 우려가 있는 경우에, 화물자동차운수사업법상 업무개시명령은 국가경제에의 심대한 위기를 초래하거나 초래할 우려가 있는 경우에 발해지는 것으로, 노동규율의 수단으로 행해지는 것으로 보기는 어렵다고 평가하고 있다 – 노동부, 위 비준 검토, 6~7쪽

념적으로 반대하는 견해를 가지거나 혹은 표현한 것에 대한 제재, ② 경제적 발전의 목적을 위해서 노동력을 동원하고 또는 이용하는 방법, ③ 노동규율의 수단, ④ 파업에 참가한 것에 대한 제재, ⑤ 인종적, 사회적, 국민적 또는 종교적 차별대우의 수단 등을 강제노동으로 규정하고 그 금지를 명하고 있다.

4. 적용상 문제점

이 협약의 해석과 적용례와 관련하여 ILO 전문가위원회는 개별적 사안에 대한 의견제시를 통해서 견해를 밝히기도 하지만, 리포트3(Report III)으로 제출되는 종합 조사보고서(General Survey)에서 이를 정리하고 있다. 강제노동에 대한 종합 조사는 제105호 협약 채택 후 몇 년이 지난 1962년을 처음으로 1968년, 1979년에 이어 2007년까지 모두 4차례 실시되었으며,[37] 이외에도 1969년과 1997년 특별조사(Special Survey)를 실시하였다. 이들 종합 · 특별 조사에서 다루고 있는 적용상 문제로는 초기에는 경제적 목적의 강제노동에 관련한 문제가 많았으나 최근에는 청소년의 노동에 관해서 문제가 일어나고 있으며, 또 정치적 강제의 수단이나 어떤 정치적 의견을 가지거나, 표현하는 것에 대한 벌로서의 강제노동을 금지하는 ILO 제105호 협약의 규정적용에 관해서도 여러 가지 문제들이 일어나고 있다.[38]

가장 최근인 2007년 조사보고서에서 협약 적용과 관련된 현재적 문제(present-day problems in implementation)로 지적하고 있는 것은, 노예제나 노예제 유사 불법 관행, 착취 목적 인신매매, 생산 목적으로 국가에 의해 부과되는 강제노역(공공근로, 퇴직 제한, 공무담임 의무), 구금시설과 징역의 민영화, 사회봉사 판결, 실업수당의 조건으로 부과되는 노동의무, 벌금 위협하에 수행되는 시간외근로 등이다.[39]

37 ILO, General Survey(2007), para. 4~5
38 이을휴, 앞의 글, 31쪽
39 ILO, General Survey (2007), para. 69~134

IV. ILO에 대한 문제제기 경위

1995년부터 시작된 ILO에의 문제제기는 1996년 전문가위원회 보고서를 시작으로 1997, 1999, 2001, 2002, 2003, 2004, 2005, 2007년 보고서에서 일본의 위안소 설치가 강제노동금지 협약에 위반된다는 점을 확인받았다. 한국노총·민주노총과 정대협 등은 전문가위원회의 확인을 넘어서 이것이 총회 기준적용위원회(총회위원회)에서 검토되는 개별 사안이 되기를 희망하였으나, 몇 번의 기회에도 불구하고 여러 가지 원인으로 아직까지 단 한 차례도 성사되지는 못하였다. 그동안의 경위와 관련하여 "준비단계(1992~1994) - 이사회와 전문가위원회, 두 통로를 통한 문제제기(1995~1996) - 전문가위원회 통로를 통한 적극적 활동의 개시와 총회 기준적용위원회 보고서(1996~1997) - 전문가위원회의 판단과 총회 안건채택 좌절의 반복시기(1998~2000) - 부분적 승리, 총회 노동자그룹에서 안건으로 채택(2001) - 위험한 타협의 시도(2002~2003)"으로 시기 구분을 시도하는 견해[40]도 있으나, 이들 시기를 특징 지울 만한 질적 차이까지는 없다고 볼 수 있다.[41]

○ 1995년 3월 : 한국노총 ILO 이사회에 진정 제기(formal representation) - 3인 위원회를 설립하여 이 문제가 강제노동조약(ILO Convention 29) 위반임을 조사해줄 것을 요청 ; 7월 5일 다시 편지를 보냈으나 8월 11일에서야 ILO 사무총장 발신으로 11월 이사회에서 다룰 것이라는 답변을 받음 ; 11월 8일 소위원회를 구성하여 "차기 이사회에서 처리하기로" 함 ; 그러나 3월 이사회에서는 아무런 조치를 취하지 않은 채 6월 총회를 맞이함[42]

40 정진성(2004), 앞의 글, 168~188쪽

41 따라서 2003년까지의 경과는 2003년 4월 17일 진행된 국제심포지엄에서 민주노총 이창근 국제국장이 발제한 것에 이승욱(2003), 정진성(2004)을 중심으로 일부 ILO 문헌 자료를 보완하여 정리하고, 2003년 이후는 한국노총 보고서와 전문가위원회 개별 의견(Individual Observations)과 총회위원회의 종합보고서(General Report)를 근거로 정리한다.

42 1997년 ILO 보고서(RCE Japan, 1997)에 의하면 한국노총의 1995년 문제제기에 대하여 ILO 이사회가 그 내용을 조사하지도 않았고, 진정을 철회하는 1996년 5월 30일까지 그 진정을 수리할 것인지 여부(receivability)

○ 1995년 11월 : 일본 오사카 영어교사 노조(OFSET)에서 전문가 위원회에 의견 제출

○ 1996년 3월 : 전문가위원회의 보고서(RCE Japan, 1996)[43] - 처음으로 일본군 위안부 문제가 성노예제(sexual slavery)로 성격이 규정되어야 하고 그것은 강제노동조약 위반이라는 판단을 내렸으며, 일본정부가 빠른 시일안에 이에 대한 보상책을 마련할 것을 희망

> … 위원회는 그 조약이 2차 세계대전 기간 동안 일본에 유효했음에 대해 특별히 지적한다. 이는 총체적인 인권남용과 소위 '위안소'라 불리는 곳에 여성을 감금하고 성폭행한 것에 대해 언급한 것이다. 위원회는 그러한 것들을 운영하는 것이 국제협약에 위반되는 성노예로서의 특성이 드러나는 것임을 확인한다 … 이 일에 관련된 여성들은 국제협약 하에 그에 대한 임금과 피해보상 그리고 다른 원조들을 그 동안 받아왔어야 했다. 국제협약과 위원회의 위탁사항 하에서 보면 위원회는 그들의 임금과 피해보상을 찾아 구제해 줄 만한 힘을 갖고 있지 않다. 이러한 구제는 오직 일본정부에 의해서만 가능할 수 있는 것이다. 위원회는 시간이 이미 많이 경과했음을 고려하여 일본정부가 이 문제에 대해 신속하고 적절하게 보답하기를 바라고 있다 …

○ 1996년 5월 : 한국노총 - 이사회에 대한 진정 취하(스위스 신문 Le Nouveau Quotidien 에 'ILO 스캔들'로 보도됨)[44]

○ 1996년 6월 : 노동자그룹에서 주요 논의 안건 선정에는 실패했으나,[45] 일

에 대해 판단하지 않았다고 한다.

43 ILO 문서 아카이브인 ILOLEX 사이트에서 일본에 관한 문서, 그 중에서 Individual Observations of the Committee of Experts on Application of Conventions and Recommendations 카테고리를 찾으면, 모두 68개의 문서가 검색되는데, 그 중에서 9개가 제29호 협약과 관련된 것이다 - CEACR: Individual Observation concerning Convention No. 29, Forced Labour, 1930 Japan (ratification: 1932) Published : 1996, 1997, 1999, 2001, 2002, 2003, 2004, 2005, 2007

44 戸塚悦郎(2005), 앞의 책, 195쪽

45 노동자그룹 안건에 영향력이 있는 ICFTU에도 일본 렌고의 영향력이 커서 노동자그룹에서 안건으로 채택하는

본정부가 적절한 대책을 마련하지 않으면 다음 총회에서 다루도록 하겠다는 논의가 이루어짐[46]

○ 1996년 11월 : 전문가위원회에 한국노총(정대협 협의)에서 자료 보냄

○ 1997년 3월 : 전문가위원회 보고서 (RCE Japan, 1997) – 강제노동협약 위반임을 재차 강조하고 구체적인 협약 위반 사항을 자세히 기록.[47] 피해자의 기대에 부응하는데 필요한 조치를 요구함

> … 위원회는 현 상태가 협정 2조 2항 d와 a에 포함된 적용제외 항목의 범위가 아니기에 명백하게 말하자면 일본이 국제조약을 위반한 것이라는 결론에 도달했다. 위원회는 협약 제25조에 의거하여 일본을 소환했고 불법강제노동은 형사법상으로 처벌받아야 할 것이며 법에 의해 내려진 벌금이 적당하고 엄격히 그리고 강제적으로 부과되는 것을 보증해 주어야 하는 것이 그 협약을 비준한 회원들의 의무일 것이다. 위원회는 일본 형법 제176조와 177조에 강요나 강간을 통한 파렴치한 일은 처벌받아야 할 법률위반 사항이라는 내용에 주목하고 있다. … 일본정부는 '전시위안부'에게 사죄와 양심의 가책을 표명하고 일본정부 자원의 사용을 통한 의료적 복지적 지원뿐만 아니라 '아시아여성기금(Asian Women's Fund)'에 '전시위안부'를 위한 배상금을 제공하고 아시아여성기금 전체 운영비 지원 및 모든 가능한 원조를 지원할 것을 표명했다. 위원회는 일본정부가 계속적으로 희생자의 기대에 미치는 필요한 법 조항들에 대한 책임을 감당할 것과 더 많은 조치들에 대한 정보를 제공

것 자체가 쉬운 일이 아니며, 반대 논거는 1) 현재 일어나고 있는 수많은 긴급한 안건들이 있는데, 이미 50년이 지난 과거의 일을 다루는 것은 옳지 않다는 것, 2) 전쟁 중에 일어난 일은 ILO에서 다루기 힘들다는 것, 3) 이 문제는 ILO보다 유엔에서 다루는 것이 좋을 것이라는 점 등이다. 노동자그룹은 1996, 1997년 회의에서 모두 "일본정부의 적절한 조치가 없으면 다음 해에는 다루겠다"는 내용을 보고서에 포함시켰고, 기준적용위원회 보고서는 "전문가위원회에서 일본정부가 피해자를 대표하는 단체들과 상의하면서 적절한 배상조치를 취하는가를 감시해야 한다"고 명시했다 – 정진성(2004), 앞의 글, 175·176쪽

46 정진성(2004), 앞의 글, 172쪽

47 제1조 2항, 14, 15조에 따라 배상이 이루어져야 함을 확인하였으며, 2조 2항의 a와 d에서 규정하고 있는 강제노동 금지의 예외 상황이 일본군 위안부 문제의 경우에 해당되지 않음을 명확히 밝혔다. 또한 25조에 근거하여 이 강제노동의 불법적 시행은 형사 범죄로 처벌되어야 하며, 일본의 형법 176, 177조로서도 처벌이 가능함을 명기했다 – 정진성(2004), 앞의 글, 174쪽

해 줄 것을 믿고 있다 …

○ 1997년 6월 : 노동자그룹의 의제에도 포함되지 않음 - 일본 렌고(連合:전국노동조합총연합)의 반대[48]

○ 1997년 11월 : 전문가위원회를 위하여 한국노총 등 우리 측에서 자료를 10월경에 보냄. 하지만 일본정부의 답변을 듣기 위한 시간이 부족하다는 이유로 전문가위원회에서 다루어지지 못함

○ 1998년 7월 : 민주노총(정대협과 협의) 이름으로 전문가위원회에 의견서를 제출

○ 1999년 3월 : 전문가위원회 보고서(RCE Japan, 1999) - 일본정부에 시간이 더 늦기 전에 시급히 피해자가 원하는 배상을 실시할 것을 권고하고, 국민기금의 부당성을 인정(징용문제도 협약 위반으로 규정)

… 위원회는 다시 일본정부가 희생자들의 기대에 부응하기 위한 법적 필요성을 책임져야 한다는 것을 반복하여 확인한다. 대부분의 '위안부' 생존자들이 아시아여성기금으로부터 오는 지원금을 거부하는 이유는 이 지원금이 일본정부로부터 오는 보상금의 성격이 아니기 때문이다. 그리고 아시아여성기금의 지원금을 받았던 몇몇에게 보낸 일본 수상의 편지도 일본정부가 이 문제에 대해 책임 있게 받아들이는 것 같아 보이지 않기에 몇몇에 의해 거부되었다. 즉 일본정부의 이러한 제안들은 대부부의 '위안부' 희생자들의 기대에 부응하지 못하고 있다. 위원회는 일본정부가 신속하게 조치를 취하고 또한 고등법원의 판결 및 희생자들의 보상에 관한 법적 조치로 응답해 주기를 요청한다. 해를 거듭하면서 이 문제는 좀더 긴급한 사항이 되고 있다 …

48 1997년 5월 29일 ILC 기자에게 배포된 일본 렌고의 「위안부에 관한 연합의 견해」: "이 사건을 조약권고적용위원회의 토의를 위한 개별사건 리스트에 올릴 필요는 없다… 작년의 회의 후 일본정부가 책임있는 조치(국민기금을 말함)를 취해 왔기 때문" - 戸塚悅郎(1997), 앞의 글, 108쪽

○ 1999년 6월 : 기준적용위원회 노동자그룹 회의에서 민주노총, 한국노총이 총회의 주요 사안 리스트에 포함되어야 함을 주장하고 네덜란드, 인도, 독일, 프랑스 노조에서 지지발언을 했으며, 일본, 스웨덴 노조[49]가 반대함 - 결국 총회위원회의 개별 안건으로 언급(Individual Observations of the Conference Committee on the Application of Conventions and Recommendations)되지는 않았으나, 노동자 대표가 안건 채택을 설명하면서 그 중 하나로 일본의 제29호 협약 위반사항을 언급 - "일본정부가 피해자들이 요구하는 효과적인 대책을 마련하기 위해 관련 노조 및 피해자를 대표하는 조직 및 관련 정부를 포함하여 모임을 가지고, 그 활동들에 대해 전문가위원회에 신속하게 통보할 것을 촉구"하는 내용을 보고서에 기록[50]

… 노동자그룹은 전문가위원회가 주목한 중요한 사건 중 총회위원회의 의제로 포함되지 않은 세 사건에 대해 언급하였다. 그 첫번째는 2차 세계대전 중 위안소 설치와 관련된 일본의 제29호 협약 위반의 건이다. 전문가위원회는 이 건에 대해서 자세한 언급을 했고 일본정부가 시급하게 구체적인 수단을 취할 것을 촉구했다. 이것은 정부 스스로의 개별 배상에 관한 것이고 한국 여성들에게 유리하게 결론이 난 판결을 집행하는 것이며, 일본정부는 다른 나라 여성들에 대한 성적 착취에 대해 책임을 인정하는 사과를 해야 한다. 1997년에 그랬던 것처럼 노동자그룹은 전문가위원회가 이 건과 관련해서 일반적이고 핵심적인 원칙들을 강조한 것이 정당하다고 하였다. 전문가위원회는 일본정부가 이러한 방향의 활동을 강화, 가속화해야 한다고 주장했다. 많은 여성들은 사과를 인정하지 않았는데, 왜냐하면 이는 정부의 책임을 인정한 것이 아니기 때문이다. 나아가 이 사과 편지는 기금에 의한 보상을 받아들이는 여성들에 대해서만 보내졌던 것이다. 일본정부는 관계 노동조합,

49 스웨덴 노조측의 반대논거는 기존 반대논거와는 조금 달랐는데 "논쟁이 많은 이 문제를 ILO가 다룸으로써 가뜩이나 ILO의 감시·감독 권위를 축소시키려고 하는 정부와 사용자측에 빌미를 제공하여 차후 ILO의 기능을 축소시킬 위험이 있으므로, 이견 없이 노동문제로 논의될 수 있는 문제에만 집중하자"는 것이었다고 한다. - 정진성(2004), 앞의 글, 179쪽

50 정진성(2004), 앞의 글, 180쪽

희생 여성들의 대표단체들과 만나 협의해야 하고 이들 대다수의 기대에 부응하는 해결방안을 찾기 위해 노력해야 한다. 노동자그룹은 일본정부가 전문가위원회에 그러한 방향으로 조치가 취해지고 있다는 자료를 제공해야 한다고 주장했다. 일본정부의 대응에 따라 전문가위원회와 총회위원회가 이 건에 대해 향후 어떤 조치를 취할 것인지 달라질 것이다… (General Report of the Conference Committee on the Application of Conventions and Recommendations, 1999, para. 8)

○ 2001년 3월 : 전문가위원회 개별 사건에 대한 의견(RCE Japan, 2001)으로 수록하지만 특히 아시아여성기금의 의미에 관련해서 다소 애매한 입장

… 위원회는 법적인 부분에 대해서는 일본정부가 말하는 합의서나 조약에 의해서 보상문제가 이미 해결되었었다고 주장하는 바가 맞다는 것을 알고 있다 … 보상을 직접적으로 하지는 않았지만 1995년에 일본 국민들의 보상과 관련, '위안부' 생존자들에게 지원을 제공할 목적으로 설립된 아시아여성기금(AWF)에 가능한 한 많은 지원을 해 오고 있다는 일본정부의 주장이 담긴 이전의 조사에 대해 주목하고 있다 … 위원회는 "현재의 해결책에서 언급된 국가와 개인의 권리와 의무를 국제법과 같이 협약이나 평화조약, 특사 혹은 다른 의미들과 같은 것으로 무효화시킬 수 없다.(UN doc.E/CN.4/Su b.2 /RES/1999/16)"라고 의견을 제시한 특별보고관의 초기 보고에 대해 언급하고 있다 … 많은 원고들이 아시아여성기금의 보상을 받아들이지 않고 있는 상황에서 위원회는 관련 희생자들 및 그들을 대변하는 기관들과의 대화 및 너무 늦기 전에 희생자들이 기대하는 정도의 보상 등 일본정부가 다른 방안을 찾기를 기대하고 있다 …

○ 2001년 6월 : 노동자그룹에서 안건으로 채택[51] – 예년과 마찬가지로 ICFTU

51 정진성(2004)은 "부분적 승리" 또는 "1995년 이 문제로 ILO에 접근한 지 6년 만의 대승리"로 표현한다(182~183쪽).

에서 이미 20여 개의 주요 안건 리스트가 만들어져 있는 상태였지만, 여러 노조 대표들이 ILO의 오랜 숙제인 일본의 강제노동조약 위반 문제를 이번에는 다루어야 한다고 주장. 네덜란드, 그리스, 프랑스, 이태리, 독일, 포르투갈, 미국, 영국 노조 대표가 군 위안부 문제의 중요성을 이야기함. 파키스탄 노총만 일본을 지지. 스웨덴 노조는 침묵함. 결국 일본노총 렌고가 들고 나온 일본 공공부문 노동자 단결권 문제 대신에 강제노동협약 위반 사례를 집중 토의 안건으로 넣기로 결론[52]

○ 2001년 6월 : 사용자그룹에서 안건 상정 반대 – 일반적으로 노동자그룹에서의 결정은 사용자그룹에서 그대로 통과되는 것이 ILO의 관례였지만, 일본 사용자측의 강력한 반대로 이례적으로 안건화가 부결됨. 결국 노동자그룹과 사용자그룹 간에 타협을 시도했으나, 부결되고, 일본의 강제노동문제를 이번 회기에서 다루지 않는 것으로 한다고 결론

○ 2002년 3월 : 전문가위원회 보고서에 전(前) 해에 이어 일본의 강제노동조약 위반 문제가 다시 수록(RCE Japan, 2002)

> … 일본정부는 현안 문제 가운데에서 그것의 의견을 준비하느라 애쓰고 2002년에 열릴 ILO 협정 및 규약 시행에 관한 전문가위원회(session of the Committee of Experts on the Application of Conventions and Recommendations) 회의 전에 국제노동기구에 일본정부의 입장을 제출하기를 바란다 … 위원회는 이러한 입장의 결과에 주목하고 있다. 이전의 조사들에서 여전히 이전의 전쟁포로들 및 다른 경우들로 현존하고 있는 문제들에 대한 많은 소송이 있었고 희생자들의 나이와 빠른 시

52 정진성(2004)에 의하면 "총회 기준적용위원회의 안건으로는 한 나라의 문제로 하나의 케이스만을 다루는 것이 원칙이므로 일본 케이스로 강제노동조약 문제가 다루어지는 것을 사전에 막자는 의도였던 것"이라고 하면서 "렌고의 이러한 의도는 곧바로 세계 노조들의 반발을 불러일으켰다. 예년과 마찬가지로 ICFTU에서 이미 20여 개의 주요 안건리스트가 만들어져 있는 상태였지만, 여러 노조 대표들은 ILO의 오랜 숙제인 일본의 강제노동조약 위반 문제를 이번에는 다루어야 한다고 주장했다. 네덜란드, 그리스, 프랑스, 이탈리아, 독일, 포르투칼, 미국, 영국 노조 대표가 군 위안부 문제의 중요성에 대해 이야기했다. 보다 중요한 점은 그동안 이 문제에 관하여 침묵해 왔던 미국과 영국의 노조 대표가 일본정부와 렌고가 그동안 벌였던 로비활동을 폭로한 것이다"고 한다(183쪽).

간의 진행으로 보아 일본정부가 이러한 사람들의 주장에 만족할 만한 응답을 주기를 바랐다 …

○ 2002년 6월 : 노동자그룹에서 일본노총 렌고가 공공부문 노동자 결사 문제(ILO 조약 87호)를 제기해 줄 것을 한국 노조에게 호소 – 일본정부가 2002년 안으로 관련 법을 개정하려 하므로, 올해 이 문제를 제기하는데 한국 노조가 동의해 줄 것을 바라며, 그렇게 한다면 2003년에는 강제노동조약 문제를 제기하는데 협력하겠다고 제안 ; 논의 끝에, 일본 노조의 요청을 들어주는 대신 2003년 총회에서 위 사안이 개별 안건으로 상정되는 데 반대하지 않기로 함[53] ; 이에 대해 네덜란드, 프랑스, 독일, 미국 등의 노조 대표들이 처음에는 반대했으나, 내년 총회에서 반드시 논의할 수 있도록 확실한 다짐을 이끌 수 있다는 전제 하에 한국 노조와 일본 렌고와의 타협안을 승인

○ 2002년 6월 : 총회 기준적용위원회에서의 확인과 갈등의 소지 – 기준적용위원회에서 노동자그룹과 사용자그룹 의장은 함께 내년에 일본의 강제노동조약 위반문제를 총회에서 다루도록 할 것을 "공동으로 선언한다(jointly declare)"고 말했지만, 기준적용위원회에서 일본정부는 이 문제에 관해 노조측에 동의한 바 없다고 말함. 결국, 회의에서 노동자그룹과 사용자그룹이 강력히 피력했던 "공동 선언"은 완연히 축소되어 문서화됨. 2002년 기준적용위원회 보고서에는 노동자 입장만을 강하게 표현했을 뿐, 사용자 ·

53 정진성(2004), 앞의 글, 185쪽~186쪽은 이 과정에 대한 한국노총 · 민주노총 · 정대협의 입장 차이를 자세히 전하고 있으며, "한국노총은 원칙을 저버릴 수 없다는 입장을 강하게 나타내면서 이 제안을 거부했으나, 민주노총은 같은 노조로서 일본 내 사정을 이해해야 하며 오히려 이러한 협력의 태도를 먼저 보임으로 해서 더 많은 것을 얻어내는 지혜를 발휘하자는 타협의 입장을 취했다"고 비교하고, "2002년 총회 전에 이루어졌던 한국과 일본 노조들간의 타협 및 정대협의 소극적 대응은, 1995년부터 ILO에서 일구어 온 군위안부 문제를 위한 노력을 마침내 결실 있는 지점으로 이끄느냐, 수포로 만들고 마느냐의 매우 위험한 도박을 한 셈이 되었다. 총회 직전의 타협시의 이해와는 달리, 일본정부는 합의에 극히 부정적 입장을 보였으며, 사용자도 실은 애매한 입장만 취하였다. 2002년의 그러한 타협에도 불구하고 2003년 총회에서 개별 안건으로 결정하는 데 실패하였던 것이다. 이제 다시 원점으로 돌아가 전문가위원회에의 보고부터 다시 시작하고, 노동자그룹도 다시 같은 이야기를 시작할 수밖에 없게 되었다"고 하며, 결국 "… 타협의 제안으로 ILO에서의 군위안부 문제 해결을 위한 운동은 또다시 굴절을 겪게 되었다"고 평가한다.

정부그룹의 입장은 각기 다르게 기록하고 있음. 즉, "노동자그룹은 사용자그룹과 함께 내년 기준적용위원회의 안건으로 취급하겠다고 말했다"고 기록하고 있으나, "사용자그룹은 일본의 노사정이 이 문제에 합의한다면 취급하겠다고 했다"고 기록한 한편, "일본정부는 전문가위원회가 일본의 소수 노조의 의견뿐 아니라 일본정부의 의견도 균형 있게 수렴하기 바란다고 말했으며, 노조와 사용자그룹 의장들이 말한 대로 이 문제에 관해 일본 노사정 삼자가 합의한 바는 전혀 없다고 강조했다"고 기록(General Report of the Conference Committee on the Application of Conventions and Recommendations, 2002)

… 일본정부는 일본의 강제노동협약 위반 문제는 올해 심의해야 할 사건의 리스트에 포함되지 않는다고 지적하면서, 내년 전문가위원회 세션에 자료를 제출하겠다고 했다 … 일본정부는 위원회가 장차 이 문제를 심사함에 있어서 선입견을 갖지 말아야 한다고 요구했으며, 앞서 노동자그룹 대표가 말한 것과는 달리 일본의 노사정 사이에는 다음 해 이 문제를 다루는 것에 대해서 아무런 합의가 없다는 점을 분명히 하였다 (para. 14) …

○ 2003년 3월 : 전문가위원회 개별 사건 의견으로 상세하게 수록(RCE Japan, 2003) : 일본정부의 실체 · 절차상 반박을 모두 기각하고, 유엔의 맥두걸 보고서, 쿠와라스와미 보고서, 2000년 도쿄법정, 일본과 미국에서의 판결문 등을 상세히 인용하고 있음

… 위원회는 이전에 2차 세계대전과 그 기간 동안에 일어났던 사건들 즉 소위 '위안소' 라 불리는 군대 막사에 여성과 소녀들을 감금해 놓고 군인들에게 성적 행위를 하기를 강요했던, 완곡하게는 '위안부'로서 언급되었던 계획적인 사건을 고려하고 있다. 그리고 이러한 사항이 국제조약의 금지사항에 전적으로 포함되어 있었음

을 발견하게 되었다. 위원회는 이 사건이 총체적인 인권학대와 '위안소'라는 군대 속에서 행해진 여성과 소녀들에 대한 성폭력임을 인식하고 있으며 이것은 성노예로 특징 되어야 한다 … 위원회는 일본정부가 '위안부'와 그들을 대변하고 있는 조직들과의 협의 하에 너무 늦기 전에 그리고 그들의 기대에 미칠 만한 조치로 그들을 보상하는 대체방법을 찾을 것을 언급했다.

이에 2001년 조사에서 위원회는 … 일본정부가 '위안부'의 주장이 만족스러운 방법으로 받아질 수 있도록 그리고 일본이 2002년 국제노동자회의에서 상세한 내용들을 전해줄 것을 원한다는 것을 다시 여러 번 되풀이했다 … 위원회는 국제협약에 대한 일본의 초반 불이행으로 희생자들의 나이가 들어가고 있는 것과 다른 명망 있는 단체들과 사람들이 이 문제에 대해 공식적으로 비슷한 입장을 표현했음에도 불구하고 일본정부가 그들의 기대에 미치지 못하고 있는 것에 대해 우려하고 있다. 위원회는 미래에 이러한 희생자들의 소송에 대한 응답으로 일본정부가 조치를 취하기를 희망한다고 거듭 밝히고 있다. 위원회는 관련 있는 법정 판결문이나 입법부와 정부의 행동과 같은 정보를 모으기 위해 애쓰고 있다 …

○ 2003년 6월 : 국제심포지엄을 개최하는 등 어느 때보다도 철저한 준비를 해왔고 노동자그룹의 예비 안건 목록에 포함되었으나 개별의제 선정을 위한 협상과정에서 사용자그룹의 반대로 25개 개별의제 목록에서 제외 – 이에 한국의 양대 노총 대표는 사용자그룹이 지난 해 노사 그룹간의 합의를 무시하고 "일본 노사정의 합의가 없는 한 의제로 선정할 수 없다"고 한 것은 기준적용위원회 자체의 근간을 위협할 수 있다는 점을 강조하면서, 노동자그룹 차원의 대응을 요청하였고, 그 결과 의제채택을 무산시킨 사용자그룹과 일본정부에게 전체노동자그룹의장 명의 서한을 보내게 되었음[54]

54 한국노총의 2003년 보고서는 이 회의를 "큰 아쉬움을 남겼지만, 전체 노동자그룹 차원의 대응을 통하여 일본군 위안부 사례를 내년도 총회에서 다시 논의할 수 있는 유력한 근거를 확보한 것은 그나마 소중한 성과였다 할 것임. 하지만 ILO에서 위안부문제가 논의되는 것 자체를 봉쇄하려는 일본의 막강한 영향력을 극복하고, 동 사례가 기준적용위원회의 의제로 채택되어 ILO 차원의 조사와 권고가 이루어짐으로써, 위안부 희생자들이 기

… 노동자그룹은 일본의 강제노동협약 위반이 논의되지 않은 것에 유감을 표했다. 실제로 전문가위원회의 의견(observations)에는 정부의 답변 거부, 위안부 피해자들의 배상 청구권, 아시아여성기금의 의미 등 매우 중요한 이슈들이 포함되어 있었다. 노동자그룹은 일본정부에 대한 심의로 이어지지 못한 것에 유감을 표했다. 이 건은 위원회에게 오랜 동안 이해하기 어려운 방식으로 문제를 불러일으켜 왔다. 그럼에도 불구하고 노동자그룹은 다음 해에 이 문제가 또 다루어져야 한다고 주장했다(General Report of the Conference Committee on the Application of Conventions and Recommendations, 2003, para. 9) … 사용자그룹은 일본의 강제노동협약 위반 건을 의제에 포함하지 않은 것과 관련하여 15페이지나 되는 긴 전문가위원회 보고서에서 60여 년이나 지난 협약 위반에 대하여 지금 어떠한 조치를 취해야 하는지에 거의 다루지 않은 것이 놀랍다고 했다. 위원회는 배상문제를 제기한다는 것 자체가 매우 중요하다는 점을 선언했으며 그러한 비극이 다시 일어날 것이라고 주장하는 사람은 아무도 없을 것이다. 전문가위원회가 매년 합의로 그러한 보고서를 제출하기는 하였지만, 전문가위원회 위원들도 그 평가에 대해서는 전례 없이 의견이 나뉘었음이 분명하다. 전문가위원회의 의견표명은 기준적용위원회에서의 논의에 유용한 기초를 전혀 제공하지 못하고 있으며, 따라서 사용자그룹은 이것이 이 건을 논의하는 마지막 회의가 될 것이라고 했다(para. 12) … 2003년 보고서에 일본과 강제노동협약과 관련된 부분에 주석(footnote)이 없는 것과 관련하여 전문가위원회 위원장은 본질적으로 역사적인 이 특별한 사건은 여러 차례 다루어지고 새로운 정보가 제공된 바가 없기 때문이라고 설명했다(para. 164) …

○ 2004년 3월 : 전문가위원회의 개별 사건 의견으로 수록(RCE Japan, 2004) - 기준적용위원회가 좀 더 자세히 조사해야 한다는 의사를 표명

… 2003년 1월 14일 일본정부가 제출한 긴 보고서에 주목하고 있다. 이 보고서에

대하고 있는 일본정부 차원의 '사죄'와 '보상'을 쟁취하기 위해서는 한국의 양 노총과 관련 시민단체들이 더욱 긴밀히 결합하여 치밀한 전략을 수립하고 체계적인 준비를 해나가야 할 것"이라고 평가하고 있다.

서 일본정부는 합법적인 문제에 관한 그들의 입장을 반복하여 되풀이하고 있다. 즉 일본정부가 이미 유감과 사죄를 표명했다는 점과 아시아여성기금과 과거 많은 사법단체들에서 나온 결과에 비추어 제공한 정보들과 같은 행동들을 다시 언급하고 있다. 위원회는 또한 2003년 6월에 있었던 기준적용위원회 기간 동안, 조사에 대한 몇몇 일반 토의가 있기는 하였으나 기준적용위원회가 이 문제를 삼자주의 원칙(tripartie basis) 하에서 좀 더 자세하게 조사하지 않았다는 점을 지적한다 …

○ 2004년 6월 : 총회 전 노동자그룹의 예비의제 목록에서 제외, 노동자그룹에서는 동일한 사안에 대해서 매 2년마다 심층적인 보고를 하는 전문가위원회의 관행에 비추어 다음 해 보고서에는 일본군위안부 문제에 대해서 보다 상세한 보고가 이루어질 것이며, 이를 근거로 노동자그룹 차원에서 의제채택을 추진할 수 있을 것이라고 해명하면서 금년도에는 의제채택이 어렵다고 함 ; 기준적용위원회 회의에서 노동자그룹의 의장은 "강제노동과 관련한 일본사례에 대한 전문가위원회의 보고서 내용에 대해서 실망을 표하고, 내년도에는 일본정부와의 전면적이고 진솔한 협력을 통해서 동 사안에 대한 철저한 조사보고가 이루어져야 할 것"이라는 견해를 밝힘[55]

… 강제노동과 관련해서 노동자그룹은 … 일본의 협약 위반 문제가 다루어지지 않은 것에 대한 실망을 표시했다. 다음 해에는 전문가위원회가 기준적용위원회가 일본정부의 전면적이고 정직한 협력을 받아 최선을 다해 이 건의 진전을 위해 판단할 수 있도록 하는 것이 바람직할 것이다(General Report of the Conference

55 강충호(한국노총 국제국장), 국제노동기구 제92차 총회 보고서, 10~12쪽 : 이 보고서에 의하면 "… 일본 강제연행네트워크 관계자 등과의 면담을 통해서 동 사례에 대한 ILO 사무국내부의 분위기가 그리 호의적이지 않을 뿐 아니라, 내년도 ILO 총회를 앞두고 노동자그룹의 예비목록 작성에 주도적인 역할을 하는 국제자유노련(ICFTU)도 일본노총(RENGO)의 영향력으로 인해 그다지 긍정적인 역할을 기대하기가 어렵다는데 인식을 공유하고, 그런 만큼 내년도 총회를 대비하여 보다 적극적인 대처와 준비가 요구된다는 사실을 확인할 수 있었다"고 하며, "… 노력이 결실을 거둘 수 있도록 하기 위해서는 그동안 수수방관으로 일관해 온 우리 정부와 사용자측의 적극적인 관심과 성원이 요구된다"고 평가하고 있다.

Committee on the Application of Conventions and Recommendations, 2004, para. 15).

○ 2005년 3월 : 정보의 계속 제공을 촉구하는 것 외에 협약 위반에 관한 분명한 언급은 없지만, 개별적 사례로 언급함 ; 총회 전인 3월 16일 양대 노총이 ILO를 방문하여 한국과 대만의 피해자 서명이 포함된 20만 명의 서명서를 전달하고, 지지공문을 발송

… 위원회는 양자 · 다자 조약의 법적 효과를 다루는 것이 필수적인 것은 아니므로 그 법률적 문제를 최종적으로 언급하는 것은 할 수도 없고 하지도 않을 것이라는 점, 이미 과거 정부의 협약 위반으로 인한 희생자들이 나이가 들어가고 있다는 점과, 유사한 표현에도 불구하고 정부의 의견 표명이 희생자들의 기대를 충족시키지 못하였음을 지적하였다. 위원회는 정부가 장래에 이들 희생자들의 요구에 응당하는 조치를 취할 것을 반복하여 희망한다. 위원회는 관련 판결이나 결정, 정부의 조치 등에 관해 모든 정보를 받고자 한다는 내용 등을 2002년과 2003년에도 반복했다. 일본정부는 2004년 기준적용위원회에서 전문가위원회의 견해를 3자 토론에 붙이지 않기로 결정한 만큼, 전문가위원회에서도 이 문제를 그만 다루어야 한다고 주장한다. 일본정부는 2003년 9월 일본 렌고가 그 보고서에서 일본에는 현재 이 협약 위반이 없다고 한 보고서를 언급하면서 55년 동안 아무런 사례가 없음에도 심사하는 것은 권한 밖이라고 하였다. 이는 이미 전문가위원회도 고려하고 있는 점이다. 나아가 일본정부는 답변서에서 아시아여성기금에 관한 언급을 하고 있다 … 계속 정보를 제공해 주기 바란다.

○ 2005년 6월 : 노동자그룹의 예비의제 목록에 포함되었으나 사용자그룹과의 협의과정에서 제외

노동자그룹은 시간 제한 때문에 몇몇 의제가 논의되지 못한 것에 대해 유감을 표명했다. 따라서 정부들로 하여금 관련 협약의 실효성 제고를 위해 필요한 조치를

취하도록 해야 한다 … 마지막으로 노동자그룹은 일본의 29호 협약 건을 다루지 못한 것에 유감을 표했다. 사실관계가 60여 년 전으로 거슬러 올라감에도 불구하고, 그 사건은 여전히 현재성이 있다. 이 건에 대한 토론은 2003년에 요청되었다. 이 건에 대한 심의를 개념적으로 그리고 구조적으로 거절하는 것은 ILO 감시 시스템을 곤경에 빠뜨릴 우려가 있다. 결국 이 건에 대해서는 결정적인 해결책이 바람직하다고 하면서, 노동자그룹은 사무국이 주관하는 비공식적인 노사정 회의를 제안했다. 일본의 정부와 사용자들도 적절한 해결방안을 찾는데 협력하여 줄 것을 기대한다고 했다(General Report of the Conference Committee on the Application of Conventions and Recommendations, 2005, para.12) … 사용자그룹은 일본의 29호 협약 건과 관련하여, 기준적용위원회가 이 건을 2년 전에 같은 맥락에서 논의하였으며, 전문가위원회도 60년 전에 일어난 일에 관해서 할 수 있는 일이 거의 없다는 것을 인정하였다. 최근 2번의 의견제시에서 전문가위원회는 검토대상에서 문제되는 양자·다자 조약에서 그 법률적 효과를 검토하는 것이 필수적인 것은 아니라는 점을 분명히 했다. 사용자그룹의 관점에서 기준적용위원회에서 일본 사례를 다루는 것은 효과적이지도 않고 현실적인 효과도 없을 것이라고 본다(para. 13) … 한국정부는 29호 협약과 관련해서 위안부 문제가 의제에 포함되지 않은 것에 관해 노동자그룹의 유감에 동조한다고 밝혔다. 한국정부는 이 문제가 매우 중요하다고 생각하며, 장래 기준적용위원회에서 개별적 사안으로 다루어줄 것을 희망한다. 노동자그룹이 제안한 3자 토론 방식이 적절하다고 본다(para 15) … 일본정부는 특정 사안 논의는 노사정 3자에 의해 합의된 목록에 의거해야 한다고 주장했다. 이를 종합토론시 논의하는 것은 적절하지 않다는 것이다(para. 16) …

○ 2006년 3월 : 전문가위원회 보고서에 위안부 문제가 포함되지 않음

○ 2006년 6월 : 한국노총과 민주노총이 노동자그룹 의장과 간담회를 가지고 의논, 2007년에는 반드시 심의될 수 있도록 해줄 것을 당부

○ 2007년 3월 : 전문가위원회 보고서 개별적 사안 의견으로 언급(RCE Japan , 2007)

전문가위원회는 위안부라고 불리는 성노예 문제에 관한 29호 협약의 적용문제를 2005년에 "양자 · 다자 조약의 법적 효과를 다루는 것이 필수적인 것은 아니므로 그 법률적 문제를 최종적으로 언급하는 것은 할 수도 없고 하지도 않을 것이다 …" 는 점 등을 언급한 바 있다. 위원회는 정부에게 이후 생긴 모든 변경 사항에 대한 정보를 요구하였다 … (일본정부가 제출한 판결, 한국의 양대 노총이 제출한 20만 명 서명자료 등을 검토한 후) 위원회는 다시 한 번 강력하게 정부가 점차 그 숫자가 줄어들고 있는 희생자들의 요구에 부응하는 수단을 취할 것을 희망한다. 관련 정보는 계속 제공되어야 할 것이다 …

○ 2007년 6월 : 노동자그룹의 예비의제로 포함되었으나 사용자가 거부권을 행사 ; 이에 대해 캐나다, 네덜란드, 미국, 호주 노총 등이 이 문제를 더 이상 외면할 수 없다며 의제채택을 촉구하는 강력한 발언을 하였고, 노동자그룹은 이 문제의 해결을 촉구하는 성명을 채택하여, 기준적용위원회 마지막 날 노사정 전체회의에서 발표[56]

올해에도 우리는(노동자그룹은) ILO 협약 제29호 관련 일본군 위안부 사례(제2차 세계대전 기간 중국, 한국, 필리핀, 네덜란드의 수십만 여성을 강제 성노예로 동원한 사례)를 논의할 것을 제안하였다. 그러나 이 제안은 또 다시 사용자그룹에 의해

56 정대협의 「제96차 ILO 총회 활동 보고」에 의하면 노동자그룹 회의에서 민주노총 이창근 국제부장은 1) 사용자그룹의 비토에 수년간 계속 일본군 위안부 사례가 개별의제로 선정되지 않고 있는 것에 대해, 노동자그룹은 마지막 순간까지 위안부 문제를 우선 의제로 다뤄야 하고, 포기해서는 안된다, 2) 이 사안을 계속 ILO에서 다뤄질 것이라는 강력한 메시지를 사용자그룹과 일본정부에 줘야 한다고 발언했고, 노동자그룹의 리 쿼터백 의장은 1) 의제선정을 위한 논의가 시작되기도 전에 사용자그룹이 일본군 위안부 사례(제29호 강제노동협약)를 비롯한 5개 사례에 대해 비토를 행사하여 처음부터 의제에서 배제된 것에 대해 강한 유감을 표명하고, 내년에 반드시 다뤄지길 촉구, 2) 피해자 나이가 고령이어서 사망하고 있으므로 일본군 위안부 사례는 어떤 의제보다 시급하고 중요하다, 3) 일본 아베 총리가 강제동원에 국가가 책임 없다며 정부의 책임을 부인한 발언에 대해 우리는 그 발언 자체와 관련하여 다음 전문가위원회 보고서에서 전문가위원회의 입장을 담은 코멘트가 실려야 한다, 4) 내년에도 이 문제를 반드시 제기하겠고, 사용자그룹의 비토에 대해 성명서를 발표하였다고 한다.

거부되었다.

1996년 이후 ILO의 독립적인 법률전문가위원들은 ILO 총회보고서를 통해 이러한 전시 성노예 사례가 명백하게 1932년 일본이 비준한 ILO 강제노동협약을 심각하게 위반한 것이라는 점을 강조해 왔다. 우리는 특히 올해 3월, 희생자들에게 위안부생활을 강요한 적이 없다며 일본군의 강제 성노예 사건을 부인하는 일본 총리의 발언과 관련해 다시 한번 사용자그룹과 일본정부의 태도에 깊은 실망과 경악을 표한다. 우리는 전문가위원회가 아베 수상의 발언을 2008년 ILO 총회 차기보고서에 반영할 것을 바란다. 또한 전문가위원들은 이러한 아베수상의 발언이 이 문제를 은폐하기 위한 시도라고 비판했던 유엔 고문방지위원회의 2007년 5월 보고서[57]도 고려해야 한다. 노동자그룹은 이 범죄가 60년 이상 전에 발생했다 하더라도 매우 시급한 사건이라는 점을 ILO 총회에 상기시키는 바이다. 생존자들의 요구를 받아들일 것을 일본정부에 권고해 온 전문가위원들은 희생자들이 현재 고령이며 그 숫자가 점차 줄어들고 있다는 점을 누차 지적해 왔다. 노동자그룹은 2008년 ILO 총회 기준적용위원회에서 일본정부와 이 문제를 논의하기 위해 새로운 제안을 상정할 것이다 (ILO협약 제29호 일본군 위안부-전시 성노예 사례에 대한 제96차 ILO총회 기준적용위원회 노동자그룹 성명)

노동자그룹은 … 일본정부가 마침내 '위안부'에 대해 행한 자신들의 죄를 인정하고 희생자들에게 배상을 해야 할 것을 희망했다(General Report of the Conference Committee on the Application of Conventions and Recommendations, 2007, para.

57 2007년 유엔 고문방지위원회(Committee against torture)에 제출된 일본정부의 첫 보고서(CAT/C/JPN/1) 검토회의에서 위원회 국가보고서 검토관(Country Rapporteur)인 MARINO MENENDEZ(스페인) 위원은 "인신매매, 강요된 성매매와 성노예제를 방지하기 위한 대책마련"과 관련하여, "일본이 2차 세계대전에서 위안부로 고통을 겼었던 성학대의 희생자들을 보호대상에서 제외하고 있다"는 점을 지적하면서, 일본정부에 형사책임 인정에 더하여 이들을 교정하기 위한 매커니즘(mechanisms for redress in addition to admitting criminal responsibility)마련을 촉구했다(para. 14). 다른 위원 Wang Xuexian(중국)은 다음 보고서에 보다 상세한 정보가 포함되어야 한다고 지적하면서 일본정부에게 "인권에 반하는 범죄이자 고문행위에 해당하는 2차 대전에서 위안부와 강제노동 피해자들에 대한 도덕적·법적 책임을 인정해야 하고, 상당수가 생존하고 있는 이들 정책의 희생자들을 위한 국제적 정의, 문제해결에 대한 요청에 주의를 기울여야 한다"고 했다(para. 22). 또 다른 위원인 Ms. Gaer(미국)는 일본정부에게 위안소 설치와 관련된 피해자들에게 어떠한 배상 조치가 행해졌는지, 기술적인 이유로 각하되었다는 7개의 소송에 대한 추가적인 조사가 이루어졌는지를 질문하였고, 1993년 고노 담화에 대한 일본정부 대표의 코멘트를 요청하였다(para. 31) – CAT/C/SR.76716 May 2007

18) …

2007년 8월 한국노총과 민주노총은 다시 전문가위원회에 제출하는 의견서를 작성하여 송부하였다. 이 의견서는 피해자들의 현 상황(생존자), 일본정부의 책임 회피, 속속 발견되고 있는 강제성 관련 문서 등 기존 자료와 함께 2007년 미국 하원의 결의 내용을 자세히 언급하고 있으며, 필리핀, 캐나다, 호주, 영국 의회에서 추진되고 있는 일본군 위안부 문제 관련 결의안의 내용도 소개하면서 "위안부 문제는 과거의 한 노력으로 머물 수 있는 일이 아니고, 국제 NGO 및 세계 여러 나라 정치권의 문제로 확산되고 있는 추세다. 시간이 흐른다고 문제가 잠재워지는 것이 아니라 날이 갈수록 세계여성들과 시민들이 함께 목소리를 모으고 있으며, 이러한 정의를 바라는 세계시민들의 요구는 그 나라들의 정부가 일본군 성노예 문제에 대해 목소리를 내게 만들고 있다, 이러한 세계적인 추세에 대해 일찍이 일본군 위안부 문제를 일본군 성노예 문제로 판단하고 문제해결을 위해 노력해왔던 귀 위원회가 마지막까지 그 노력을 멈추지 않아야 한다, 지금 국제사회가 지난 12년 동안 일본군 성노예 사례가 ILO 기준적용위원회의 의제로 채택조차 하지 못하고 있는 현실에 대해서 ILO를 어떻게 바라볼지 우리는 심히 걱정하지 않을 수 없다, 뿐만 아니라 그동안 일본군 위안부 문제에 대해 귀 위원회가 내렸던 판단을 일본 수상 이하 정치권에서 공개적으로 반박하고 있는 이 시점에 귀 위원회가 아무 대응을 하지 않는 것은 일본정부의 그런 행태를 묵인하는 것과 마찬가지로 국제사회에 비칠 수 있을 것이다"는 의견을 피력하였다.[58]

그리고 2008년 2월에 발표된 전문가위원회 보고서에 일본의 강제노동협약에 관한 건이 다음과 같이 수록되었다.[59]

58 FKTU-KCTU, Observation Submitted to: The ILO Committee of Experts on the Application of Conventions and Recommendations (2007. 8.)

59 ILO, Report of CEACR(2008), pp. 225~226

지난 의견 제시에서 위원회는 오랫동안 2차 세계대전 동안 일본정부에 의해 행해진 두 가지 협약 위반 – '군사적 성노예'와 강제징용 – 에 대해 논의해 왔다. 위원회는 지난 2번의 의견 제시에서 정부에게 소송과 입법에 대한 계속적인 정보 제공을 요구했고, 내년은 일본정부가 정례보고서를 제출해야 하는 해이다. 올해 이전의 의견제시에서와 같이, 위원회는 여러 노동단체에서 의견들을 받았다(전일하역노조, 도요타 노조, 일본중공업 노조, 한국노총과 민주노총, 네덜란드연합노조 FNV, 국제노동조합연맹 ITUC). 그러한 보고서들은 일본에서 나온 강제징용 · 성노예 관련 사건의 판결문을 언급하고 있으며, 그러한 판결들의 법률적 기초는 청구의 기초가 되는 권리들이 전후에 나온 여러 조약들이나 공소(소멸)시효에 의해 소멸되었다는 것이었다. 그러나 동시에 사실관계 인정에서 있어서는 원고들에게 유리하고 피고측에게 도덕적 · 인류애적 견지에서 그러한 청구들을 해결하라고 하고 있다. 몇몇 사안들은 장차 항소될 것이다. 이에 더하여 노동조합들은 2006년 10월부터 2007년 3월까지 아베 수상과 다른 내각 관료들에 의해 행해진 언급들을 보고하고 있다. 이들 언급은 강제성에 대한 증거가 없다는 것으로서, 2002년 위원회가 언급한 1993년 고노 담화 내용을 뒤집는 것이다. 2007년 11월 30일 제출된 일본정부의 보고서는 일본의 정례 보고서 제출 해인 2008년 충실한 보고서를 제출하겠다고 하고 있다. 그러나 이와 함께 2007년 4월 20일 나온 일본 최고재판소 판결(니시마츠사 사건)을 제출하고 있으며, 고노 담화의 내용은 변경된 것이 아니라 아베 수상이 이를 보완한 것이라는 뜻을 밝히고 있다. 위원회는 일본정부가 최근의 사법적 판단 등 노동단체들이 제기하고 있는 문제들에 대해 완전한 정보를 제공할 것을 요청한다 …

V. 협약 적용과 관련된 쟁점[60]

1. 실체적 쟁점

가. ILO 강제노동협약의 적용 가능성 (협약 제1조, 제2조 제2항)

먼저 일본은 1932년 11월 21일 강제노동협약을 비준하였으나 2차 세계대전 직전인 1940년 ILO를 탈퇴하였다가 1951년 복귀하였기 때문에 탈퇴한 이후 시점의 행위에 대해 협약이 적용되는지 문제될 수 있다. 그러나 강제노동협약은 그 자체가 국제법상 조약의 효력을 갖는 것으로 ILO 탈퇴 여부에 따라 조약의 효력이 달라지는 것은 아니며, ILO 헌장 역시 탈퇴 여부와 관계 없이 비준한 협약의 구속을 받는다는 것을 분명히 하고 있다(제1조 제5항).[61] 또 하나의 문제는 위반행위가 전쟁 중에 행해졌기 때문에 ILO 협약이 전쟁 중에도 효력을 갖는지 하는 것이다. 이와 관련하여 강제노동협약 제2조 2항(d)는 긴급사태에서의 근로를 협약 적용대상에서 제외하고 있고 긴급사태의 예시로 '전쟁의 발생'을 명문으로 규정하고 있다. 그러나 이는 어디까지나 사람의 생존이나 안전을 위협하는 상황(circumstance that would endanger the existence or the well-being of the whole or part of the population)을 극복하기 위해 엄격하게 요구되는 업무[62]에 한정되는 것이지 성 착취를 위한 강제노역까지도 '전쟁 중'이라는 이유로 제외된다는 뜻은 아니다. ILO 전문가위원회도 위안부 문제를 언급한 첫 의견제시(observation)에서 "이 협약은 그 기간 동안 일본에 적용된다"는 점을 분명히 확인하였다(RCE Japan, 1996).

60 전문가위원회는 기본적으로 비공개라 실제 ILO에서 무엇이 쟁점이 되었는지는 정확히 알 수 없으므로 주로 전문가위원회 보고서를 통해서 유추될 수밖에 없다. 2003년 이전의 쟁점에 대해서는 이승욱(2003), 331~339쪽과 戸塚悦郎(1997), 106쪽을 참조하였고, 2003년 이후 쟁점이 된 것은 전문가위원회의 일본 관련 개별 의견(individual observation)을 참조하였다.

61 이승욱(2003), 앞의 글, 332쪽

62 ILO, General Survey (2007), para. 62

나. 위안소에서의 성 착취 행위가 '강제노동'에 해당하는지(협약 제2조 제1항)

협약에서 말하는 강제노동(forced labour)의 개념은 "어떠한 자가 처벌의 위협 하에서 강요받거나 또는 임의로 제공하는 것이 아닌 일체의 작업이나 서비스"를 말한다(제2조 제1항). 먼저 '근로'의 개념과 관련되는 '작업이나 서비스(work or service)'는 제3자를 위하여 제공될 수 있는 모든 형태의 인간 행위를 말한다. 위안부가 당했던 성적 착취가 여기서 말하는 '작업이나 서비스'에 해당하는지에 관해서 ILO는 "인신매매(trafficking in person)는 착취(exploitation)의 목적으로 위협, 위력 기타 강제력, 기망, 사기, 다른 사람에 대해 우월한 지위나 권력의 사용이나 궁박함을 이용하여 사람을 채용하거나 이동시키거나 주고받는 것을 의미한다. 착취는 적어도 타인에 대한 성매매 기타 성적 착취, 강요된 작업이나 서비스(forced labour or services), 노예제나 그 유사 제도 등을 포함하는 것이다"고 한 유엔 인신매매의정서와 유럽의회의 인신매매협약(Palermo Protocol)을 인용하면서 노동에 대한 (성적인 의미를 포함한) 착취는 본질적으로 강제노동협약에서 말하는 '강제노동'에 해당함을 명백히 한 바 있다.[63] 위안부 문제와 관련해서도 1997년 전문가위원회가 "문제가 된 (성적) 착취는 정확하게 협약이 금지하는 범위에 들어간다"고 하여 이 점을 분명히 확인한 바 있다(RCE Japan, 1997).

다음으로 문제가 되는 것은 바로 '강제성'이다. 협약 제2조 제1항은 '강제'의 의미를 "처벌의 위협 하에서 강요받거나" 또는 "임의로 제공되는 것이 아닌(not offered himself voluntarily)" 것으로 정의되는데, ILO는 자발적인 노무제공의 자유를 제한하는 것은 물리적 · 제도적인 것 뿐 아니라 이주노동자에게 기망을 사용하거나 거짓 약속을 하거나 신분증을 압수하여 그 일을 떠나지 못하게 하는 것 같은 행위도 포함하고 이것이 모두 '강제성'의 범주에 해당함을 명

63 ILO, General Survey(2007), para. 76~77

확히 하고 있다.[64] 실제 위안부의 징집 · 관리는 군 및 정부 내부에서의 조직적인 정책결정의 결과 실시되고 다양한 형태로 지시 · 관리가 되어 왔고(일본정부도 1993년 관방장관 담화에서 그 모집, 이송, 관리 과정이 강제로 행해진 것을 인정하였다), 이것은 식민 통치하에서, 간접적인 위압하에서의 강압 또는 관리시의 강제 등으로 협약이 금지하는 '강제성'에 해당한다고 할 것이다.

다. 급여청구권(제14조), 재해보상청구권(제15조)

강제노동협약 제14조는 "이 협약 제10조에서 정하는 강제노동 이외의 모든 종류의 강제노동에 대해서는 노동력이 사용되는 지역 또는 노동력이 징집된 지역의 어느 쪽에 대해서건 유사한 노무에 통상적으로 지급되는 비율(어느 쪽이 높은지는 불문)보다 낮지 않은 비율로 현금으로 보수를 지급하여야 한다"는 원칙을 정하고 있으며, 제15조는 "근로로 인한 재해 또는 상병에 대한 근로자보상에 관한 법령 및 사망하거나 근로불능이 된 근로자의 피부양자를 위한 보상을 규정하는 법령으로서 관련지역에서 실시되고 있거나 실시되어야 하는 것은 강제노동과 임의근로에 균등하게 적용되어야 한다"고 정하고 있다. 위에서 본 것처럼 위안부가 협약이 정하는 강제노동에 해당하는 것이 명확하므로, 이러한 급여청구권 · 재해보상청구권 역시 인정된다고 할 것이다. 전문가위원회 역시 1996년 첫 의견 제시에서부터 "이들 여성들은 임금 기타 협약이 보장하는 모든 이득(benefits)을 받을 권리가 있다"는 점을 확인하였고(RCE Japan, 1996), 1997년 의견에서는 '정당한 보상(appropriate compensation)'을 언급하면서 협약 제14, 15조에 의한 보상(compensation)과 장애연금(disability pension)이 지급되어야 한다고 확인했다(RCE Japan, 1997). 이후 의견에서 직접적으로 임금(wage)를 언급하고 있는 것은 없으며 이전의 의견을 재확인한다고 하거나 포괄적인 '적절한 보상'의 문제로 다루고 있다.

64 ILO, General Survey(2007), para. 39

라. 형사 처벌(제25조)

강제노동협약 제25조는 "강제노동의 불법적인 강요는 형사상의 범죄로 처벌되어야 하며, 또한 법령에 의하여 부과되는 형벌이 실제로 적당하고도 엄격하게 실시되도록 확보하여야 하는 것은 이 협약을 비준하는 회원국의 의무"라고 선언하고 있다. 따라서 위안부 문제가 이 협약상 강제노동에 해당함이 인정되는 이상, 일본정부는 그 행위를 형사 처벌할 의무가 있다.

전문가위원회도 1997년 보고서에서 명시적으로 일본 형법 제176조(강제추행)와 제177조(강간)을 언급하고 있다(RCE Japan, 1997). 문제는 공소시효인데, 우선 전문가위원회는 위안부 문제와 관련된 의견에서 일본노동조합이나 일본 판결에서의 쟁점을 인용하는 것 외에 특별히 이에 대한 언급을 하지 않고 있다. 이를 반대해석하여 법령상 제한은 국내법에 대해서만 미치며 국제협약 위반의 범죄행위에 대해서는 제한이 미치지 않는다는 점을 묵시적으로 인정한 것이라고 해석할 수도 있겠으나,[65] 분명하지 않다. 전문가위원회나 기준적용위원회가 이와 관련하여 보다 명확한 판단을 하도록 유도할 필요가 있고,[66] 그에 앞서 형사 처벌 규정을 실제 일본의 사례에서 구체적으로 어떻게 법적으로 문제제기할 수 있을지에 관한 검토가 필요하다.

우선 형사 처벌을 위해서는 처벌 대상자가 특정되어야 하고, 이들에 대한 현실적인 형사 소추 절차가 가능한지를 확인한 후에 전문가위원회에 대하여 일본정부에게 왜 이들에 대한 형사 소추 절차가 진행되지 않았는지를 확인하게 한다든지, 강간이나 강제추행 관련 조항뿐만 아니라 강제노동에 대한 처벌 규정을 두고 있다고 보아야 하는지를 검토하여 달라고 하는 것도 생각해 볼 수 있겠다.

65 이승욱(2003), 앞의 글, 341쪽
66 이승욱(2003), 위의 글, 341쪽

마. 아시아여성기금과의 관계

앞서 본 바와 같이 전문가위원회의 '적절한 보상' 요구에 대하여 일본 렌고와 정부는 아시아여성기금의 존재로 항변해왔기 때문에 전문가위원회의 의견 제시 중에는 아시아여성기금에 관한 언급이 많다. 그러나 전문가위원회는 거의 일관하여 "많은 원고들이 아시아여성기금의 보상을 받아들이지 않고 있는 상황에서 위원회는 관련 희생자들 및 그들을 대변하는 기관들과의 대화 및 너무 늦기 전에 희생자들이 기대하는 정도에서의 보상 등 일본정부가 다른 방안을 찾기를 기대하고 있다"는 입장을 밝히고 있다(RCE Japan, 1999, 2001).

바. 개별적 보상에 대한 포기

우리나라 위안부 문제에서 개별적 보상이 포기된 것이라는 주장은 1965년 한일협정 제2조 제1항에서 "양 체약국은 양 체약국 및 그 국민(법인을 포함함)의 재산, 권리 및 이익과 양 체약국 및 그 국민간의 청구권에 관한 문제가 1951년 9월 8일 샌프란시스코 강화조약 제4조 (a)에 규정된 것을 포함하여 완전히 그리고 최종적으로 해결된 것이 된다는 것을 확인한다"고 정하고 있는 것과 관련된다. 그러나 위 한일협정에서 정한 것은 "국가가 국제법상 가지는 외교보호권을 행사하지 않는다는 것을 약속"한 것일 뿐 이 규정에 의하여 개인의 재산권이 소멸하거나 포기될 수 있는 것은 아니다. 즉 한국의 외교보호권을 포기했다 하더라도 국민 개개인의 재산, 권리 및 이익의 소멸에 관해서는 정해진 바 없고, 또한 그렇게 정할 수도 없는 것이다. 위안부 문제에서 정부 대 정부의 일부 보상에 의하여 개별적 청구권이 포기되어 소멸한 것으로 볼 수 있는지와 관련하여, 전문가위원회는 2001년 보고서에서 다소 애매하게 "보상 문제가 협약에 의해 이미 해결되었다는 것을 지적하는 일본정부 입장은 법률 문제로 타당하다"는 입장을 취하기는 하였으나, 대부분의 보고서에서는 "정부 대 정부의 지불은 희생자에 대한 적절한 구제로서 충분하지 않다"는 입장을 취하고 있다(RCE Japan, 1999).

개인 청구권 포기와 관련하여 처음 분명한 언급을 하고 있는 것은 1963년 일본의 원폭 피해자 소송 사건에서 일본정부가 한 주장[67]과 야나이 외무장관의 언급을 인용하고 있는 2002년 전문가위원회 보고서(RCE Japan, 2002)인데, 여기에서 전문가위원회는 "1992년 일본정부는 처음으로 개인적 희생자가 배상을 구할 권리를 가지고 있다는 점을 시인하였다. 야나이 외무장관은 참의원 예산위원회에서 1965년 한일협정이 개인 희생자에게 국내 법적 절차에서 배상을 청구할 권리를 박탈한 것이라 아니라 오직 한국정부가 가지는 외교적 권리만을 막은 것이라고 했다"고 지적하면서 "희생자들이 고령이라는 점을 고려하여 시급히 적절한 조치를 취하라"는 의견을 제시하였다. 2003년 보고서에서는 일본정부가 이 사건에 대한 검토를 종결해야 한다고 항변한 것에 대해 응답하느라 이 문제를 더욱 상세하게 다루고 있는데, 여기서는 일본정부가 청구권 포기의 근거로 삼는 샌프란시스코 강화조약, 한일협정, 중일협약 등을 언급하고, 원폭 피해자 소송과 시베리아 수용자 소송에서 일본정부 스스로 취했던 입장(개인의 권리를 정부가 포기한 것은 아니라는 것)과 야나이 외무장관의 발언 등을 인용한 다음, 일본정부의 설명에 이러한 자료들을 뒤집을 만한 근거가 없다고 하였다. 이와 함께 유엔의 맥두걸 보고서(UN document E/CN. 4/Sub. 2/1998/13), 일본과 미국에서의 판결 그리고 도쿄국제법정에서의 결론 등을 인용하여 개인의 권리 포기 주장을 부정하고 있다.[68]

2. 절차상 쟁점

67 "… 샌프란시스코 강화조약 제19조는 일본정부가 일본 국민 개개인의 미국에 대한 배상청구권을 포기했다는 것을 의미하지는 않는다"

68 그런데 2005, 2007년 보고서에서 전문가위원회는 "양자 · 다자 조약의 법적 효과를 다루는 것이 필수적인 것은 아니므로 그 법률적 문제를 최종적으로 언급하는 것은 할 수도 없고 하지도 않을 것이다"라는 표현을 하고 있는데, 이것이 양자 · 다자 조약에 의한 청구권 포기에 대해서 별도의 판단을 하지 않겠다는 의미라면 청구권 포기 여부에 대한 명확한 입장은 조금 변경된 것이 아닌가 하는 우려가 있다.

가. 이사회 진정 절차와 전문가위원회 절차

앞서 본 바와 같이 ILO에 위안부 문제를 제기하는 것은 처음에는 전문가위원회가 아니라 이사회에 바로 진정하는 방식으로 이루어졌다. 이와 관련하여 i) 이사회를 통한 진정과 전문가위원회 절차의 차이는 무엇이며 효과 면에서 어떻게 다른가, ii) 두 가지 절차를 병존하여 진행할 수는 없는가 하는 문제를 검토해 볼 필요가 있다.

우선 전문가위원회를 통하는 절차는 이른바 '통상적 감시절차'로서 노동법 또는 국제법의 분야에서 자질을 평가받은 전문가들이 한 번 검토를 한 바탕(전문가위원회 보고서) 위에서 기준적용위원회가 심사를 하고 다시 노사정 3자 구도에서 심의가 이루어지고, 매년 '전문가위원회 세션(전년도 11월 회의, 2월 보고서 발간) → 노동자그룹과 사용자그룹의 의제 선정(5월) →총회 기준적용위원회(6월)'의 절차를 거치게 되기 때문에 심의가 무기한 지연될 우려는 없다고 볼 수 있다. 또한 전문가위원회의 의견은 "… 적절한 조치가 취해질 것을 요청한다"는 객관적인 지적에서 "… 재차 강하게 호소한다", "… 거듭되는 권고를 하고 있음에도 불구하고 조치가 취해지지 않은 것은 유감이다" 등의 표현으로 공개적으로 제시되어 당사국이 국제노동기준을 위반하고 있음을 확인할 수 있기 때문에, 당사국에 대한 사실상 제재로서의 의미를 가질 수도 있다. 특히 2008년과 같이 일본정부 정례보고서(annual report)에 대한 심의가 이루어지는 해에는 집중적으로 문제를 제기할 수 있다는 시기적 적절성도 있다.

이에 대하여 진정은 헌장 제24조, 제25조에 의한 이른바 '비통상적 감시절차'로, 수리가능성이 인정되면 조사를 위한 3인위원회에서 통상 반년 내지 1년간의 심사를 거쳐 조사 결과를 이사회에 보고하고, 이에 대한 해당 정부의 대응이 만족스럽지 않은 경우 그 대응을 공표할 수 있는 절차이다. 통상적인 감시절차에 비하여 많이 활용되지는 않는 것으로 보이지만[69] 가부 간 결론이 반

69 예컨대 ILOLEX 검색 결과 일본의 경우 전문가위원회의 의견제시(observation) 사례는 모두 68건인 반면, 진정 사례는 유료직업소개 협약(No. 96) 위반에 관한 진정 단 한 건이다.

드시 나오게 되고(물론 한국노총 사례처럼 심사가 지연되는 수는 있지만, 지연에 대해서 강하게 항의하고 모니터링하는 등의 압박을 가하면 통상의 관례에 따른 심리를 진행할 것으로 보인다), 결론이 "진정인 · 피진정인 주장(allegation) - 인정 결론(conclusion) - 권고내용(recommendation)" 형태의 판결문과 같은 구조로 분명하게 나오게 되고, 이에 대한 해당 정부의 대응이 만족스럽지 않은 경우 그 대응을 공표할 수 있다는 점에서 일본정부에 대해 적지 않은 압박으로 작용할 수 있을 것이다.

한편 두 절차가 동시에 또는 중복하여 진행될 수 있는지에 관해서 "비통상적 감시절차는 통상절차보다도 법적으로 강력하지만, 통상절차와 병행해서 진행하지는 않는다"는 견해[70]도 있으나, ILO 헌장에는 명시적으로 이들 절차의 병행 진행을 제한하는 규정이 없을 뿐 아니라, 절차를 소개하는 국제노동기준 소송안내서(ILS Handbook of Procedures, 2006)나 절차와 관련된 보고서에도 이에 관한 설명은 없다. 또한 1997년 전문가위원회 보고서에서 한국노총의 진정에 관하여 "이사회가 이 진정에 대한 실질 심사를 하지 않았고, 취하시까지 수용 여부에 대한 판단을 하지 않았음을 유의하고 있다"고 한 것을 보더라도 두 절차의 병행진행 자체에는 문제가 없는 것임을 알 수 있다.[71] 그리고 전문가위원회를 통한 통상적 감시절차와 비통상적 감시절차의 하나인 진정과는 차원을 달리하고, 그 구성이나 협의 구조도 다르다는 점에서 이론적으로도 병행진행을 금지할 근거는 없다고 할 것이다.[72]

나. 기준적용위원회에의 의제 채택

그동안 정대협과 양대 노총의 노력은 전문가위원회 보고서에 나온 '의견'에 근거하여 총회에 제출되는 수백 개의 안건 중 일본군 위안부 문제를 총회 기

70 戸塚悦郎(2005), 앞의 책, 196쪽
71 이승욱(2003), 앞의 글, 347쪽
72 이승욱(2003), 위의 글, 348쪽

준적용위원회의 의안 리스트에 올리는 것에 집중되었고 지난 13년 동안 단 한 차례도 성사되지 못했다. 총회 기준적용위원회에서 의안으로 선정되어 일본정부가 노사정 3자 위원들로부터 집중적으로 질문을 받게 되고 그 결과가 회의 보고서로 공표된다는 점에서 압력효과가 상당히 크기 때문이다. 기준적용위원회의 안건으로 채택되지 않은 것과 관련해서는 "… 그렇다고 하여 전문가위원회가 제시한 권고의 의미가 축소되는 것은 아니다, 전문가위원회의 권고는 여전히 국제노동기준에 관한 사실상 유일한 법적 판단기관이 내리는 결정으로서 그 전문성이나 권위가 존중받을 뿐만 아니라 전문가위원회가 제출한 의견에 대해서는 당해 정부의 특별한 주의가 이루어져야 한다는 것이 총회 기준적용위원회의 일관된 입장"이라는 의미 부여가 대부분이었으나,[73] 이미 9차례나 전문가위원회의 의견 제시가 있었던 상황에서 여전히 기준적용위원회에서 논의되지 못하는 상황(반복되는 언급이 그 사안의 중요성을 강조한다고 볼 수도 있지만, 그럼에도 불구하고 의제가 되지 못하는 상황은 반대로 그 중요성 · 시급성에 대한 전반적 평가를 훼손하는 데 기여할 수도 있다)을 어떤 식으로든 발전시켜 나가야 한다는 점에는 이론이 없을 것이다.

VI. 결론에 갈음하여

1. ILO 문제제기의 의의

주지하는 바와 같이 ILO는 유엔과 함께 일본정부에게 효과적인 압력을 가할 수 있는 중요한 국제기구로서 국제 활동의 중요한 장이라는 점, 그리고 그동안 유엔과 여성인권을 중심으로 한 국제기구 활동에서 ILO와 강제노동금지라는 새로운 도구를 발견하였다는 점에서, ILO에의 문제제기는 매우 획기적

73 이승욱(2003), 위의 글, 349쪽

인 발상이라고 할 수 있다.[74] 더욱이 위에서 본 것처럼 ILO 자체가 가지고 있는 조약, 조사, 법적 판단 및 권고능력에 의해 위안부 문제에 대한 판단을 끌어낼 수 있다는 점, ILO가 다른 국제기구보다 정치한 조약 이행 감시시스템을 가지고 있다는 점, 국제사회에 여성문제 · 식민지 문제를 제기하고 관심을 환기시키는데 기여한다는 점, 양대 노총[75]과의 긴밀한 협력을 통해 활동을 진행할 수밖에 없는 구조에서 이 문제에 대한 공감을 확산시키고 NGO 간 연대를 도모한다는 점 등까지 고려한다면, 당장의 가시적 성과가 없더라도 큰 의미가 있다고 할 수 있을 것이다. 그러나 이미 피해자들이 많이 사망하여 주어진 시간이 그렇게 많지 않고, "과거는 과거로 흘려보내야 한다"는 목소리는 시간이 흘러갈수록 더 커질 수 있기 때문에, 적시에 이 문제에 대한 의미 있는 결실을 얻어야 한다. 그동안 경과에서 드러난 것처럼 "ILO는 국제법과 정의의 편이므로 1통의 편지를 보내는 것만으로 국제법 위반을 시정하고 정의를 실현시켜 줄 것이다"는 지나치게 낙관적인 견해는, 노사정 3자의 이해가 투영되는, 따라서 지극히 정치적일 수밖에 없는 ILO의 실태, 절차, 국제인권활동의 곤란성을 무시한 것으로서 현실성이 없는 생각이며, ILO의 기관을 설득하고 일본정부 등 정치적 압력을 벗어나는 운동과 치밀한 조직적 · 계속적 · 실천적 노력이 반드시 필요하다.[76]

74 정진성(2004), 앞의 글, 161쪽

75 윤영모, 「기준적용위원회에 대한 이해와 문제 해결을 위한 노동조합의 활동」, 국제심포지엄(2003. 4. 17.) 자료집, 1쪽은 "한국 노동계는 이 문제를 중심으로 ILO의 3대 기능(기준·규범 설정, 기준 이행 · 적용의 감시 감독, 기준 이행 · 적용을 위한 기술 지원) 중의 하나인 '감시 감독 기능'을 직접 체험하며 이해하기 시작"했다는 의미를 부여하고 있기도 하다.

76 戸塚悅郎(2005), 앞의 글, 193 쪽 – "처음 ILO에서의 문제의식이 확산된 것에 조합원 50명이 안 되는 작은 노조 오사카 외국어강사노조(OFSET)의 편지 1통이 자료가 되었던 것은 사실이지만, 그 배경에는 한국노총의 이사회 신청 등 다양한 NGO, 노동조합의 노력과 시의성이 있었던 것이다. ILO는 세계각국의 노사정 대표가 구성하는 거대국제기구로서 국제정치의 소용돌이 속에 있어 권모술수로부터 자유로울 수 없고, 다른 기구들과 마찬가지로 고질적인 재정난을 가지고 있는 현실이다. 피해자측 NGO는 접근 자체가 제한되어 있고, 정보제공도 어렵다. 따라서 ILO 기구와 관련 국제법규를 연구하여 깊은 조사연구에 필요충분한 증거와 법적 근거를 제공하는 것과 이제까지의 경과와 현실적 제문제를 염두에 두면서 일본정부 · 렌고 · 여성기금에 대항할 수 있는 적절한 로비를 전력을 기울여 전개할 필요가 있을 것이다"

2. 고민의 지점

이미 수년간 정대협 등 NGO와 양대 노총이 지속적인 노력과 활동으로 꾸준히 문제를 제기하며 국제사회의 문을 두드려 왔고 그에 따라 유효한 전략이나 방안들도 충분히 고민되어 왔기 때문에, 새롭고 완전한 대책을 내놓는 것은 어렵다. 그러나 강제노동협약 위반의 문제는 협약 위반 여부에 대한 법리적 논점과 함께 협약 위반이 있다면 이를 어떻게 국제법적으로 문제제기하고 일본정부에 대한 압박수단으로 사용할 것인가의 문제가 매우 중요한 과제로 되어 있으므로, 그동안의 성과를 정확히 정리하고 한계와 타개 방안을 고민하는 것은 매우 중요하고 필요할 수 있다.

가. 현재성에 대한 부각

총회 기준적용위원회의 의제 채택이 실패하는 가장 큰 이유는 일본정부의 로비와 총회 노동자그룹에 영향을 미치는 렌고의 태도 때문이라고 할 수 있겠으나, 네덜란드, 미국, 영국의 노동자그룹이 우리를 지지하는 입장을 취하고 있다는 점, 국제인권법적인 명분이 피해자측에 있다는 점, 전문가위원회가 지속적인 관심을 보이고 있다는 점 등을 활용한다면 총회 안건 채택이 불가능한 일은 아닐 수 있다. 이를 위해서는 무엇보다 이 문제가 단순히 60년 전 과거의 흘러간 문제[77]가 아니라 현재까지 계속되고 있고, 자칫하면 문제도 해결되지 않은 상태에서 피해자들이 한 명씩 사라질 수도 있는 아주 시급한 문제라는 점 등 그 '현재성'을 부각하는 것이 가장 중요한 관건이 될 수 있을 것이다. 구

77 2003년 총회 기준적용위원회에서 사용자그룹이 "15페이지나 되는 긴 전문가위원회의 보고서에서 60여 년이나 지난 협약 위반에 대하여 지금 어떠한 조치가 취해져야 하는지에 대해서 거의 다루지 않은 것이 놀랍다, 전문가위원회가 매년 합의에 의하여 그러한 보고서를 제출하기는 하였지만, 전문가위원회 위원들도 그 평가에 대해서는 전례 없이 의견이 나뉘었음이 분명하다, 전문가위원회의 의견표명은 기준적용위원회에서의 논의에 유용한 기초를 전혀 제공하지 못하고 있으며, 따라서 사용자그룹은 이것이 이 건을 논의하는 마지막 회의가 될 것(General Report para. 12)"이라는 입장을 피력한 것 역시, 이 문제가 의미는 있지만 현재적 의제가 아니며 따라서 뚜렷한 해결방안도 없다는 것을 강조한 것으로 볼 수 있다.

체적인 것은 더 많은 고민이 필요하겠지만, i) ILO 전문가위원회가 많은 관심을 보이고 있는 민사소송 자료의 구성(피해자 개개인의 문제, 구체적 피해 내역이 나온 자료들), ii) 성적 착취를 위한 인신매매를 강제노동협약으로 규제하려는 최근 ILO의 관심과 연결시키는 노력, iii) 현재 ILO에 제기되고 기준적용위원회가 관심을 가져온 유사 사례들을 조사하여 위안부 문제 역시 같은 선상에 있다는 점을 강조하거나 같은 의미에서 국가에 의하여, 제도적으로 이루어진 성적 착취를 협약위반으로 구성하지 못할 때 장래의 사례들을 처리할 수 없다는 점을 부각하는 것 등을 생각해 볼 수 있을 것이다.

나. 전략적인 연대, 적시에의 집중

어떠한 문제가 총회 안건으로 채택되는지는 어차피 매우 복합적인 요소들이 작용하여 결정되기는 하지만, 적절한 시점의 집중과 전략적 연대는 유효한 전략이 될 수 있다. 일본정부의 정례보고서를 검토하는 해(2008년)가 매우 중요한 계기가 될 수 있고, 일본에서 다른 강제노동협약 위반문제가 제기되거나 다른 나라에서 유사한 강제노동문제가 제기되는 것을 모니터링하여 관련성을 부각시키는 방법도 가능할 것이며, 특히 강제노동 관점에서는 뗄래야 뗄 수 없는 강제징용의 문제(물론 둘 사이에 구분되는 독자성을 염두에 두면서)와 연관짓거나 다른 나라의 피해자 단체와 연대하여 협약 위반을 지적하는 것을 고려할 필요도 있다.

한편 2005년 기준적용위원회 회의 보고서를 제외하고는 한국정부가 이 문제를 언급하거나 새로운 해결 방안을 제시한 것이 드러나지 않고 있는데, ILO가 노사정 3자구조로 되어 있다는 점을 고려할 때 정부나 사용자들과의 전략적 연대 방안이 없는지도 아쉬운 부분이다.

다. 불분명한 법적 쟁점에 대한 검토 · 분석

언뜻 전문가위원회가 위안부 문제를 다루는 관점이 매우 분명한 것처럼 보이지만, 그 법적 쟁점이 그렇게 단순 명료한 것만은 아니다. 위에서 본 것처럼 2005년과 2007년의 전문가위원회 보고서가 "양자 · 다자 조약의 법적 효과를 다루는 것이 필수적인 것은 아니므로 그 법률적 문제를 최종적으로 언급하는 것은 할 수도 없고 하지도 않을 것이다"라고 한 것(사용자그룹은 이 표현을 기준적용위원회에서 인용하면서 전문가위원회의 의견이 명확하지 않다고 주장한다)의 의미나, 아시아여성기금에 대한 불분명한 태도 등 세부적인 논점에 대해서 논리적으로 분석할 필요가 있다. 이를 위해서는 ILO 전문가위원회의 논의 구조 · 절차에 대한 좀 더 밀착된 연구와 모니터링, 그리고 ILO 선례 등에 대한 심화된 분석과 적절한 인용이 보완되는 것이 바람직할 것이다. 또한 한 차례 시도되었다가 취하되었던 헌장 제24조의 진정 절차를 이용하는 것에 대해서도 다시 한 번 적극적으로 검토해 보는 것도 유의미할 수 있다.

제5장
2000년 일본군 성노예전범 여성국제법정

I. 들어가며

2000년 일본군 성노예전범 여성국제법정(The Women's International War Crimes Tribunal for the Trial of Japan's Military Sexual Slavery in 2000, 이하 '2000년법정')은 2000년 12월 유엔 등 국제기구와 상관없이 민간단체에 의하여 이루어진 민간법정(people's tribunal)으로서 오랜 시간 동안 해결되지 못하고 있던 군위안부 문제의 범죄성에 대하여 그 총체적 판단을 시도한 재판이다. 2000년법정은 2000년 12월 7일부터 6일간의 일정으로 가해 책임국인 일본의 수도 '도쿄'라는 상징적 의미의 장소를 선택해 개최되었으며, 한국과 일본을 포함한 10개국[1]의 여러 NGO들이 여러 차례의 준비모임 및 공청회를 거쳐 이루어낸 국제적 시민사회운동의 성과였다. 2000년법정은 일본정부에 대하여 배상책임을 추궁하는 민사재판과 군위안부에 대한 가해자 개개인의 책임을 판단한 형사재판으로 나누어 진행되었다..남북한 및 일본을 포함한 10개국의 공동기소와 각국의 개별기소에 대하여 피해자 및 전문가의 증언 그리고 가해 일본군인의 증언 등의 재판과정을 거쳐 1차 판결이 이루어졌으며 이후 2001년 네델란드 헤이그에서의 2차 판결을 통해 완결되게 되었다.

II. 2000년법정이 이루어진 배경

1. 전후 해결에서 배제된 일본군 위안부 문제 - 도쿄전범재판과 샌프란시스코 강화조약의 한계

2차 세계대전 종전 이후 반세기 동안 일본군 위안부 문제가 해결되지 않은 이유는 여러 가지가 있지만, 무엇보다도 종전 직후 전후문제 해결을 위해 마련된 샌프란시스코 강화조약과 도쿄전범재판이 일본의 전쟁책임을 제대로 묻

1 남한, 북한, 대만, 중국, 필리핀, 인도네시아, 네델란드, 말레이시아, 동티모르, 일본 등

지 못한 것이 가장 큰 이유였다. 1948년 태평양전쟁 전범을 재판하기 위하여 연합국 사령관 더글러스 맥아더의 명령으로 일본 도쿄에 극동국제군사재판소(International Military Tribunal for the Far East, IMTFE)가 설립되었다. 당시 60여 명 이상의 전쟁범죄 용의자로 지명된 사람 중 28명이 기소되었고 ,판결 이전에 병사한 사람 2명과 소추가 면제된 1명을 제외한 25명이 실형을 선고받았고 그 중 7명이 교수형에 처해졌다. 그러나 도쿄재판은 미국의 점령통치 의도와 일본 내 친미정권 수립을 위한 의도가 맞물려 다른 연합국들의 일왕(日王) 소추론을 묵살하고 일왕을 소추에서 배제시켰다. 이처럼 실질적인 전쟁책임자를 면책하여 전쟁책임의 실체적 규명이 제대로 이루어지지 못한 것은 일본 내의 '천황'제도를 존속시키고 이를 공고히 하는데 기여했지만 향후 전쟁의 진상규명의 노력에 장애가 될 수밖에 없었다.

이후 일본과 연합국은 1951년 9월 8일 미국 샌프란시스코에서 제2차 세계대전의 공식적인 종전선언을 위해 평화조약의 일환으로 샌프란시스코 강화조약(Treaty of Peace with Japan)을 맺게 된다. 그러나 이 조약은 전쟁 피해당사국들이 제외된 채 체결되었다. 가장 큰 전쟁 피해국인 한국과 중국은 당시 위 조약의 당사자가 되기 위하여 전방위적 노력을 시도하였으나 전쟁책임을 회피하기 위한 일본의 외교전략이 미 · 소의 냉전상황 및 이에 대한 미국의 이해관계적 판단과의 교합으로 그 참여가 좌절되었고,[2] 그 결과 전쟁의 실질적인 피해의 보상이 전혀 이루어지지 못했다. 피해 당사국인 대한민국 정부는 1965년 박정희 정권 당시 한일협약[3]을 체결한 이후 정부 차원의 전쟁손해배상요구나 책

2 한겨레신문의 2001. 12. 12.자 아사히 TV 인용 보도에 의하면, 1951년 4월 23일 요시다 시게루 당시 총리 겸 외상이 존 덜레스 미국 국무부 특별 고문과 비밀회담을 갖고 한국을 샌프란시스코 강화조약에 참여시키지 않기로 하는 내용의 각서를 체결했다고 한다. 당시 덜레스 고문은 한국이 샌프란시스코 조약에 참여해야 한다는 입장을 전달했으나, 요시다 총리는 '한국참여 불가론'을 담은 문서를 제시했다는 것이다. 요시다 총리는 문서에서 "한국은 일본과 전쟁 상태에 있지 않았기 때문에 연합국으로 인정할 수 없으며, 만일 한국이 조인국이 되면 재일 한국, 조선인들은 연합국 시민들과 동등하게 재산과 보상금의 권리를 주장할 것"이라고 함과 아울러, "재일 한국, 조선인들이 100만명에 달하며, 증명도 할 수 없는 과잉 보상청구를 일본이 받아들이게 된다면 혼란을 피할 수 없다."면서 "재일 한국, 조선인들의 대부분은 공산주의자들"이라고 덜레스를 설득하여 결국 조인국이 되지 못했다고 한다.

3 한일협약은 1965년 한국의 외무장관 이동원, 한일회담 수석대표 김동조와 일본 외무장관 시이나 에쓰사부로, 수

임추궁을 외면하였고,[4] 이 후 수십 년이 지나, 위안부에 대한 민간차원의 관심이 태동되고 시민사회의 운동적 역량이 뒷받침되는 1990년 초반에 이르러서야 일본군 위안부 문제는 수면 위로 떠올라 조명 받게 된다.

2. 2000년법정의 태동

일본군 위안부 문제는 전쟁종료 후 50여 년의 시간이 흐른 뒤인 1980년대 말에 이르러서야 비로소 사회운동영역에서 관심을 받게 되었다. 1990년 그간의 여성운동 및 민족운동의 축적된 경험들이 모여 한국정신대문제대책협의회(이하 '정대협')가 설립되었고 이를 통하여 일본군 위안부 문제의 운동적 역량을 결집할 수 있게 되었다. 그러는 가운데 일본 내에서 요시미 요시야키 교수에 의하여 군위안부 문제에 일본정부의 관여가 있었다는 점에 대한 근거 있는 문제제기[5]가 있었고 이후 국제적 차원의 연구와 교류를 통한 논의가 활발해지고 국제기구를 통한 조사보고 및 권고가 이루어지기도 하였다. 1996년 유엔인권위원회의 여성폭력특별보고관인 라디카 쿠마라스와미가 군위안부 문제에 대한 심도 있는 보고서를 작성 · 보고하였고, 1998년~2000년에는 게이 맥두걸 특별보고관이 '전시하 여성폭력에 대한 보고서'를 통하여 일본정부의 군위안

석대표 다카스키 신이치 사이에 조인된 '대한민국과 일본국 간의 기본관계에 관한 조약'의 총칭이다. 1951년 연합국 최고사령부 외교국장 시볼트의 중개로 이루어진 제1차 한일회담을 시작으로 하여 약국 간 입장 차이로 여러 차례 결렬을 반복하다가 박정희 정권 집권 4년 만에 체결된 것으로 무상 3억, 유상 2억, 상업차관 3억 달러의 청구권자금 지급으로 국가 간의 보상은 영구히 해결된 것으로 명시되었다. 강제동원 피해자 보상문제, 일본군 위안부 문제, 문화재반환 등 현대 과거사 문제로 거론되는 대부분 사안이 해결되지 못한 채로 조인되었으며 특히 한일합방조약을 무효화하지 못하여 일본으로 하여금 과거 식민통치를 정당화하는 빌미를 주었다는 비판을 받고 있다.

4 이는 독일이 스스로 10만 건 이상의 나치 전범행위를 조사하여 이 중 6,000건 이상에 대하여 유죄판결을 내렸던 것과 너무나 대조적이다.

5 일본 주오대학 요시미 요시야키 교수는 1938년 당시 육군성 부관 통첩으로 내려진 「군위안 종업부 등 모집에 관한 건」이라는 문서를 일본방위청 도서관에서 발굴하였다. 일본군부가 '위안부' 모집에 관여한 사실이 드러나 위안부 모집의 강제성을 인정할 수밖에 없는 근거가 되었다. 이 자료에 의하면 당시 파견군이 선정한 업자가 일본 내에서 유괴와 흡사한 방법으로 위안부를 모집하고 있음을 군부측이 알고 있었으나, 다만 그러한 일이 계속되면 일본군에 대한 국민의 신뢰가 떨어지므로 이같은 불상사를 막기 위해 각 파견군(북부 · 중부 중국파견군)이 징집업무를 통제하고 업자 선정에 신중하라고 지시하였다. 또 징집 때 업자와 지역의 경찰 · 헌병과의 연대를 긴밀히 하도록 명하였다. 요시미 요시야키 교수는 '2000년 법정' 당시 전문가 증언을 통해 이러한 사실을 밝혔다.

부에 대한 책임을 묻기도 하였다. 이후 ILO 기준적용전문가위원회에서 일본정부가 ILO 29호(강제노동금지조약)를 위반하였다는 판단 및 피해자에 대한 적절한 보상을 권고하기에 이르렀다.[6] 그러나 국내외의 계속된 노력과 일정 부분의 성과에도 불구하고 가해자 일본정부는 일관되게 그 책임을 부정하였고 피해배상도 전혀 이루어지지 않았다. 이 같은 상황의 지속으로 새로운 방법의 모색과 동력 결집의 필요성을 절감하고 있던 무렵, 국제형사재판소의 설립으로 전쟁시의 여성에 대한 폭력을 전쟁책임으로 처벌할 여건이 형성되고[7] 전시성폭력문제에 대하여 세계여성운동계의 관심이 모아져 시민사회 영역의 국제교류가 활발해지는 상황에서 그 연대의 형태로 2000년법정이 태동하게 된 것이다. 2000년법정은 이전 유엔 등의 국제기구를 통한 부분적 성과에도 불구하고 국가 간 기구라는 성격 탓에 법적인 면에서 총체적 검토와 해결이 어려웠다는 한계로 인해 '민간법정'이라는 모습으로 갖추어 준비하게 되었다.

III. 2000년법정의 모델이 된 민간법정

1. 민간법정

민간법정은 갈등의 당사자가 명확하게 구분되는, 지역 및 시민사회 다수의 관심과 이해가 결부되는 사안에서 분쟁 및 그 결과가 오랜 기간 동안 지속되는 경우 정부 등의 공적인 기구를 통한 판단과 결론 도출이 실질적으로 어려울 때 마련되며 그 법정을 통한 결론이 사회적 반향을 크게 불러일으킬 경우 시도되는 것으로, 사법기관 등의 공적 기관이 아니라 민간(시민)이 주도하여

6 정진성, 『일본군 성노예제 – 일본군 위안부 문제의 실상과 그 해결을 위한 운동』, 서울대학교출판부, 2004, 193쪽

7 1998년 유엔이 설립한 국제형사재판소(International Criminal Court)에서는 과거의 범죄에 대한 판단을 배제하고 있어 일본군 위안부 문제에 대한 위 재판소의 재판권이 부정되었으나 전쟁 상황에서 자행된 여성에 대한 성폭력을 전쟁 범죄로 처벌할 수 있는 근거를 마련한 결과 법리적 여건에 대한 기대가 실제 2000년법정의 태동에 기여한 것이다.

사안을 심리하고 판단하는 것을 말한다.[8] 이처럼 시민에 의하여 주도되는 것이나, 그 판단은 단순한 의견이나 의식조사 형식이 아니라 통용되는 법과 원칙에 의한 냉정한 사고를 전제로 하며 법정의 결론이 찬반 투표나 이벤트성 토론 프로그램에 그치지 않을 것을 요구한다.

민간법정의 최초 시도는 베트남 전쟁의 미국의 전쟁책임을 규명한 1967년의 러셀법정이었다. 이 러셀법정을 모태로 하여 2000년법정이 있었고 국내에서는 1997년 1월 노동관계법, 안기부법 날치기 통과에 대한 시민헌법 재판, 2002년 1월 조선일보의 반민족적 반민주적 행태에 대하여 심판한 조선일보 민간법정,[9] 2002년 5월 광주학살 당시의 미국의 책임을 규명한 5 · 18 광주학살 시민법정[10] 등에 이르기까지 여러 민간법정들이 있었다. 이들 민간법정은 공적 기관에 의한 사실규명과 책임판단이 전무하였거나 그 판단이 충분하지 않은 경우에 있어서 민간이 주도하여 진행한 절차이므로 최종 판단의 법적 구속력은 없지만, 실제 법정과 동일하게 객관적 증거를 통해 사실들을 드러내고 관련 당사자의 항변과 주장들을 충분한 근거와 합리적 판단으로 인용하거나 배척함으로써 그 최종 판단에 이성적 권위를 부여하여 이후의 사회적 관심과 반향을 선도하는 계기가 되었다.[11]

8 이러한 민간법정은 아직은 몇 번의 사례(case)에 불과하여 고유한 개념으로 정의하기에 충분하지 않고 따라서 현재 형성중인 개념이기는 하나, 그간 몇 차례의 사례 경험을 통하여 얻어진 공통의 원칙과 주요 특징을 토대로 현재까지 수렴되는 개념들을 조합하여 정의한 것이다.

9 '조선일보 민간법정'은 2002년 1월 30일 개최되었으며 이 법정에서는, '2000년 일본군성노예전범국제법정' 등의 민간법정을 참조하여 「조선일보민간법정 헌장」을 채택하고 헌장을 통하여 민간법정의 설립, 재판관할권을 천명하고 검사단(김인회, 김승교변호사 등), 판사단(재판장 고영구변호사)과 약사, 교사, 택시기사 등 여러 직업군으로 구성된 배심원단(30명 내외)을 구성하여 진행하였다. 특히 증인으로 방응모 조선일보 전 사장의 장남인 방재선씨가 참석하여 증언함과 동시에 부친의 반민족 반민주행위에 대한 사죄를 하여 눈길을 끌었다. 배심원단은 심리를 통해 거시된 증거 등을 참조하여 조선일보의 반민족적 반민주적 반통일적 행위에 대하여 유죄를 평결하였으며 이를 바탕으로 재판부는 조선일보에 대하여 '유죄로 인정된 사실의 보도기사를 적시하여 사죄할 것과 관련자에 대한 조치 및 재발방지를 위한 소유와 경영의 분리 편집권의 독립 등을 권고하였다.

10 2002년 5월 18일 광주에서 개최된 '5 · 18 광주학살 시민법정'은 5 · 18 민중학살 과정에서 미국의 개입 여부를 밝히고자 개최되었으며 검사단의 기소를 시작으로 변호사단의 변론절차를 진행하고 관련된 증거조사를 통해 드러난 사실을 기준으로 배심원단이 미국의 유죄를 평결하였다. 이를 바탕으로 재판부는 미국의 공개사과와 관련한 손해배상을 명하였다.

11 러셀법정의 경우 미국 국내 및 국제사회에서의 베트남 반전운동에 큰 영향을 미치게 되었으며 조선일보 법정 등 국내 시민법정도 각 사안에 대한 논리적 판단의 확신을 기반으로 시민사회적 반향을 통해 운동적 결집을 가속화하였다.

2. 러셀법정

2000년법정과 같은 운동으로서의 민간법정은 그 전례가 드물었는데 이에 큰 참조가 된 것이 바로 베트남전쟁에 대한 미국의 책임과 미군의 전쟁범죄를 고발하기 위해 1967년 소집된 러셀법정이었다. 러셀법정은 러셀(Bertrand Russell)과 사르트르(Jean Paul Sartre)와 같은 철학자들이 주축이 되어 '침묵의 범죄'(the crime of silence)를 막기 위하여 기록하고 발견된 진실에 대한 판단을 모든 이에게 말하기 위하여 만들어졌다. 러셀법정의 의장을 맡은 사르트르는 국가권력의 관여가 없는 이 법정의 정당성은 오로지 양심에 비춘 독자적인 활동 수행과 가해자인 미국의 시민을 포함한 그 구성의 보편성에서 찾을 수 있다고 하였으며 판사는 오직 이러한 범죄를 저지할 수 있는 세계시민이라고 열정적으로 호소함으로써 강제성이 수반되지 않는 민간법정의 의의를 밝혔다.[12] 2000년법정의 헌장은 전문에서 법정이 '판결의 실행을 강제할 실제의 권한'은 없지만 '도덕적 권위'를 가지며 국제실행위원회에 의해 채택되었음을 통해 위 러셀재판의 취지를 이은 민간법정의 의의를 밝히고 있다. 아울러 2000년법정은 기소의 주체로 각국의 검사단과 아시아 · 태평양 지역의 인민들(peoples)을 포함하고 있으며 그러면서도 철저하게 관련법과 국제법상 원칙에 의거하여 판단하는 구조를 갖춤으로써 러셀법정이 정한 민간법정의 원칙을 충분히 견지하였다.

IV. 국제법정 주요 준비 일정, 조직 및 재판 일정

1. 2000년법정의 태동 및 준비과정

1998년 4월 유엔인권위원회에 참석한 여성단체 모임에서 일본 바우넷

12 정진성, 앞의 책, 192쪽

(VAWW-NET)[13] 재팬의 마츠이 야요리 대표가 개최를 제안하고, 서울에서 개최된 제5차 아시아연대회의에서 2000년법정을 개최하기로 공식 결정했다. 그로부터 2년간 준비과정을 통해 2000년 12월 7~12일 도쿄에서 2000년법정이 열렸고, 2001년 12월 3~4일 네덜란드에서 최종판결이 이루어졌다. 2000년법정이 있기까지 일본군 위안부 문제와 관련된 각 국가의 NGO 전문가 및 활동가[14]들은 각각 준비위원회를 결성하였고, 한국도 정대협을 중심으로 1998년 한국위원회가 결성되었다. 이후 1999년 2월 서울에서 '국제실행위원회'가 창립되었고, 8차에 걸친 국제회의 및 법정 준비를 통해 2000년법정을 추진하게 된다.

2. 2000년법정의 조직 및 일정

가. 2000년법정의 조직

법정을 위한 국제실행위원회의 조직은 크게 피해국 조직, 가해국 및 국제자문위원회로 이루어졌으며 국제실행위원회는 서울, 도쿄, 상하이, 마닐라, 대만 등에서 수차례 회의를 갖고 각국 검사단을 조직하였고 3차에 거쳐 국제 검사단회의를 열었다. 한편 국제자문위원회는 남북미, 유럽, 아프리카 등 세계 각 지역의 전문가들로 구성되어 각국의 축적된 전문지식을 활용함과 동시에 전 세계적 관심과 참여를 도모하였다.[15] 판사단으로는 전 유고 전범 재판장인 가브리엘 커크 맥도널드(Gabrille Kirk McDonald, 미국), 런던대학교 법과대학 교수인 크리스틴 친킨(Christin Chinkin, 영국) 등 4인의 국제법 전문가로 구성하였다.

13 VAWW-NET은 1997년 11월 도쿄에서 열린 '전쟁과 여성에 대한 폭력' 국제회의에서 결성한 국제적인 여성 네트워크로서 'Violence Against Women in War-Network'의 줄임말이다.

14 한국, 북한, 중국, 대만, 필리핀, 인도네시아, 네델란드, 동티모르, 일본 등의 나라가 준비위원회를 결성하여 국제실행위원회를 꾸렸다.

15 정진성, 앞의 책, 201쪽 ; 2000년 일본군성노예전범 여성국제법정 한국위원회, 『2000년 일본군 성노예전범 여성국제법정 보고서』, 한국정신대문제대책협의회, 2001, 8~23 쪽

나. 2000년법정의 헌장

2000년법정은 헌장을 통하여 법정은 전쟁범죄, 인도에 반하는 죄, 그 외 국제법이 정한 범죄로서 여성을 상대로 행해진 범죄에 대해 관할권을 가지며, 법정의 관할권은 제2차 세계대전 이전과 대전 중에 일본에 의해 식민지가 되거나 지배를 받거나 혹은 군사점령을 당했던 모든 나라와 지역, 또한 비슷한 피해를 당한 다른 모든 나라에 해당한다고 밝혔다. 법정이 재판하는 범죄는 성폭력, 노예화, 고문, 강제이주, 박해, 살인, 대량학살 등이나 이에 한정하지 않았다. 또한 범죄행위에 대한 개인의 국제형사책임과 더불어 이러한 행위가 '그 국가의 군대, 정부의 관리 및 공적 자격으로 행동하는 자에 의해 행해진 경우' 일본의 국가책임도 포함하는 것으로 하였다.[16] 범죄의 유형과 관련하여 일본군 성노예제(Japanese military sexual slavery)라는 표현을 썼는데, 이는 여성에 대한 강제동원이 있었던 한국과 대만의 경우와 달리, 다른 아시아 · 태평양 지역의 경우 군사점령 중 전시 강간과 성폭력이라는 형태로 자행되었으므로, 이를 법정의 관할 대상으로 하고자 한 것이다.

여기에서 한 걸음 더 나아가 헌장은 진실 은폐와 왜곡에 관한 국가책임을 강조하고, 특히 불처벌, 피해자에게 배상하지 않을 경우, 차별, 재발방지를 하지 않을 경우에 대한 책임을 규정하고 '인간의 고결함, 복리 그리고 존엄을 지키기 위한 조치를 하지 못한 경우'에 대한 책임을 규정하고 있다. 헌장은 비록 국제인권법 위반에 대한 국가책임이라는 명시적 표현으로 국제인권법의 적용을 범주화하고 있지는 않지만, 이렇게 그동안 운동과정에서 당면한 문제들을 구체적인 행위규범으로 나열하고 있는 것은 2000년법정이 국제형사법의 적용을 주로 문제삼는 통상적인 전범재판을 뛰어넘어 인권 차원에서 문제를 다루고 있음을 보여주는 것이어서 높이 평가된다.

16 동 법정 헌장 제4조 참조

다. 2000년법정의 일정 및 내용

2000년법정은 2000년 12월 7일 도쿄에서 개최되어 다음날인 8일 본 법정 판사단[17] 앞에서 검사단의 기소요지가 발표되고[18] 남북의 공동기소를 시작으로 각국의 기소가 10일까지 사흘 동안 시종일관 숙연하게 이루어졌다.[19] 기소는 검사단의 기소장 낭독, 문서 등 증거의 제출, 피해자 및 가해자 증언의 청취 순서로 이어졌다. 법정의 공식 언어가 초기에 영어로 결정되었다가 가해국과 피해국이 모두 아시아 나라인 점을 고려하여 영어 이외에 일본어, 한국어, 중국어를 공식언어로 지정하고 동시통역을 하기로 하였다. 각국의 기소 중간에 전문가증언도 청취되었는데 일본의 요시미 교수, 맥두걸 전 유엔특별보고관, 국제인도법의 대가인 칼스호벤(Fritz Kalshoven) 교수 등이 참석하였다. 기소 당사국인 일본은 여러 경로를 통해 참석을 요구하였지만 결국 불참하였다.[20]

V. 검사단의 기소

법정에서는 전쟁범죄의 전반에 대한 총괄적 책임을 묻는 하나의 공동기소와 법정준비과정에 결합한 7개국의 각 피해를 기초로 한 7개의 개별기소로 이루어졌다. 공동기소의 경우 피고인 개인에 대한 형사소추를 함과 동시에 일본

17 이는 구 유고슬라비아 국제형사재판소 판사였던 미국의 맥도널드를 의장으로 아르헨티나의 판사이자 국제여성법률가협회 회장인 아지베이(Carmen Argibay), 영국의 여성국제법학자 친킨과 케냐 인권위원회 위원장 무퉁가(Willy Mutunga)로 구성되었다. 유엔 특별보고관을 역임한 태국의 문타본(Vittit Muntarborn)이나 유엔자유권위원회 위원인 바그와티(P.N. Bhagwati)는 개정 직전인 10월 헤이그에서 있었던 판사단 회의에는 참석했으나 도쿄에는 오지 못했다.

18 The Women's International War Crimes Tribunal 2000 for the Trial of Japan's Military Sexual Slavery, Common Indictment – Amended, the Prosecutors v. Emperor Hirohito et al., 4 December 2001(이하 '공동기소장'). 국제검사단은 일본군 위안부에 대한 국제법의 권위자인 호주의 돌고폴(T. Dolgopol) 교수와 구 유고슬라비아 국제형사재판소의 셀러스(Patricia Sellers) 법률고문으로 구성되었다.

19 하종문, 「2000년 일본군성노예전범 여성국제법정」, 『신학사상』 제112호, 한국신학연구원, 2001, 33쪽 이하

20 판사단은 2001년 12월 4일 네덜란드 헤이그에서 판결문 요지를 구두로 전하면서 "이 법정은 일본 수상에게 2000년 11월 9일에서 2000년 11월 28일까지 재판 절차를 알리고, 일본국 대표에게 이 재판에 참석하도록 요청하였다. 판사단은 이 초청에 일본정부가 응하지 않은 것에 대하여 유감스럽게 생각한다."라고 일본정부에 대한 재판 출석 통고 경위를 밝혔다 – 한국정신대문제대책협의회(책임연구 : 신혜수), 『2000년 일본군 성노예전범 여성 국제법정 자료집』, 여성가족부, 2004, 280쪽

의 국가책임을 함께 물었다. 기소된 개인 피고인은, 1937년부터 1945년까지 메이지 헌법에 의해 제정된 조항에 근거해 일본의 국가수뇌(Head of State)[21]로서 일본군과 해군의 최고 사령관,[22] 일본의 원정군 그리고 중국과 인도네시아, 필리핀, 말레이시아, 버마를 침범하고 점령한 일본 지역군을 포함한 일본군의 최종적 명령권을 행사한 히로히토 일왕과 당시 수상이었던 도조 히데키 및 각 군사령관, 중국 원정관, 조선 총독부 사령관 등의 지휘책임자들이었다.

검사단은 위안소 시스템과 관련하여 일본의 정치적 지배를 동아시아와 동남아시아에 확장시키는 것을 목표로 하는 일본에게 성노예 시설 또는 위안소의 설립은 군사 전략상 필수적인 것이었고 군대와 정부에서 승인한 것이었으며 1937년 이후 일본의 군사적 행동이 증대되면서 비 일본 여성에 대한 강제적이고 기만적인 모집 또한 증가되었다는 것과 전시내각은 군성노예 조직을 제도화했다는 사실을 적극적으로 밝혀내어 기소하였다. 개인에 대한 소추, 특히 히로히토 일왕에 대해서는 일본 지역군들을 포함한 원정 일본군을 총괄적으로 지휘하고 식민화된 국가들의 전 주민들을 통치한 것과 관련한 최고의 군사적 정치적 책임자로서 그 개인적 행위에 대한 책임이 있음과 동시에 그 권위로부터 위임받은 일본군, 일본 내각, 한국과 대만의 총독 그리고 군과 정치적 부하들 및 그들을 대신해 권한을 부여받아 행위한 민간인들에 대해서도 형법상 책임이 있다고 밝혀 기소하였다.[23]

국가책임에 있어서는 한 나라의 정부는 국제법에 의해 그 나라 모든 국가기관의 잘못된 행위에 대해 책임이 있으며 더 나아가 일본군 위안부의 징집과 위안소의 관리에 연루된 민간 운영자들의 만행은 사실상 정부를 대표한 행동으로 이 또한 일본에 책임이 있다고 하였다. 일본의 일본군 위안부 문제와 관련된 법적 책임의 이유는 노예제도와 노예매매에 관한 국제법 위반이며

21 일본 헌법 제1조 및 제4조 참조

22 일본 헌법 제11조 및 제12조 참조.

23 한국정신대대책문제협의회(책임연구 : 신혜수), 앞의 자료집, 3~217쪽

일본의 일본군 위안부가 시작되고 관리되었을 당시 이미 관습적이고 인습적으로 적용 가능한 국제법이 존재하고 있었기 때문에 일본이 내세우는 국제법의 2차 세계대전 이후의 변화에도 불구하고 소급효력은 의심의 여지가 없다고 밝혔다.

VI. 일본정부의 입장

일본이 본 법정에 참여하여 책임에 대한 항변을 하지 않은 것은 위에서 살핀 바와 같다. 그러나 과거 유엔인권위원회 등에서 주장해 왔던 일본정부의 입장은 다음과 같다.

① 최근 국제법의 발전으로 인한 새로운 규율들은 그 당시 범죄에 소급 적용되지 않을 수 있다.

② 노예제도에 따른 범죄라는 것이 정확히 위안소를 통해 설립된 체계를 말하지는 않을 뿐더러 2차 세계대전 당시 적용되었던 국제법 하의 관습규범으로 노예제 금지가 있었던 것도 아니다.

③ 전쟁 후의 보상에 관한 헤이그 협약[24] 제3조는 국가 대 국가의 보상으로 규율하고 있는 것이며 직접적이고 개인적인 보상청구권을 부여하고 있지 않다.

④ 전쟁법률들은 전쟁 상대 국가의 국민들에 대한 일본군의 행위들에만 적용되는 것인바 2차 세계대전 당시 한국은 일본에 종속되어 있었기 때문에 그 당시의 일본과 한국에는 적용되지 아니한다.

⑤ 일본군 위안부와 관련된 민간범죄에 대한 청구권은 시효 소멸되었다.

⑥ 더욱이 전후보상문제는 샌프란시스코 강화조약과 다른 배상금 협약들 또는 평

24 헤이그 협약은 단일협약이 아니라 네델란드 헤이그에서 열린 몇 차례의 국제회의에서 승인된 협약들을 총괄하는 명칭이다. 아동입양, 전시문화재 보호, 전쟁법 등 국제문제의 처리절차를 규정한다. 마이클 크레이쉬, 손정인 옮김, 『존.F.케리』, 지식의 날개 , 2008, 192쪽

화조약들에서 이미 마무리되었다. 특히 한국의 일본군 위안부 문제에 대해서 한국정부는 1965년 한일협약의 결론에 따라 한국 국민 개인의 보상금 요구는 완전히 그리고 전적으로 포기하였기에 일본은 더 이상의 요구를 인정할 수 없다.

결론적으로 일본정부는 더 이상 배상금지급 의무 등의 법적 책임은 없으며 사과할 이유도 없다고 주장한다. 이와 같은 입장에서 일본정부는 일본과 세계 여성의 권리 보호를 위한다는 명목으로 재단법인 '여성을 위한 아시아 평화기금'(The Asian Women's Fund)을 통해 정부 차원이 아닌 민간 차원에서 일본 국민들이 모은 보상금을 피해자들에게 전달해 일본군 위안부 문제를 해결하고자 하였다. 그러나 한국 내의 대다수의 일본군 위안부 피해자들은 일본정부의 공식적인 사과와 책임이행을 요구하며 이를 거부한 바 있다.

VII. 판결[25] 내용

1. 성노예제도의 조직화에 대한 판단

재판부는 성노예제도의 조직화에 대하여 구체적인 판단을 하였다. 위안소 설치는 일본의 군사적 배치 및 이동과 일치하였고 최초의 설치 역시 상해 위안소로 일본 군대의 중국진출과 맞물려 시작되었으며 1937년 난징 침략에서 대량집단 강간이 일어난 이후 이에 대한 일본정부의 대응책으로서 행해졌다. 법정에 제시된 증거에 의하면, 위안소(comfort stations)는 첫째 성적으로 이전되는 질병으로부터 일본 군대를 예방할 목표로, 둘째 점령지역를 통제하는 군대로서 민간여성에 대하여 일본군에 의하여 저질러진 대량의 무차별적인 강간에 의하여 야기된 반(反) 일본인 감정에 대처하기 위하여 설치되었고, 셋째

25 2000년 12월 도쿄에서 이루어진 판결은 요약판결의 형태이며 최종판결은 2001년 12월 4일 네델란드 헤이그에서 이루어졌다.

군인을 위안하고, 군인들이 참아야 하는 황량하고, 거칠며, 자의적인 훈련과 조건으로부터 야기되는 우울한 감정, 긴장과 욕구 불만의 탈출구로서 제공된 것이었으며, 넷째 군인들이 현지 매춘지역을 찾는 경우 일어날 수 있는 군대 기밀의 탐지와 유보 가능성을 보호하고 예방하기 위한 것이었다.

일본 군대는 '자체 위안소를 만들고 정기적으로 감독하며 이들을 감시하는 것이 군대기밀을 유지하는 좋은 정책'이라고 믿었다. 그 결과 일본 군대가 있는 모든 곳에서 일본군에게 성적 위안을 제공하는 것을 여성들에게 강요하기 위해서, 그 밖의 다양한 성노예제 시설과 복잡한 인신매매 네트워크를 마련했다. 판사단은 이러한 시설을 위해 여성을 징집하고 확보하는 것이 전략의 불가결한 일부로서 점령지역에서의 시설 밖에서의 강간을 감소시키고 이로써 지역주민의 항일운동을 억제하고 일본의 국제적 악평을 회피하고 또한 일본 군인들을 성병으로부터 지키기 위해서였음이 명백하다고 판단하였다.

2. 개인의 형사책임

재판부는 일왕 히로히토를 비롯한 피고인들에 대하여 예외없이 개인적 형사책임으로서 유죄를 선고하였다. 이와 같이 피고인들이 개인별로 형사책임을 지려면 ① 피고인은 범죄를 명하고 계획하고 저지르며 선동하고 조력하며 혹은 교사했어야 하고 ② 범죄에 대하여 알고 있었어야 하며 ③ 지휘관이나 상관의 책임이 되려면, 피고인이 부하가 범죄행위에 연루될 수 있다는 것을 알았거나 알 수 있었어야 하고, 그 지휘자로서의 상관인 자신이 범죄를 예방하거나 진압하고 가해자를 처벌하는 등의 필요하고 합리적인 조치를 취하지 못했음을 입증하여야 했다.

일본군 위안부 문제의 경우 그와 같은 범죄를 예방 · 진압하거나 가해자를 처벌하는 조치를 하지 못하였음은 명백한 상황에서 재판부는 각 개별 피고인이 부하에 의해 저질러진 범죄를 예방할 의무를 가졌는지 여부를 중심으로 판단하였고 결국 여러 증거들을 통하여 이를 인정한 것이다.

3. 일본의 국가책임(민사책임)

재판부는 일본정부에 대하여 일본군 성노예제도와 이로 인하여 계속되는 의무위반으로 인한 손해에 대해 책임(일본의 국가책임-민사책임)이 있다고 판결하였다. 재판부는 ① 국가는 국가에 귀속되는 합법적인 이익에 관한 국제적 불법행위에 대해 책임이 있으며 ② 국가는 자신의 행위에 의하든 그 기관의 행위를 통해서든, 국제법상의 의무를 위반하고 이로 인하여 국제적 불법행위를 저지르는 경우 불법행위에 대하여 책임을 지며 ③ 국제의무 위반으로 인하여 적절한 형태로서 보상의무를 지는 것이 국제법의 기본원칙이라고 밝혔다. 이에 따라 재판부는 ① 조약과 관습법에 대한 일본의 일차적 위반을 확인하고 ② 법정이 개인이자 일본정부의 기관 책임자인 피고인들을 유죄로 선고한 이유인 강간과 성노예의 국제적 불법행위와 계속되는 의무위반에 대하여 피고인들 각자가 책임이 있으므로, 이들 불법행위는 국가에 귀속되어야 한다고 판시하였다.

아울러 전쟁이 끝난 후 일본정부(특히 일본 각료)가 전쟁범죄와 인도에 반하는 범죄에 대하여, '천황'의 책임을 면하고 관련 공무원의 책임을 회피하기 위하여 관련 문서들을 은폐하거나 소각함으로써 증거를 없애도록 명했음이 분명하다고 밝히면서 이러한 군대 성노예제도와 관련한 문서를 포함한 문서의 파괴는, 그 자체가 일본이 자신의 행위의 불법성을 인정하는 것이고, 진실을 조사하고 공개하며 범법자에게 정의를 진행해야 할 국가책임의 계속적인 위반을 구성하는 것이라고 하였다. 또한 재판부는 일본의 충분하고 진정한 사과의 부재를 말하면서 1992년 이후 일본정부는 위안부 여성에게 유감 성명을 냈지만 사과는 내용적으로나 절차적으로 볼 때 불충분하다고 본다고 밝혔다. 결론적으로 재판부는 일본정부에 대하여 그 책임의 인정과 진지한 사과 및 가

해자 처벌 등에 대한 권고사항[26]을 마련하였다.[27]

VIII. 2000년법정의 기소 및 판결문의 주요 쟁점별 검토

1. 식민지 상황, 제국주의에 대한 법적 판단

1910년부터 2차대전 종전까지 이루어졌던 일본의 한국 지배에 대한 법적 성격이 무엇이냐에 대해 일본정부는 종래 합법적인 식민지 지배임을 주장해왔다. 예를 들면 1965년 체결된 한일기본관계조약 제2조는 "1910년 8월 22일 및 그 이전에 대한제국과 일본제국 간에 체결된 모든 조약 및 협정이 이미 무효임을 확인한다"고 규정하고 있지만, 일본은 이 조항은 조약체결로서 무효화된 것을 의미하는 것일 뿐, 일본 제국주의의 지배가 처음부터 무효임을 인정한 것은 아니라고 한다.[28] 종래 일본군 위안부와 관련하여 일본의 법적 책임을 긍정하는 여러 보고서 등의 경우 전쟁법이 적용된다는 결론을 취하고 있는 경

26 일본정부에 대한 권고사항을 정리하면 다음과 같다. ① 위안제도(comfort system)의 설립에 대한 일본정부의 책임과 이 제도가 국제법 위반임을 충분히 인정한다. ② 충분하고 솔직한 사과를 하고, 법적 책임을 지며, 앞으로 이러한 제도를 되풀이하지 않을 것을 보장한다. ③ 정부에 의한 침해의 결과로서 침해를 구제할 수 있는 적절한 금액으로 희생자, 생존자와 회복 받을 권한이 있는 자에게 보상하고 앞으로 발생할지 모르는 이러한 일을 방지한다. ④ 일반인이 이용할 수 있고 역사적으로 자료를 보존할 수 있도록 군대 성노예제도에 대한 철저한 조사를 위한 장치를 마련한다. ⑤ 생존자들과 협의하여 전쟁, 과도기와 점령이 있는 동안 저질러진 성에 근거한 죄의 역사적 기록을 창출하는, 진실 및 화해 위원회(Truth and Reconciliation Commission)의 설치를 고려한다. ⑥ 다시는 이런 일이 없기를 바라는 기억과 약속의 일환으로 기념관, 박물관과 도서관의 설립을 통하여 희생자와 생존자를 인정하고 명예를 회복시킨다. ⑦ 인권침해와 고통을 받은 해악에 대하여 사람들에게, 특히 젊은 세대와 후속 세대를 교육하기 위하여, 공식적·비공식적인 교육 주도를 지원하고, 모든 차원의 교과서에 이 문제에 대한 의미 있는 내용을 포함시키고, 학자와 연구자를 지원한다. ⑧ 군대 성노예제도와 성 불평등과 관련한 교육, 남녀평등실현의 전제조건과 모든 사람의 평등성(equality)을 지지한다. ⑨ 본국으로 돌아가기를 원하는 생존자는 송환한다. ⑩ 위안소와 관련하여 소유하고 있는 모든 문서나 자료를 공개한다. ⑪ 위안소의 설치와 징집에 관련된 기본적인 가해자를 확인하고 처벌한다. ⑫ 가족구성원 혹은 지인의 요청에 따라 사망자의 유해를 안치하고 송환한다.

27 나아가 법정은 연합국에 대하여서도 권고사항을 판시하여 종전 후 이루어진 전범재판 등의 불충분함에 대한 국제사회의 책임을 밝혔다. 연합국에 대한 권고사항을 정리하면 다음과 같다. ① 위안부 제도의 설치와 운영과 이 문제가 극동국제군사재판소에 기소되지 않은 이유에 관한 모든 군사 및 정부기록을 즉시 기밀문서에서 해제한다. ② 극동국제군사재판소에 히로히토 '천황'을 기소하지 못한 것에 대한 모든 군사 및 정부기록을 즉시 기밀문서에서 해제한다. ③ 전후 전범법정과 그 후 55년 간 위안소에서 저질러진 범죄를 조사하고 기소하지 못한 실책을 인정한다.

28 김명기, 『정신대와 국제법』, 법지사, 1993, 34~68쪽

우[29]조차도 일본 지배의 불법성 문제는 직접적으로 다루고 있지 않아 그 판단의 논리적 구조에 공백이 있었다.

2000년법정의 국제 검사단은 공동기소장에서 히로히토 등이 인도에 반하는 범죄에 해당하는 성노예제와 강간에 대하여 책임을 지고 일본정부는 국제법 위반에 따른 국가책임을 진다고 주장하였다. 국제 검사단은 과거 한국에 대한 일본의 지배사실을 언급하였지만 이에 대한 법적 판단은 하지 않았다.[30] 이들은 피해자의 '국적'을 묻지 않고 피고인들을 조선을 포함한 아시아 · 태평양 지역에서의 위안소 범죄로 기소하였다.[31] 판사단은 "1904년에서 1905년까지 진행된 러일전쟁의 결과 일본은 한국을 1905년에 비공식적으로, 1910년에는 한일합방조약에 의해 공식적으로 합병하였다"고 언급하였는데[32] 한국인 '위안부'에 대한 행위를 '인도에 반하는 죄'로 단죄할 수 있는가에 대해서는 '인도에 반하는 죄'라는 개념의 그 기본원칙을 그 민간인이 자국민인가 아니면 그야말로 식민지 주민인지를 묻지 않고 모든 사람에 대한 해악으로 확대하였다. 이러한 책임의 원칙은 따라서 교전국이 자국민에 대하여 행한 '인도에 반하는 죄'에도 적용된다.

그러므로 일본은 "국제법 위반 행위가 식민지인과 자국민 중 어느 쪽에 대하여 행해졌는가에 상관없이 그 책임을 면할 수 없다"고 하여 전쟁법에 따른 책임은 인정하되 식민지에 대한 판단은 유보하였다.[33] 즉, 인도에 반하는 죄를 묻기 위해서는 피해자의 국적은 문제되지 않음을 확인하면서 영토점유의 적법성 여부를 불문하는 종래의 일부 의견을 따르고 있는 것이다. 이는 한일 양국 간에 이 문제에 대한 의견이 합치하지 않는 사정에서 이 문제에 대한 견해를 밝히는 것은 적절하지 않다고 판단한 것으로 보이며, 한편으로는 2000년법

29 예를 들면 유엔인권위원회에서 특별 보고관으로 임명되어 일본군 위안부 문제를 조사했던 라디카 쿠마라스와미 보고서의 경우가 이에 해당한다. 유엔 Doc. E/CN.4/1996/53/Add.l 참조

30 한국정신대문제대책협의회(책임연구 : 신혜수), 앞의 자료집, 5쪽

31 김명기, 앞의 책, 19쪽, 39쪽

32 제2차 헤이그 판결문 요약문

33 위 판결문 요약문

정의 목적이 전시 성노예와 강간에 대한 책임규명을 그 주된 판단 대상으로 한다는 전략적 이유가 작용한 것으로 보이지만, 한일 간의 과거사에 대한 법적 평가에 있어서 아쉬운 점이 남는 부분이다.

2. 히로히토 일왕에 대한 기소 및 처벌

2000년법정은 각국의 기소장에 개인 피고인들을 거론하는 것과 별도로 사자(死者)인 히로히토 전 일왕을 기소하였다. 이에 대하여 일본측의 변호인 이마무라 츠쿠오는 히로히토는 이미 죽은 자이며 과거 일본법상 어떤 법에 의한 법적 책임을 물을 수 없는 존엄한 존재라는 점에 대한 고려를 요청하였다.[34] 그러나 판사단은 이를 배척하고 적극적인 판단을 하여 유죄로 인정하였다. 현실의 국제법 하에서는 불가능한 일이지만, 히로히토 일왕의 전쟁책임에 대한 판단은 일본군 위안부 문제에 있어 가장 중요하고 본질적인 부분이었다. 따라서 2000년법정에서는 다른 피고인들에 대한 유죄판결이나 일본의 국가책임을 판단함에 있어서도 히로히토 일왕의 책임문제를 진지하게 고려하였으며, 법적 강제성은 없으나 '실체적 판단 그 자체'에 의미가 있는 민간법정의 특수성에 기인하여 판단한 것이다. 일왕 개인에 대한 책임을 인정함에 있어서는 본 법정 검사단의 기소내용과 동일하게 국가 최고의 통치권자로서 본국 및 점령국을 모두 통치하고 일본군 최고통수권자이자 명령책임자로서 그 관여의 직접성을 부인할 수 없다는 점을 고려하여 판단하였다.

34 2000년법정 국제실행위원회의 요청에 응하여 일본변호사연합회에서 이마무라 츠쿠오 변호사가 피고측 변호인으로 변론하였다. 그가 한 변론의 요지는 다음과 같다. "1941년 12월 8일, 아시아지역에 전쟁이 시작되었다. 일본군의 점령 아래에 많은 아시아 국가들이 고통 받았다. 특히 여성들이 성노예가 되었다. 이것은 인도주의에 반하는 행동이었다. 이 법정에서 공정하게 판결을 내려달라." 나아가 이마무라 변호사는 인권문제에 대해 다음과 같은 네 가지 요인을 제시하였다. "① 사기에 의해 희생자가 끌려감 : 기소당한 가해자들이 모두 사망했다. 그래도 죄목은 남아있다. ② 사령관직에서 저지른 범죄 : 일본헌법을 통해 제도적인 것을 마련해야 한다. ③ 국가 책임과 개인의 책임 : 개인에 대해 각각 다른 판결이 나온다면 법적으로 분석하고 확정하기 어려울 것이다. ④ 전 일본국왕 기소에 대해 : 전 일본국왕은 이미 죽었고 과거 일본법은 어떠한 법적 책임을 물을 수 없는 존엄한 인물이다. 신중한 검토를 바란다." 한국정신대문제대책협의회(책임연구 : 신혜수), 앞의 자료집, 316쪽 참조

3. 국가수뇌의 면제(Head of State Immunity) 문제

상술한 바와 같이 본 법정의 변호인단은 일왕은 당시 일본법에 의하여 절대적인 권력자로 어떠한 법적 책임도 물을 수 없었던 대상이라는 상황에 대한 고려를 요청하였다. 종래 일본도 국제법적 책임에서 한 국가의 존립의 상징성에 대한 존중이라는 측면을 강조해 왔는데, 이에 따라 국가수뇌는 통치적 행위로 행한 책임에서 면제가 주어져야 한다는 '국가수뇌 면제이론'을 주장하여 왔다. 그러나 2차 세계대전 이후 마련된 '런던협정'[35]은 그 헌장을 통하여 '반평화범죄', '반인도범죄', '전쟁범죄'에서 국가원수 혹은 정부관리라는 피고인의 지위가 책임을 면제하거나 처벌을 경감시키지 못하고, 정부의 명령을 받아 행동하였다 해도 피고인의 책임이 면제되지는 않는다고 규정하였다. 이에 의하여 뉘른베르크 전범재판 및 도쿄 전범재판의 각 재판소헌장에서도 국가수뇌의 책임 면제는 부인되었다. 본 법정의 판사단 역시 '인도에 반하는 범죄'는 국가수뇌나 여타 공무원의 합법적인 권한의 개념을 넘는 것으로 면책이론이 보호하는 합법적인 공식임무의 일부를 구성하는 것이 아니라고 보아 그 처벌면제 주장을 배척하였다.

4. 소급입법 (Statute of Limitations) 문제

소급입법을 통한 처벌금지는 형사법의 대원칙인 죄형법정주의상 당연한 원칙이다. 그러나 개인에 의한 범죄와는 달리 전 국가단위의 조직적이고 체계적인 반인도 전쟁범죄행위에 대해서는 위 원칙을 수정할 필요가 있었다. 과거 독일의 나치전범 처벌에 있어 소급처벌을 한 입법례가 있으며, 반인도적 범죄에 대한 공소시효 불인정을 규정한 '국제형사재판소에 관한 로마규정'[36]이 이

35 1954년 10월 3일 런던에서 미국을 비롯한 9개국이 서독의 주권 부여와 재군비 및 신유럽 방위기구의 가입을 조인한 협정으로 정식명칭은 9개국협정이다. 이 협정에 의하여 서독은 브뤼셀 조약과 나토(NATO)에 가입하여 서유럽 방위에 참가하게 되었다.

36 제29조 : 재판소의 관할 범죄에 대해서는 어떠한 시효도 적용되지 아니한다. 한국은 2003년, 일본은 2007년

러한 취지에서 실행되었다. 우리나라의 '5 · 18 민주화운동 등에 관한 특별법'의 경우 이 법 제2조를 통하여 1979년 12월 12일과 1980년 5월 18일을 전후해 발생한 헌정질서 파괴범죄 행위자에 대해 공소시효와 무관하게 소급적으로 처벌할 수 있다고 규정함으로써 소급처벌을 명시하고 있다. 이에 대한 위헌심판에서 헌법재판소는 실질적 정의와 법적 안정성의 비교형량을 통해 합헌이라 판시한바 있다.[37] 소급입법을 통한 처벌금지원칙은 어떠한 경우에도 예외를 허용할 수 없는 법원칙이 아니라 법정 안정성을 희생하여서라도 보호되어야 할 중요한 이익이 존재한다면 엄격한 해석 하에 이를 인정할 필요성이 있기 때문이다. 일본은 종래 유엔인권위원회 등에서 2차 세계대전 중의 일본군의 행동에 관한 모든 사법적인 결정은 현재의 판단일 뿐이라고 주장하면서 이를 소급적용해서는 안 된다는 논리를 펴왔다. 그러나 판사단은 소급법의 예외에 관해 확립된 국제법 원칙에 따라 이 사안의 경우 인도에 반하는 범죄에 대해서는 소급처벌금지의 적용이 없다고 판단하였다.

IX. 2000년법정의 의의 및 한계

2000년법정은 일본에 대한 단순한 비판이나 고발을 넘어서서 일본의 범죄성에 대하여 체계적인 국제법적 판단을 시도한 최초의 재판으로서 민사적 판단 외에 증거에 의한 사실규명과 형사책임을 묻는 형사재판이었다는 점에서 그 의의가 크다. 2000년법정에서는 피해자들의 적극적 증언으로 인하여 피해의 전체적인 윤곽은 물론 구체적인 피해사실들에 대한 정리가 가능하게 되었다. 각국별 피해상황을 종합하면서 구체적으로 어떤 경로로, 어느 군부대의 책임자가 어떻게 아시아 여성들을 징집하여 군위안부로 삼았는지, 그 피해 규모

각각 '국제형사재판소에 관한 로마규정' 체결 조약에 가입했다.

37 헌법재판소 1996. 2. 16. 선고 96헌가2 결정 참조

파악이 가능해지게 되었으며 이로 인해 이후 각국에서 진행된 일본군 위안부 관련 운동과 국제적 활동에 중요한 법적 기준과 상당한 정보를 제공하는 역할을 하게 되었다. 또한 2000년법정은 그동안 여성에 대한 범죄, 특히 성범죄를 축소하고 면책하며, 전쟁시 성폭력문제를 불처벌로 이끌어 왔던 남성 중심의 뉘른베르크나 도쿄의 전범재판을 바로잡는 재판이었음에 틀림없다.[38] 즉 전쟁에 수반된 성폭력문제를 본격적으로 논의의 장으로 끌어들여 별도의 범죄성에 대한 판단을 가능하게 함으로써 국제법의 새로운 패러다임을 제시했다는 점에서 큰 의의가 있다.

아울러 2000년법정으로 아시아 피해국들 사이에 네트워크가 확장되고 강화됨으로써 이후의 국제연대의 장을 마련하였고 특히 남북 사이의 공통 인식과 문제해결 노력으로 남북공동기소가 이루어져 시민사회 차원에서 남북 화합의 중대한 역할을 이루어냈다. 또한 시민활동가, 법률가 및 역사학자 등 각 영역의 전문 연구자들이 결합하여 운동이 다양화되고 전문화되는 계기를 만들어 낸 점 역시 주목할 만한 성과이다.

한편 2000년법정이 법적 책임을 주로 인도에 관한 범죄로만 평가한 것과 관련해서는 아쉬움을 금할 수 없다. 즉 판사단은 위안부 강제동원행위를 전쟁범죄로 판단하지 않았는데, 이는 한반도에 대한 일본의 식민지배를 불법적인 군사적 강점으로 인식한 남북한의 지적[39]을 회피한 것으로서, 식민지배에 대한 국제법적 공백을 답습한 것으로 보인다. 나아가 그 준비과정에서 각국의 기소를 총괄하는 역할 설정이 미비했고, 준비과정의 시간 부족으로 인해 기소장에 대한 총체적인 검토가 미흡하여 체계적인 기소가 이루어지지 않았다는 점도 지적하고 싶다. 방대한 피해사실을 수집하는 데에도 절대적으로 부족한 시간상의 제약 속에서 그나마 그 정도로 피해사실을 모은 자체만으로도 적지않은

38 한국정신대문제대책협의회(책임연구:신혜수), 앞의 자료집, 2쪽

39 남북한은 공동기소장을 통하여 일본에 의한 한국지배가 무력에 의한 강제점령이라고 판단하고 군위안부 문제를 전쟁범죄로 기소하였다.

의미가 있었지만, 차후 경험을 공유하거나 비교법적 연구가 뒤따라서 보완될 필요가 있겠다고 생각된다.[40,41]

X. 맺음말

2000년법정은 1990년대 이래 유엔인권위원회 등에서 지속적으로 일본군 위안부에 대한 일본의 법적 책임 이행을 촉구해 왔음에도 이를 거부해 온 일본에 대해 민간법정의 형태로나마 분명하게 진상을 규명하고 그에 따른 법적 책임의 소재를 확고히 하려는 목적에서 이루어졌다. 비록 전술한 바와 같이 정규의 법정이 아닌 까닭에 판결의 구속력은 담보되지 못하였으나, 그 국제적 영향력은 적지 않았다.[42] 이에 따라 일본군 위안부 문제를 해결하기 위한 국내외적 노력은 2000년법정 후에도 계속되어 다양한 발전이 있었다. 우리나라의 경우 2004년 3월 제정된 「일제강점 하 강제동원 피해진상규명 등에 관한 특별법」 제2조 1호 '정의'에서 일본군 위안부 피해를 위 특별법상의 진상규명 대상으로 입법하였다. 또한 1993년에 제정된 기존의 「일제하 일본군 위안부 피해자에 대한 생활안정지원법」이 이후 여러 차례 개정되어 2002년 「일제하 일본군 위안부 피해자에 대한 생활안정지원 및 기념사업 등에 관한 법률」로 바뀌었는데, 이에 따라 금전보상 이외의 구제수단과 기념사업이 법제화되었고, 2005년 개정시에는 진상규명과 역사교육을 국가의 의무로 규정하기에 이르렀다(법률 제7637호).

40 한국정신대문제대책협의회, 앞의 자료집, 197쪽

41 앞서의 '2000년 일본군 성노예전범 여성국제법정 한국위원회'가 펴낸 2000년법정보고서 159쪽~190쪽에 실린 '최종판결문'은 동 보고서 158쪽 기재에 의하면 원문이 아니라 요약 발췌문으로 되어 있어, 결국 판결 원문이 실려 있지 않다. 이 부분의 보완이 필요하다고 생각된다.

42 2000년법정 당시 해외 미디어가 쏟은 관심에 비해 일본 내에서는 적절한 조명을 받지 못했다. 2000년법정을 취재한 해외미디어는 95개사 200명, 일본 내 미디어는 48개사 105명으로 전체 취재진에서 해외 취재진이 약 3분의 2를 차지했다. 한국과 중국을 비롯한 여러 국가의 미디어들이 2000년법정의 의의를 상세히 보도했지만, 일본 내 발행부수 1위인 요미우리신문은 2000년법정에 대해 어떤 기사도 싣지 않았으며, 니혼게이자이신문, 마이니치신문도 판결에 대한 짧은 기사를 내 보냈다. 여성주의저널 일다 2006. 5. 19.자 기사 참조.

국제적으로는 2000년법정 이후 유엔 인권기구 등의 일본군 위안부 문제 관련 결의에서 중요한 준거 사례가 되었다. 최근 2007년 미국 하원을 시초로 네덜란드, 캐나다 의회와 유럽의회 등에서 일본의 사과와 법적 해결을 촉구하는 결의들이 잇달아 채택되고 있는 것은 2000년법정의 성과에 따른 개별 국가들의 움직임으로서, 이와 같은 전례없는 새로운 변화에 국제사회가 큰 관심을 보이며 주목하고 있다.

이러한 국내외적인 진전에도 불구하고 일본정부는 여전히 일본군 위안부 문제에 대한 공적 사과와 법적 책임을 계속 부인하고 있는 실정이다. 이러한 상황에서 2000년법정이 거둔 중요한 의미와 성과를 (그 미진함에 대한 극복과 아울러) 어떻게 국내외의 일본군 위안부 운동에 효과적으로 접목시켜 나갈지 지속적인 연구가 필요하다고 생각한다.

제6장
미국에서의 일본군 위안부 소송

I. 들어가며

2000년 9월 18일 한국, 중국, 필리핀, 대만 아시아 4개국 일본군 위안부 피해자 15명이 일본정부를 상대로 미국 워싱턴 D.C. 연방법원에 1931년부터 1945년까지의 기간 동안 일본군에 의하여 성적 노예로 희생당한 것에 대한 일본정부의 공식 사과와 손해배상을 청구하는 소송(이하 '위안부 소송'이라 함)을 제기하였다. 원고와 피고 모두 미국과는 전혀 관계가 없는 타 국민 또는 타국이었고, 불법행위[1]지 역시 2차 대전 중 일본군이 주둔하였던 아시아 지역으로서 미국 영토 밖이었다. 일반적으로 소송법상 재판이 성립되기 위해서는 관할권 요건을 충족해야만 한다. 관할권(state jurisdiction)이란 한 국가가 사람, 사건, 물건, 혹은 자원 등에 대하여 행사할 수 있는 권한의 총체를 말하는데[2] 미국의 법원이 외국인이 제기하는 소송에서 재판관할권을 가질 수 있느냐의 여부는 관할권에 관한 속지주의나 속인주의[3] 등에 의하더라도 쉽게 설명하기 어려운 면이 있다. 또한 일본 국적이 아닌 일본군 위안부 피해자들이 미국에서 일본이라는 국가를 피고로 하여 소송을 제기하는 것이 국제법상 논의되고 있는 국가면제(state immunity) 이론이나 주권면제(sovereign immunty)[4] 이론과 어떤 관계가 있는지도 주목할 만하다.

실제로 미국에서 진행된 위안부 소송은 아쉽게도 제1심인 연방법원에서 1년여 넘게 끌다가 소각하[5] 판결이 내려졌고, 연방항소법원, 연방대법원, 다시

1 제2차 세계대전 당시 일본이 한국을 비롯한 아시아 여성들에게 저지른 행위는 감금, 조직적 강간, 살인, 강제 노역 및 기타 비인간적인 처우로 제네바 제4협약(전시 민간인 보호에 관한 협약) 제146조, 제147조에 위반되는 것이고, 국제형사재판소(ICC)의 재판관할 대상범죄인 전쟁범죄 및 인도에 반하는 죄에 해당된다. 이러한 일본군 위안부 문제에 대해서는 유엔인권위원회 등에서도 전시 하 조직적 강간, 성노예(Sexual slavery)라는 표현을 사용해 왔다(제3장 참조). 뒤에서 보겠지만, 미국에서의 위안부 소송의 뒷받침이 되었던 근거 법률이 외국인불법행위청구법(Alien Tort Claim Act)이므로 '불법행위'라는 표현을 사용하였다.

2 김대순, 『국제법론』, 삼영사, 2008, 362쪽

3 속지주의라 함은 한 국가의 영토 내에서 발생한 일정 행위에 대해 당해 영토 국가가 이에 대하여 재판권을 행사할 수 있다는 원칙을 뜻하고, 속인주의라 함은 한 국가의 자국민의 해외에서의 일정 행위에 대해서도 재판권을 행사할 수 있다는 원칙을 뜻한다.

4 일국의 재판소가 외국 또는 외국 재산에 대하여 관할권을 행사하지 못하게 함으로써 국가들을 서로의 집행관할권으로부터 보호하기 위한 국제법상 원칙을 말한다. 김대순, 위의 책, 406쪽 이하

5 연방법원(제1심)의 판결문 상의 영문 표현은 "··· Japan's motion to dismiss is granted ···"인바, 주권면제 등

연방항소법원의 재심리를 거쳐 최종적으로 2006년 2월 21일 연방대법원에서 소각하 판결이 내려짐으로써 기나긴 소송은 종결되었다.[6] 재판과정에서 원고들에 대한 성노예 착취 등 일본의 반인도적인 전쟁범죄 등 실체적 사실관계 등은 다투어 지지 않고, 미국 법원이 이 문제를 심리할 수 있는지, 즉 미국의 재판관할권 유무만이 재판의 주 쟁점이 되었다.[7] 이하에서는 일본군 위안부 문제가 어떻게 미국 법원이라는 제3의 공간에서 법적 분쟁이 될 수 있었는지, 위안부 소송이 제기되기까지의 배경 및 소송의 개요를 살펴보고, 미국 법원 판결의 검토 · 분석을 통하여 위안부 소송의 법률적 쟁점을 파악해보고자 한다.

II. 소송의 배경

1. 서

을 근거로 하여 '이 사건에 대해 미국의 법원이 판단할 권한이 없다'는 피고(일본)의 소각하 신청(motion to dismiss)을 연방법원이 받아들인 것이므로, 우리의 민사소송법 체계에 비추어 볼 때 이는 관할권의 흠결 등으로 인하여 소제기 자체가 부적법한 경우에 내리는 '소각하 판결'에 대응하는 판결이라고 본다. 이와 달리 '소송기각'이라고 번역하여 표현한 글로는 백태웅, 「미국에서의 인권 소송: 일본군 위안부 소송을 중심으로」, 『고려법학』, 제43호, 2004

6 서울행정법원 2004. 2. 13. 선고 2002구합33943 판결에는 "우리 정부는 국민의 일본에 대한 개인적 손해배상권은 소멸하지 않았다는 입장을 취하고 있는 반면, 일본정부는 일본군 위안부로 강제 동원되었던 원고 51, 60 등이 2000. 9. 18. 미국 워싱턴 D.C 연방지방법원에 일본을 피고로 하여 제기한 손해배상청구소송에서 담당재판부에 청구권 협정 제1항에 의하여 위 원고들의 청구권이 소멸하였다는 취지의 의견을 제출하는 등"이라고 하여 미국에서의 위안부 소송이 인용되어 있다.

7 국제재판관할에 관한 국내 준거법인 국제사법 제2조는 "법원은 당사자 또는 분쟁이 된 사안이 대한민국과 실질적 관련이 있는 경우에 국제재판관할권을 가진다."고 규정하고 있는바, 제2차 대전 동안 일본에 의하여 강제 징용된 피해자들이 국내 법원에 손해배상을 청구한 사건에서 국내 법원은 "강제징용 피해자인 원고들에 대한 불법행위는 대한민국 내 원고들의 각 거주지역에서 원고들을 동원한 것으로부터 일본에 이르러 강제노동에 종사시키기까지 일련의 계속된 과정에서 이루어진 것이므로 대한민국이 불법행위지에 해당되고, 가장 중요한 소송자료라고 할 수 있는 원고들이 모두 대한민국에 거주하고 있으므로 대한민국은 당사자의 생활근거지로서 이 사건과 실질적 관련성을 가진다. 또한 이 사건 청구에 대한 판단이 청구권협정의 체결과 그 후속조치 등 대한민국의 상황과 밀접한 관계가 있으므로, 대한민국은 분쟁 사안과 실질적 관련이 있다"고 하면서 소위 '국제재판관할권'을 인정한 사례가 있다(서울중앙지방법원 2008. 4. 3. 선고 2005가합16473 판결). 그러나 이 국내 판결의 경우 피고가 일본정부가 아니라 강제 징용된 원고들이 근로했던 일본 기업이라는 점에서 피고가 일본정부인 위안부 소송의 성격과는 또 다른 측면이 있다. 피고가 외국 국가일 경우 피고의 행위가 비주권적, 비권력적, 사법적(私法的) 행위라는 등의 사정이 없는 한 국가면제 또는 주권면제에 따라 국내 법원이 재판권을 행사하지 못하기 때문이다.

1990년대에 들어와 유엔인권위원회에서 여성폭력 특별보고관제를 설치하여 위안부 문제를 다루고, 국제노동기구(International Labor Organization, ILO)에서도 1995년부터 이 문제를 다루면서 위안부 문제가 국제적 관심사로 떠오르게 되었다. 미국이 이라크 전쟁을 계기로 평화옹호세력으로 인정받기보다는 자국의 경제적 이익을 위해서라면 군사적 행동도 불사하는 인권 유린의 주역으로 비판받기도 하지만 미국이라는 공간에서 위안부 소송이 벌어진 사건에 대하여 인권의 세계화에 또 하나의 가능성을 보탠 것이라는 평가도 있다.[8] 즉 위안부 소송에서 미국의 법정은 인권의 보편성을 관철시켜 나가는데 하나의 공간을 제공하고 있고, 인권문제와 관련하여 보편적인 관할권을 인정하려는 이러한 흐름은 미국뿐만 아니라 오스트레일리아, 벨기에, 캐나다 및 유럽의 여러 나라들의 경우처럼 이미 낯선 현상이 아니다.[9]

위안부 소송 이전에도 미국의 연방법원이 제3국에서 벌어진 인권침해 사건의 피해자 구제를 위한 인권소송의 공간(forum)으로서 많이 활용되었는데, 그 모델 케이스라고 할 수 있는 것이 독일정부와 나치 관련 기업을 상대로 한 홀로코스트 소송이다. 홀로코스트 소송은 결국 독일정부와 나치 관련 기업이 50%씩 기금을 조성하여 피해자들에게 대한 배상하기로 합의하는 것으로 마무리되었는데, 그 결과에서 나름 의미 있는 성과를 이룬 셈이다. 위안부 소송의 경우에도 시작 당시 반드시 미국 법원의 '판결'을 받아보겠다는 입장은 아니었던 것으로 보인다.[10] 즉 소송을 통하여 일본정부에 대한 정치적, 사회적 압박을 가하고 국제 비난 여론을 통하여 일본정부의 정식 사과 및 배상이라는 결과를 얻을 수 있다면 소제기의 목적을 달성하는 것이나 마찬가지이기 때문이다.

8 백태웅, 앞의 글, 385쪽

9 백태웅, 위의 글, 385쪽

10 미국 소송은 원고 및 피고 당사자들만의 법정 싸움이 아니라, 홀로코스트 소송에서와 같이 궁극적으로는 피해자 단체 및 피해국, 가해국의 국가기관과 변호인단의 대표들이 함께 참여, 협상하여 배상문제를 해결할 수 있는 길이 열리는, 즉 다시 말해서 소송을 통해 한일관계사를 다시 정립할 수 있는 역사적 기회가 될 수 있을 것으로 보았던 것 같다. 정연진, 「미국의 징용・위안부 소송 현황과 진상 규명의 필요성」, 『일제강점 하 강제동원 피해 진상규명 등에 관한 특별법 공청회 자료집』, 2002

2. 미국에서 진행된 홀로코스트 소송 등의 성과[11]

제2차 세계대전 중 나치 독일 치하에서 약 600만 명의 유태인이 강제수용되어 디멘스, 멘츠, 폭스바겐 등 유수의 독일 회사와 독일정부를 위해 강제노역에 처해지거나 생체 실험을 당하거나 학살된 사실은 많이 알려져 있다. 이른바 유태인 학살(홀로코스트) 관련 소송은 1942년에 처음으로 미국에서 제기되기 시작하여 1945년에서 1995년 사이에 10건 정도에 머물다가 1996년 스위스 은행을 상대로 한 집단소송을 계기로 본격적으로 제기되었다.

홀로코스트 소송의 유형을 보면 가해국이나 해당 정부를 피고로 한 것도 있지만, 유태인 희생자들의 예금을 돌려주지 않는 스위스 은행, 유태인이 든 보험금을 지급하지 않은 유럽의 여러 보험회사들, 인체의학실험을 한 독일 제약회사, 2차 세계대전 동안 강제징용으로 이득을 본 기업 등을 상대로 하여 제기되었다. 재판을 통하여 위 기업들의 비인도적 행위가 드러나면서 비판 여론이 들끓었고, 피고 기업들은 기업 이미지 훼손에 대한 부담감으로 인하여 협상 테이블에 나오지 않을 수 없었다. 소송 진행 중 미국정부의 압력 등도 위와 같은 협상 타결에 한 몫을 하게 되는데 특히 스위스 은행 사건의 경우 스위스 은행들에 대한 경제적 제재 조치를 취하겠다는 미국정부의 발표가 당사자 간의 합의를 유도한 주요 원인이 되었던 것으로 보인다. 그 결과 스위스 은행 사건의 경우 결국 12억 5천만 달러의 배상금을 책정하고 법정 밖 합의로 마무리되었다.

무엇보다 위 소송이 확산되면서 당시 언론매체들이 나치 하 독일 기업의 비인도적 만행을 계속 보도하게 되었고, 이에 독일 정부와 기업은 소송이 장기화되는 것보다는 차라리 보상하는 편이 낫겠다는 결론을 내렸고, 미국정부의 중재 아래 독일 기업과 독일 정부가 50%씩 부담하여 피해배상기금을 조성하

11 한우성, 「끝나지 않은 전쟁: 미국에서 진행 중인 일본군 위안부 및 징용소송에 대한 보고서」, 『당대비평』 제13호, 2000, 117~121쪽 참조

기로 하여 1999년 12월 합의금 52억 달러로 최종 타결되었다.

홀로코스트 소송 외에도 2차 세계대전 기간 동안 1941년 12월 일본이 진주만을 기습하자 미국정부는 미국에 이민 와서 살고 있던 일본계 이민자들이 일본측에 가담할 것을 우려한 나머지 약 12만 명에 달하는 일본계 이민자들을 본토에 마련된 강제수용소로 격리 수용하는 사건이 있었는데, 일본계 이민자들은 미국의 공식 사과와 배상을 요구하는 운동을 벌이면서 재미 일본계 변호사들이 주축이 되어 미국정부의 공식 사과와 배상을 요구하는 소송을 제기하였고, 결국 1988년 레이건 대통령 재임기간 중 제정된 시민자유법에 따라 미국정부가 공식 사과하고 1인당 2만 달러를 배상하는 것으로 마무리되었다.[12]

3. 한국인 강제징용 피해자 배상청구소송[13]

미국에서의 위안부 소송은 먼저 일본정부 및 일본 기업을 상대로 하여 2차 세계대전 당시 강제징용된 피해자들의 소송으로 시작되어 위안부 소송으로 확대된 것이다. 가장 먼저 제기된 것이 1999년 9월 7일 강제징용 피해자인 재미교포 최재식 씨가 신일본제철, 미츠비시중공업 등 일본 기업을 상대로 하여 워싱턴 주 시애틀에 있는 미국 연방지방법원에 제기한 사건이다. 제2차 세계대전 당시 일본군의 전쟁 포로가 되었다가 강제 노동을 했던 미국인들이 1999년 8월 미쓰이나 신일본제철 등 일본 회사를 상대로 캘리포니아 주에서 3건의 소송을 제기함으로써 일본의 전쟁범죄와 관련된 집단소송의 포문을 열기 시작했는데, 최씨의 소송은 그 연장선상에서 나온 것이다. 최씨의 이 소송이 선례가 되어 일본정부나 기업이 일제강점기에 한국인들을 대상으로 자행한 불

12 2007년 7월 미국 하원의 일본군 위안부 결의안을 발의한 일본계 미국 하원의원 마이클 혼다 의원은 결의안과 함께 제출한 발언록에서, 자신이 일본계이면서도 이 결의안 채택을 주도하는 이유 중의 하나로 제2차 세계대전 당시 어린 나이에 미국에 살면서도 일본계라는 이유만으로 미정부에 의해 강제수용소에 갇혔던 경험을 들고 "나는 우리가 과거를 망각해서는 안되며, 정부의 행동을 통한 화해가 영속적이라는 것을 직접 경험해 안다."고 말했다. 연합뉴스 2007년 2월 1일자 기사 참조.

13 한우성, 앞의 글, 95~96쪽

법행위에 대해 미국 법정에서의 소송이 시작되었고 이러한 움직임이 위안부 소송으로까지 확대되었다.

특히 1999년 7월 캘리포니아 주에서 나치 독일과 그 동맹국에 의한 강제징용 피해자들의 손해배상소송의 시효를 2010년까지로 하는 내용의 징용배상특별법[14]이 제정되어 재미교포 정재원 씨가 1999년 10월 4월 오노다시멘트를 피고로 하여 캘리포니아 주 법정에 제소[15]한 것을 계기로 제2차 세계대전에 참전해 일본군의 포로가 되었다가 징용에 처해졌던 피해자들의 소송이 더 활발하게 되었다.

한국인 강제징용 피해자들의 소송은 크게 '한태호-배리 피셔(Barry Ficher)-마이클 하우스펠트(Michael Hausfeld)' 팀(LA 팀), '윤영일-버먼' 팀(시애틀 팀), '마이클 최-스위프트' 팀(필라델피아 팀) 3개의 변호인단으로 분류하는데 위안부 소송은 LA 팀에서 담당하였다.[16]

III. 소송 개요

1. 소송진행 경과

미국에서의 위안부 소송은, 「2000년 9월 18일 워싱턴 D.C. 연방법원에 손해배상 청구소송 제기, 2001년 10월 4일 연방지방법원 소각하 판결, 2001년 10월 5일 연방항소법원에 항소 제기, 2003년 6월 27일 항소심 기각, 2003년 11월 20일 연방대법원에 상고허가 신청, 2004년 6월 14일 상소신청 인용, 항소심 판결

14 탐 헤이든 캘리포니아주 상원의원이 제안한 법으로 제안자의 이름을 따서 '헤이든 법'으로 불린다.

15 위 소송에서 주법원은 헤이든 법이 연방정부의 정치외교권을 침해한 것으로 볼 수 없으며 손해배상청구 시효연장은 주법원의 고유권한이라는 입장을 취하면서 피고측의 연방법원으로의 이송 요청 및 소각하 신청 등을 받아들이지 않고 피고측의 불성실한 태도에 벌금까지 부과하면서 소송 결과에 대하여 많은 기대가 있었던 것으로 보인다(정연진, 위의 글, 18쪽). 그러나 위 소송은 결국 2005년 1월 18일 연방대법원의 기각결정으로 기대했던 결실 없이 아쉽게 마무리되었다(2005년 1월 22일자 세계일보).

16 한우성, 앞의 글, 97쪽

일부 파기 환송, 2005년 6월 28일 항소심 재기각, 2006년 2월 21일 연방대법원 기각」으로 그 진행 경과를 정리할 수 있다.

2. 소송의 특징

가. 4개국이 함께한 공동소송

위안부 소송은 한국, 중국, 필리핀, 대만 4개국의 원고들이 제기하였는데, 한국인 6명, 중국인 4명, 필리핀인 4명, 대만인 1명 총 15명이다. 원고들은 소장에서 "여성들은 일본인들이 인종적으로 열등하다고 간주한 사람들로부터 징집되었다. 80%가 한국인이었고, 그 외 필리핀, 중국, 미얀마와 인도네시아 그리고 동인도제도 출신의 네덜란드 여성들이었다"고 밝히고 있다.[17] 일본군 위안부 문제는 한국과 일본에서 1990년대 초 사회적으로 이슈화된 후 곧바로 국제사회에도 파장을 일으키기 시작했는데 아시아 피해국 시민단체를 시작으로 하여 곧 유엔과 ILO 등의 국제인권기구 및 국제법률가협회(International Commission of Jurists, ICJ) 등의 국제 NGO 단체가 관심을 나타내기 시작했다. 아시아의 피해국 단체들이 모인 '아시아연대회의'에서는 위안부 소송이 제기되고 얼마 후인 2000년 12월 민간법정인 '2000년 일본군 성노예전범 여성국제법정'을 개최하기도 하였다.

나. 집단소송

집단소송이란 같은 집단으로 묶을 수 있을 정도로 이해관계가 밀접한 다수의 피해자들 중에서 그 집단을 대표하는 대표당사자가 나와서 소송을 수행하고 피해자들 중에서 별도로 제외신청(opting-out)을 하지 않는 한 판결의 효력

17 최봉태, 「정신대 배상사건의 미국 법정 소장」, 『형평과 정의』 제15권, 2000, 293쪽

이 피해자 전체에 미치게 하는 집단구제(일괄구제) 제도를 말한다. 판례를 통하여 발달하여 온 미국의 집단소송(class-action) 제도는 1966년에 개정된 미국 연방 민사소송규칙(Federal Rule Of Civil Procedure, FRCP) 제23조에 명문의 근거 규정을 두고 있으며 주로 대기업을 피고로 하여 환경피해, 소비자 분쟁 등 소액 다수의 피해를 구제하는데 이용되고 있다.

집단소송을 제기하기 위해서는 첫째 클래스(class)에 속하는 자가 다수이고 전원을 당사자로서 병합심리하기가 현실적으로 곤란할 것, 둘째 그 클래스에 공통적인 법률상 · 사실상의 문제가 존재할 것, 셋째,대표 당사자의 청구 또는 항변이 그 클래스의 청구 또는 항변의 전형적인 것일 것, 넷째 대표자가 그 클래스의 이익을 공정 · 적절하게 보호할 수 있을 것 등을 요한다.[18] 집단소송으로서 소송수행을 허용할 것인가의 여부는 결국은 법원이 결정할 문제이다.

위안부 소송의 경우도 집단소송의 형태로 제기되었다. 소송의 원고들은 소장에서 "본 소송은 1931년부터 1945년까지의 기간 동안 일본정부와 일본정부의 에이전트나 협력자들에게 무력이나 강압에 의해 또는 거짓말에 속아서 일본군을 위한 성적 노예로서 징집되었던 여성들을 대신해 제기되었다. 이 여성들은 2000년 9월 18일 현재 생존해 있는 여성들과 그들의 법정 상속인들로 한정된다. 이 여성들의 정확한 숫자는 앞에서 언급한 것처럼 원고들에게 정확하게 알려져 있지 않지만 대략 수백 명[19]으로 추정되며 그 숫자가 많기 때문에 각 개인들이 연합소송을 한다는 것은 현실적으로 불가능하다. … 이름이 언급된 원고들과 이 소송에 대해 대표성을 찾고 있는 이 여성 집단 간에는 어떠한 갈등도 없으며 여기에서 주장하는 손해배상에 대한 청구에 대해서도 그러하다. 원고들은 집단의 이익을 공정하고 적절하게 방어할 수 있고 또한 그렇게 할 것이다. 원고측의 변호인은 집단소송에 대해서 다방면의 경험을 가지고 있고,

18 이시윤, 『신민사소송법』, 박영사, 2006, 672쪽

19 원고들은 소장에서 2차 세계대전 당시 200,000명 이상의 여성들이 위안부로 계획적인 대량강간의 희생자가 되었다고 서술하였다. 소장에 쓴 '수백 명'이라는 숫자는 소제기 당시 생존 중인 위안부 숫자를 염두에 둔 것으로 보인다.

집단소송은 논란거리의 문제에 대한 공정하고 효과적인 판결을 위해 무엇보다도 좋은 방법일 것이다"라고 밝히고 있다.[20]

집단소송은 성공적으로 진행되면 재판 중 어느 단계에 이르러 전체 피해자 집단에게 참가의 기회 또는 제외신청을 위하여 소송의 통지를 하여야 하지만 위안부 소송의 경우 미국 법정이 이 사건에 대하여 심리할 수 있는지 여부, 즉 재판관할권 유무가 재판의 주 쟁점이 되었기 때문에 집단소송으로의 소송수행이 허용된 것인지에 대해서는 법원이 판단하지 않았으며, 전체 클래스 피해자에 대한 소송통지 등은 없었던 것으로 보인다.

다. 제3국에서 진행된 소송

위안부 소송은 피해국도, 가해국도 아닌 미국이라는 제3국에서 진행되었다. 이는 아래에서 살펴보겠지만 외국인불법행위청구법(Alien Tort Claims Act, ATCA)에 근거한 것이다. 동법에서는 미국 국적이 아닌 외국인이라도 국제법 혹은 미국의 조약 위반으로 인한 불법행위에 대해서 연방법원에 소송을 제기할 수 있다고 규정하고 있기 때문이다. 제3국인 미국에서 진행된 위안부 소송은 홀로코스트 소송의 변호인이었던 배리 피셔 변호사, 마이클 하우스펠트 변호사 등이 맡았다.

3. 당사자 주장 내용

가. 원고들의 주장

원고들은 소장에서 당사자(PARTIS)에 대하여 기술하면서 2차 세계대전 동안에 원고 15명의 할머니들의 삶이 각각 어떠했는지 많은 지면을 할애하여 구

20 최봉태, 앞의 글, 295쪽

체적으로 서술하였다. 원고들은 "이 소송은 일본에 의하여 점령된 나라들에서 여성들이 사전에 계획된 종합 계획에 따라 자기들의 집으로부터 다른 곳으로 옮겨져서, 강제로 성노예가 되고, 반복적인 강간과 혹독한 처우, 고문과 구타를 당하고, 그들이 당한 고통에 대해 일본으로부터 보상을 받아본 적이 없는 여성들을 대표하여 국제법과 미국법, 일본법 그리고 워싱턴 D.C.의 법에 입각하여 제기된 민사소송이다"라고 서두에서 밝히고 있다.[21] 원고들이 이 소송을 통하여 법원에 요구한 사항은 모두 7가지인데 이를 정리하면 다음과 같다.

① FRCP 제23조에 따라 이 소송은 집단소송이고, 원고들이 전체집단의 대표임을 인정하며, 원고들을 위한 변호인을 그 피해 집단의 변호인으로 인정할 것
② 피고가 본 법정에서 국제법과 국내법으로서 국제조약과 국제관습법에 해당하는 사항을 위반한 점을 선언할 것
③ 피고가 ATCA를 위반하였으며, 강요된 매춘과 강간금지를 위반했음을 선언할 것
④ 피고가 군대에서 자행한 강간에 관한 시행사실 및 위안부에 관련된 모든 문서와 기타 기록을 공개할 것
⑤ 원고 및 집단소송 당사자들에게 피고의 불법행위로 인하여 발생한 보상 및 징벌적 손해배상을 할 것
⑥ 변호사 비용을 포함하여 본 소송에 의하여 발생한 비용을 지불할 것
⑦ 그외 법원이 정당하다고 판단하는 다른 추가 구제조치를 허가할 것

미국에서의 소송은 본안 소송 심리에 앞서 관할권을 포함하여 소송의 성립 여부(admissibility)에 대한 판단을 하게 되는데, 위안부 소송의 경우 본안 심리가 아닌 소송의 성립 여부가 재판에서 주된 법적 쟁점이 되었다. 특히 외국 정부를 상대로 하는 소송에서는 외국 주권 면책특권과 정치적 사안 또는 국가의

21 백태웅, 앞의 글, 375쪽

통치행위 이론 등의 피고측 항변이 당연히 예상되고, 미국 법정에서 이러한 피고측의 항변을 거부할 가능성이 극히 적어 애초에 일본정부를 단독 피고로 상정한 이상 이와 같은 결과를 어느 정도 예상하고 있었는지도 모른다. 이에 대하여 원고측에서는, "첫째, 일본군 위안부 사건은 국가가 자행한 성노예 사건이지만 국가가 군표를 발행하여 군인에게 제공하고 위안부가 그 표를 받게 하는 등 사실상 상행위의 외관을 취하고 있었으므로 '외국주권면책법'(Foreign Sovereign Immunities Act, FSIA)에 규정하고 있는 상행위의 예외에 해당되므로 일본에 대해서는 주권면책이 적용되지 않는다. 둘째, 일본은 포츠담선언을 통하여 국제법을 준수하고 그에 따라 책임을 지겠다고 선언하였으므로 국제법 위반에 대한 면책을 스스로 철회한 것으로 보아야 한다. 셋째, 전쟁범죄와 인도에 반한 죄는 강행규범이고 이러한 강행규범 위반에 대해서는 국가 스스로 이미 면책을 받지 않겠다는 묵시적 철회 의사를 밝힌 것으로 보아야 하므로 일본은 면책특권을 주장할 수 없다."는 주장을 펼쳤다.[22]

나. 피고의 주장

피고는 제2차 세계대전 당시 일본이 저지른 불법행위 내용에 대한 원고들의 주장에 대해서는 반박하지 않고 재판관할권 등 소송의 성립요건(admissibility) 흠결을 주장하며 소각하 신청(motion of dismiss)을 하였다. 소각하 신청에서의 피고는 "첫째, 피고는 주권국가로서 FSIA에 따라 주권면책특권을 가진다. 둘째, 워싱턴 D.C. 연방법원은 일본에 대한 대인관할권이 없다. 셋째, 본 소송은 정치적 사안으로 사법적 판단대상이 아니다. 넷째, 설령 미국 연방법원에 관할권이 있다고 하더라도 본 법정은 부적절한 소송공간(forum nonconveniens)이다. 다섯째, 국가 간 국제적 상호존중의무 때문에 이 소송은 각하되어야 한다. 여섯째, 원고들이 주장하는 불법행위 청구는 이미 소멸시효

22 백태웅, 위의 글, 377쪽

가 도과(徒過)하였다. 일곱째, ATCA에 의하더라도 이 사안은 기각되어야 할 사안이다."라고 반박 주장을 펼쳤다.[23]

4. 법원의 판결 요지

가. 워싱턴 D.C. 연방법원(제1심)의 판단[24]

(1) 피고는 주권면책특권을 명시적으로 포기했는가

이 점에 대해 워싱턴 D.C 연방법원은 "미국 판례법상 주권면책특권의 포기는 '명백하고 의도적이며 모호하지 않을 것'이 요구된다. 원고들은 포츠담 선언 중의 '우리의 포로들에게 잔악한 행위를 가했던 자들을 포함해 모든 전범에게 엄정한 응벌이 내려져야 할 것이다. 일본정부는 일본 국민들 사이에 민주적인 성향의 회복과 강화에 대한 모든 장애물을 제거해야 할 것이다'[25]라는 문언에 의거할 때 일본은 주권면책을 명시적으로 포기한 것이라고 주장하지만, 포츠담 선언에서는 일본이 주권면책을 포기했다거나 미국에서의 민사소송에 일본이 스스로 복종할 것을 의도하였다고 명시적으로 논하고 있지 않기 때문에 종전 당시 일본의 포츠담 선언 수락은 FSIA 소정의 명백하고 의식적인 면책의 포기라고 볼 수 없다."라는 요지로 일본의 주권면책 특권이 유효하다고 보았다.

(2) 주권면책특권의 묵시적 포기로 볼 수 있는가

워싱턴 D.C 연방법원은 "일본이 강제 위안소의 운용을 통해 전쟁범죄 및 반인도범죄를 저지르는 등 강행규범을 위반했다 하더라도 그것이 외국주권면

23 백태웅, 위의 글, 378쪽

24 United States District Court, District of Columbia (Hwang, 172 F. supp. 2d 52)

25 "We do not intend that the Japanese shall be enslaved as a race or destroyed as a nation, but stern justice shall be meted out to all war criminals, including those who have visited cruelties upon our prisoners. The Japanese Government shall remove all obstacles to the revival and strengthening of democratic tendencies among the Japanese people."

책법상 면책을 포기하겠다는 묵시적 의사표시를 한 것으로 볼 수는 없다. 원고들의 주장은 과거 판례-프린츠(Princz) 판결-와 반대되는 것이므로 수용할 수 없다. 프린츠 판결에서 법원은 '강행규범 위반이 묵시적 포기를 나타낸다는 이론은 외국주권면책특권 예외조항{FSIA §1603(a)(1)}이 요구하는 의도성(intentionality)과 배치된다'고 판시한 바 있다."는 이유로 일본이 외국주권면책법상 면책을 포기한 바 없다고 판단했다.

(3) 피고의 불법행위는 외국주권면책특권의 예외로서 상업적 행위에 해당되는가

워싱턴 D.C 연방법원은 "외국주권면책특권의 예외로서 상업적 행위는 그 행위의 목적이 아닌 성질에 의해 결정된다고 규정하고{FSIA §1603(d)},[26] 이에 대해 연방대법원은 시장의 조정자(regulator of market)가 아닌 사적 주체(private player)로서 행동한 것이 FSIA에서의 상업적 행위에 해당한다고 보며 동기가 무엇인가와 상관없이 외국의 행동이 어떠한 성격인지를 보아야 한다고 판시한다. 원고들은 위안부를 이용하는 군인들이 그 대가를 지불해야 했다는 점을 들어 상업적 행위임을 주장하지만 그 사실만으로는 위안소 운영행위를 상업적 행위로 보기는 불충분하다."라는 요지로 일본정부의 위안소 운영행위가 외국주권면책특권의 예외로 인정되는 상업적 행위는 아니라고 보았다.

(4) 사법적 판단의 가능 여부

워싱턴 D.C 연방법원은 본 사안이 정치적인 문제로서 사법적 판단이 가능한가의 여부에 대해 "설사 피고 일본이 주권면제를 향유하지 못한다고 하더라도 이 사안은 정치적인 문제로서 사법적 판단이 불가능(nonjusticiable)하기 때문에

26 28 U.S.C. §1603 (d) : A "commercial activity" means either a regular course of commercial conduct or a particular commercial transaction or act. The commercial character of an activity shall be determined by reference to the nature of the course of conduct or particular transaction or act, rather than by reference to its purpose.

각하되어야 한다. 원고들의 청구는 2차 세계대전 중에 발생한 사건과 관련한 것으로서 이 전쟁과 관련한 청구는 양 정부가 협정 등을 통하여 해결하여야 하는 정치적인 문제이다. 미국은 이해관계진술서(Statement of Interest)[27]에서 연합국은 일본에 대한 전쟁 관련 청구를 모두 1951년 미일 평화조약(샌프란시스코 강화조약) 체결을 통하여 해결하려고 의도하였고, 중국과 한국의 경우에도 개별적인 협정을 통해 각각 해결하는 방법을 추구하고 있다"고 보았다. 이어서 동 법원은 "최근 나치 정권의 피해와 관련한 소송에서 다른 연방지방법원[28]에서도 '전후 청구권 해결 문제는 배타적으로 정치 부분에 의해 성립되어야 하고, 이러한 청구를 해결하기 위해서 법정이라는 장소는 적절한 장소가 아니었다'고 결론을 내려 이와 유사한 판단을 내린바 있다."고 판시하여 본 사안이 사법적 판단을 하기에 적절하지 않다고 판단하였다.

나. 연방항소법원(제2심)의 판단[29]

제2심인 연방 항소법원은 워싱턴 D.C. 연방법원의 입장을 재확인하는 내용의 판결을 선고했다. 다만 제1심인 연방법원에서는 FSIA(특히 예외 규정과 관련하여)의 소급적용 여부에 대한 판단을 하지 않았는데 연방항소법원에서는 이에 대한 판단이 추가되었다. 연방항소법원은 "1976년에 제정된 FSIA는 최대한 소급적용하더라도 미국무부가 제한적 주권면제이론을 채택한 1952년까지만 소급적용할 수 있다. 즉 미국이 제한적 주권면제이론을 적용하기 이전의 행위에 대해서는 주권국가들의 경우 공적인 행위와 상업적 행위에 상관없이 면제될 것이라고 정당하게 기대할 수 있었으므로, 상행위 예외조항을 (1952년

27 일본정부가 소각하 신청서를 제출한 이후 미국무부는 법원에 일본정부의 입장을 옹호하는 의견의 이해관계진술서(Statement of Interest of the USA)를 제출하였는데 이러한 의견이 재판결과에 영향을 미친 것으로 보인다. 백태웅, 앞의 글, 379쪽

28 In re Nazi Era Cases Against German Defendants Litigation, 129 F. Supp. 2d. 370; Burger-Fischer v. DeGussa AG, 65 F.Supp.2d 248 (D.N.J.1999); Iwanowa v. Ford Motor Co., 67 F.Supp.2d 424 (D.N.J.1999).

29 United States court of Appeals, District of Columbia Circuit(Hwang, 332 F. 3d 679)

전의 행위에 대해서까지) 소급적용하는 것은 이들의 기대를 박탈하는 것이 되므로 외국주권면책법상의 상행위 예외조항을 적용할 수 없다."라고 판단했다.

다. 연방대법원의 판단[30]

위 연방항소법원의 제2심 판결에 대하여 원고측은 2003년 11월 20일 상고허가신청을 하면서 알트만 사건[31]을 원용하였는데, 연방대법원은 짧은 판결문을 통하여 "미국 워싱턴 D.C. 순회항소법원을 상대로 한 상고허가신청에 대하여 상고허가신청을 승인한다. 항소법원의 판결을 파기하며, 오스트리아 대 알트만 사건의 판결에 비추어 추가로 더 검토하도록 본 사건을 미국 워싱턴 D.C. 순회항소법원으로 환송한다."고 판결하였다.[32]

라. 연방항소법원의 재기각 및 연방대법원의 기각 결정

연방대법원의 파기 환송 판결에 따라 재심리한 연방항소법원은 "2005년 6월 28일 일본정부를 상대로 한 전쟁과 관련된 청구는 개인적인 배상청구소송이 아닌 정부와 정부 간의 협상을 통해 해소되어야하는 문제이므로 미국 법정은 본 사안에 대하여 재판관할권이 없다."고 판결함으로써, 환송 전 원심 취지 그대로의 판단을 내렸고, 이후 연방대법원 역시 2006년 2월 21일 원고들의 청구에 대하여 심리할 수 없다는 취지로 결정하여 위안부 소송은 사실상 종결되었다.

30 Hwang v. Japan 124 S. Ct. 2835(2004)

31 Republic of Austria v. Altmann, 124 S.Ct. 2240, 159L.Ed.2d 1(2004). 나치가 강탈해 간 그림의 소유자가 현재 그림을 소장하고 있는 오스트리아 정부를 상대로 그림을 반환해 줄 것을 요구하며 미국 캘리포니아 연방지방법원에 제기한 소송으로서, 이에 대하여 연방대법원은 2004년 6월 7일 FSIA는 1976년 동법 발효 이전의 행위는 물론 1952년 미국이 주권면책 제한이론을 채택하기 이전의 행위에 대해서도 적용된다고 판단하였다.

32 연방대법원의 파기환송 판결은 FSIA의 소급적용을 명시적으로 부정한 항소법원의 논리를 일부 파기한 것이지만 그 외의 논리에 입각한 소각하의 가능성은 여전히 남아있었다는 점에서 항소법원의 최종 결론에 대하여 희망적인 전망을 기대하지는 않았던 것으로 보인다. 백태웅, 앞의 글, 382쪽

IV. 법률적 쟁점

1. 청구의 주요 법적 근거 - 외국인불법행위청구법(ATCA, 28 U.S.C. § 1350)[33]

가. 의의

대부분의 국가들은 국제사법을 두어 섭외사건에 대한 관할권과 준거법 원칙을 국내법으로 정하고 있다. 미국은 1789년 외국인불법행위청구법(ATCA)를 제정[34]하여 연방법원은 외국인이 국제법 또는 미국의 조약 위반에 의한 불법행위만을 이유로 제기한 민사소송에 대해서 원심 관할권을 가진다고 규정하고 있다.

나. ATCA 제정의 역사적 배경

18세기 영국에서부터 국제법은 보통법의 일부로 간주되어 왔고, 미국이 독립하면서 이는 미국의 보통법으로 이어졌다. 18세기 미국 대륙회의(Continental Congress)는 세 종류의 특정범죄[35] 및 이에 열거되지 않은 국제법 위반에 대해서 주(州)법원이 관할권을 가지고 사법적 구제를 할 수 있게 권한을 부여하도록 각 주에 요구했다. 하지만 1781년 결의가 채택되었음에도 불구하고 각 주들은 국제법 위반의 범죄에 대한 사법적 조치를 제공하는데 태만하였다. 특히 마르부와(Marbois) 사건[36]이 발생하고 그 후 또 얼마 지나지 않아 어

33 28 U.S.C. §1350 : The district courts shall have original jurisdiction of any civil action by an alien for a tort only, committed in violation of the law of nation or a treaty of the United States.

34 1789년에 법원조직법(Judiciary)을 제정하면서 외국인이 국제법 혹은 미국의 조약 위반을 이유로 하여 제소하는 불법행위에 대해서 연방법원이 관할권을 가진다는 조항을 규정하였고, 위 조문이 현재의 U.S.C. 제28장 § 1350으로 전수된 것이다. 이재원, 「섭외민사소송에 의한 국제인권침해 구제방안 연구」, 『이화여자대학교 대학원 석사논문』, 2001

35 '안전통행의 침해', '대사와 다른 공적 사절의 면제권 침해', '미국이 가입한 조약이나 협약 위반'을 말한다.

36 Chevalier de Longchamps라는 프랑스 모험가가 프랑스 공사관의 비서 마르부와에게 신체적 상해를 입히

느 주의 경찰관이 타국의 외교관 저택에 무단으로 침입하는 사건이 발생하였는데 연방정부가 이러한 사건에 직접 개입하지 못하고 적절한 해결을 하지 못함으로 인하여 국제적 비난을 받게 되었다. 이에 따라 초기 의회에서 타국 외교관이 미국에서 더 이상 피해를 보지 않도록 하기 위해서는 국제법이 국내법으로 편입되어야 하고, 국제문제에 대해서 연방정부가 개입할 수 있어야 한다는 의견들이 제기되었다. 그 결과 대륙회의가 제기한 결의문에 따라 외국인이 제기한 민사소송에 대해서 연방법원이 관할권을 가지도록 하는 법원조직법(Judiciary Act)을 채택하게 되었다.[37]

다. ATCA의 활용 및 한계 - ATCA와 FSIA의 관계

ATCA는 1789년에 제정되어 거의 200년 동안 활용되지 않다가 1980년 필라티가 대 페나-이랄라 사건[38]에서 미국 연방지방법원의 관할권을 인정하는데 다시 원용되었다. 위 사건에서 법원은 정부기관의 외관 아래 행해진 고문은 당사자의 국적과 관계없이 국제인권법 위반으로 인정되며 이 경우 미국 연방법원에 관할권이 인정된다고 하였고, 위 판례 이후 위 법에 근거한 국제인권소송이 미국에서 활발히 제기되기 시작하였다.[39]

국제인권침해 사건에서 가장 문제가 되는 것은, 타국에서 발생한 타국인에 의한 인권침해라는 점에서, 주권평등 원칙과 내정불간섭 원칙[40]의 위배 여부이다. 개인 대 개인의 섭외민사소송의 경우에는 위 원칙의 위배 여부가 크게 문제되지 않을 수도 있지만 일본군 위안부 문제와 같이 당사자가 한 국가인

는 사건이 발생하였는데, 이에 대한 주(州)의 사법적 심리가 지연되어 동 사건에 대한 국제적 비난이 있었다.

37 보다 상세한 역사적 배경에 대해서는 이재원, 앞의 글, 23~27쪽 참조

38 Filartiga v. pena-Irala, 630 F. 2d 876(2d. Cir. 1980) 파라과이의 필라티가가 자신의 아들(17세)에게 행한 고문과 살인을 이유로 페나-이랄라를 상대로 하여 미국 연방법원에 제기한 소송으로 제1심에서는 관할권 흠결로 각하되었으나 2심에서 파기되어 원고가 승소하였다.

39 ATCA 외에도 국제인권소송의 관할권의 확대를 가능하게 하는 법이론적 근거로 국제법과 미국의 조약법(law of nation or a treaty of the United States)이 미국의 국내법이 일부라고 하는 법리를 들 수 있는데, 동 법리는 미국의 공식 법률주석인 리스테이트먼트(Restatement)에 표현되어 있기도 하다. 백태웅, 앞의 글, 365쪽

40 국가는 타국의 국내문제에 간섭해서는 안 된다는 원칙을 말한다.

경우 주권면제나 정치문제이론 등이 법원의 재량 판단 하에서 국제인권소송에서의 장애물로 여전히 남아있게 된다. 다시 말해서 ATCA를 적용받을 수 있다고 하더라도 주권면제의 대상에서 배제되는 국제법 위반 행위에 대해서만 미국 법원이 관할권을 행사할 수 있다는 것이다.

양 법의 관계에 대하여 설시한 연방대법원의 판결이 있는데, 이는 포클랜드(Falkland) 전쟁 당시 아르헨티나 군항기의 폭격을 받은 원고가 이로 인하여 생긴 손해에 대해 아르헨티나를 피고로 하여 미국 ATCA를 근거로 미국 법원이 관할권을 가진다고 주장하며 소송을 제기한 사건에 대한 것이다. 이 사건에서 항소법원은 아르헨티나의 행위는 국제법 위반을 구성하며, 현재의 국제법은 국제법 위반 행위에 대하여 면제를 부여하지 않는다고 하면서 관할권을 인정하였으나, 연방대법원은 "의회의 FSIA 입법 의도는 면제 예외 사항이 아닌 경우 외국이 면제를 향유한다는 것이며, 이에 따라 ATCA도 외국이 면제를 향유하지 않을 경우에만 관할권을 부여할 수 있다"고 판단하였다.[41]

앞서 언급했던 ATCA 제정의 배경이 됐던 마르부와 사건과 국제인권침해 소송의 포문을 열었다고 평가되는 1980년 필라티가 대 페나-이랄라 사건 모두 개인 대 개인의 분쟁이었다는 점에서 일본군 위안부 소송과는 그 성격이 다르다고 할 것이다.[42] 이 점에서 미국에서의 일본군 위안부 소송은 피고 선정에 있어 소제기 당시부터 이러한 한계를 안고 시작한 소송일지도 모른다.[43] 그럼에도 불구하고 이러한 사건을 공정하게 해결해 줄 국제재판소가 현재로서는 확립되어 있지도 않고, 피해자나 가해자 본국에서의 소송 역시 용이하지 않아 다른 특별한 대안이 존재하지 않으므로 많은 인권 관련 소송이 동 법에 근거

41 Argentine Republic v. Amerada Hess Shipping Corp., 109 S. Ct. 683(1989)

42 국내 법원의 관할권 행사 자체가 국가의 주권행사의 일면을 지니고 있어 개인 대 개인의 분쟁의 경우에도 주권평등 원칙이나 내정불간섭 원칙 위배의 소지가 있을 수 있으나, 일본군 위안부 소송과 같이 정부가 불법행위의 직접 주체로서 소송의 직접 당사자가 된 경우에는 주권면제이론 등 국제관습법에 위배되는 것으로 평가되기 쉬웠을 것이다.

43 이러한 점 때문에 이 사건 소제기 당시에도 피고를 일본정부가 아닌 기업을 상대로 해야 한다는 지적이 있었다. 그러나 일본군 위안부 소송의 경우 홀로코스트 소송이나 강제징용 배상소송과는 그 성격이 다르다는 점 때문에 변호인단은 '선(先) 일본정부 후(後) 일본기업' 전략을 채택하였다고 한다. 한우성, 앞의 글, 97쪽

하여 제기되고 있는 것으로 보인다.

2. 국가를 상대로 한 소송에서의 관할권 문제- 외국주권면책특권법(FSIA)의 적용

가. 주권면제(Sovereign Immunity) 논의에 대한 일반론

주권면제란 국가주권평등과 상호주의, 국가 간의 예양(禮讓)에 이론적 근거를 두고 일국의 재판소가 외국 또는 외국 재산에 대해 관할권을 행사하지 못한다는 원칙으로 19세기 이후 영국과 미국의 판례를 중심으로 하여 국제관습법의 형식으로 발전하였다.[44] 유엔협약 제1조 및 제5조에서도 주권면제를 '국가 또는 국가 재산의 타국 재판소 관할권으로부터 면제'(immunity from the jurisdiction of the courts of another State)라고 정의하고 있다. 면제를 어디까지 인정할 것인지의 문제, 즉 그 범주와 관련하여 절대적 면제이론과 상대적 면제이론의 논의가 있지만 현재는 국가의 모든 행위와 모든 재산에 대해 면제를 인정해야 한다는 절대적 면제이론이 거의 주장되지 않고, 국가의 이중적 성격[45]을 전제로 국가의 행위 중 주권적 · 권력적 · 공법적 행위와 비주권적 · 비권력적 · 상업적 · 사법적 행위로 구별하여 전자에 대해서만 국가면제를 인정하자는 상대적 면제이론이 미국을 포함한 현대 국가들의 일반적 관행으로 보인다.

미국의 경우 1952년 국무장관 테이트(Tate)가 기존의 절대적 주권면제이론에서 제한적 주권면제이론으로 전환해야 할 필요가 있다는 편지를 법무장관에게 보내면서(이른바 '테이트 서신') 전환의 계기를 맞게 되었다고 한다. 테이트 서신(Tate Letter)에는 "미국정부는 타국에서 계약 또는 불법행위의 피고가 되는 경우가 있는데 미국 법원만 계속 외국에게 면제를 부여하는 것은 형평에

44 김대순, 앞의 책, 406쪽

45 국가는 한 개의 정치권력이면서 동시에 (사적 재산을 취득, 보유하고, 계약을 체결하며 또한 무역을 하는 등의 사법적, 상업적 활동을 수행하는) 하나의 법인이라는 점에서 이중적 성격(dual capacity)을 가진다.

맞지 않고 미국이 외국의 상업적 선박에 대해서는 면제를 주장하지 않는 현 관행과 일치하지 않으며 정부의 상업적 활동이 증가함에 따라 이들과 거래하는 사인(私人)이 법원에 소를 제기하는 것이 보장되어야 한다"는 내용을 담고 있다. 테이트 서신 이후 외국이 소송에서 주권면제를 향유하기 위해서는 주권면제 기준에 부합하는지에 대하여 행정적 심사를 받는 등 미국 국무부의 일정한 심사 절차를 거치게 되었다.

나. FSIA의 탄생 및 내용

미국은 1976년 FSIA를 제정하기 이전부터 판례를 통하여 국가면제이론에 관한 논의가 있었는데, FSIA를 제정하면서 이를 명문화한 것이다. 동 법에서는 "이 법이 제정될 당시 미국이 당사자인 현존하는 국제협약에 좇아 외국은 본 장의 제1605조 내지 제1607의 경우를 제외하고는 미국의 연방 및 주의 관할권에 복종하지 않는다"고 규정하고 있다.[46]

외국주권 면책특권의 예외로는 §1605(a)(1) 포기, §1605(a)(2) 상업적 활동, §1605(a)(5) 비상업적 불법행위, §1605(a)(6) 중재, §1605(a)(7) 테러행위, §1607 반소 등이 명시되어 있는데, 위안부 소송에서 쟁점이 되었던 주권면책특권의 예외 사유는 주권면제의 명시적 또는 묵시적 포기와 상업적 활동이다. FSIA §1605(a)(1)은 "외국이 명시적(explicitly) 혹은 묵시적(by implication)으로 면제를 포기한 경우에는 면제를 향유하지 않는다"고 규정하고 있고,[47] 또한 FSIA§1602는 상업적 활동에 관하여 국가는 외국 법원의 재판권으로부터 면제되지 않는

46 28 U.S.C. §1604 : Subject to existing international agreements to which the United States is a party at the time of enactment of this Act, a foreign state shall be immune from the jurisdiction of the courts of the United States and of the states except as provided in sections 1605 to 1607 of this chapter.

47 28 U.S.C. §1605(a)(1) : A foreign state shall not be immune from the jurisdiction of courts of the United States or of the States in any case in which the foreign state has waived its immunity either explicitly or by implication, notwithstanding any withdrawal of the waiver which the foreign state may purport to effect except in accordance with the terms of the waiver; (이하 생략)

다고 규정하고 있다.[48] 이에 대해서는 아래에서 살펴보기로 한다.

다. 주권면제의 명시적 또는 묵시적 포기로서 예외조항 적용 가능성

일본은 포츠담 선언을 통하여 국제법을 준수하고 그에 따라 책임을 지겠다고 선언한 바 있다. 그런데 위안부와 관련된 책임을 묻는 소송에서 주권면제라는 특권을 향유하거나 주장하는 것은 금반언(禁反言)의 원칙에 반하는 것이므로 포츠담 선언 등 국제인권조약을 비준한 것은 주권면제의 명시적 포기에 해당된다는 것이 원고들의 주장이다. 그러나 미국 판례법상 주권면제의 명시적 포기라고 하려면 '명백하고 의도적이며 모호하지 않을 것'이 요구되므로 국가가 국제협정, 서면계약, 재판정에서의 선언 또는 재판소에의 서면 전달 등을 통하여 외국 재판소의 재판권 행사에 완전히 동의하여야 명시적 포기에 해당된다고 볼 수 있을 것이다.[49] 단순히 국제인권조약에 대한 비준만으로는 주권면제특권을 포기한 것이라고 볼 수 없다는 것이 미국의 여러 판례에서도 나타나고 있는바, 위안부 소송에서는 이러한 확고한 판례를 설득하는데 어려움이 있었을 것으로 보인다.

그렇다면 피고의 원고들에 대한 전쟁범죄와 반인도범죄 등 강행규범 위반이 주권면제의 묵시적 포기라고 볼 수 있는지가 문제이다. 프린츠 판결[50]을 비롯한 여러 판결과 위안부 소송의 제1심 및 제2심에서 미국 법원은 일관되게

48 28 U.S.C. §1602 : The Congress finds that the determination by United States courts of the claims of foreign states to immunity from the jurisdiction of such courts would serve the interests of justice and would protect the rights of both foreign states and litigants in United States courts. Under international law, states are not immune from the jurisdiction of foreign courts insofar as their commercial activities are concerned, and their commercial property may be levied upon for the satisfaction of judgments rendered against them in connection with their commercial activities. Claims of foreign states to immunity should henceforth be decided by courts of the United States and of the States in conformity with the principles set forth in this chapter.

49 김대순, 앞의 책, 425쪽

50 Princz v. Federal Republic of Germany, 26 F.3d 1166, 1174 (D.C.Cir.1994). 위안부 소송에 대한 제1심법원의 판결문에도 원고들의 주장을 배척하는 논거로 프린츠 판결을 많이 언급하고 있다. 프린츠 판결에서 원고들은 강행규범 위반이 묵시적 면제 포기를 구성한다고 주장하였지만 일부 판사의 소수 반대의견에도 불구하고 받아들여지지 못했다.

강행규범 위반이 주권면제의 묵시적인 포기를 구성하지는 않는다고 판시하고 있다. 즉 FSIA의 예외 조항은 좁게 해석되어야 하고 동 법에 강행규범 위반이 묵시적 면제 포기라는 것을 분명히 규정하고 있지 아니한 이상 법원이 이를 넓게 해석하여 예외규정을 창설하는 것과 같은 결정을 해서는 안 된다는 것이다. 그러나 이에 대해서는 미국에서 특히 FSIA의 해석과 관련하여 일반 국제법의 강행규범을 위반하는 것은 국가면제의 묵시적 포기로 해석할 수 있다는 견해도 있다.[51] 즉 강행규범은 국제법에서 최고의 지위를 향유하며 성문화 여부나 국가에 의하여 승인되었는지 여부와 상관없이 존재하는 보편규범(universal law)을 구성하는 것인바, 국가가 주권면제를 이유로 강행규범 위반에 대한 청구에서 비켜날 수 있다면 강행규범의 존재의의가 사라질 수 있다는 것이다. 또한 강행규범은 어느 국가도 이를 훼손할 수 없는데 만약 국가가 강행규범을 위반한다면 이는 주권국가의 자격에서 행동한 것이 아니며 이에 따라 그 국가는 면제를 향유할 수 없다는 점에서, 적어도 국제법의 가장 상위 개념인 강행규범의 위반만은 국가가 주권면제라는 방패를 사용할 수 없게 하자고 주장한다.

라. 상업적 행위로서 예외조항 적용가능성 - 일본군 위안소 운영이 상업적 행위인가

미국 법원이 외국 국가에 대하여 주권면제를 부인하고 재판권을 행사할 수 있는 상업적 활동의 예외는 첫째 '외국이 미국에서 행한 상업적 활동', 둘째 '외국이 미국 영역 외에서 행한 상업적 활동과 관련하여 미국 내에서 행한 행위', 셋째 '외국이 미국 영역 외에 행한 상업적 활동과 관련하여 미국의 영역 밖에

51 Harvard Law Review Association, "CIVIL PROCEDURE--PERSONAL JURISDICTION--D.C. CIRCUIT HOLDS THAT A FOREIGN STATE IS NOT A "PERSON" 유엔DER THE DUE PROCESS CLAUSE.--PRICE V. SOCIALIST PEOPLE'S LIBYAN ARAB JAMAHIRIYA, 294 F.3D 82 (D.C. CIR. 2002).", Harvard Law Review, Vol. 116 (2003, March), p. 1523.

서 행한 행위로서 미국 내에 직접적인 영향을 야기시키는 행위' 이렇게 세 가지 경우에 인정될 수 있다.[52]

미국에서의 위안부 소송에서 원고들은 위의 세 번째 예외, 즉 '미국 이외의 곳에서 행해진 행위로서 미국 내에 직접적 영향을 주는 상업적 행위'에 주목하고, "① 일본군 위안부 사건은 국가가 자행한 성노예 사건이지만 국가가 군표를 발행하여 군인에게 제공하고 위안부가 그 군표를 받게 하는 등 사실상 상행위의 외관을 취하고 있었고 위안소는 일본군의 감독 하에 화대를 받고 영업행위를 하는 매춘 장소였으므로 미국 외에서 발생한 상업적 행위로 보아야 하며, ② 위안소가 당시 미국의 영토였던 괌과 필리핀에 설치되어 있었던 점, 미군에 의해 점령된 일본의 영토가 2차 세계대전 이후 일부 미국에 귀속된 점 등에 비추어, ③ 이런 지역의 위안부들을 본국에 송환하고 관리할 부담을 갖게 되었으므로 미국에 직접 영향을 준 행위로서 미국 법원이 재판권을 행사할 수 있다."라고 주장하였다. 그러나 위안부 소송의 제1심 판결에서 케네디 판사는 "FSIA에서 말하는 상업적 행위는 그 행위의 목적이나 동기가 무엇인가와는 무관하게 행위의 성질, 즉 사적 주체로서 행동한 것인지 여부에 따라 판단되어야 한다"[53]고 판시하여 원고의 주장을 배척하였다.[54]

52 28 U.S.C. §1605(a)(2) : A foreign state shall not be immune from the jurisdiction of courts of the United States or of the States in any casein in which the action is based upon a commercial activity carried on in the United States by the foreign state; or upon an act performed in the United States in connection with a commercial activity of the foreign state elsewhere; or upon an act outside the territory of the United States in connection with a commercial activity of the foreign state elsewhere and that act causes a direct effect in the United States;(이하 생략)

53 28 U.S.C. §1603(d) : A "commercial activity" means either a regular course of commercial conduct or a particular commercial transaction or act. The commercial character of an activity shall be determined by reference to the nature of the course of conduct or particular transaction or act, rather than by reference to its purpose.

54 케네디 판사는 판결문에서 Saudi Arabia v. Nelson 113 S. Ct. 1471(1993) 판결 내용을 주로 언급하면서 상업적 행위의 의미에 대하여 설명하고 있는데 위 사건을 간단히 요약하면 다음과 같다. 넬슨(Nelson)은 미국 시민으로 사우디의 병원에서 근무하였는데 그 병원의 안전상 결함에 대해 병원책임자에게 수차례 언급하였으나 병원은 이를 무시하도록 하였고, 결국 사우디 정부는 넬슨을 감금하고 고문을 가하였다. 석방이 된 후 넬슨은 사우디를 피고로 하여 미국 법원에 소를 제기하였는데 이 소송에서 사우디의 행위가 상업적 행위에 해당되어 주권면제 예외조항이 적용되는지가 법적 쟁점이 된 것이다. 위 판결에서 일부 대법관은 미국 법원이 사우디 정부를 피고로 하는 본 소송의 관할권을 가지지 못한다는 결론에는 동의하면서도 별개 의견으로 "병원을 운영하는 것은 그것이 공공병원일지라도 상업적 활동과 관련이 있고, 내부고발자에 대한 괴롭힘, 부당전직, 해

위안부 소송에서 피고 일본정부의 주권면제 주장을 부인하기 위해서 원고들 입장에서는 주권면제의 예외조항 적용이 간절하였으므로 불가피하게 위안소 운영이 상업적 활동에 해당된다는 주장을 펼칠 수밖에 없었을 것으로 보인다. 그러나 일본의 야만적인 행위는 오히려 전쟁범죄나 인도에 반하는 죄로 설명하는 것이 타당할 것이다. 즉 일본군에 의한 납치, 감금, 강간, 살인 등 범죄행위 등의 본질적 성격은 국가의 권력적 작용이라는 점에서 군표 발행, 매춘 영업으로의 수익 창출 등 위안소 운영과 관련하여 일정 부분 상업적 행위의 외관을 갖추고 있다 하더라도 위와 같은 원고들의 주장은 미국 법원에서 수용되기는 어려웠을 것이다.

V. 평가 – 소송의 의의 및 한계

외국주권면책특권법 등으로 인하여 미국 법원의 재판관할권 인정이 쉽지 않을 것이라는 지적이 소제기 당시부터 있었기 때문에 미국에서의 위안부 소송은 어쩌면 처음 소송이 제기되었을 때부터 그 결과를 예상할 수 있었을지도 모른다. 원고측 변호인들은 위안부 소송의 경우 기업을 피고로 하여 제기했던 홀로코스트 소송이나 강제징용 배상소송과는 그 성격이 다르다는 판단 하에 선명한 대의를 세우기 위해 일단 일본정부만을 피고로 하는 소송 전략을 채택하였다고 한다.[55,56]

고 그 밖의 고문적인 행위는 비록 전형적인 상업적 행위는 아닐지라도 상업적 활동의 범위에 들어오기에 충분하다"고 하면서 원고의 제소는 '상업적 활동에 기인한 소송'이라고 보았다. 그러나 연방대법원의 다수 의견은 사우디에 의한 고문 등은 상업적 행위로 볼 수 없으며, 상업적 행위에 근거하여 소를 제기하는 것과 상업적 행위와 관련되어 행해진 것에 근거하여 소를 제기하는 것은 구분되어야 한다고 판시하였다. 즉 상업적 행위는 시장에서 사적 주체로서의 행동이어야 하며 이는 그 목적이 아닌 성질에 의해 구분되어야 한다는 것이다. 양재혁, 「국가면제이론의 예외에 관한 연구: 미국외국주권면제법(FSIA)의 '상업적 활동' 예외 규정을 중심으로」, 『연세대학교 대학원 석사논문』, 2004년

55 한우성, 앞의 글, 97쪽

56 만약 피고를 일본정부가 아닌 기업으로 할 경우 당시 위안소 운영에 관여한 관련 기업을 찾아내는 것 자체가 쉽지는 않은 작업이었을 것이다. 또한 피고를 기업으로 정하여 소송을 제기할 경우 관할권 문제는 통과하였다손 치더라도 시효문제나 한일협정 등과 관련하여 청구권 포기 등의 문제가 쟁점으로 위안부 소송의 걸림돌이

미국에서 진행된 위안부 소송이 홀로코스트 소송을 모델 케이스로 삼고 출발한 점을 볼 때 변호인단은 판결에서의 승소가 아니더라도 소송을 통하여 일본정부를 압박하고 국제여론을 동원하여 협상을 유도해내자고 판단했을 수도 있다. 그런데 홀로코스트 소송이 소정의 성과를 얻었던 이유에는 소송의 전략뿐만 아니라 사회운동, 정치적 로비 등 여러 방법들이 동원되어 시너지 효과를 일으켰기 때문으로 평가되고 있다. 반면에 위안부 소송은 소제기 이후 홀로코스트 소송과 같은 시너지 효과를 만들어내지 못하였을 뿐만 아니라 피해당사국인 한국 정부나 언론 등의 관심 또한 부족했던 것이 사실이다.[57]

실제 제1심 소송에서 일본정부는 이 사건 소송에 대하여 전방위적인 로비를 펼친 것으로 알려져 있는데 한국의 경우 2001년 8월 1일 소송기각 여부를 다투는 예비심리를 앞두고 수차례 한국정부에 한일기본조약이 개인의 청구권을 제한하지 않는다는 의견서를 보내달라고 요청했으나 계속 침묵으로 일관하였고, 기일이 임박해서야 내놓은 의견서 내용[58]이 소송에 불리할 수 있다는 변호인단의 판단에 따라 결국 법원에는 제출되지 못했다.

제1심 소각하 판결 이후 여성신문과의 인터뷰에서 배리 피셔 변호사도 2001년 미국의 아프간 테러 보복전쟁에 일본정부가 적극 지원하고 나선 가운데 위안부 소송이 기각된 배경에 대한 기자의 질의에 "오스트리아, 독일, 스위스를 상대로 한 소송에서 공정하고 합리적인 해결책을 찾기 위해 활발한 막후 협상을 벌였던 미국 행정부는 아시아계 피해자들을 원고로 한 일본군 위안부와 징

되었을 것이다.

57 이와 관련하여 제2차 세계대전이 끝난 후 유태인은 홀로코스트를 주제로 한 영화를 11만 편 이상 제작해 세계에 나치의 죄상을 고발했던 반면 위안부 소송에 대한 영화는 100여 편에 지나지 않는다는 점, 2000년 9월 위안부 소송이 제기될 때 원고측 변호인단이 워싱턴 D.C.에 있는 내셔널프레스클럽에서 기자회견을 가졌는데 100여 명의 미국 내외신 기자들이 참석한 것에 비하여 한국 언론은 관심을 기울이지 않아 3대 방송사 중 한 방송사는 특파원이 취재조차 하지 않았다는 점 등을 지적하는 견해로는 한우성, 위의 글, 121쪽

58 당시 양성철 주미대사 명의로 한국정부의 공식입장을 담은 의견서에는 "1965년 한일청구권협정은 동 협정 제2조 제1항에서 '양 체약국 및 그 국민의 재산, 권리 및 이익과 양 체약국 및 그 국민간의 청구권을 완전히 그리고 최종적으로 해결한다'고 규정함으로써 양국 및 양국 국민의 재산적 가치가 있는 실체적 권리는 소멸되었습니다. 참고로 이 협정에 근거하여 우리 정부는 이에 따른 대국민 보상문제 해결을 위해 대일 민간 청구권 보상에 관한 법률을 제정하고 지난 1975년부터 1977년 6월 국내적으로 보상조치를 실시한 바 있습니다."라고 기재되어 있었다. 한겨레21, 2001. 11. 8. 자 「특집: 일본보다 미운 당신의 침묵」(김소희 기자) 기사내용 참조

용소송에서는 일본정부와 기업을 보호하기 위해 만리장성을 쌓고 있다. 구체적인 자료는 가지고 있지 않으나 미일 양국 고위급 관계자들 사이의 회동이 있었고 일본정부가 미국 행정부에 자신들을 비호해 줄 것을 요청한 것은 의심의 여지가 없다"고 답변하였다. 기자가 그에게 한국정부 및 국회, 국민들에게 하고 싶은 말이 무엇인지 묻자 "이 소송은 단순한 손해배상 소송이 아니라 굴절된 한국 현대사를 바로 잡을 수 있는 소중한 시발점이다. 한일관계, 남북관계, 한반도 역사 전체에 미치는 소송의 중요성과 절박함을 한국 정부와 국민과 언론이 깊이 인식하고 특히 피해자들이 고령으로 계속 사망하고 있는 시점에서 미국에서 벌어지는 이번 소송의 절박성을 인식하고 외교부를 포함한 정부 관계자들이 변호인단과 만나 성의 있는 대화를 나누기를 희망한다"고 대답하였다.[59] 배리 피셔의 위 답변을 보더라도 위안부 문제에 대하여 한국 정부나 국민들의 관심이 부족하였던 점도 미국에서의 위안부 소송의 성과와 무관하지는 않을 것이다.

5년 5개월이 넘게 진행된 소송에서 원고들이 주장하는 사실의 존부나 실체에 대해서는 거의 다투어지지 않고 미국 법원이 이 소송에 대하여 관할권을 갖는지 여부에 대해서만 치열한 공방이 오고 갔다. 일제강점기 일본의 성노예 착취 사실과 각종 반인도적인 범죄행위가 존재하였던 사실 자체는 더 이상 국제사회에서 다투어질 수 없는 기정사실이기 때문일 것이다. 위안부 소송에서 소각하 판결을 내렸던 제1심 연방법원의 케네디 판사 역시 판결문의 도입부에서 이 사건의 성격을 다음과 같이 서술하고 있다.[60]

> 제2차 대전을 전후로 수년 간 세계는 인류에 의해 저질러진 가장 심각한 적대감을 목격했다. 국제사회는 이러한 사건과 타협하려고 시도하면서 지난 반세기라는 많은 시간을 소비했다. 참으로 지난 10년간 그 희생자에게 보상해주기 위하여 여러

59 여성신문, 2001. 11. 23. 자

60 United States District Court, District of Columbia (Hwang, 172 F. supp. 2d 52)

> 조치들을 취하였고, 유럽에서는 나치 정권의 행위에 대하여 주목했다. 이제 서반구에서는 많은 사람에 의해 잊혀졌을지도 모르겠지만, 이 시대에서도 아시아는 확실히 파시즘의 위험으로부터 면제되지 않았다. 본 사건은 제도적이고 조직적으로 자행된 일본의 아시아 침탈 기간 동안의 악명 높은 행위 – 성적 노예와 조직적 강간을 포함한 행위에 대한 것이다. (중략) 전쟁 이후 수십 년 동안 일본은 위안부 제도에 관한 의혹을 전반적으로 무시하거나 부인해 오다가 1992년에 와서야 위안소 운영에 일본정부가 일정 정도 개입되어 있었음을 공식 인정하였다. 그 이후 몇몇 관리들이 일본의 개입에 대한 사과를 표하였지만, 일본정부는 그들의 행위에 대한 전면적인 책임을 지지 않았고, 위안부에게 보상하지 않았다. 이에 따라 원고들은 그들이 경험한 비인도적인 처우에 대한 보상을 추구하는 이 소송을 내기에 이른 것이다.

판결문에서 케네디 판사는 위안소는 일본 군부에 의하여 운영 · 규율되었으며 위안부는 단순한 군대 보급품으로 취급되었다고 설명하였다. 그리고 위안부의 모집이 유괴와 기망, 강박에 의해 벌어졌고, 위안부로 끌려간 여성들이 적절한 의료와 구호를 받지 못하고 영양 결핍으로 인하여 25% ~ 30%만이 생존했으며 생존한 여성들도 대부분 건강문제로 고통받았다는 점도 언급하였다.

비록 주권면제라는 국제법 원칙에 의하여 미국 법원에서 원고들의 청구는 받아들여지지 못했지만 위안부 소송은 국제사회에 제2차 세계대전 동안 벌어진 일본의 비인도적 범죄행위와 만행을 민간법정이 아닌 제3국의 현 법정에서 고발하였다는 점에서 그 의의를 찾을 수 있다고 할 것이다. 또한 일본의 위안소 운영과 관련한 사실관계 등은 더 이상 진위 여부의 다툼이 없는 진실임을 미국 판사의 판결문을 통해서 확인받았다는 점에서도 위안부 소송은 소송의 승패와 관계없이 그 의미와 가치를 평가받을 수 있을 것이라고 본다.

제7장

일본군 위안부 문제에 대한 헌법소원

I. 들어가며 : 이 글의 한계와 의미

일본군 위안부 문제에 대한 헌법소원 사건은 2006년 7월에 시작되어 서면 공방[1]이 계속되다가, 2009년 4월 9일 공개변론이 예정되어 있다. 따라서 사실 아직 결정이 나오지 않은 시점에서 이 소송 전체의 의미를 조망하거나 그 내용을 충분히 분석하는 일은 불가능하다. 그러나 위안부 문제를 헌법재판으로 다루는 것은 가장 최근의 법적 쟁송으로 그동안 국내외에서 논의된 법적 쟁점들을 망라함과 동시에, 상대적으로 미진했던 한국정부의 책임을 강력하게 묻고 있다는 점, 그리고 바로 '지금' 진행되고 있다는 점에서 매우 중요하기 때문에, 그 내용을 간단하게 살피는 것만으로도 큰 의미가 있다. 따라서 이 글에서는 부족하나마 지금까지 진행된 이 사건의 내용을 정리하고, 그 문제제기의 중요성을 짚어보고자 한다.

II. 일본군 위안부 문제와 한국정부의 대응

헌법소원이 한국정부의 책임을 묻고 있는 것인 만큼, 그동안 이 문제에 대하여 한국정부가 취한 태도나 조치들을 검토해 볼 필요가 있다. 전후보상[2]이 단지 전범국가인 일본정부와 사법부의 판결로 정리될 수 있는 일방의 문제가 아니고 피해 국가 정부의 대응이 요구되는 쌍방 간 문제이며,[3] 실제 일본 내 소송이나 국제기구에서의 문제제기 과정에서도 한국정부가 취한 태도 - 특히

1 헌법재판소 2006헌마788 「대한민국과 일본국간의 재산 및 청구권에 관한 문제의 해결과 경제협력에 관한 협정 제3조 부작위 위헌확인」, 청구인 이용수 외 108/피청구인 외교통상부 장관 : 2006. 7. 5. 사건 접수, 2006. 8. 25. 청구인 심판청구이유 보충서 제출, 2006. 8. 29. 답변서 제출, 2006. 9. 12. 공개변론 신청서 제출, 2006. 10. 27. 준비서면 제출, 2007. 4. 10. 보충 답변서 제출, 2007. 5. 16. 준비서면 제출, 2008. 2. 14. 준비서면 제출

2 '전후보상'은 패전국이 승전국에게 하는 국가 간의 '전쟁배상'과는 달리 가해국가가 전쟁으로 인해 물적·심적 피해를 입은 개인에게 원상을 회복시키는 가능한의 조치를 취한다는 것, 환언하면 가해 국가가 도의적인 역사 인식에 입각하여 전쟁으로 짓밟힌 피해자 개인의 인권을 회복시킨다는 의미이다 - 김광열, 「1990년대 일본에서의 '전후보상론'과 한국인의 소송」, 한일민족문제학회, 『한일민족문제연구』 제2호, 2002, 64쪽

3 양기호, 「전후보상과 한국정부의 대응」, 『일본학보』 제53집, 2001, 622쪽

한일협정 – 가 법적 쟁점으로 등장하고 있다는 점을 고려하면, 전후보상 논의에서 한국정부가 취한 태도는 피해자 개개인의 직접적 권리 회복이라는 전후보상 문제에서 매우 중요한 위치를 차지하기 때문이다.

1. 광복 후 1960년대까지

2차 세계대전 기간 동안 일제에 의하여 방대하게 강제 동원되었던 우리 민족의 인적 · 물적 자원은 1945년 8월 15일 일본 패전 당시에도 일본 내에 남아 있었고, 이들 피해자들에게 가장 우선적인 조치는 당연히 고국으로의 귀환이었다. 그러나 일본정부의 무관심, GHQ(미 점령군 사령부)의 불철저한 인식 등으로 원활한 귀환조차 이루어지지 않았고, 심지어 소지품 무게나 소지금액에 갖가지 제한을 두는 등 적극적으로 방해하기도 하였다.[4] 한편 이들 피동원 조선인 노동자들은 1945년 10월 결성된 조선인연맹(이하 '조련')을 중심으로 동원 기업에 미불임금 반환과 보상을 요구하였고 초기에는 상당한 성과를 올렸으나, 1946년 일본 정부와 기업이 GHQ를 설득하여 교섭거부 방침으로 대응한 탓에 좌절되었고, 결국 일본정부는 미불금 전체를 일본은행에 공탁하여 미불 임금 요구를 봉쇄하였다.[5] 1952년 4월 28일 샌프란시스코 강화조약 발효로 주권을 회복한 후에는 외국인등록법을 공포하여 이후 구 식민지 출신자는 '일본 국적자'로 취급하지 않으면서, 같은 해 4월 30일 「전상병자전몰자유족등원호법(戰傷病者戰沒者遺族等援護法)」을 공포하여 '일본 국민'에 대해서만 전시 피해를 보상하는 보상정책을 실시하였다.[6] 이러한 구 식민지 국민들에 대한 일본정부의 무책임한 전후처리 자세는 그 후 15년이 넘게 계속되었고, 한국정부도 정부 수립과 한국전쟁 등을 치르고 전쟁 피해를 극복하는 동안 특별한 대책을 세우지 못하는 상태에서 시간이 흘렀다.

4 김광열, 앞의 글, 65쪽
5 김광열, 위의 글, 65쪽
6 김광열, 위의 글, 66쪽

2. 1965년 한일 국교정상화와 한일협정

1965년 한일 양국은 「대한민국과 일본국 간의 기본관계에 관한 조약」을 체결하고, 「대한민국과 일본국 간의 재산 및 청구권에 관한 문제의 해결과 경제협력에 관한 협정(한일협정)」을 체결하였는데, 협정 제1조는 일본이 대한민국에 대하여 3억불의 무상 지원과 2억불의 장기 저리 차관을 약속하고, 제2조에서는 "양 체약국은 양 체약국 및 그 국민의 재산, 권리 및 이익과 양 체약국 및 그 국민간의 청구권에 관한 문제가 1951년 9월 8일 샌프란시스코 강화조약 제4조 (a)에 규정된 것을 포함하여 완전히 그리고 최종적으로 해결된 것이 된다는 것을 확인한다 … 일방체약국 및 그 국민의 재산, 권리 및 이익으로서 본 협정의 서명일에 타방 체약국의 관할 하에 있는 것에 대한 조치와 일방 체약국 및 그 국민의 타방 체약국 및 그 국민에 대한 모든 청구권으로서 동 일자 이전에 발생한 사유에 기인하는 것에 관해서는 어떠한 주장도 할 수 없는 것으로 한다"고 하였다.

이 협정 이후 일본은 1965년 12월 17일 「재산 및 청구권에 관한 문제의 해결과 경제협력에 관한 일본국과 대한민국 사이의 협정 제2조의 실시에 수반되는 대한민국 등의 재산권에 대한 조치에 관한 법률」(법률 제144호)를 제정하여, "대한민국 또는 그 국민의 재산" 중, 한일협정 제2조 3의 "재산, 권리 및 이익에 해당하는 것"을 "1965년 6월 22일자로 소멸"(제1조)시켰고, 한국은 1966년 2월 19일 「청구권자금의 운용 및 관리에 관한 법률」(법률 제1741호)을 제정하여, "대한민국 국민이 가지고 있는 1945년 8월 15일 이전까지의 일본국에 대한 민간청구권은 이 법에서 정하는 청구권자금 중에서 보상하여야 한다"라고 규정하고(제5조 제1항), 1971년 1월 19일 「대일민간청구권 신고에 관한 법률」(법률 제2287호, '신고법')을 제정하여 권리신고를 받은 다음 1973년 12월 21일 「대일민간청구권 보상에 관한 법률」을 제정하여, 재산, 권리 및 이익에 해당하는 것에 대한 보상조치와 함께, "청구권신고법 제2조 제1항 제9호의 피징용사망자에 대한 청구권보상금"으로서 "1인당 30만원"을 지급하는 조치를 취했다(제4조 제2항).[7,8]

그런데 위 법률의 보상 대상은 일본에 대한 채권과 "일본국에 의하여 군인 · 군속 또는 노무자로 소집 또는 징용되어 1945년 8월 15일 이전에 사망한 자(='피징용사망자')"에 한정되었고(신고법 제2조 제1항 제9호), 보상금은 신고주의가 원칙으로 입증서류를 제출한 사망자에게만 배분되었기 때문에, 일본군 위안부 문제는 전혀 다루어지지 않았다.

이와 관련하여 당시 한국정부는 "재산 및 청구권 문제의 해결에 관한 조항에 의해 … 우리가 최초 제시한 8항목의 대일 청구권 요강에서 요구한 것은 모두 소멸되게 되었다. 따라서 지금(地金) 및 지은(地銀)에 관한 청구, 과거 조선총독부 체신국 관계의 청구(우편저금, 간이생명보험 등), 한국에 본사를 둔 법인의 재일재산에 관한 청구, 한국인이 소지한 일본계 통화, 각종 유가증권(국채, 공채 등), 피징용자의 미수금 및 보상금, 은급 등에 관한 청구, 한국인의 대일정부 및 일본국민에 대한 각종 청구가 모두 완전히 그리고 최종적으로 소멸한 것으로 된다"[9]고 하였을 뿐, 그 밖의 피해자들의 청구권에 관해서는 어떠한 설명도 제시하지 않았다.[10] 결국 일본으로부터 불법적인 식민지 지배에 대한 '배상적 성격'의 자금을 받았다고 주장하면서도 한국인 개인의 재산, 권리 및 이익에 대해 충분한 조사도 없이 극히 일부에 대해서만 보상하였던 것이며, 애당초 재산, 권리 및 이익과 청구권의 구별이나 국가의 외교보호권과 개인의 권리의 구별에 관한 명확한 인식도 없었던 것이다.[11]

7 김창록, 「한일간 과거청산에 있어서의 국가의 논리와 개인의 논리」, 『法史學硏究』 제30호, 2004, 236~237쪽
8 피징용 사망자의 경우 1인당 30만원을 기준으로 8,522명에게 약 25억 7천만원이 지급되었고, 미지불임금 · 예금 채권 등, 재산상의 권리에 대하여 1엔당 30원씩 환산하여 74,976건에 대하여 약 66억 2천만원이 지급되었다. 이 법률은 1982년 12월 국회에서 폐기되었다 – 양기호, 앞의 글, 624쪽
9 대한민국 정부, 『대한민국과 일본국간의 조약 및 해설(1965. 7. 5.)』, 84쪽 : 김창록(2004), 앞의 글, 245쪽에서 재인용
10 김창록(2004), 위의 글, 246쪽
11 김창록(2004), 위의 글, 252쪽

3. 1990년대의 전후 보상 소송과 일본군 위안부 문제의 공식 제기

전후보상 문제가 다시 한일 양국 간의 외교문제로 다루어진 것은 약 35년의 긴 시간이 지난 1990년대에 이르러서였다. 시대적으로 과거 사죄와 전후보상을 가로막았던 중요한 국제적 변수인 냉전이 해소되고 그에 편승하고 있었던 아시아 국가들의 권위주의체제가 차례로 무너지면서 그 체제에 억눌러 있었던 아시아 인민 개인들의 권리 주장을 가능하게 한 정치적 조건,[12] 일본사회에 새로운 정치세력의 등장, 한국 내 군사정권 하의 친일인맥이 퇴조하고 전후 세대가 등장했다는 점[13]과 함께, 한국의 사회운동 특히 그 중에서도 위안부 문제와 관련해서는 군사 독재 하에서 여력이 없었던 한국사회의 의식이 성숙해지고 1980년대 후반 한국의 여성운동이 크게 성장하였다는 점[14]도 늦게나마 전후보상 문제를 적극적으로 제기한 배경이 되었다. 1990년대에 들어와 전후보상에의 관심이 활기를 띠기 시작한 것은 우리나라를 비롯한 아시아 각국 관계자의 노력에 기인하는 바가 큰데,[15] 그 중에서 위안부 문제는 직접 피해자인 위안부 할머니들이 스스로 피해 사실을 고발하면서 세상에 큰 반향을 불러 일으키기 시작하였고, 이후 한국과 일본의 민간단체가 그 피해 보상 문제를 양국 내 언론을 통해 제기하면서 쟁점화되었다.[16]

일본정부는 공식적으로는 1990년 6월 참의원 예산위원회에서 국가책임을 부인하였으나, 그 후 요시미(吉見義明) 교수의 조사로 방위청 문서 등이 밝혀지면서 정부의 직접 개입을 부분적으로 인정하였고, 1992년 8월 4일 고노 요헤이(河野洋平) 관방장관의 정부담화에서 이 사실을 확인하게 된다.[17]

이에 대하여 한국정부는 일본군 위안부 문제가 1965년 한일협정 이후 새로

12 김창록, 「일본에서의 대일과거청산소송」, 『法史學研究』 제35호, 2007, 343쪽
13 양기호, 앞의 글, 625쪽
14 정진성, 『일본군 성노예제』, 서울대학교 출판부, 2004, 110쪽
15 양기호, 앞의 글, 625쪽
16 양기호, 위의 글, 626쪽
17 양기호, 위의 글, 626쪽

밝혀진 역사적 사실이라는 입장으로 조금씩 선회하기 시작하였다. 1991년 10월 11일 제156회 국회 본회의에서 이상옥 당시 외무부장관은 "과거사에 기인하는 대일피해자 보상 문제는 1965년에 체결된 … 협정에서 양국 정부 간에 법적으로는 이미 일단락되었습니다"라고 주장했으나, 1995년 9월 20일 국회 통일외무위원회에서 공로명 외무장관은 "우리 정부는 1965년 한일협정 체결로 일단 일본에 대해서는 정부차원에서의 금전적 보상은 일단락된 것으로 이렇게 보고"라고 하여 정부 차원의 문제해결을 인정하는 한편, "개인적인 청구권에 대해서는 정부가 그것을 인정하고 있다"라고 하여 개인 청구권이 소멸되지 않았다는 입장을 밝혔으며, 1998년 1월 26일 유종하 외무부장관은 "1965년의 청구권협정은 당시 주로 재산권에 대한 보상청구권을 중심으로 교섭이 되었고 불법행위에 대한 배상책임을 대상으로 한 것이 아니다"라고 하였다.[18]

이와 같은 한국정부의 태도 변화는 문제에 대해 보다 명확한 인식을 가지게 된 것이라는 점에서는 평가할 수 있지만, 일본과 마찬가지로 1990년대 국내외에서 과거청산 문제가 심각하게 제기되는 것에 대한 수세적 성격이 강한 것이었다.[19]

4. 문민정부의 도덕적 책임론과 「일제하 일본군 위안부에 대한 생활안정지원법」

문민정부에서 전후보상 문제에 대한 한국정부의 입장은, 일본정부에 대한 피해자 보상보다는 진상규명을 요구하는 것으로 무게중심이 옮겨갔다.[20] 외무부장관은 방한 중 일본 외무대신과 가진 회담에서 "위안부 문제 등 과거사 문제를 더 이상 일방적인 외교 현안으로 제기하지 않는다"는 한국정부의 입장을

18 김창록(2004), 앞의 글, 246쪽
19 김창록(2004), 앞의 글, 252쪽
20 양기호, 앞의 글, 627쪽

전달하였고[21] 이러한 입장은 그 후에도 대체로 이어져 1993년 3월 13일 김영삼 대통령은 일본정부에게 철저한 진상규명을 요구하는 등 관심을 보이면서도 물질적 보상을 요구하지 않는다는 입장을 분명히 하였다.[22] 이러한 정부의 방침은, ① 생존자들을 위한 생활대책을 특별법으로 제정, ② 한일협정 해석과 무관하게 보상을 요구하지 않음으로써 한일간 외교문제로 쟁점화하지 않겠다는 것, ③ 대신 개인의 배상청구권은 인정하며 재판이나 민간운동을 지원하겠다는 것이라고 할 수 있는데,[23] 다시 말하면 배상요구에 대해 한일협정의 테두리에 묶여 일본정부의 양심에 맡기겠다는 소극적인 '군자론식 도덕관'[24]이라고 할 수 있겠다.

그러나 현실적으로 약속과 달리 한국정부는 희생자에 대한 원호에 별다른 성의를 보이지 않았고, 나아가 일본정부에 요구한 진상조사 압력도 별로 가하지 않았다. 일본정부에 대한 금전 배상의 포기는 실질적으로 일본정부에 대한 법적 포기였고, 이는 국제인권단체들의 관여를 곤란하게 만들고 일본정부에 대한 국제적 압력에 김을 빼는 일이었기 때문에, 사실상 당사자국인 한국정부의 미온적인 대처는 일본정부를 돕고 민간단체의 활동을 무력화시키는 결과를 낳았다.[25]

다른 한편 정부는 '생존자 생활대책'이라는 차원에서 1993년 6월 11일 정부

21 조선일보 1993. 7. 1.자 – 양기호, 위의 글, 627쪽에서 재인용

22 양기호, 위의 글, 627쪽

23 외무부 설명 – "… 정부가 군대 '위안부' 문제와 관련하여 일본정부에 물질적 배상 또는 보상을 요구하지 않겠다고 천명한 것은 불행했던 과거의 상처를 우리 스스로 치유하는 노력을 함으로써 국민적, 국가적 자긍심을 고양하는 한편 일본정부에 대해 철저한 진상규명을 촉구하려는 취지에서임, 일본정부가 금전적 배상 또는 보상을 해야만 법적 책임을 인정하는 결과가 되는 것은 아니며 오히려 우리 정부가 명확한 진상이 규명되었음에도 불구하고 의연한 자세를 보일 경우 일본이 느끼는 도의적 책임은 더욱 가중될 것으로 판단됨, 정부는 금후에도 정부 차원의 배상, 보상은 요구하지 않을 방침이나 민간 차원에서 진행중인 배상청구소송 등에 대해서는 깊은 관심과 필요한 지원을 행하고자 함 …": 정대협에 대한 질의사항 회신 가운데 외무부 문서번호 아임 22220-433호. 인권운동사랑방 (인권하루소식 1993. 9. 2.) – 박원순, 「일본군 '위안부' 문제 해결의 전망」, 한국정신대문제대책협의회 진상조사연구회 엮음, 『일본군 '위안부' 문제의 진상』, 역사비평사, 1997 474쪽에서 재인용

24 이효재, 「일본군 '위안부' 문제 해결을 위한 운동의 전개과정」, 한국정신대문제대책협의회 진상조사연구회 엮음, 위의 책, 329쪽. 양기호, 앞의 글, 627쪽은 이러한 입장을 "소위 '도덕적 우위론'의 주장을 기본 전제로 하되, 가능하면 일본군 위안부 문제가 심각한 한일간 외교갈등으로 비화되기를 꺼리는 입장"이라고 평가한다.

25 박원순, 앞의 글, 474~475쪽

제안으로 국회에서 「일제하 일본군 위안부에 대한 생활안정지원법(법률 제4565호)」을 제정하였는데, 이 법은 일본군 위안부 피해자로 보건사회부에 등록된 생존자를 대상으로 하여 생활안정지원금으로 일시금 500만원과 월 15만원을 지급하고 임대주택을 우선 임대[26]하는 것을 내용으로 하였다.

문민정부의 위안부 대책은 결국 민간단체의 눈치만 보면서 사실상 일본과의 외교적 현안으로 만들지 않겠다는 것[27]으로 일본정부에게 법적 책임을 묻지 않는 것이라고 볼 수 있고, 정부지원금 성격도 '선지원 후청구'의 형식이 아닌 피해자에 대한 단순한 생활지원에 그쳤다[28]는 점에서 한계가 있다.

5. 1995년 국민기금 사태와 정부의 태도

일본정부는 1995년 7월 패전 50주년 기념사업의 하나로, 전쟁책임과 개인별 보상을 회피하기 위하여 민간모금을 통하여 일본군 위안부 피해자에 대한 일시금을 지급하는 '여성을 위한 아시아평화 국민기금' 을 설치하여 위안부 피해자들에 대한 금전지급을 추진하였다. 이는 일본정부의 전후 배상책임을 회피하는 것이기 때문에 한국정부는 외무부 성명을 통해 "일본측의 지급강행을 심히 유감스럽게 생각한다"고 거부 입장을 밝혔으며, 유엔과 ILO 총회 등의 자리에서도 국제사회의 관심을 촉구하면서 대책을 강구하려 하였다.[29] 이 때에는 국회의원들도 나서서 1995년 10월 전체 의원의 3분의 1에 해당하는 106명의 의원들은 한일협정이 양국의 과거청산에 오히려 제약이 되고 있다고 판단하고 한일기본조약 파기를 촉구하는 결의안을 국회에 제출하고, 270명의 국회의원이 "일본정부는 국민기금을 철회하고 피해자들에게 보상을 실시하라"는 문서에 서명하였으며, 이미경 의원 등이 주축이 된 연구모임에서 '위안부 범죄

26 정인섭, 「일본의 전쟁책임이행상의 문제점」, 한국정신대문제대책협의회 진상조사연구회 엮음, 위의 책, 426~427쪽

27 박원순, 앞의 글, 473쪽

28 양기호, 앞의 글, 627쪽

29 양기호, 위의 글, 628쪽

에 대한 법적 책임을 다하도록 하기 위한 결의안'을 통과시키는가 하면, 일본군 전범에 대한 입국을 금지하는 내용의 출입국 관리법 개정안을 제안하기도 하였다.[30]

6. 국민의 정부 · 참여정부의 입장

김대중 정부는 기본적으로 김영삼 정부의 정책과 크게 다르지 않은 입장을 취했다고 볼 수 있다. 위 「일제하 일본군 위안부에 대한 생활안정지원법」이 시행되어 지원금을 지급하였는데, 그 금액은 일본측 국민기금(1인당 500만엔) 지급을 저지하기 위하여 이에 상당한 액수로 책정되었고, 지방자치단체도 지원을 시작하였다. 그러면서도 한국정부는 앞으로도 정대협 등 우리 민간단체가 일본정부에 보상을 요구하는 데에 관여하지 않으며 아시아여성기금 등의 단체로부터 위로금을 받지 않도록 조치해갈 생각임을 밝혔다. 김대중 대통령은 지원금 지급결정에 대하여 정부가 여생이 그리 남지 않은 할머니들에게 위로금으로 지급하는 것이라고 언급하면서 동시에 "다만 이것이 일본에 대한 역사적, 도의적 책임을 묻거나 사과 요구를 포기하는 것이 아니다"라는 점을 분명히 하였다.[31]

참여정부도 처음에는 기본적으로는 "외교 현안으로 부각시키지는 않지만, 인권문제로 보고 한국정부가 지원한다"는 이전 정부의 태도를 이어갔으나,[32]

30 양기호, 위의 글, 629쪽

31 조선일보 1998. 4. 21.자 – 양기호, 위의 글, 630쪽에서 재인용

32 정부의 공식적인 입장 전체로 보기는 어렵지만 2002년 10월 한국인 피해자 100명이 제기한 「협정」 관련 문서 공개청구 소송에서 2003년 5월 14일 외교통상부가 제출한 준비서면이 "대한민국 정부가 한일청구권협정 체결 후 대일 민간청구권에 대한 보상입법을 통하여 일본국을 대신하여 일제강점기 피해자들에 대한 보상을 종료"했기 때문에 공개의 실익이 없다고 주장하고 있는 점은, 당시 이러한 외교 정책의 맥락에서 위안부 문제에 관한 정부의 공식적인 입장이 정리되지 않았음을 보여주는 동시에, 한국인 피해자 개인의 청구권은 존재한다고 한 1990년대의 주장과도 상충된다(서울행정법원 2002구합33943 정보공개거부 처분 취소 사건 – 김창록(2004), 앞의 글, 247쪽에서 재인용). 그렇기 때문에 "1990년대의 주장이 단순한 립서비스에 불과한 것이 아니었는가라는 의문"도 제기되었다 – 김창록(2004), 위의 글, 252쪽. "일본정부로서는 북한과의 국교정상화를 위한 교섭과정에서 1952–1965간 이루어진 한일간 국교정상화 교섭내용을 준용한다는 입장이고, 한일 국교정상화 관련 외교문서는 그 내용이 일·북한간 수교교섭에 직접적 부정적인 영향을 미칠 가능성이 크다는 점에서 일체 공개하고 있지 않으며, 나아가 우리 정부에도 공개에 신중을 기해 주기를 강하게 희망하고 있"기 때

중반 이후 방향이 다소 바뀌었다. 2004년 7월 제주도에서 열린 정상회담에서 노무현 대통령은 "임기중 과거사 문제를 공식적 의제나 쟁점으로 제기하지 않으려 한다"는 입장을 밝혀 논란이 되기도 했다. 하지만 2005년 2월 22일 일본 시마네 현에서 일본정부의 묵인 속에 '다케시마의 날' 조례를 통과시키자 3월 23일 대통령이 직접 「국민에게 드리는 편지」를 통해 대일 강경기조를 밝혔으며, 이에 앞서 3월 17일 청와대 국가안전보장회의(NSC)는 영토 및 과거사 문제에 대한 통합적 대응원칙을 담은 '신 대일(對日) 독트린'을 천명했다.[33]

이러한 정부의 입장은 한일협정 관련 문서 공개에 즈음하여 더욱 분명해졌다. 2005년 8월 26일 국무조정실의 '한일수교문서공개대책관련 민관공동위원회'[34]는 ① 한일협정은 기본적으로 일본의 식민지배 배상을 청구하기 위한 것이 아니었고, 샌프란시스코 조약 제4조에 근거하여 한일 양국간 재정적 · 민사적 채권 · 채무관계를 해결하기 위한 것이었으므로, 일본군 위안부 문제 등 일본정부 · 군 등 국가권력이 관여한 반인도적 불법행위에 대해서는 청구권협정에 의하여 해결된 것으로 볼 수 없고 일본정부의 법적 책임이 남아 있다, ② 한일협정 당시 한국정부는 정치적 차원에서 보상을 받은 것이어서 수령한 무상자금 중 상당금액을 강제동원 피해자의 구제에 사용하여야 할 도의적 책임이 있는데 1975년 보상으로는 불충분하였다고 볼 수 있으므로 강제동원 피해자들에 대해 추가적 지원대책을 강구하고, 강제동원 기간 중의 미불임금 등

문에 「협정」 관련 문서를 공개할 수 없다고 주장했다는 데에 이르러서는 탈냉전시대의 '국가'로서의 조리(條理)를 가지고 있는지조차도 의심스러울 지경이라고 하지 않을 수 없다(같은 글, 253쪽). 이 사건은 2002년 9월 23일 행해진 정보공개 청구에서 시작되었는데, 당시 외교통상부는 "일본정부가 현재 이루어지고 있는 북한과의 수교 교섭에 장애가 있어 우리 정부에 비공개를 요청하였다"는 외교상의 이유로 공개를 거부하였고, 2002년 10월 11일 서울행정법원에 정보공개소송을 제기하여 2004년 2월 13일 일부 승소를 하였으며, 결국 관련 문서는 2005년 1월과 8월에 전면 공개되었다.

33 문화일보 2008. 2. 19.자

34 한일수교회담 문서공개 등 대책기획단의 설치 및 운영에 관한 규정(대통령훈령 제138호)에 근거하여 설치되었다. 국무총리와 이용훈 변호사(이후 대법원장으로 임명되어 양삼승 변호사로 변경)를 공동위원장으로 하여 재정경제부, 외교통상부, 기획예산처, 법무부, 행정자치부, 보건복지부장관, 국가보훈처장, 국무조정실장, 청와대 민정수석 등 9명의 정부 위원과 백충현 서울대 명예교수, 유병용 한국학중앙연구원 교수, 한정숙 서울대교수, 손혁재 참여연대 운영위원장, 김학순 경향신문 논설실장, 조건호 전경련 부회장, 이복렬 피해자단체 대표 등 민간전문가 7명으로 구성되어 일제강제동원피해자에 대한 전반적 대책방향을 논의하였다.

미수금에 대해서도 일본으로부터 근거자료 확보 노력 등 정부가 구제대책을 마련한다, ③ 일본군 위안부 문제는 일본정부에 대해 법적 책임 인정 등 지속적인 책임 추궁을 하는 한편, 유엔인권위 등 국제기구를 통해서 이 문제를 계속 제기하고 '해남도 학살사건' 등 일본군이 관여한 반인도적 범죄 의혹에 대해서는 진상규명을 한 후 정부 대응방안을 검토한다는 '대책방향'을 발표하였다.[35,36]

그리고 이후 논의를 거쳐 2006년 3월 8일 '일제강제동원피해자 지원대책'을 확정하였는데, 이는 위 '대책방향'을 발전시킨 것으로 지원 대상 범위를 확대하여 정부가 인도적 지원을 하고, 한일청구권협정에서 다루어지지 않은 일본군 위안부 등 반인도적 불법행위에 대해서는 일본정부에 지속적으로 책임을 추궁하고, 사할린동포, 원폭피해자 문제 등은 일본정부와 외교적 협의를 통해 지원범위를 확대해 나갈 계획임을 밝힌 것이다.[37] 정부는 이 계획에 따라 같은 해 6월 「일제강점 하 국외 강제동원 희생자 등 지원에 관한 법률안」을 만들어 국회에 제출하였고, 국회는 같은 해 12월 10일 「태평양전쟁 전후 국외 강제동원 희생자 등 지원에 관한 법률」로 바꾸어 이를 통과시켰다.

이 법은 지원 대상을 일제의 '국가총동원법' 제정 이후 군인 · 군무원 · 노무자 등으로 국외로 강제동원되어 강제동원기간 중 사망 또는 행방불명되거나 부상으로 장해를 입었던 사람과 노무제공 등의 대가로 일본국 및 일본 기업 등으로부터 지급받을 수 있었던 급료, 여러가지 수당, 조위금, 부조료 등을 지급받지 못한 사람 등으로 정하고(제2조), 강제동원 기간 중 사망하거나 행방불명된 경우의 유족에 대해서는 강제동원희생자 1인당 2천만원의 위로금을 지

35 국무조정실 보도자료 2005. 8. 26. 자 「한일회담 문서공개 후속대책 관련 민관공동위원회 개최」

36 민관위원회가 '정부의 과오'를 인정하는 입장을 정한 것에 대해서는 "과거의 '과오'를 솔직하게 인정하고 고령의 피해자들에 대한 구제에 적극 나선 것이라는 점에서 긍정적으로 평가할 만한 것"이라고 할 수 있는 반면, ('도의적 · 원호적 차원'이라고 한정했고 또 위안부 문제 등 "일본정부 · 군 등 국가권력이 관여한 반인도적 불법행위"에 대한 책임을 제외하기는 하였더라도) 한국정부가 어쨌든 피해자 구제의 책임을 인정한 것은 일본 재판소의 책임 전가의 또 다른 구실이 될 가능성이 있다는 지적도 있다 – 김창록(2007), 앞의 글, 376~377쪽

37 국무조정실 보도자료 2007. 3. 9.자 「일제강제동원피해자 지원 대책 마련」

급하고, 부상으로 장해를 입은 강제동원희생자 또는 그 유족에 대해서는 강제동원희생자 1인당 2천만원 이하의 범위 안에서 장해 정도에 따라 위로금을 지급하며(제4조), 미수금피해자 또는 그 유족에 대해서는 미수금피해자가 일본국 또는 일본기업 등으로부터 지급받을 수 있었던 미수금을 당시의 일본국 통화 1엔에 대하여 대한민국 통화 2천원으로 환산하여 지급하고(제5조), 생존자에 대해서는 의료지원금을 지급하는 것을 내용으로 한다(제6조).

7. 소결

한국정부의 기본 입장은 대체로 "일본군 위안부 문제에 있어서 일본정부의 국가 책임을 인정하나 개인별 보상문제로 인한 한일간 분쟁은 원하지 않으며 한일협정에 관한 법적 논쟁을 더 이상 벌이지 않겠지만, 일본군 위안부 피해자 문제는 인권문제이므로 유엔 등 국제무대에서의 지지를 끌어내는 활동은 여전히 계속한다"는 것이라고 할 수 있고, 이러한 기본적 틀 안에서 대일관계와 외부 변수에 따라 조금씩 변화가 있었던 것으로 보인다. 이는 결국 국제여론은 조성하지만 외교현안으로 이 문제를 부각시키지 않는다는 입장[38]이라고 할 수 있다.

물론 참여정부 후반기에 이러한 태도를 다소 변경하여 "일본정부에 대해 법적 책임 인정 등 지속적인 책임을 추궁"하겠다는 입장을 밝히기도 하였으나, 여전히 외교적 대응은 매우 소극적이었다. 그리고 이렇게 일본의 법적 책임 추궁에 소극적인 대응 기조는, 4강 중심 · 실용 외교를 표방하면서 전통적 우방과의 관계 개선을 중시하는 이명박 정부에 들어서 그대로 유지되거나 강화될 것으로 보인다.[39] 한국정부의 소극적인 대응 원인은 근본적으로 대일관계

38 양기호, 앞의 글, 631쪽

39 이명박 정부는 대통령직 인수위원회 당시부터 과거사위원회들의 통폐합 방침을 공공연히 밝혔고, 그 첫 '희생양'으로 아직 만들어지지도 않은 '태평양전쟁 전후 국외 강제동원희생자 지원위원회'(지원위원회)로 겨냥해, 예산과 인력을 배정하지 않았다. 또한 외교통상부는 지난 4월, 야스쿠니신사 문제 해결을 위해 만든 '야스쿠니반대공동행동' 한국위원회의 비영리민간단체 등록 신청을 거부했으며, 민족문제연구소가 진행 중인 친일인명사

의 현상 유지를 기조로 하는 인식상의 한계에서 비롯된 것으로, 강경대응을 자제하는 것이 마치 관성화된 듯 하며, 이러한 대응이 현명하다는 것이 외무관료들의 심층을 지배하여 현실에서도 미약하고 소극적인 행동으로 이어져 일본과 미국에서 대일 소송을 전개하는 민간단체들에게 커다란 불신과 실망을 주고 있다.[40]

III. 한일협정을 둘러싼 헌법재판 선례

직접적으로 위안부 문제에 관한 것은 아니지만, 한일협정 내용이나 그 후속 조치인 국내법과 관련된 헌법재판이 제기된 선례는 몇 차례 있었다. 위에서 본 것처럼 한일협정 내용은 "체약국 및 그 국민(법인을 포함)의 재산, 권리 및 이익과 양 체약국 및 그 국민간의 청구권에 관한 문제가 1951년 9월 8일에 샌프란시스코 강화조약 제4조 (a)에 규정된 것을 포함하여 완전히 그리고 최종적으로 해결된 것이 된다는 것을 확인한다"는 것을 내용으로 하고 있고, 이에 따라 우리 정부가 제정한 「대일 민간청구권 신고에 관한 법률('신고법')」은 ① 대일민간청구권을 1945년 8월 15일 이전의 권리로서, ② 일본 화폐나 유가증권 · 채권과 피징용사망자의 권리에 한정하여, ③ 그것도 1971년 5월 21일부터 1972년 3월 20일까지 신고된 권리만을 보상 대상으로 하고, 이후 이에 따라 「대일민간청구권 보상에 관한 법률('보상법')」을 제정하였는데, 이들 법률의 적용 대상에서 제외된 사람들의 권리 침해가 문제되었다. 그리고 다른 한 가지 유형의 헌법소원 청구는 한일협정에 따른 중재요청 불이행이 위헌이라는 것이었다.

전 편찬작업에 대해서는 이명박 대통령이 "친일 문제는 공과를 균형 있게 봐야 한다"고 말했다. 4월23일에는 권철현 주일대사가 위안부 문제에 대해 "드러내기보다는 가슴에 묻고 국익에 맞는 게 무엇인지 생각해야 한다"고 말해 위안부 할머니들의 가슴에 못을 박았다. 이에 대해 한국정신대문제대책협의회는 "망언을 취소하고 사죄하라"며 분노했다 – 한겨레 2008. 7. 17.자

40 양기호, 앞의 글, 631~632쪽

1. 보상 범위를 제한한 것이 입법부작위라는 헌법소원 사건(94헌마108, 94헌마204 사건)

대일 민간인 청구권 보상과 관련하여 처음 제기된 헌법소원은 1945년 8월 15일 이후 취득한 재산에 관한 보상 사건 2건이다.[41] 이들 사건의 청구인들은 모두 해방 전 중국(만주)로 이주하여 사업(94헌마108)을 하거나 취업활동(만주광산 승덕 출장소 직원, 94헌마204)을 하다가 해방 이후 중국에서 축적한 재산을 일본국 소유 은행(만주중앙은행, 일본무역신용주식회사)에 예금 · 송금한 사람들이다. 위 '신고법'에 따라 이들 재산은 신고의 대상이나 보상의 대상이 될 수 없었는데, 이들은 이렇게 1945년 8월 15일 이후 취득된 대일민간청구권의 보상에 관해서 법률을 제정하지 않은 것이 '입법부작위'[42]라고 주장하면서 비슷한 시기 헌법소원을 제기하였다.

이에 대하여 헌법재판소는 먼저 헌법재판의 대상이 되는 '입법부작위'의 정의와 분류에 관한 일반론을 소개하면서, 이 사건 법률은 '(진정)입법부작위'가 아니라고 판단한 다음, 따라서 헌법소원을 위한 청구기간이 도과되었음을 이유로 각하 결정을 내렸다. 즉 넓은 의미의 '입법부작위'에는, ① 입법자가 헌법상 입법의무가 있는 어떤 사항에 관하여 전혀 입법을 하지 아니함으로써 '입법행위의 흠결이 있는 경우'(즉, 입법권의 불행사)와 ② 입법자가 어떤 사항에 관하여 입법은 하였으나 그 입법의 내용 · 범위 · 절차 등이 당해 사항을 불완전, 불충분 또는 불공정하게 규율함으로써 '입법행위에 결함이 있는 경우'(즉, 결함이 있는 입법권의 행사)가 있다. 헌법재판소의 판례에 의하면, '진정입법부작위'를 대상으로 헌법소원을 제기하려면 헌법에서 기본권 보장을 위하여 법령에 명시적인 입법위임을 하였음에도 불구하고 입법자가 상당한 기간 내

41 내용은 약간 차이가 있으나, 이들 청구에 대한 헌법재판소의 결정 취지 자체는 거의 동일하므로 두 사건을 함께 보기로 한다.

42 이 법률 규정을 "1945년 8월 15일 이전에 취득한 재산만을 보상대상으로 한 것"이라고 보면 입법 '부작위'가 아니라 '작위'가 되겠지만, 이를 굳이 '부작위'로 구성한 것은, 아래에서 보는 것처럼 "(진정) 입법부작위 등 공권력의 불행사에 대한 헌법소원은 청구기간의 제한을 받지 않음이 원칙(헌법재판소 1994. 12. 29. 선고 89헌마2 결정 등)"이기 때문이다.

에 이를 이행하지 아니하거나 또는 헌법의 해석상 특정인에게 구체적인 기본권이 생겨 이를 보장하기 위한 국가의 행위의무 내지 보호의무가 발생하였음이 명백함에도 불구하고 입법자가 아무런 입법조치를 취하지 않고 있는 경우이어야 한다. '부진정입법부작위'를 대상으로 헌법소원을 제기하려면 이 경우에는 결함이 있는 당해 입법규정 그 자체를 대상으로 하여 그것이 평등의 원칙에 위배된다는 등 헌법위반을 내세워 적극적인 헌법소원을 제기하여야 하며, 이 경우에는 헌법재판소법 소정의 제소기간(청구기간)을 준수하여야 하는데, 청구인의 청구권(1945년 8월 15일 이후 취득한 것)이 신고 및 보상의 대상에 포함되어 있지 않고 그 결과로 청구인이 보상을 받지 못하게 된 것은, 입법자가 그 청구권에 관한 보상입법을 불완전 · 불충분하게 함으로써 입법의 결함이 생겼기 때문이지, 입법자가 그러한 청구권에 관한 보상입법을 하지 않았기 때문에 '부진정 입법부작위'라는 것이다.

따라서 청구인으로서는 "헌법재판소법 제69조 제1항이 정한 청구기간 내에" 청구권신고법 등 보상관계입법의 관계규정과 각 그 폐지 법률을 대상으로 하여 그것이 헌법위반이라는 적극적인 헌법소원을 제기하여야 하고, 청구인이 주장하는 위 보상관계입법들에 의한 기본권침해는 헌법재판소가 발족하기 이전의 일이므로 그 청구기간의 기산점은 헌법재판소가 구성된 1988년 9월 19일이고 그로부터 180일 내에 제기되어야 하는데, 이 기간이 도과(94헌마108 사건은 1994년 6월 3일에, 94헌마204 사건은 1994년 9월 27일에 제기되었음)되었으므로 각하해야 한다는 것이다.

이러한 다수의견에 대하여 재판관 김진우, 이재화, 조승형은 "청구인이 이 사건의 심판대상으로 삼은 것은 1945년 8월 15일 이후 대일민간청구권에 대한 보상입법을 하지 아니한 입법 '부작위'이지, 1945년 8월 15일 이전 청구권에 대한 보상입법에 관해 문제 삼은 바 없으므로, 청구인이 문제 삼지 않은 보상입법을 심판대상으로 삼아서는 안 된다"고 하고, "입법부작위를 진정 · 부진정의 두 경우로 나누어 전자의 경우에 한해서만 입법 부작위의 위헌성을 논할 수 있다는 다수의견은 그 구분의 기준이 애매모호하여 국민의 기본권 보호에 실효성이 없으므로 납득할 수 없다"는 입장에서, 이 사건 청구는 '(다수의견이 말하는) 진정 입법부작위에 관한 것'이지만, 동시에 한일협정에 의해 발생한 구체적 의무(=대일민간청구권을 보장할 행위의무 내지 보호의무)에 반하여 아무런 보장규정을 두지 않은 부작위에 해당하기 때문에, 헌법재판소가 헌법소원 심판의 대상으로 보는 입법부작위에 해당한다는 것이다.

한편 재판관 김진우는 "심판청구의 전환은 청구인에게 이익이 되는 방향으로 청구취지를 재해석할 여지가 있거나 청구취지가 모호하거나 다의적이어서 여러 관점에서 심판청구의 적법성을 검토할 필요가 있는 경우에는 의미가 있으나, 이 사건에 있어서 다수의견은 청구인에게 이익 되는 방향으로 청구취지를 재해석한 것도 아니고, 이 사건 헌법소원심판의 청구취지가 모호하게 기재되어 있거나 다의적인 것도 아니고, 청구인이 무지로 심판대상을 잘못 선정한 경우가 아니라, 오히려 청구인이 소원청구의 적법요건 중 청구기간이라는 장벽을 우회하기 위하여 입법부작위의 위헌확인으로 청구취지를 구성한 경우일 수 있기 때문에 헌법재판소가 직권으로 청구취지를 변경할 여지는 없고, 당사자처분권주의에도 반할 소지가 있다"고 하면서, "다수의견과 같이 입법자가 문제의 규율대상을 소극적인 형태로나마 법률로 이미 규율하였고 따라서 입법부작위가 존재하지 아니하여 이 사건 심판청구가 청구기간에 관한 규정의 적용범위 밖에 있는 진정입법부작위에 대한 헌법소원의 적법요건을 충족하지 못한다고 본다 하더라도 이 사건 심판청구를 입법부작위의 소원요건을 충족하지 못한 것으로 각하하여야 할 것이지, 법률에 대한 헌법소원으로 청구취지를 전환 내지 임의로 선정한 후에 이를 다시 청구기간의 경과를 이유로 각하할 것은 아니"라는 보충의견을 개진하고 있다(헌법재판소 1996. 10. 4. 선고 94헌마108 결정, 1996. 10. 31. 선고 94헌마204 결정).

이 사건에서 다수의견은 실체 판단을 하지 않고 헌법소원 청구기간에 관한 것만 판단을 하였으나, 소수의견은 한일협정 조항의 실질적인 의미를 해석하면서 "(협정) 제2조 제2항(b)는 '본 조의 규정은 다음의 것에 영향을 미치는 것이 아니다.…… (b) 일방 체약국 및 그 국민의 재산, 권리 및 이익으로서 1945년 8월 15일 이후에 있어서의 통상의 접촉의 과정에 있어 취득되었고 또는 타방 체약국의 관할하에 들어 오게 된 것'이라 규정하여 1945년 8월 15일 이후에 있어서의 비통상적인 접촉의 과정에 있어 취득된 청구권은 위 제2조 제1항의 적용대상이 됨을 명백히 하였고 … 제1조 제1항 규정의 3억불 무상자금을 일본국이 대한민국에 제공하는 조건으로 같은 조약 제2조 제1항에서 규정한 바와 같이 대일민간청구권에 관하여 완전히 그리고 최종적으로 해결(채권소멸)하는 것이 … 므로, 국가는 이 사건 조약이 발효된 1965년 12월 18일부터 이 사건 채권과 같은 대일민간청구권을 보장할 행위의무 내지 보호의무가 발생하였다고 보여진다"는 실체 판단도 하고 있다.[43]

43 과거사 문제와 관련된 입법부작위 헌법소원 사건으로는 문경·함평 양민학살 사건에 관한 입법부작위를 다투고 있는 2000헌마192 사건이 있다. 이 사건은 한일협정 등 전제가 되는 법령에 따른 입법의무를 다툰 것은 아니고 국가공권력에 의한 조직적 인권유린 사건에 대하여 진상규명과 권리구제를 위해 특별법을 제정하여야 할 국가의 의무가 있다는 것을 청구원인으로 하였다. 이에 대하여 헌법재판소는 "입법부작위가 헌법소원의 대상이 되려면, 가. 헌법에서 기본권보장을 위해 법률에 명시적으로 입법위임을 하였음에도 불구하고 입법자가 이를 이행하지 않고 있는 경우 또는 나. 헌법 해석상 특정인의 기본권을 보호하기 위한 국가의 입법의무가 발생하였음이 명백함에도 불구하고 입법자가 아무런 입법조치를 취하지 않고 있는 경우이어야 한다"고 하면서, "ⅰ) 헌법은 국가배상법을 제정할 입법위임규정을 두고 있으나 문경학살사건 및 함평학살사건에 관한 특별법과 같은 법률을 제정해야 할 명시적인 입법위임은 두고 있지 않고, ⅱ) 헌법 제10조 제2문은 "국가는 개인이 가지는 불가침의 기본적 인권을 확인하고 이를 보장할 의무를 진다고 규정하고 있는데, 국가는 국민의 기본권을 침해하지 않고 이를 최대한 보호해야 할 의무를 가지며 만약 국가가 불법적으로 국민의 기본권을 침해하는 경우 그러한 기본권을 보호해주어야 할 행위의무를 지고, 비록 문경학살사건 및 함평학살사건으로 인한 피해가 매우 중대하고 피해자의 범위도 넓어 상당한 특수성이 있지만, 이미 수사제도 및 국가배상법제가 마련되어 있는 이상, 그 외에 청구인들이 주장하는바 이 사건의 진상규명이나 피해자들에 대한 배상을 위한 국가의 입법의무가 헌법해석상 새로이 발생하였다고 할 수는 없으며, ⅲ) 헌법 제11조 제1항의 평등원칙은 입법자에게 헌법적으로 구체적인 입법의무를 부과하는 것은 아니며 입법자가 평등원칙에 반하는 입법을 하게 되면 이로써 피해를 입은 자는 당해 법률조항을 대상으로 평등원칙의 위반여부를 다툴 수 있으므로 입법부작위 헌법소원에서 평등권을 다툴 수는 없다는 것" 등을 근거로, "형사소송법상 국가공권력에 의한 살인행위에 대한 공소시효와 국가배상법상의 청구기간이 너무 짧거나 불완전하여 문경학살사건 및 함평학살사건과 같은 특수한 경우 효과적인 수사가 이루어질 수 없고, 손해배상청구권이 제대로 행사될 수 없는 것을 이유로 다투는 것, 즉 그 불완전한 법규정 자체를 대상으로 하여 그것이 헌법위반이라는 적극적인 헌법소원심판을 청구하는 것은 별론으로 하고, 문경학살사건 및 함평학살사건에 대한 진상조사, 피해배상 등을 위한 특별법을 제정하지 아니한 부작위가 헌법에 위반된다는 헌법소원 청구는 부적법하다"고 하여 이를 각하했다(헌법재판소 2003. 5. 15. 선고 2000헌마192 결정).

2. '피징용 부상자'의 피해 보상(95헌마161)

이 사건도 위 두 사건과 마찬가지로 신고 · 보상 대상에서 제외된 청구권을 가진 사람이 입법부작위가 위헌이라며 제기한 사건이다. 앞의 두 사건이 일본국 회사에 대한 채권이 문제된 반면, 이 사건은 피징용 부상자의 청구권이 문제되었다. 청구인은 1943년 3월 20일 일본군으로 강제 징집되어 복무하던 중 1944년 12월 12일 미얀마 남부지역의 전투에서 부상을 당하고 비행기에 폭격당하여 오른쪽 팔을 절단당한 후 보상도 받지 못한 채 8 · 15 해방과 동시에 귀국하였다. 그런데 한일협정은 대한민국이 일본국으로부터 무상자금과 차관금을 제공받는 조건으로 "협정 제2조 제2항에 규정된 사항을 제외하고는" 모든 대일민간청구권을 행사할 수 없도록 제한하는 내용으로 되어 있는데, 이후 한국 국회가 제정한 보상관계법률은 '피징용 사망자'만을 보상대상으로 하고 '피징용 부상자'을 제외하였다. 이에 대하여 청구인은 "협정에 의하여 일괄 타결된 피징용 부상자의 청구권의 보상에 관한 법률을 제정할 의무가 있음에도 불구하고 이를 제정하지 아니한 입법부작위로 인하여 헌법상 보장된 청구인의 평등권 등 기본권을 침해받고 있다"고 주장하면서 그 입법부작위의 위헌확인을 구하는 이 사건 헌법소원심판을 청구하였다.

이에 대하여 다수의견은 위의 두 사건과 마찬가지로 심판청구 대상 법률이 '부진정입법부작위'라고 한 다음 청구기간이 도과되었다는 이유로 각하 결정을 하였고, 재판관 김진우, 이재화, 조승형은 역시 "조약에 근거하여 위 청구권자금법, 청구권신고법, 청구권보상법 등 3법을 입법하면서도 그 청구권의 신고 및 보상의 대상에서 제외시키고 있는 등 아무런 보장규정을 마련하고 있지 않을 뿐 아니라 그 이후 현재까지도 신고 및 보상에 관한 아무런 입법을 하지 아니하고 있는바, 청구인은 이러한 입법부작위에 의하여 바로 청구인 주장의 기본권을 침해당하고 있다"는 견해를 밝히고 있다(헌법재판소 1996. 11. 28. 선고 95헌마161 결정).

3. 신고 시기에 관한 법률 규정에 관한 헌법소원 사건(99헌마396)

이 사건의 청구인은 일본의 태평(太平)생명보험주식회사가 1942년 8월 4일 발행한 종신보험증권, 즉 보상대상 채권을 가지고 있었는데, 위 '신고법' 상의 신고 기한인 1975년 7월 1일부터 1977년 6월 30일까지 기간 동안 그 존재를 알지 못하고 있다가 1999년 3월 9일에 이르러서야 그 보험금의 지급을 구하였다. 정부는 이에 대하여 "대일민간청구권에 관한 보상금 지급업무는 1977년 6월 30일자로 종결되었고 보상 관련 법률도 1982년 12월 31일로 폐지되었으므로 보상이 불가능하다"고 회신하였고, 청구인이 이에 대하여 "청구권보상금이 남아 있는 한 국가로서는 아직 보상을 받지 못한 국민에 대하여 보상을 받을 수 있도록 제반 조치를 취하여야 함에도 불구하고 보상금 지급업무를 종결하고 보상관련 법률을 폐지한 것은 위헌"이라고 주장하면서 헌법소원심판을 청구한 사건이다.

이에 대하여 헌법재판소는 직권으로 "헌법재판소가 발족하기 이전에 기본권 침해가 있는 경우 그 청구기간의 기산점은 헌법재판소가 구성된 1988년 9월 19일인데, 이 심판 청구는 그로부터 180일이 경과된 후에 제기되었으므로 청구기간이 도과한 것"이라고 하면서, 청구를 각하하여 역시 실체 판단을 하지 않았다(헌법재판소 1999년 7월 23일 선고 99헌마396 결정).

4. 한일청구권협정에 따른 중재요청 불이행에 관한 헌법소원 사건(98헌마206)

이 사건의 청구인들은 일본에서 살다 사망한 일본군 강제징용 피해자(부상자)들의 유족으로, 일본 법률인 「전상병자전몰자유족등원호법」('원호법')에 근거해 연금을 청구하였으나 일본국적이 없다는 이유로 거부당한 것에 대해 행정소송을 제기함과 동시에, 우리나라 정부에 한일협정 해석에 대한 양국 간

견해 차이를 해소하기 위한 중재회부[44]를 해줄 것을 청원하였다. 그리고 정부가 이를 받아주지 않자, 이것이 재외국민 보호의무에 관한 헌법 제2조 제2항, 헌법 제10조 , 제37조 등에 위반되어 위헌이라고 주장하며 헌법소원을 제기한 것이다.

이에 대하여 헌법재판소는 "우리나라 정부가 우리나라와 일본국 모두로부터 사실상 보호받지 못하고 있는 재일 한국인 피징용 부상자들로 하여금 합당한 보상을 받을 수 있도록 가능한 모든 노력을 다 함으로써 그들을 보호하여야 함은 두말할 나위도 없다"는 것을 인정하면서도 "우리나라 정부에게 청구인들이 원하는 바와 같이 중재회부라는 특정한 방법에 따라 우리나라와 일본국 간의 분쟁을 해결하여야 할 헌법에서 유래하는 구체적 작위의무가 있고, 나아가 청구인들이 이러한 공권력 행사를 청구할 수 있는 것인지 여부에 관해서 보면, … 규정의 형식과 내용으로 보나, 외교적 문제의 특성으로 보나, 이 사건 협정의 해석 및 실시에 관한 분쟁을 해결하기 위하여 외교상의 경로를 통할 것인가 아니면 중재에 회부할 것인가에 관한 우리나라 정부의 재량 범위는 상당히 넓은 것으로 볼 수밖에 없고, 따라서 이 사건 협정당사자인 양국 간의 외교적 교섭이 장기간 효과를 보지 못하고 있다고 하여 재일 한국인 피징용부상자 및 그 유족들인 청구인들과의 관계에서 정부가 반드시 중재에 회부하여야 할 의무를 부담하게 된다고 보기는 어렵고, 마찬가지 이유로, 청구인들에게 중재회부를 해달라고 우리나라 정부에 청구할 수 있는 권리가 생긴다고 보기도 어렵다. 그리고 국가의 재외국민보호의무(헌법 제2조 제2항)나 개인의 기본적 인권에 대한 보호의무(헌법 제10조)에 의하더라도 여전히 이 사건 협정

44 한일협정 제3조 : ① 본 협정의 해석 및 실시에 관한 양 체약국 간의 분쟁은 우선 외교상의 경로를 통하여 해결한다. ② 1항의 규정에 의하여 해결할 수 없었던 분쟁은 어느 일방 제약국의 정부가 타방 체약국의 정부로부터 분쟁의 중재를 요청하는 공한을 접수한 날로부터 30일의 기간 내에 각 체약국 정부가 임명하는 1인의 중재위원과 이와 같이 선정된 2인의 중재위원이 당해 기간 후의 30일 기간 내에 합의하는 제3의 중재위원 또는 당해 기간 내에 이들 2인의 중재위원이 합의하는 제3국의 정부가 지명하는 제3의 중재위원과의 3인의 중재위원으로 구성되는 중재위원회에 결정을 위하여 회부한다. 단 제3의 중재위원은 양 체약국 중 어느 편의 국민이어서는 아니 된다.

의 해석 및 실시에 관한 한일 양국간의 분쟁을 중재라는 특정 수단에 회부하여 해결하여야 할 정부의 구체적 작위의무와 청구인들의 이를 청구할 수 있는 권리가 인정되지도 아니한다. 결국, 우리나라 정부가 일본국 정부에 대하여 중재를 요청하지 아니하였다고 하더라도 이는 공권력의 주체에게 헌법에서 유래하는 작위의무가 특별히 구체적으로 규정되어 이에 의거하여 기본권의 주체가 행정행위 내지 공권력의 행사를 청구할 수 있음에도 공권력의 주체가 그 의무를 해태하는 경우에 해당되지 않으므로, 헌법소원의 대상이 될 수 없는 것"이라고 하여 청구를 각하하였다. "행정 권력의 부작위에 대한 헌법소원은 공권력의 주체에게 헌법에서 유래하는 작위의무가 특별히 구체적으로 규정되어 이에 의거하여 기본권의 주체가 행정행위 내지 공권력의 행사를 청구할 수 있음에도 공권력의 주체가 그 의무를 해태하는 경우에 허용된다(헌법재판소 1991. 9. 16. 선고 89헌마163 결정, 1994. 4. 28. 선고 92헌마153 결정, 1994. 6. 30. 선고 93헌마161 결정 등)"는 헌법재판소의 종래 입장을 좇은 것이다.

이 사건 결정에서 헌법재판소는 협정 제2조 제1항의 해석과 관련해서 "재일 한국인 피징용 부상자의 일본국에 대한 보상청구권이 이 사건 협정 제2조 제2항 (a)호가 규정한 제외대상에 해당되는지 여부에 관하여 우리나라 정부는, 재일 한국인 피징용 부상자의 보상청구권은 1947년 8월 15일부터 1965년 6월 22일까지 사이에 일본국에 1년 이상 계속하여 거주한 한국인의 재산, 권리, 또는 이익으로서 위 제외대상에 해당된다는 입장을 취하여 왔다 … 이에 반하여, 일본국 정부는 재일 한국인 피징용 부상자들의 일본국에 대한 보상청구권은 이 사건 협정 제2조 제2항 (a)호가 말하는 '재산, 권리 및 이익'에 해당되지 않는다고 보아, 이 사건 협정에 의한 일괄타결 대상에 포함되었다고 해석하여 왔다"고 하여, '피징용 부상자'들의 채권에 대한 양국 입장을 정리하였으며, "우리나라 정부는 그동안 일본국 정부와의 위와 같은 의견 차이를 해소하기 위하여 외교적 교섭을 통한 노력을 하기는 하였으나, 청구인 등의 청원에도 불구하고 위 분쟁을 중재의 방법으로 해결하려고 한 바는 없다"는 점을 지적하기도 하였다(헌법재판소 2000. 3. 30. 선고 98헌마206 결정).

5. 소결

위에서 본 것처럼 대일 민간청구권과 관련된 4가지 유형의 헌법소원 사건은 모두 각하되어 본격적으로 실체 판단이 이루어지지는 않았다. 이는 기본적으로 헌법재판소가 청구기간 등 형식적인 요건을 엄격하게 해석하였기 때문이다.

특히 "…중재위원회에 회부한다"는 조약 내용을 광범위한 재량권이 인정되는 조항이라고 하여 행정권력의 부작위가 아니라고 한 위 98헌마206 결정은, ① 행정권력의 부작위 헌법소원에 있어서의 '작위의무'는 적법 요건으로 요구되는 것과 본안 판단에서 요구되는 것이 구별되어야 하는데, ② 이 사건에서는 국가의 기본적 인권 보호에 관한 의무를 정한 헌법 제10조 후문과 재외국민 보호에 관한 제2조 제2항, 그리고 국내법으로서의 효력이 인정되는 한일협정 규정의 해석상 도출되는 자국민 보호의무가 인정되는 이상 적법요건 단계에서 요구되는 일반적인 작위의무 요건은 충족되었다고 보아야 하며, ③ 특히 이 사건에서의 작위의무는 단순히 피해보상청구권 등 재산권에만 관련된 것이 아니라 일제 치하라는 특수한 상황에서 일본국에 의하여 자행된 우리 국민들에 대한 인간의 존엄과 가치 및 신체의 자유에 대한 침해를 회복한다는 의미가 있어 국가가 국민에 대하여 부담하는 가장 근본적인 보호 의무와 관련되는 것이므로 일반적인 작위의무를 인정해야 하고, 따라서 적어도 헌법소원의 대상이 되는 부작위로 보아야 하는데도, 이를 각하했다는 점에서 문제가 크다.[45]

45 사봉관, 「행정청의 부작위로 인한 기본권 침해의 구제」, 한국헌법학회, 『헌법학연구』제13권, 2007. 12., 159~161쪽

Ⅳ. 일본군 위안부 문제에 대한 헌법소원

1. 청구 취지와 원인

위안부 문제와 관련된 2006년 헌법소원도 '공권력의 불행사' 즉 '부작위'를 심판 대상으로 하고 있다. 즉 "일본군 위안부 피해 문제가 위 협정의 체결에도 불구하고 해결되지 않아 일본정부에 그 법적 책임이 남아 있음이 밝혀졌음에도 불구하고 위 협정 제3조에 따라 위 협정의 해석과 실시에 따른 분쟁을 해결하기 위한 행위를 하지 않은 부작위"가 "청구인들의 재산권(헌법 제23조), 인간의 존엄과 가치 및 행복추구권(제10조), 국가로부터 외교적 보호를 받을 권리(제37조 제1항)를 침해한 것"이라는 주장이다.

이 청구는 국가에게 이러한 '작위의무'가 발생하는 근거를, ① 모든 국민은 인간으로서 존엄과 가치를 가지며 행복을 추구할 권리를 가지고, 국가는 개인이 가지는 불가침의 인권을 확인하고 이를 보장할 의무를 가진다고 하는 헌법 제10조, 재산권 보장에 대한 제23조, 국민의 자유와 권리는 헌법에 열거되지 아니한 이유로 경시되지 아니한다는 제37조 1항에 근거한 인권 회복에 관한 정부의 헌법상 의무, ② 자국민이 다른 나라의 국제법 위반 행위로 피해를 입은 경우 이들의 보호를 위해 다른 나라에 대하여 권리를 주장할 수 있는 국제법상 외교적 보호권 행사의 의무, ③ 한일협정 제2조 및 제3조, 조리상의 근거에 의해 위 협정의 해석과 실시에 따른 분쟁을 해결하기 위한 행위를 하여야 할 작위의무, ④ 일본에서의 재판이 패소로 확정되고 일본 내 입법이 우익들의 반대에 부딪혀 있는 등 상황을 고려할 때 정부가 협정 해석의 문제점을 지적하면서 그 책임을 묻는 것은 현실적으로 필요하다는 점 등을 들고 있다.

2. 정부의 답변

외교통상부는 2006년 8월 29일자 답변서에서 먼저 "위안부 강제동원이라는 행위로 청구인에게 엄청난 고통을 준 주체는 대한민국 정부가 아니라는 점에 비추어 볼 때, 대한민국 정부가 위안부 문제의 가해자로서 청구인의 재산권이나 행복추구권을 침해하고 있는 것은 아니"라는 본안 전 항변을 하고 있다. 대한민국 정부는 위안부 강제동원의 주체가 아니기 때문에 청구인의 인간으로서의 존엄과 가치와 행복추구권을 침해한 것이 아니고, 대한민국 정부가 청구인을 위하여 일본에 대하여 특정한 외교행위(외교적 보호권의 행사 또는 분쟁의 중재위원회 회부)를 하지 않음으로써 야기되는 현재의 상황 또는 결과는, 본질적으로 '개인'이 아닌 '국가'의 고유 권리인 '외교행위'에 관한 것으로서 이로부터 개인의 기본권이 도출되거나 어떠한 법적인 작위 의무가 부과될 수 없다는 것이다.

나아가 본안에 대해서는, ① 외교적 보호권은 국가간의 관계에서 국가가 가지는 고유한 권리이지 법적인 의무가 아니므로 이로부터 개인의 기본권이 도출되는 것도 아니고 국가는 그러한 외교적 보호를 행사할지 여부 그리고 어떻게 행사할지 여부를 결정할 재량권을 가지고 있기 때문에 이로부터 구체적인 작위의무가 발생하지 않으며, ② 헌법재판소가 위 중재요청 불이행 위헌 확인 사건(98헌마206)에서 설명한 것처럼 중재회부라는 특정한 방법에 따라 우리나라와 일본국 간의 분쟁을 해결하여야 할 헌법에서 유래하는 구체적 작위의무가 있고 나아가 청구인들이 이러한 공권력행사를 청구할 수 있는 것으로 보기는 어렵고, ③ 정부가 일본정부에 대하여 금전적 배상을 요구하지는 않았지만 그동안 진상규명을 위한 노력, 피해자를 경제적으로 지원하기 위한 일시금 및 매월 생활지원금 지급, 유엔인권위 · ILO 등을 통한 문제제기 노력을 해왔다는 점으로 반박하였다.

이에 대하여 청구인측에서는 우선 본안 전 항변에 대하여, ① 일본 · 미국에서 제기된 개별적 민사소송에서의 권리 실현이 어렵게 된 이유는 바로 "한일협정에서 한국정부가 청구권을 포기하였다"는 일본측 주장을 법원이 받아들이기 때문인데, 이 한일협정을 체결하여 권리장애 사유의 외양을 만든 것은 다름 아닌 한국정부이므로 스스로의 행위로 인하여 발생한 권리장애 사유 내지 권한 행사 지위에 대한 법률적 위험 · 불안을 제거할 의무가 있고, ② 3 · 1 운동으로 건립된 대한민국임시정부의 법통을 계승한다고 명시한 헌법 전문 규정에서 "일본 제국의 식민통치의 합법성을 부정하고 관련 국제조약을 확인하고 이를 위한 조치를 취하여야 할 의무"를 인정할 수 있으며, ③ 비록 외교적 보호권 자체는 국가 자체의 권리이고 행사 여부는 외교적 재량에 속하는 사항이라고 하더라도 2005년 8월 26일자 보도자료 등을 통해서 "정부는 일제 강점하 반인도적인 불법행위에 대해서는 외교적 대응방안을 지속적으로 강구 … 일본군 위안부 문제는 일본정부에 대해 법적 책임 인정 등 지속적인 책임추궁을 하겠다"는 입장을 발표하여 외교적 보호권을 행사하겠다는 약속을 함으로써 외교적 보호권을 행사할 것인지 여부를 결정함에 있어서 재량을 포기한 것이므로 이제 외교권 행사는 정부의 구체적 의무가 되는 한편 청구인들은 한국정부로부터 외교적 보호를 받을 권리를 취득하였다고 보아야 하며(행정절차법 제4조 제1항 '행정상 신뢰보호의 원칙') ④ 이러한 구체적인 의무를 행사하는 방법으로는, 한일협정 제3조 자체가 이미 청구권협정의 해석 및 실시를 둘러싼 분쟁절차를 규정하고 있으므로 한국정부는 자신이 야기한 불확정 사태를 제거한다는 의미에서 적어도 그 협정이 정한 방법으로 조치를 취하여야 한다고 반박하였다.

나아가 본안에 있어서도 ① 한국정부가 한일협정에 기한 조치를 취하지 않음으로써 청구인들의 일본정부에 대한 청구권에 권리장애 사유가 되고 있으므로 재산권 침해에 해당하고, ② 열거되지 않은 권리로서 국가로부터 외교적 보호를 받을 권리를 침해하고 있으며, ③ 한국정부의 부작위로 청구인들의 권리행사가 법률적으로 불가능해져 그 본질적 내용을 침해받고 있고, ④ 설령 외교적 보호권에 대한 정부의 재량권을 일응 인정한다고 하더라도 심각한 인격유린 행위에 대하여 일본정부의 책임을 물을 수 있는 방법이 더 없는 상황에서 고령의 피해자들이 계속 사망하고 있는 사정을 고려할 때 한국정부의 부작위는 재량권의 적절한 행사라고 볼 수도 없다는 점을 지적하였다.

3. 진행 경과와 전망

외교통상부 답변서 제출 이후 청구인측에서는 공개변론을 신청하고(2006년 9월과 2007년 6월 두 차례) 3회에-걸쳐 준비서면을 제출하였으며 미국 하원에서의 위안부 결의안, 한일협정 내용을 근거로 배상책임을 부인한 일본 최고재판소 판결문(2007. 4. 27. 平成 16年(受) 제1658호) 등을 참고자료로 제출하였다. 이에 대하여 외교통상부는 2007년 4월 13일 외교적 보호권에 관한 외국 문헌과 국제법 이론들을 보완한 보충답변서를 제출하였는바, 이들 서면에서 주장되고 있는 내용은 위에서 인용한 전체적인 틀을 크게 벗어나지 않고 있다.

한편 헌법재판소는 2009년 4월 9일 공개 변론[46]을 하기로 결정하여 이를 통보하였는데, 그렇다고 하더라도 헌법재판소 심리구조[47]의 특성상 선고 예정 시기[48]를 미리 예상하는 것은 쉽지 않은 일이다. 또한 공권력의 부작위가 헌법

46 헌법재판소법 제30조에 의하면 탄핵심판·정당해산심판·권한쟁의심판은 구두변론에 의하고, 위헌법률심판과 헌법소원심판은 서면심리에 의하되 재판부가 필요하다고 인정하는 경우에는 변론을 열 수 있는 것으로 규정하고 있다. 구두변론주의 내지는 구술주의에 의할 경우 구두진술로부터 받는 선명한 인상과 즉각적인 반문에 의하여 진상파악·모순발견이 쉽고, 여기에 증거조사를 집중시켜 신속·적정한 재판을 할 수 있다. 또 당사자는 변론의 진행상황을 알 수 있다. 그러나 헌법재판소에 청구되는 사건의 대부분을 차지하는 위헌법률심판과 헌법소원심판의 경우 구두변론의 필요성이 있는 사건도 없지는 않으나 모든 사건을 구두변론을 거치도록 한다면 재판부의 업무가 가중되는 불편함이 있으므로 현행법은 서면심리를 원칙으로 하고 전문지식을 가진 참고인의 진술을 청취하기 위한 경우 등 필요시 구두변론을 열 수 있는 것으로 규정하였다는 것이다 – 헌법재판소, 헌법재판 실무제요, 제1개정 증보판, 2008, 57쪽

47 통상 판결선고 기일을 미리 정하고 통보한 후 종국 판결을 작성하여 선고하는 민·형사 재판의 경우와 달리 헌법재판에서는 재판부가 심리를 마친 때 종국 결정을 하고 결정서를 작성한 다음 선고기일을 정하여 통보하는 것이 보통이다. 헌법재판소법 제38조는 심판사건을 접수한 날로부터 180일 이내에 종국 결정의 선고를 하여야 한다고 정하고 있으나, 이 규정은 훈시규정이므로 이를 위반하였다고 하여 결정의 효력에 영향을 미치지는 않는다고 한다. 헌법재판소, 앞의 책, 92쪽은 훈시규정으로 보는 근거를 "첫째로 심판사건의 난이성·다양성·비정형성·복잡성 등을 고려할 때 많은 사건을 일률적으로 위 심판기간 내에 처리한다는 것은 사실상 곤란하고, 둘째로 위 규정이 강행규정이라면 위반시 결정의 효력이나 제재 등에 관한 별도의 규정이 있어야 하는데 그에 관한 규정이 없으며, 셋째로 종국판결 선고기간을 규정한 민소 제199조에 대하여도 이를 훈시규정으로 보고 있는 점 등"이라고 한다.

48 2007년 국정감사 자료에 의하면 헌법재판소의 평균 심판기간은 11개월이고, 2년 이상 장기미제사건도 2007

소원의 대상이 되기 위한 '구체적 작위의무' 인정에 있어 헌법재판소가 보여온 소극적인 태도(헌법재판소 1991. 9. 16. 선고 89헌마163 결정, 1994. 4. 28. 선고 92헌마153 결정, 1994. 6. 30. 선고 93헌마161 결정 등)나 한일청구권협정에 따른 중재요청 불이행에 관한 헌법소원 사건(98헌마206)의 선례에 비추어 볼 때, 이 사건 헌법소원 청구가 쉽게 인정될 것이라고 단언할 수도 없다.

그러나 헌법재판소가 헌법의 가치수호와 진정한 의미로서 국민의 기본권 보호라는 본래의 기능과 역할을 제대로 수행하기 위해서는, 적어도 행정권력의 부작위에 대한 헌법소원에 있어 적법요건 단계와 본안판단 단계에서 요구되는 '작위의무'의 내용을 구별하여 본안에 나아가 판단할 여지를 넓힘으로써, 권력의 국민에 대한 기본권 보호의무가 단순한 정치적 책임 내지 의무가 아니라 헌법상 요구되는 법적 작위의무가 될 수 있음을 선언할 필요가 있다.[49]

나아가 본안에 있어서도 일본정부가 국제기구에서의 책임 인정, 외국 의회에서의 결의 등에도 불구하고 법적 책임을 인정하지 않고 있고, 일본 법원에서는 다름 아닌 우리 정부가 체결한 한일협정의 청구권 관련 조항을 근거로 민사소송을 기각하고 있다는 점, 우리 정부 역시 한일협정 문서나 체결과정 관련 문서에 관한 검토를 통해 정부 위원회의 이름으로 "일본정부에 대해 법적 책임 인정 등 지속적인 책임 추궁을" 하겠다고 공식 천명하였다는 점 등을 고려한다면, 위안부 피해자들의 기본적 인권을 보호할 책임이 있는 정부가 스스로 체결한 한일협정 해석 문제를 바로잡지 않음으로써 그 권리행사 장애사유를 제거하는 최소한의 의무를 이행하지 않는 것은, 공권력의 불행사에 의한

년 7월까지 모두 82건에 이른다 – 법률신문 2007. 11. 22.자

49 사봉관, 위의 글, 162쪽 – 이 글은 말미에 문경·함평 양민 학살사건의 피해보상에 관한 입법부작위 사건(2000헌마192 등)의 소수의견(권성 재판관)을 인용하고 있다 : "광풍노도와 같은 시련의 시기가 모두 지나가면 그 와중에서 불운을 겪은 일부 국민들의 상처를 치료하고 보상하여 주는 것은 민주주의를 추구하는 문명국가의 마땅한 의무이고 이러한 의무는 의회와 정부의 책임으로 귀속된다. 전쟁으로 위축되었던 헌정질서를 복구하는 과정에서 의회가 처참한 불운과 불행을 겪은 국민들을 구제하는 입법을 하는 것은 국민을 다시 통합하고 국가를 전진시키기 위하여 의회가 반드시 하지 않으면 안되는 기본적인 의무이다. 사건 발생 후 50여 년이 경과한 이 시점에서조차 계속 입법을 지연하여 우리 국민의 일부인 이들 피해자나 그 유족들의 고통과 좌절을 방치한다면, 이는 '정의를 부정하는 것(Justice Denied)'과 동일한 '정의의 지연(Justice Delayed)'으로 평가될 것이다."

기본권 침해라고 보아야 마땅할 것이다. 헌법재판소가 형식적인 판단 틀을 벗어나, 적극적 판단으로 나아갈 것을 기대한다.

제8장
일본군 위안부 문제 관련 각국 결의를 비롯한 국제사회의 최근 동향

I. 들어가며

1990년대 이후 지속된 유엔 인권기구와 ILO 등에 의한 일본군 위안부 해결 촉구와 '2000년 일본군 성노예전범 여성국제법정'의 판결에 의해 일본은 국제사회로부터 계속해서 일본군 위안부 문제를 단순한 유감 표명이 아닌 법적으로 해결하라는 요구를 받아 왔다. 그럼에도 불구하고 일본은 위안부 문제는 조약과 협정 등에 의해 모두 해결되었으며 일본으로서는 더 이상 할 일이 없다는 태도를 보여 왔다. 그러나 세계 2위의 경제대국이자 국제사회의 평화유지[1]와 인권 향상을 위해 노력한다는 대외적 방침을 표명해 온 일본이 이처럼 명백한 문제를 해결하지 못하고 회피해 온 것은 의아한 일이다.

일본이 일본군 위안부 피해자들에 대한 공식적인 사과와 법적인 손해배상 그리고 그에 대한 역사교육 책임을 꺼리는 진정한 이유는 무엇일까. 그것은 돈 문제[2]도 있겠지만, 보다 근본적으로 국제사회가 용인하는 인권기준에 비추어 일본군 위안부 피해자가 받은 인권유린의 실상이 너무나 극심했던 까닭에 그 사실을 차마 공적으로 인정하기가 어렵고 그에 대한 책임 또한 일본 사회가 받아들이지 못하고 있는 점에 있지 않은가 한다.[3]

1 일본은 세계평화에 적극적으로 기여한다는 명목으로 1991년 걸프 전쟁시 처음으로 자위대를 페르시아만에 파병한 이래 꾸준히 유엔의 평화유지군 활동에 참여해왔다. 최근에 왕정이 전복된 네팔에도 평화유지군을 파병했다 – 연합뉴스 2008. 10. 3.자 뉴스. 2007년 7월 30일 통과된 일본군 위안부 문제 미국 연방 하원 결의안 전문에는 일본이 1921년 여성과 아동의 인신매매금지 협약에 서명한 사실과 2000년 무력 분쟁이 여성에 미치는 영향에 대한 '여성 평화 안보에 관한 유엔안전보장이사회 결의 1325호'를 지지한 사실을 언급하고 있다.

2 일본 시사통신 2008. 8. 31.자 보도에 의하면, 이탈리아 정부는 1912년부터 2차 대전에 이르기까지 이탈리아가 리비아를 강점한 상태에서 저지른 학살, 파괴 및 리비아인들에 대한 인권침해를 보상하기 위하여 향후 25년간 매년 미화 2억불씩 총 50억불을 지출, 리비아 인프라 정비 사업에 쓰기로 하였다고 한다. 이와 같은 이탈리아 정부의 막대한 보상액을 고려할 때, 경제대국 일본이 일본군 위안부 피해자 개인들에게 지급해야 할 보상액의 규모를 이유로 법적 배상 절차를 부인하는 것은 사리가 맞지 않는다고 생각된다. 다만 "위안부에 대한 일본정부의 책임 인정은 피해자들의 보상 요구로 이어지고, 이를 근거로 여타 일본군 군속, 징집병 및 피폭자 등 기타 피해자들의 보상 요구가 폭주하는 상황이 발생할 것이므로, 이러한 경제적 부담을 고려해서라도 일본 관헌의 위안부 운영 개입 인정은 불가하다는 것이 일본 보수세력의 입장"이라는 견해가 있다. 조양현, 「동아시아 역사 논쟁과 미·일 관계 : 미 하원의 위안부 논의를 중심으로」, 『주요 국제문제 분석』, 외교안보연구원, 2007, 6쪽 참조

3 "일본 보수 세력에게 있어서 위안부 문제는 일본 과거사 조명의 시금석인바, 위안부 강제동원에 대한 일본정부의 관여를 인정하는 것은 일본 근현대사에 대한 인식체계를 전면적으로 부정하는 행위"라고 한다 – 조양현, 위의 글, 5쪽

아울러 일본사회의 인권에 대한 인식이 전체적으로 국제사회의 수준에 미치지 못하는 점도 연관되어 있는지 모른다.[4] 어떻든 현재의 일본정부의 소극적인 태도는 결국 국제사회의 압력은 강제력이 없으므로, 노령의 일본군 위안부 피해자 할머니들이 차츰 세상을 떠나게 되면 그에 따라 국제사회의 관심도 잦아지겠지 하며 시간이 흐르기만을 기다리는 듯한 인상을 준다.

그러나 21세기 초반이 경과하면서 이러한 일본의 기대는 깨어지고 있는 것처럼 보인다. 유엔 인권기구 등의 차원에서는 이미 수많은 결의와 특별보고관들의 조사, 연구 및 보고를 통해 일본군 위안부 문제에 대한 일본의 법적 책임과 의무는 재론의 여지없이 드러난 까닭에 같은 조치를 반복하고 있지는 아니하다. 그러나 국제사회의 이성의 집합체라 할 유엔의 의무 이행 촉구에 단지 법적인 구속력이 없다는 이유로 일본이 일본군 위안부 문제에 대해 책임이행을 하지 않는 것은 국제사회가 용납할 수 없는 일이다. 이에 따라 2000년대 중반이 지나면서 각국에서 일본군 위안부 문제에 대해 분명한 의견을 나타내기 시작하게 되었다.

일본군 위안부 문제에 대한 개별 국가 차원의 입장 표명은 아이로니컬하게도 미국에서 처음 나왔다. 미국은 일본의 최우방국으로서 2차대전 후 미국의 군대가 일본에 주둔하고 있으며, 냉전 시기 이래 사회주의에 대응하는 방파제로 일본의 국제적 위상을 정하고 그 어느 나라보다도 일본의 이익을 앞장서 대변해 왔다. 이런 탓으로 2차 대전 후 연합국의 대 일본 전후처리가 일본 우호적으로 진행되었으며, 상대적으로 일본의 식민지였던 한국의 입장은 거의 반영되지 못하였다. 하지만 이런 미국으로서도 언제까지나 세계가 주목하고 있는 일본군 위안부 문제에 대해 모른 척할 수만은 없는 일이다.

미국은 매년 발간되는 국무성 보고서에 세계 각국의 인권상황을 넣어 관

4 일본은 '시민적·정치적 자유에 관한 국제인권'에 가입하였으면서도 동 규약 선택의정서에는 가입하지 아니하여 일본 국민의 동 규약상의 권리 향유에는 상당한 한계가 있고, 국가인권위원회도 아직 설립되지 아니하여 국제적 인권 수준의 면에서는 개선되어야 될 사항이 적지 않다.

심을 보여 왔으며,[5] 한국의 경우도 1987년의 6월항쟁 이전까지는 인권문제가 심각한 나라의 하나로 보고서에 기록되어 왔다. 미국은 1990년대 말부터 주의회 차원에서 일본군 위안부 문제에 주목하여 왔는데, 그럼에도 불구하고 일본의 태도에 아무런 변화가 없자 마침내 연방 하원이 2007년 7월 30일 일본에 대해 공식 사과 등을 촉구하는 결의를 했다. 미국 연방 하원의 일본군 위안부 문제 의결은 그 문제를 풀기 위한 모든 방안을 다 담아 내고 있지는 못했지만, 그를 막기 위한 일본의 필사적 로비를 거부함으로써[6] 일본군 위안부 문제에서 정의가 잠자고 있지 않다는 것을 세계시민에게 다시 한번 뚜렷이 확인시켰다.

이와 같은 미국의 의결에 이어 곧 네덜란드, 캐나다 의회가 보다 강경한 내용의 결의를 하였으며 급기야는 그해 12월 유럽 의회가 의결을 했다. 2008년에는 일본군 위안부 피해국이라 할 필리핀과 대만 의회에서 일본의 공식 사과와 법적인 책임을 묻는 등의 내용으로 의결을 하였다. 또 영국 하원 외교위원회는 한국과 일본 관계에서 일본이 해결해야 할 중요한 인권문제로서 일본군 위안부 문제를 보고하기도 하였다. 이처럼 2007년 이후 각국으로 번져가는 일본군 위안부 관련 의회 의결 등은 세계 인권사상 새로운 현상으로서, 유엔의 촉구를 외면하는 일본의 소극적 태도를 국제사회가 더 이상 좌시하지 않겠다는 강력한 연쇄적인 의사표시라고 본다.

2008년 5월 유엔안전보장이사회 수준으로 격상된 유엔인권이사회에서 열린 일본의 인권상황에 관한 정례 검토 자리에서 그동안 일본군 위안부 문제

5 Country Reports on Human Rights Practices

6 Views&News 2008. 9. 5.자 기사(김동석의 뉴욕통신, 「민주당 전당 대회 참관기」): "지난 해 일본군 위안부 결의안을 추진할 당시 결의안을 주도적으로 상정한 의원도 일본계의 마이클 혼다, 결의안을 저지하려고 가장 앞장 서서 반대했던 의원 역시 일본계의 바로 이 다니엘 이노우에였다. 이노우에 상원의원은 아베 신조 당시 일본 총리를 워싱턴 의회 자신의 사무실로 초청하고 그 자리에 양당의 의회 지도부를 다 불러 모았다. 일본은 이 회동을 통해 위안부 결의안에 대해 일본측의 입장에서 사실상 다 정리를 하려 했다. 그러니까 미국은 정치인들끼리 이 자리에서 종결하고 하원 결의안은 하지 말아 달라는 것이었다. 이때 외교위원장인 탐 랜토스와 의장인 낸시 펠로시가 오히려 결의안을 추진해야겠다는 의지를 갖게 되었다, 이는 당시 워싱턴 정가를 뜨겁게 달궜던 대표적인 이야깃거리였다." 일본정부의 로비에 대한 상세는 조양현, 앞의 글, 8~10쪽 참조

에서 특별한 의견 표명을 하지 않았던 프랑스 등 여러 나라에서 이례적으로 일본에 대해 적극적인 법적 해결을 촉구하고 있는 것도 같은 연장선상에 있는 것으로 생각된다. 머지않아 영국, 프랑스 등을 비롯한 유럽 각국과 아시아 여러 나라도 일본군 위안부 문제 성토에 동참할 것으로 전망된다. 그렇게 되면 일본은 일본군 위안부 문제에서 세계 각국의 여론에 포위될 것이다.

이하에서 일본군 위안부 문제와 관련하여 이처럼 새로운 관심을 보이는 국제사회의 반응과 증대되는 일본군 위안부 문제 해결 촉구 움직임에 대해 우리는 어떻게 호응하는 것이 적절한지 향후 과제를 생각해 보기로 한다.

II. 각국 의회의 일본군 위안부 문제 관련 결의와 지속적인 관심 표명

1. 미국 연방 하원 결의

미국 연방 하원에서 일본군 위안부 문제에 관해 일본의 공식 사과와 법적인 해결을 촉구하는 결의안을 통과시키려는 움직임은 1990년대 후반부터 제기되었다. 그 최초 발의는 1997년 윌리엄 리핀스키 민주당 연방 하원의원에 의해 시작되었으며, 1999년 미국 민주당 레인 에반스(Lane Evans) 의원이 지속적으로 일본군의 위안부 강제동원 사실을 주장하여 미 의회 의사록 기록에 남기면서 관심을 끌게 되었다. 이후 에반스 의원은 2000년부터 지병으로 정계를 은퇴할 때까지 2001년, 2003년, 2005년 및 2006년까지 꾸준히 미국 연방 의회에 상정해 왔다. 2006년의 경우는 에반스 의원이 발의한 일본군 위안부 관련 결의안(House Resolution 759)이 연방 하원 외교위원회를 만장일치로 통과하였으나,[7] 안타깝게도 연방의회 회기가 종료되면서 결의안이 자동 폐기되

7 2006년 9월 13일 연방 하원 국제관계위원회를 만장일치로 통과된 결의안은 전문에서 일본군 위안부는 일본 정부에 의해 공식적으로 위임되고 조직화(commissioned and orchestrated)되었으며, 윤간, 강제 낙태, 성적 폭력 및 인신매매의 대상으로 노예화되었다고 인정했다. 또 이들 피해자들은 전쟁이 끝났을 때 살해되거나 자살하도록 강제되었으며 일본의 전후배상 협상에서 적절히 처리되지 않았다고 지적했다. 결의안은 본문에서 일

고 말았다.

그러나 에반스 의원의 염원은 일본계 미 연방 하원 마이클 혼다(Michael Honda) 의원[8]에게 이어졌다. 혼다 의원은 2007년 1월 31일 연방 하원 회기가 시작되자마자 바로 일본에 대해 공식적 사과와 책임을 구하는 결의안을 발의하였다(House Resolution 121).[9] 이 결의안을 심의하기 위해 2월 15일 미 연방 하원 외교위원회 아태환경소위원회는 처음으로 일본군 위안부 청문회를 개최하여 위안부 피해자인 이용수, 김군자 할머니와 네덜란드인 얀 러프 오헤른 할머니의 증언을 들었다.[10] 이들 피해자 할머니들의 증언에 의해 일본군 위안부 피해자들이 겪은 성노예의 끔찍한 상황이 연방 하원의원들에게 생생하게 전달되었다.

과거 에반스 의원이 발의한 결의안은 미 동부지역의 일부 시민단체들의 지지를 받는데 그쳤고 미 전역의 반응을 불러일으키지는 못했다. 이에 비해 혼다 결의안은 그 전해 말부터 뉴욕의 한인유권자센터를 중심으로 치밀하게 조직적 캠페인을 준비했고, 그 결과 미 전역에 걸친 한인사회의 전폭적인 참여를 이끌어 내는데 성공했다. 뉴욕, 워싱턴, LA 등 대도시에서 결의안 추진을 위한 자발적인 조직들이 결성되어 혼다 의원 결의안 발의를 후원하였다. 더불어 그동안 일본군 위안부 문제에 소극적이었던 천주교, 개신교 교회 조직과 수많은 일반 시민단체들이 동참하여 하원의원들의 지역구 사무실을 방문해 탄원서를 전달하고 지지를 호소하는 등 범동포적인 시민운동으로 확대되었다.[11] 그에 힘입어 혼다 의원 결의안은 연방 하원 435명 중 168명의 공동

본정부의 역사적 책임 인정과 현재와 미래 세대를 위한 교육 및 유엔 여성폭력 특별보고관 등의 권고안에 따라 적절한 배상조치를 결정하여 이행하라고 촉구했다.

8 부모가 모두 일본인인 혼다 의원은 전직 교원으로서 2차대전 당시 미국 정책에 의해 일본계 미국인을 수용소에 격리시킬 당시 부모를 따라 강제수용 생활을 한 경험이 있으며, 이때의 경험으로 인권의 중요성을 자각하게 하였다고 한다. 2000년부터 민주당 연방 하원이 된 혼다 의원은 캘리포니아 주 의회 의원으로 있을 당시 일본의 2차 대전 전범책임을 촉구하는 주 의회 결의안을 발의하기도 하였다.

9 정연진, 「미국에서의 일제 과거사 청산 운동 – 성과와 앞으로의 과제 – 」, 26~27쪽(2008년 11월 12일 제2회 노근리 국제평화학술대회에서 발표한 글) 참조

10 청문회의 보다 상세한 내용은 조양현, 앞의 글, 12쪽 참조

11 Views&News 2007. 8. 3.자 칼럼/시론 (김동석의 뉴욕 통신, 감격적인 위안부 결의한 통과 막전 막후)에 당

발의자를 확보할 수 있게 되었다.[12] 이 결의안은 6월 29일 연방 하원 외교위원회를 압도적 표차(39대 2)로 통과한 데 이어, 마침내 7월 30일 연방 하원 본회의를 만장일치로 통과했다. 당시 연방하원 외교위원장 렌토스(Rantos) 의원은 다음과 같이 결의안을 지지하는 발언을 했다.

> 한 국가의 진정한 힘은 자국 역사의 가장 어두운 페이지를 직면하도록 요구받을 때 결정됩니다. 과거의 진실을 직면할 수 있는 용기를 가질 수 있느냐, 아니면 진실이 시간이 지나가면 묻혀 버릴 것이라는 어리석은 희망으로 진실에서 도망갈 것이냐를 선택해야 합니다.
> 일본정부가 2차 대전 당시 자국 군대에 의해 강제로 성노예가 되어야 했던 여성들에게 공식적이고 명백한 사죄를 하지 않으려는 태도는 오늘날 세계에서 긍정적인 역할을 수행하고 있는 일본과 극명한 대조를 이루고 있습니다. …
> 어떠한 국가도 자국의 과거 행위가 소수에 의한 행위든 다수에 의해 저질러졌던 간에 이를 무시할 수 없습니다. 비인간적인 행위를 온전히 인정하고 진실 전부를 밝게 조명할 수 있어야 합니다. 이는 국가간의 화해에 긴요하고 피해자들의 치유를 돕습니다. 이를 거부하는 행위는 잔인함을 증폭시킬 뿐입니다. …
> 사실은 단순합니다. 일본 제국군이 2차 대전 때 대부분 한국 및 중국 여성들인 수십만 명의 아시아 여성들을 강제로 성노예화했습니다. 일본이 지속적으로 역사를 왜곡하고 부정하며 피해자들을 비난하는 게임을 하는 것은 구역질나는 행위입니다. '위안부'라고 불려지는 모든 여성들이 기꺼이 동조해서 자발적으로 행동했다고 주장하는 이들은 '강간'이라는 단어의 의미조차 모르는 사람들입니다. …
> 우리의 결의안은 일본정부가 일본 제국군이 소위 '위안부'라고 불리는 피해자들에게 저지른 끔찍한 행위에 대해 공식적으로 인정하고 사과하기를 요청하는 것입니다. 그렇게 하지 않는다면 전 세계에 그러한 공포스런 행위가 다시금 재발될 수

시 결의안 통과 전후의 한인 유권자들의 활동 상황과 긴박했던 순간들이 서술되어 있다.

12 정연진, 앞의 글, 27~28쪽

있고 지금까지 그래왔던 것처럼 대범한 행위로 간주되어 버릴 수 있다는 메시지를 줄 것입니다.

혼다 결의안은 일본군 위안부 문제를 통해 미국에 거주하는 한인사회가 미국의 여론을 움직인 보기 드문 선례를 남기게 되었다.

2007년 7월 30일 통과된 결의안은 전문에서 "일본정부에 의한 강제 군대 매춘 제도인 위안부는 집단강간과 강제유산, 수치, 불구, 사망 및 자살을 초래한 잔학성과 규모 면에서 전례 없는 20세기 최대 규모의 인신매매인 사실"[13]을 인정하였다. 그 요지는 다음과 같다.

① 일본정부는 1930년대부터 2차 대전 종전에 이르기까지 강제로 젊은 여성들을 성노예로 만들었던 일본군 위안부의 존재를 공식적으로 인정, 사과하고 역사적 책임을 질 것

② 일본 총리는 총리 자격으로 공식 사과할 것

③ 일본정부는 일본군들이 위안부를 성의 노예로 삼은 바 없고 인신매매를 한 사실도 없다는 주장에 대해 분명하고 공개적으로 반박할 것

④ 일본정부는 국제사회가 제시한 권고에 따라 현 세대와 미래 세대를 대상으로 일본군 위안부에 가해진 잔혹한 범죄에 대해 교육할 것

위 결의안에는 이제까지 유엔 인권기구 등에서 거듭 촉구해 온 일본군 위안부 문제에 대한 일본의 법적 책임은 언급되어 있지 않고,[14] 대신 공식적인

13 "Whereas the 'comfort women' system of forced military prostitution by the Government of Japan, considered unprecedented in its cruelty and magnitude, included gang rape, forced abortions, humiliation, and sexual violence resulting in mutilation, death, or eventual suicide in one of the largest cases of human trafficking in the 20th century"

14 미국 연방 하원 결의안 전문에는 일본정부가 주도하여 민간재단인 아시아여성기금을 만든 후 일본군 위안부들의 고통에 대한 위로금을 지급하기 위한 프로젝트와 프로그램을 시행해 오다가 2007년 3월 31일 위 재단의 업무가 종료하였다는 문구가 나오는 데, 이에 대해 "담담하게 사실을 적으면서 직접 평가를 내리지는 않지만, 문맥으로 보면 기금이 정부의 책임을 완수하는 것도, 사죄와 결부되는 것도 아님을 시사하는 식으로 구성되어 있다"

사과와 역사적 책임을 상기시키고 있다. 그러나 세계의 여론을 주도하는 미국 의회에서 일본군 위안부 문제의 핵심적인 사실과 그 인권 보호와의 관계를 분명하게 지적하고 암묵적으로 세계여론의 동참을 호소한 것은 일본군 위안부 운동에서 중대한 전환점을 이루는 커다란 성과라고 하겠다.

위 결의안에서 특히 주목되는 것은 현 세대와 장래의 세대를 위한 일본군 위안부 문제의 역사교육을 강조한 것이다. 이 점은 은연중에 일본의 역사 교과서에서 일본군 위안부에 관한 기술을 삭제해 가고 있는 최근의 현상에 대해 경종을 울린 것으로 이해된다. 위와 같은 미국 연방 하원의 일본군 위안부 결의는 한국 등 아시아 각국으로부터 큰 주목과 환영을 받았으나, 일본에서는 일본군 위안부 해결의 관점보다는 혼다 결의안 채택으로 미일 관계의 악화가 우려된다는 식의 보도가 주류를 이루었다.[15]

2. 네덜란드와 캐나다 의회 하원의 결의

가. 네덜란드 의회 하원 결의

전술한 바와 같이 네덜란드인 일본군 위안부 피해자 할머니가 미국 연방 하원 청문회에서 증언한 것처럼 네덜란드 시민사회단체들은 일본군 위안부 문제가 처음 제기된 이래 활발하게 국제적인 활동을 전개해 왔다.[16] 네덜란드 시민사회단체들은 2000년 일본 도쿄에서 열린 여성국제법정을 여는 데 적극적으로 참여하였고, 공동 기소단의 일원이 되었다. 네덜란드 의회 하원은 미국 연방 하원 의결이 있은 지 얼마 되지 않은 2007년 11월 20일 유럽 국가로는 처음으로 일본군 위안부 문제에 대해 일본의 공식 사과와 책임 등을 촉구하

고 보는 견해가 있다 – 나카노 도시오·김부자 편저, 이애숙·오미정 옮김, 『역사와 책임』, 선인, 2008, 436쪽

15 예컨대 일본 교도통신은 혼다 결의안 가결 직후 "군대 위안부 문제와 관련된 결의안이 미 하원 본회의에서 가결된 것은 처음"이라며 "결의안 자체는 법적 구속력이 없지만 일본의 가장 중요한 동맹국인 미국 의회에서 일본을 직접 비난하는 결의안이 가결됨에 따라 양국 관계에 악영향을 줄 것으로 보인다"고 보도했다.

16 네덜란드의 일본군 위안부 피해자는 약 300명 가량인 것으로 알려져 있다 – 마이니치신문 2008. 10. 26.자 네덜란드 외교부장관과의 대담 보도 참조

는 결의안을 통과시켰다.

네덜란드 의회는 결의안 전문에서 일본이 2차대전 이전부터 전시에 운영한 강제 성노예제도로 인하여 일본군 위안부들이 입은 고통은 누구도 의심할 수 없는 사실이고 그에 대하여 일본은 모든 책임을 져야 하며, 일본이 '여성을 위한 아시아평화기금'을 조성하여 일부 일본군 위안부 피해자들에게 보상하였지만, 이 기금은 민간의 비정부조직에 의한 것임을 지적했다. 네덜란드 의회 하원의 결의안 요지는 다음과 같다.

① 일본정부는 강제매춘제도 운영에 일본군이 관여한 데 대해 전적인 책임을 지고 1993년 고노 담화와 유리된 성명을 하지 않도록 할 것
② 일본정부는 현재 생존해 있는 일본군 위안부 피해자들이 입은 고통에 대해 직접적이고 도덕적인 금전보상의 추가 조치를 취할 것
③ 일본정부는 2차 대전 중 일본군 위안부 피해자들이 처했던 운명에 대해 일본의 학교 교재가 정확한 정보를 제공하도록 할 것

나. 캐나다 의회 하원 결의

캐나다는 일본군 위안부 피해와는 아무런 관련이 없음에도 불구하고 네덜란드 의회가 결의한 같은 달 28일 유사한 취지의 결의안을 만장일치로 채택했다. 이 결의안은 2007년 3월 캐나다 의회 하원 소위원회에 발의되어 심의를 거친 후, 하원 본 회의에 회부된 것이었다.

위 결의안 통과에 앞서 캐나다 연방 의회에서는 여야를 초월한 11명의 연방 의원과 현지 언론을 포함한 150여명이 참석한 가운데 비공식 공청회가 열렸다. 공청회에서는 한국의 일본군 위안부 피해자 장점돌 할머니와 중국, 필리핀, 네덜란드인 피해자 할머니들이 증언하였다. 공청회 내내 참석 의원 및 청중들은 숙연한 자세로 경청하였으며 아픈 과거와 많은 어려움에도 불구하

고 역사적 진실과 정의를 알리려는 할머니들의 용기에 찬사를 보냈다.[17]

캐나다 하원 결의안은 미국 연방 하원의 결의안 내용과 같이 일본군이 1930년대부터 2차 대전 기간 동안 아시아 태평양 군도의 점령 지역에서 '위안부'로 불려진 젊은 여성들을 성적 노예의 목적으로 동원한 사실을 인정하였다. 이 결의안의 요지는 다음과 같다.

① 1993년 일본군 위안부 피해자들의 고통에 대한 고노 요헤이 관방장관의 유감 표명을 후퇴시키는 발언을 중지하도록 할 것
② 일본군 위안부 피해자들에 대해 성노예화와 인신매매가 없었다는 모든 주장을 명확하고 공개적으로 반박할 것
③ 모든 피해자들에 대해 국회에서 공식적이고 진실한 사죄를 표명하는 외에 일본군의 강제매춘 제도에 대해 완전한 책임을 이행할 것

당초 결의안에는 네덜란드 결의안에서처럼 일본의 학교 교과서에 일본군 위안부 문제를 명기하도록 요구하는 내용이 들어 있었으나, 일본정부의 로비 등으로 최종 결의안에서 빠진 것으로 알려졌다.[18]

3. 유럽 의회 결의

유럽 의회는 27개 유럽 연합 회원국의 국민들이 직접 선거를 통해 선출한 4억 9천만 유럽 연합 시민을 대표하는 세계 최대의 다국적 의회이다. 따라서 유럽 의회 결의안은 27개 유럽 국가들의 의견으로 평가할 수 있다.

유럽 의회 인권 · 민주주의 분과 위원회는 2007년 11월 6일 브뤼셀의 유럽 의회에서 사상 처음으로 일본군 위안부 청문회를 열고 피해 할머니들로부터

17 참여정부 국정브리핑 2007. 11. 30.자 (주 캐나다 대사관 박영국 홍보공사참사관 작성)
18 일본 교도통신 2007. 11. 29.자 뉴스

증언을 들었다. 한국의 길원옥, 네덜란드의 엘렌 판 더 플뢰그, 필리핀의 메넨 카스티요 할머니들은 증언을 통해 일본군 성노예로 끌려가서 겪은 수모와 고통 등 일제의 만행을 고발하고, 일본정부의 공식 사과와 배상을 촉구하기 위한 위안부 지지 결의안을 채택해 줄 것을 호소했다. 이 청문회는 국제사면위원회의 주선으로 일본군 위안부 피해자들이 유럽 국가를 방문해 일본군 위안부 문제의 진실을 이야기하는 유럽 지역의 '스피킹 투어'의 일정 중 하나로 이뤄졌다. 국제사면위원회는 2005년 위안부 문제 보고서 발표 이후 "62년이 넘도록 계속되는 기다림, 성노예제 생존자에게 정의를"이란 제목의 캠페인을 벌여 왔다.[19]

유럽 의회는 위 청문회에 이어 2007년 12월 13일 프랑스 스트라스부르에서 열린 본회의 최종 안건으로 "위안부를 위한 정의"를 표결에 부쳐 출석 위원 57명 중 54명의 찬성으로 통과시켰다. 유럽 의회는 결의안에서 "일본정부가 시도했던 정부 출연 민간 기금인 아시아여성기금은 몇 백명의 '위안부'들에 대해 '위로금'을 지불"했으나 이러한 시도로는 "국제법 하의 법적 안정과 배상이라는 피해자들의 요구를 만족시킬 수 없다"고 하여 종래 일본정부가 해 왔던 법적 해결 주장을 받아들이지 않았다. 이 결의안에서 유럽 의회는 일본정부에 대해 특히 다음과 같은 요지의 권고를 했다.

① 일본정부는 '위안부'로 알려진 젊은 여성들을 강제로 성노예화한 데 대해 공식적으로 인정, 사과하고 그에 대한 역사적 및 법적 책임을 받아들일 것
② 일본정부는 효과적인 행정 제도에 의해 모든 '위안부' 생존자들과 유족들에게 배상할 것
③ 일본 국회는 법원의 배상 판결을 막는 장애물을 제거하는 조치를 취할 것
④ 일본정부는 '위안부'의 노예화가 없었다는 어떠한 주장에 대해서도 공개적으

19 연합뉴스 2007. 11. 7.자 뉴스

로 반박할 것

⑤ '위안부' 문제에 대한 역사적 사실을 현재 및 미래의 세대들에게 교육할 것

위와 같은 유럽 의회의 일본군 위안부 관련 결의안은 종래의 국제기구와 국제인권 시민단체들의 일본군 위안부 문제의 해결방안을 집약해놓은 것이었다. 아울러 2007년 7월의 미국 연방 하원 의결 무렵부터 일본이 국제사회에 대해 일본군 위안부 연행과정에 강제성이 없었으며 일본군 위안부 문제는 모두 해결되었다는 일본정부의 입장을 단호하게 거부한 것이었다. 유럽 의회의 결의안은 그 국제적 영향력이 미국 이상의 것임에 비추어 미하원 결의와는 또 다른 의미에서 일본사회에 상당한 충격을 주었다. 미국 연방 하원 의결 당시에는 애써 보도를 외면하던 일본언론들도 비중 있게 이를 보도했다.[20]

유럽 의회는 27개국 유럽 연합의 의견을 대표하는 것이지만, 유럽 연합에 속해 있는 회원국들의 의견 표명을 제한하는 것은 아니므로, 네덜란드 외의 유럽 국가들은 상황 전개에 따라 다시 개별적으로 유럽 개별 국가 차원의 의회 결의안을 채택할 것으로 전망된다.

4. 필리핀 하원 및 대만 의회 결의

일본군 위안부 피해자가 생존해 있는 필리핀과 대만의 시민사회단체들은 그동안 일본군 위안부 문제에 대해 서로 연대하여 국제사회에 법적 해결을 호소해 왔다. 이들 역시 2000년 여성국제법정에 참여하였으며, 이들의 적극적인 활동의 결과로 필리핀과 대만 의회는 2008년 들어 순차로 일본군 위안부 문제에 대해 결의안을 채택했다.

20 2007년 12월 16일 진행된 KBS1 라디오 〈생방송 토요일 김재홍입니다〉 대담 프로에서 '나눔의 집' 안신권 국장은 일본의 다수 TV와 언론 매체가 큰 관심을 가지고 보도한 내용을 소개하였다. 그가 전하는 바에 의하면, 그동안 일본군 위안부 문제 해결에 노력해 온 일본 시민단체와 인사들은 큰 환영을 표시한 반면, 요미우리신문을 비롯한 독자층이 넓은 보수적인 언론들은 유럽 의회의 결의를 부정적으로 평가하는 일본 외교 당국자의 인터뷰 기사를 게재하는 등 우려 섞인 보도를 하였다고 한다.

먼저 필리핀 의회 하원 외교위원회는 2008년 3월 11일 일본군 위안부 문제에 관한 공청회를 열어 피해자 및 관계자, 필리핀 정부의 의견을 청취한 후 일본군 위안부 문제 결의안을 만장일치로 채택하였다. 이번 결의안은 2005년에도 있었던 필리핀 하원의 결의안의 내용과 유사한 것으로서, 이후 일본정부의 태도에 변화가 없는 상황에서 일본에 대한 미국 등 국제사회의 비판이 커져 가자 보조를 맞춘 것이다.

필리핀 의회의 결의안은 2차 대전 중 필리핀의 젊은 여성들을 위안부라는 명목으로 인권을 침해한 데 대해 일본은 정부 차원에서 잘못을 인정하고 대외적으로 사과하며 피해자와 그의 가족들에게 합당한 보상을 하여야 한다고 일본정부에 요구하고 있다. 결의안 채택을 주도한 리자 마자 의원은 언론과의 인터뷰에서 "하원의 결의안은 미국 의회의 일본정부에 대한 결의안과 유사한 형태"라며, "이는 이미 일본군 위안부 결의안을 채택한 미국, 캐나다, 네덜란드 등과 연대해서 문제의 해결 방안을 찾자는 데 있으며, 더 이상 방치할 수 없는 문제"라고 답변했다.[21,22]

한편 대만 입법원(의회) 역시 2002년에 이어 2008년 11월 11일 일본군 위안부에 대한 일본의 공식 사과와 보상을 요구하는 결의안을 통과시켰다. 왕진핑(王金平) 입법원장은 "우리는 일본이 (위안부들에 대한) 역사적 책임을 지고 사과할 것과 피해자들에게 직접 보상할 것을 요구한다"면서 아울러 "일본은 이같은 범죄가 또 다시 자행되지 않도록 일본의 미래 세대에게 이를 가르칠 것을 요구한다"라고 말했다고 보도되었다.[23] 대만의 일본군 피해자들은 결의안 통과를 즉각 환영했다. 대만 일본군 위안부 피해자 시우메이(92세) 할머니는 위안부 지원단체가 연 기자회견에서 "우리는 오랜 세월 동안 기다려 왔다"면서 "대만 정부가 마침내 (일본정부에) 정식 요구를 했다"고 감격해 했

21 연합뉴스 2008. 3. 12.자 뉴스

22 아사히신문 2008. 3. 12.자 보도에 의하면, 필리핀 시민단체에 일본군 위안부 피해자로 신고한 170명의 피해자 중 당시 56명이 타계했다고 한다.

23 연합뉴스 2008. 11. 11.자 뉴스

다.[24] 대만의 경우 위 결의안 채택 당시 알려진 58명의 일본군 위안부 피해자 중 38명이 이미 사망했다고 한다.

5. 영국 하원 외교위원회 보고

영국 하원 외교위원회(Foreign Affairs Committee of House of Commons)는 2008년 11월 12일 「국제 안보: 일본과 한국(Global Security: Japan and Korea)」이라는 제목의 보고서를 발표했다.[25] 이 보고서 48항에서 일본군 위안부 문제를 보고하고 있는데, 그 요지는 다음과 같다.

> 2차 대전 중 '위안부'로 불리는 이십만 명의 젊은 여성들이 일본군에 의해 강제로 동원되었다. 이들은 대체로 한국인들이었으나, 중국인, 필리핀인 및 인도네시아인들도 있었다. 일본정부는 일본군 위안부 문제는 전후 조약 등에 의해 해결하였다는 이유로 이들 일본군 위안부들에게 공식적으로 사과하거나 직접적인 보상을 하지 않았다. 1995년 일본 국민의 모금에 의해 아시아여성기금을 만들어 한국, 필리핀 및 대만의 일본군 위안부 피해자들 일부에게 일정한 보상금을 지급하였으나, 이 조치는 국제사면위원회로부터 "보상에 관한 국제적 기준을 충족하지 못하고 동 기금이 생존자들의 입을 막고자 하는 뜻으로 인식"되었다고 비판을 받았다. 일본의 아시아여성기금은 최근 유럽 의회의 의결과 미국 연방 하원을 비롯한 여러 나라들의 입법기구들로부터 지속적인 비판을 받고 있다. 미국 연방 하원 의결 당시 외교부장관이었으며 현재 일본 수상인 아소 다로 씨는 당시 미국 연방 하원에 하원의 결의안이 사실에 근거하고 있지 않으며, 매우 유감스러운 일이라는 답변을 미국 연방 하원에 보냈다.

24 연합뉴스, 위 뉴스
25 http://www.publications.uk/pa/cm200708/cmselect/cmfaff/449/449.pdf에서 원문을 볼 수 있다.

위 보고서 내용은 일본군 위안부 문제에 관한 일본정부의 소극적 태도와 국제사회의 지속적인 해결 촉구 움직임을 기술하고 있을 뿐, 영국 하원의 입장을 직접적으로 담고 있지는 않다. 그러나 영국 런던에 본부를 두고 있는 세계적인 인권단체인 국제사면위원회가 일본정부를 비판하는 내용을 담고 있고, 일본정부에 대해 일본군 위안부 문제의 해결을 촉구하는 국제사회의 최근의 움직임을 서술하고 있음에 비추어, 영국 하원 역시 유럽 의회를 비롯한 각국의 입장에 동조해 머지않아 일본군 위안부 문제에 대해 결의안을 채택하는 것이 아닌가 하는 긍정적 전망을 갖게 하고 있다.[26]

영국 하원 외교위원회는 위 보고서의 '결론과 권고(Conclusions and Recommendations)'에서 "한국과 다른 아시아 여성들이 일본군에 성적 봉사를 강요당했던 '위안부 문제'는 한국정부와 국민들에게 고통스럽고 감정적인 일로 남아 있다"고 지적했다. 위 보고서는 "이 문제의 중요성은 국제적으로 인정돼야 한다"며 거기에는 일본이 포함되어야 한다고 결론지었다.[27]

III. 일본 내 움직임

1. 일본 야당에 의한 일본군 위안부 문제 해결을 위한 입법안 제출[28]

26 다만 동 보고서 48항 말미에는 "At government-to-government level, Japan and Korea regard the 'comfort women' issue as being settled."라고 되어 있다. 이 문언의 정확한 의미는 분명하지 않으나, 현재 일본정부에 대해 정부 차원에서 일본군 위안부 피해자들에 대한 법적인 배상을 구하지 않는다는 한국정부의 외교적 입장이 반영된 것이 아닌가 한다. 한국정신대문제대책협의회('정대협'이 펴내는 「정대협 주간소식」 144호 2009년 2월 2일자 소식에 의하면, 정대협은 "일본과 한국의 정부 차원에서 '위안부'문제가 해결되었다."는 위 보고서 말미 부분은 "그동안 한국정부는 한일협정에 '위안부'문제는 포함되지 않았기 때문에 일본정부의 법적 책임이 남아있다는 입장을 취했으며, 일본정부의 아시아여성국민기금 방식의 해결에 대해서도 피해자가 요구하는 대로 일본정부는 해결해야 한다는 입장을 밝혀" 왔기 때문에 잘못 서술된 사항이라고 지적하고, 그 해명과 수정을 요구하는 문서를 주한영국대사관을 통해 영국정부에 발송하였다고 한다.

27 We further conclude that the issue of the Second World War "comfort women" – Korean and other Asian countries obliged to provide sexual services for the Japanese army – remains a painful and emotive issue for the South Korean public and Government, and that its importance should be recognised internationally, including by Japan.

28 1992년 1월 8일 이래 서울 일본대사관 앞에서 일본군 위안부 문제의 해결을 요구하는 '수요시위'가 매주 수요일 열려 왔는데, 2008년 2월 13일로 800회가 되었으며 지금도 계속되고 있다. '수요시위'는 2008년 2월 27일 한국여성단체연합이 시상하는 '올해의 여성운동상'을 수상했다.

일본은 종래 일본의 야당에서 일본군 위안부 문제를 일본의 입법으로 해결하고자 하는 목적으로 입법안을 만들어 일본 의회에 제출해 왔으나 제대로 된 심의조차 거치지 못한 채 번번히 무산되었다.[29] 2008년 6월 10일 전술한 국제사회의 일본군 위안부 해결 촉구 움직임의 영향을 받아 일본 민주당, 공산당, 사민당 및 무소속 의원들이 공동으로 일본군 위안부 문제의 해결을 위한 「전시 성적 강제피해자 문제 해결 촉진 법안」을 2003년 이래 8번째로 일본 국회 참의원에 제출했다.

이 법안은 일본군 위안부에 대한 일본정부의 사과와 명예회복 및 배상금 지급의 내용을 담고 있는 것으로서 종전에 제출한 법안들과 큰 차이가 없다. 이 법안이 법률로 제정될 경우 일본사회에서 일본군 위안부 문제는 새로운 전기를 맞을 것이다. 그러나 위 법안 제출일 현재 자민당이 집권하고 있는 일본정부가 그동안 보여 온 소극적인 태도를 감안할 때, 자민당의 집권이 유지되는 한 일본군 위안부 문제의 입법적 해결을 위한 위 법안의 운명이 과거와 다를 것이라 보이진 않는다.[30]

2. 지방 의회들의 청원 채택

일본 효고현 다카라즈카 시의회는 2008년 3월 25일 지방의회로서는 처음으로 일본 의회와 정부에 일본군 위안부 문제에 대한 성실한 대응을 촉구하는 의견을 채택했다.

위 지방의회는 중의원 의장과 내각 총리대신에게 보내는 의견서에서 "일

29 2000년 1월 민주당이 처음으로 참의원에 「전시 성적 강제피해자 문제 해결 촉진에 관한 법률안」을 제출하였고, 같은 해 7월 공산당이 유사한 법률안을 제출했다.

30 한겨레신문 2005. 11. 23.자 독자칼럼에는 2005년도에 야당 의원들이 제출한 「전시 성적 강제피해자 문제 해결 촉진 법안」의 심의과정을 참관한 김윤옥 한국정신대문제대책협의회 상임대표의 글이 실려 있다 – "방청석에는 100여명의 일본 시민단체 회원들이 참여했으며, 일본에 거주하고 있는 일본군 '위안부' 생존자 송신도 할머니도 지켜보고 있었다. 오카자키 도미코 민주당 의원이 송신도 할머니의 증언을 읽어 내릴 때는 내각 의원을 비롯한 방청인의 절반 이상이 눈시울을 적시고 있었다. 나도 일본정부의 공식 사죄와 법적 배상을 끝까지 요구하다가 돌아가신 김학순 할머니, 아직도 수요 시위를 하고 있는 할머니들의 모습이 뇌리를 스치며 뜨거운 눈물을 금할 수가 없었다."

본정부가 일본군 '위안부' 피해자 여성들에 대해 아직도 공식 사죄도 안하고 보상도 안하고 진상 규명과 책임자 처벌은커녕 교과서에도 그 기술조차 삭제하고 없는 걸로 하려고 하는 것에 대해 세계 각국에서 비판의 목소리가 높아지고 있습니다. 이제 온 세계에서 일본군 '위안부' 문제를 해결하기 위한 운동이 퍼지고 있습니다. 그러나 이러한 세계의 움직임은 일본에서는 충분히 보도되고 있지 않습니다. 일본정부가 1993년 고노 요헤이 관방장관의 담화를 넘어 일본군 '위안부' 문제의 진상 규명을 실시하고 피해자의 존엄 회복에 대해 노력하고 성실한 대응을 할 것을 요구하는 바입니다."라고 일본정부에 의한 일본군 위안부 문제의 적극적인 해결 노력을 촉구했다.[31]

이어서 6월 25일 두번째로 도쿄도(都) 키요세 시의회도 유사한 취지의 의견서를 채택했다. 키요세 시의회는 의견서에서 일본군 위안부 문제에 대해 진상 규명을 하고 배상책임 완수 및 학교교육으로 각국의 피해자들의 존엄 회복을 위해 일본정부가 성실히 대응할 것을 요구했다.[32]

세번째로 홋카이도 도청 소재지인 삿포로 시의회가 2008년 11월 7일 「일본군 '위안부' 문제에 관한 의견서」를 의결했다. 삿포로 시의회는 위 의견서에서 일본정부가 일본군 위안부 피해를 당한 여성들에 대해서 아직까지 공식 사죄도 하지 않고 보상도 하지 않고 진상 규명을 하지 않을 뿐만 아니라 교과서에도 그 기술을 삭제하여 없애려 하는 것에 대해 세계 각국에서 비판의 소리가 높아지고 있다고 지적하였다. 삿포로 시의회는 일본 국회 및 정부에 대해 1993년의 고노 요헤이 관방장관의 담화에 근거해 일본군 위안부 문제의 진상규명을 실시하고 피해자의 존엄 회복을 위해 노력할 것을 촉구하면서 다

31 한국정신대문제대책협의회 2008. 3. 25. 자 보도자료 참조

32 한국정신대문제대책협의회 2008. 7. 2.자 보고내용 참조(http://blog.naver.com/hanagajoah/80053546133). 키요세시의 시민단체 〈키요세 아이와 교육넷〉이 일본군 위안부 문제에 대한 의견서 제출을 요구하는 진정을 의회에 제출하였는데, 이것이 채택되어 6월 25일 시의회 본 회의에서 일본정부의 공식 사죄와 배상 및 역사교육 등을 요구하는 내용의 결의가 가결되게 되었다고 한다. 2008년 7월 23일 서울 일본대사관 앞에서 열린 수요시위에는 일본 다카라즈카시 의회의 일본군 위안부 관련 의견 채택을 주도한 오오시마 의원 등 일본 지방의회 의원 10여명이 참석하여 일본정부의 일본군 위안부 해결을 촉구했다.

음과 같은 사항을 강하게 요구하였다.

① 정부는 '위안부' 피해의 사실을 확인하여 피해자에 대해 각의 결정에 의한 사죄를 실시하는 것
② 정부는 '위안부' 문제 해결을 위한 법률을 만들어 피해자의 명예회복과 손해배상을 실시하는 것
③ 학교나 사회의 교육에 대해 '위안부' 문제의 역사를 가르쳐 국민이 역사를 계승할 수 있도록 하는 것[33]

이상의 일본군 위안부 문제에 대해 일본정부의 공식 사과와 명예 회복 및 배상을 촉구하는 일본 지방의회들의 움직임은 일본의 국회 및 중앙정부가 국제사회의 거듭되는 일본군 위안부 문제의 해결 요구에 적절히 부응하지 못하는 데에 대한 반성에서 비롯된 것으로 과거에는 없었던 현상이다. 이와 같은 지방의회들의 움직임이 확산되는 경우 중앙정부에 대한 압력 또한 커질 것으로 생각된다.

IV. 맺는 말

2010년이면 일본이 한국에 대한 강점[34]을 시작한 1910년으로부터 100년이 된다. 일제는 1931년 만주사변을 필두로 중국 대륙 침략을 시작했고 2차 대전이 벌어지자 파시즘의 편에 서서 태평양전쟁에 참전했다. 나라를 잃은 한국인은 이 기간 동안[35] 일본의 침략전쟁 최일선에 동원되어 극심한 피해를 겪을 수밖에 없었는데, 그 과정에서 일본군 위안소에서 성노예생활을 강요당

33 오마이뉴스 2008. 11. 8.자 기사 (윤미향, 「삿포로시 의회, 일본군 '위안부' 문제 의견서 채택」) 참조
34 2004년 제정되어 시행중인 「일제강점 하 강제동원피해 진상규명 등에 관한 특별법」에서도 일제에 의한 한국 식민지 지배의 성격을 '강점'이라고 보고 있다.
35 위 법 제2조 1호는 일제 식민지에 의한 강제동원 피해 기간을 '만주사변 이후 태평양전쟁에 이르는 시기'로 규정하고 있다.

한 한국인 젊은 여성들의 인권 유린피해는 상상할 수 없을 정도로 극악한 것이었다. 생명을 보존하고 창조하는 여성의 고유한 성적 본성이 여지없이 파괴되었으며 그 고통은 태평양전쟁이 끝나 살해되거나 버려질 때까지 잠시도 쉴 틈이 없이 계속되었다. 이미 미국 연방 하원이 일본군 위안부 문제 결의에서 (일본군에 의한 위안부 강제 동원과 일본군이 전시에 운영한 위안소의 성격을) '20세기 최대의 인신매매'로 규정하였거니와, 일본군 위안부 피해자들이 겪은 인권침해는 그 인권유린의 정도와 성격 면에서 아마도 인류가 경험한 최악의 것으로 역사에 기록될 것이다.

따라서 경술국치 100년이 다가오는 이때 일본군 위안부 문제는 일제 과거사 청산의 면에서도 새롭게 성찰해야 할 중요한 인권문제의 하나로 생각된다. 특히 현재 생존해 있는 일본군 위안부 피해자 할머니들의 경우 그 고통은 여전히 계속되고 있어 일본군 위안부 문제는 과거의 것이 아닌 '오늘의 문제'인 성격을 갖고 있기 때문이다.[36]

주지하다시피 일본군 위안부 문제는 1990년대에 2차 대전 중 일본군 위안부 강제동원 사실과 위안소 운영 사실을 보여 주는 관련 공문서들이 드러나면서 국내외에 큰 충격을 준 이래 세계의 지속적인 관심을 끌어 왔다. 2차 대전 후 유엔이 설립되고 세계인권선언이 선포되어 인권 보장은 가장 중요한 이념이 되었지만, 전후 반세기가 지날 무렵까지 일본군 위안부는 세계인의 관심 밖에 있었다.

그러나 위와 같이 일본군 위안부 관련 사실이 드러나자 일본군 위안부 문제는 곧 세계시민 모두가 관심을 가져야 할 중대한 인권침해 이슈가 되었다. 그에 따라 유엔 인권기구를 비롯한 국제사회의 주목을 받게 되었고,[37] 이후 세

36 2000년 여성국제법정에 제출된 남북 공동 기소장에 부록으로 첨부되어 있는 일본군 위안부 피해자 할머니들의 의료 관계 조사와 인터뷰 기록은 일본군 위안부 피해자들에 대한 일본군의 범죄의 흔적이 여전히 현재에도 이들의 정신과 육체에 계속되고 있는 뚜렷한 증거라고 생각된다.

37 2008년 12월 10일 동아일보사는 유엔 세계인권선언 60주년을 맞아 '한국인권신장 10대 사건'을 선정하여 발표했는데, 그 중 하나로 유엔인권위원회가 1993년 8월 25일 일본군 위안부 문제의 인권침해 실태를 조사할 수 있도록 하는 결의안을 만장일치로 채택한 것을 들었다.

계여론은 일관되게 일본군 위안부 문제의 해결을 미루는 일본정부의 소극적 태도를 비판해 왔음은 전술한 바 있다.

한편 한국인을 비롯한 여러 나라의 일본군 위안부 피해자들은 일본 법원에 소송을 제기했고 미국에서도 유사한 소송이 제기되었다. 이들 재판에서 일본군 위안부 피해자들이 일본군에 강제 또는 기망 등에 의해 동원된 후 일본군이 운영하는 위안소에서 이탈이 허용되지 않는 성노예생활을 강요당한 사실은 대체로 인정되었다. 그런데 일본 법원에서의 손해배상 청구는 조약이나 협정 또는 소멸시효 등에 의해 일본군 위안부 피해자들에 대한 법적 책임이 다하였다는 일본정부의 입장이 받아들여져 인용되지 않았고, 미국에서의 소송은 피고가 일본국이었던 까닭에 주권 존중의 원칙상 당사자 적격이 흠결되어 각하되었다. 그러나 재판 절차가 곧 정의의 전부는 아니며, 시효제도 또는 소송 요건의 흠결 여부가 일본군 위안부 피해자들에 대한 일본정부의 책임을 면제시키는 것도 아니라고 생각된다.[38]

예컨대 우리나라의 경우에도 민사상 손해배상 청구에서 일반적으로 소멸시효제도를 규정하고 있지만, 반인도적인 국가 공권력 남용에 의한 손해배상 청구의 경우 국가에 의한 소멸시효 주장을 신의칙에 어긋나는 항변으로 보아 배척하고 있는 예가 있다.[39] 이것은 시효제도란 본질적으로 권리를 소멸시키는 제도가 아니라 권리의 진정성을 심사하는 특수한 형태의 권리 보호제

38 한일협정에 의해 일본군 위안부 피해자들에 대한 배상책임이 소멸하였다는 주장의 부당함에 대해서는 이미 앞장에서 상세히 살펴본 바 있으므로 여기서는 검토를 생략한다.

39 고 최종길 서울대 교수 유족이 국가를 상대로 제기한 손해배상청구소송에서 서울고등법원은 소멸 시효 완성을 주장하는 국가의 항변을 신의칙에 반하는 권리남용에 해당한다는 이유로 받아들이지 않았다(서울고등법원 2006. 2. 14. 선고 2005나27906 판결). 재판부는 "일반적으로 소멸시효제도는, 일정기간 계속된 사회질서를 유지하고 시간의 경과로 인하여 곤란하게 되는 증거보전으로부터 구제하며 자기의 권리를 행사하지 아니하고 권리 위에 잠자는 자를 법적 보호에서 배제하기 위하여 인정된 제도이다. 즉 시효제도는 원칙적으로 진정한 권리자의 권리를 확보하고, 변제자의 이중 변제를 피하기 위한 제도이므로, 권리자가 아니거나 변제하지 않은 것이 명백한 진정한 권리를 희생하면서까지 보호할 필요는 없다 할 것이다. 또한 시효제도는 권리자로부터 정당한 권리를 빼앗으려는 데 있는 것이 아니라 채무자에게 근거 없는 청구를 받았을 때 사실의 탐지없이 방어할 수 있는 보호수단을 주려는 데 있는 것이었다."고 판시하면서, 고 최종길 교수는 국가기관인 구 중앙정보부 직원의 고문에 의해 사망하였고 사인이 은폐된 채 간첩의 오명을 뒤집어쓰는 등 중대한 인권침해를 당하였으므로, 이처럼 국가공권력에 의한 중대한 인권침해 사건에서 국가는 소멸시효를 주장할 수 없다고 판단하였다.

도로서, 단순히 시간이 경과하였다는 이유만으로 정당한 권리를 소멸시킬 수는 없기 때문이다. 따라서 시민의 인권 보호를 우선적 사명으로 해야 할 국가권력이 그 권한을 남용하여 거꾸로 시민의 인권을 중대하게 침해하는 경우에는 그로 인한 배상책임을 국가가 지는 것이 당연한 사리이며, 이때 국가가 소멸시효제도를 원용하여 법적 책임 면제를 항변하는 것은 정의 관념에 반하는 것으로서 허용되지 않는다고 본다.[40]

1998년에 제정된 「국제형사재판소에 관한 로마 규정」이 전쟁범죄와 '인도에 반한 죄' 등에 공소시효제도를 원천적으로 배제하고 있는 것도 마찬가지 이유에서이다(한국과 일본은 모두 로마 규정에 가입하였다).[41] 일본군 위안부 범죄는 범죄구성 요건상 로마 규정에 위반되는 대표적인 '인도에 반한 죄'로서 마땅히 형사처벌을 받아야 할 것이나,[42] 다만 로마 규정의 운영상 불가피하게 그 제정 이후에 범한 범죄의 경우에는 소추를 하지 못하도록 되어 있어 형사책임이 유예되고 있을 뿐이다.[43]

그렇다면 동 조약상 중대한 인권침해 범죄임이 명백한 '인도에 반한 죄'를 범한 일본 제국을 승계한 오늘의 일본정부가 로마 규정상 일본군 위안부 범죄에 대해 소추가 되지 않는다고 해서, 그 범죄의 피해자인 일본군 위안부 할머니들에 대하여 아무런 법적 책임도 지지 않는다는 것은 받아들일 수 없는 일이다. 이것은 앞서의 예에서 국가권력에 의한 반인도적 범죄로 피해를 입은 시민이 국가를 상대로 손해배상청구소송을 제기했을 때 국가가 소멸시효를 주장하는 것이 허용되지 않는 경우처럼 배척받아 마땅하다.

요컨대 최근에 이르기까지 유엔 인권기구들과 국제노동기구가 일관되게

40 「시민적 정치적 권리에 관한 국제인권규약」 제7조는 "어느 누구도 고문 또는 잔혹한, 비인도적인 또는 굴욕적인 취급 또는 형벌을 받지 아니한다. 특히 누구든지 자신의 자유로운 동의 없이 의학적 또는 과학적 실험을 받지 아니한다."라고 규정하여 국가권력에 의한 인권침해로부터 보호를 받을 시민의 권리를 명기하고 있다.

41 제29조에서 국제형사재판소 로마 규정이 규정하는 모든 범죄에 대해 공소시효를 배제하고 있다.

42 제7조 1의 사.항이 정하는 "강간, 성적 노예화, 강제매춘, 강제임신, 강제불임 또는 이에 상당하는 중대한 성폭력"에 해당한다.

43 제11조 제1항 "재판소는 이 규정의 발표 후에 범하여진 범죄에 대해서만 관할권을 가진다."

일본의 주장을 배척하고 공적인 사과와 법적인 책임이행을 요구해 온 것은 인류 공통의 보편적 이성에 바탕을 둔 당연한 법리를 거듭 확인한 것에 지나지 않는다. 2000년 여성국제법정에서 개인별 형사책임을 부과하면서 동시에 일본정부에 법적 배상책임을 묻고 있는 것도 같은 이유에서이다. 그럼에도 불구하고 일본정부는 줄곧 소극적인 입장에서 한걸음도 나아가지 못하고 있다. 앞서 살펴 본 바와 같이 미국 연방 하원에서 비롯된 네덜란드, 캐나다, 유럽 의회 및 필리핀과 대만 의회의 일본군 위안부 관련 결의 등은 종전의 유엔 인권기구 등과는 또 다른 차원의 국제여론을 형성하여 일본정부에 의한 일본군 위안부 문제 해결을 촉구하고 있다. 이러한 경향은 앞으로 점점 더 거세어질 것으로 보인다.

이런 상황에서 일본정부는 과연 언제까지 세계여론의 엄중한 심판을 외면할 수 있을 것인가? 일본 시민사회는 언제까지 집권 자민당과 함께 일본군 위안부 문제에서 부도덕한 공범의 불명예를 감수할 것인가? 또 우리 사회는 이러한 동향에 단순히 발맞추는 외에 일본군 위안부 문제 해결을 위해 어떤 능동적인 역할을 수행할 수 있을 것인가.[44] 이 장을 마무리하면서 이 점에 대한 몇 가지 생각을 덧붙이기로 한다.

무엇보다도 한국정부는 이제까지 보여 준 수동적인 자세에서 벗어나야 한다. 지금까지 한국정부는 일본군 위안부 문제에 대해 모순되고 방관자적인 태도를 보여 왔다. 한국정부는 1965년 일본정부와 체결한 한일협정에서 개인별 배상책임을 논의하거나 규정한 바가 없고 동 협정과 일본군 위안부 피해

44 국회 여성위원회는 2008년 10월 8일 일본군 위안부 피해자 명예회복을 위한 공식 사과 및 배상 촉구 결의안을 의결했다. 위 결의 내용은 다음과 같다: 1) 대한민국 국회는 일본군 피해자의 명예회복을 위하여 1930년대부터 2차 대전에 이르는 기간 동안 아시아, 태평양 지역의 여성들을 일본 제국주의 군대의 성노예화한 것에 대하여, 피해자들에게 일본정부가 사과할 것을 요구한다. 2) 대한민국 국회는 일본군 위안부 피해자의 실질적 명예회복이 이루어지기 위하여 일본정부가 반인권적 범죄행위에 대하여 일본 국내 역사교과서에 그 진실을 충분히 반영하고, 위안부 피해자들에 대해 피해 배상을 할 것과 일본정부가 관련법 제정을 신속히 추진할 것을 촉구한다. 3) 대한민국 국회는 일본군 피해자의 명예회복을 위하여, 유엔인권위원회와 유엔 여성차별위원회 등 국제사회의 권고대로 일본정부가 공식 사과, 법적 배상 및 역사 교과서 반영을 이행하도록 한국정부가 적극적이고도 명백한 역할을 할 것을 촉구한다.

자들이 일본정부에 대해 가지는 손해배상청구권과는 아무런 관련이 없는 것임에도 불구하고, 일본군 위안부 문제가 1990년대 처음 대두되었을 때 일본군 위안부 피해자들을 대신하여 일본정부에 적극적인 배상 요구나 문제 해결 요구를 하지 못하였다.

일본군 위안부 문제는 시간이 경과함에 따라 세계가 주목하는 중대한 인권문제가 되었고, 일본정부는 이를 해결해야 할 압박을 받게 되었다. 그러나 일본정부는 이를 제대로 이행하지 아니하였고 대신 아시아여성기금을 만들어 민간 차원에서 편법으로 일본군 위안부 문제를 해결하려 했다.[45] 이에 대해 국내외의 여론이 일본정부를 비판하자 한국정부는 그에 부응하는 취지에서 일본군 위안부 피해자들을 지원하는 법[46]을 만들어 시행했다. 그러나 문제의 해결은 근원적으로 일본정부에 의한 공식 사과 등과 법적 책임의 이행이므로, 국내에서의 입법 여부와 관계없이 한국정부는 세계여론에 따라 일본정부에 대해 위안부 피해자들에 대한 배상 요구를 지속하는 것이 긴요했다.

그럼에도 불구하고 한국정부는 현재에 이르기까지 일본정부에 대해 구체적인 해결 요구를 하지 않고 있으며,[47] 일본군 위안부 문제에서 모두가 공감하는 바의 뚜렷한 외교적 방침이나 대응책을 마련해 놓고 있지 못하고 있

45 아시아여성기금의 발족 경위와 문제점에 대해서는 스즈키 유코, 「국민기금 문제란 무었이었으며, 현재 무엇인가」, 『국민기금 문제란 무엇인가』, 한국정신대연구소, 2008. 7~28쪽 참조. 스즈키 유코는 아시아여성기금('국민기금')의 발족이 가지고 있는 문제점에 대해 "1995년 7월에 발족한 '국민기금'은 위에서 서술한 바와 같이 '위안부' 범죄의 본질로부터 겨우 싹을 틔운 일본인의 '전쟁책임 인식', '가해 인식'의 형성을 저해하고 '국가범죄' 문제의 본질을 외면한 채 금전적 수여로 매듭짓는 '국책'이었다."고 비판하면서(10쪽), 해산 후에도 여전히 문제가 남아 있음을 다음과 같이 지적하였다 : "'국민기금'은 2007년 3월 31일 해산되었지만 피해 당사자, 관련 단체, 국제사회는 일본군 '위안부' 문제가 해결된 것으로 보지 않는다. '국민기금'은 스스로의 잘못을 인정해야만 한다고 나는 생각하고 있지만, 해산 후 구 '국민기금' 관계자에 의한 왜곡, 자기 정당화를 위한 언동은 가히 기가 막히는 수준이었다. 특히 '국민기금' 반대의 중심에 있었던 한국 정대협과 초대 회장 및 공동대표를 맡은 윤정옥씨 등에게 쏟아진 비방과 중상에 가까운 비난은 간과할 수 없다. '기금'의 발기인, 이사, 운영심의회 위원장을 역임하고 '기금의 얼굴'로 일컬어지는 와다 하루키 씨는 주로 강연활동을 통해 정대협과 윤정옥 씨를 강하게 비난하고 있다."(18쪽)

46 1993년 1월 생활안정지원법이 제정되어 수차례 개정을 거쳐 「일제하 일본군 위안부 피해자 생활안정지원 및 기념사업 등에 관한 법률」로서 시행중에 있다.

47 한국정부는 2008년 5월 유엔인권이사회에서 있었던 일본의 인권상황 정례검토 자리에서 발언 기회를 얻어 구체적인 내용을 언급함이 없이 일본정부에 일본군 위안부에 관한 유엔 메커니즘의 권고사항을 충실히 이행하라고 촉구했다(A/HRC/8/44 para. 37).

다.[48] 결과적으로 일본군 위안부 피해자 할머니들은 1965년 한일협정 당시 한국정부가 제대로 하지 못한 잘못을 떠맡아 지금까지 고통을 겪고 있는 셈이다. 이런 한국정부의 무대책과 소극적 자세가 미국에서 열린 일본군 위안부 소송에서도 그대로 반영되어 피해자 원고들의 분노를 사기에 이르렀던 것이다.[49]

한편 2007년 7월에 있었던 미국 연방 하원 결의시 일본정부가 미국 정계에 적극적인 로비를 하였음은 전술한 바 있거니와, 한국정부가 그에 견주어 무엇인가 결의안 채택에 도움이 될 만한 외교적 노력을 경주했다는 자료는 드러나 있지 않다. 미국 연방 하원 결의는 미국에 거주하는 한인들의 놀라운 풀뿌리 운동이 아니었으면 성공하지 못했을지도 모른다. 이제 이런 한국정부의 태도는 지양되어야 함이 마땅하다. 금세기 들어 변하지 않는 일본의 태도에 실망한 국제사회가 그 책임이행을 강력하게 요구하는 방향으로 변화해 가는 것이 분명한 흐름인 이때, 한국정부는 이 흐름을 명확히 인식하고 종래의 방관적인 입장에서 벗어나 적극적인 외교정책을 펼치는 것이 중요하다고 생각된다.[50]

한국정부는 자칫 이 흐름이 끊어지거나 국제사회의 요구가 구속력이 없는 탓에 일본정부가 여전히 소극적인 태도에서 벗어나지 못함으로써 국제여론이 주춤할 때 이를 견인해 갈 수 있는 외교적 역량을 발휘하여야 한다. 그러기 위해서는 우선 그동안에 이루어진 국내외 여러 성과들을 체계적으로 정리하여 자료화하고 이를 적절한 형태로 가공하여 대중에게 내놓아 보이는 것이

48 조양현, 앞의 글, 20쪽에서 "한국은 위안부 문제에 있어서 법률적 차원보다는 인류 보편적 가치 추구라는 윤리적 차원에서 접근하는 것이 유리할 수 있음"이라고 하는 것도 정부의 태도와 같은 맥락이며, 같은 글 22쪽의 결론 부분에서 "종군 위안부, 교과서 문제 등에 관해서는 정부가 전면에 나서는 것보다는 한일 민간 차원의 교류, 유엔과 국제기구, NGO 등을 통하여 인류 보편적인 가치관에 호소하는 것이 더 효과적일 수 있음"이라고 하여 필자가 제안하는 정부의 기본적 외교 방향이 소극적임을 시사하고 있다. 이 글의 문제점은 그런 소극적인 외교정책을 통해서 얻는 '유리'함과 '효과'의 대상 또는 결과가 무엇인지를 제시하지 않고 있다는 점이다.

49 제6장 각주 58) 참조

50 다만 과거사 문제에 소극적인 이명박 대통령하의 현 정부 입장에 비추어 일본군 위안부 문제에서 외교정책이 과거에 비해 발전적으로 변화해갈 지는 다소 회의적일 수밖에 없지 않나 생각된다. 제7장, 각주 40) 참조

필요하다고 생각된다.[51] 이 정보물은 일본군 위안부 문제의 해결을 위해 노력하는 국내외 여러 시민단체들과 필요에 따라 각국 정부나 국제기구에도 배포되어 유익하고 좋은 전략적 외교자료로 활용될 수 있을 것이다.

아울러 한국정부는 현재 진행중인 유엔 인권기구를 비롯한 국제기구의 위안부 논의 상황을 주의 깊게 모니터하고 그 논의가 보다 효율적으로 이루어지도록 적극적으로 도와야 한다. 이를 위해 국내외 NGO들과의 유기적인 협의와 지원이 필요하며, 현재까지 진행된 각국 의회의 결의과정과 준비중인 상황을 면밀히 검토하여 앞으로 가능성 있는 국가들에 대한 외교적 대응도 필요하지 않나 생각된다.

덧붙여 한국정부는 한일협정 제3조에 의한 중재규정[52] 활용을 진지하게 검토하여야 한다. 현재 일본군 위안부 문제 해결을 위해 필요한데도 정부가 이를 하지 아니하고 있는데 대해 헌법소원이 제기된 상태인 바, 정부는 소극적인 답변을 하고 있다.[53]

독도문제에서 일본정부가 1950년대 이래 국제사법재판소에 회부하자고 주장하고 있으나 한국정부가 이에 응하지 않고 있음은 널리 알려진 사실이다.[54] 그런데 일본인의 관점에서 이처럼 일본정부가 독도를 분쟁지역화 하기 위하여 국제사법재판소 회부 주장을 했다고 해서 외교적으로 손해를 보았다

51 이렇게 일본군 위안부 관련 정보를 체계적으로 잘 정리한 자료가 출간되면 최근 '전쟁과 여성인권 박물관'의 서대문독립공원 안 건립을 반대해 온 광복회 등의 무지와 오해도 불식시킬 수 있을 것으로 생각된다. 일본군 위안부 문제 해결 운동을 펼쳐 온 나카하라 미치코 와세다대학 명예교수는 한겨레신문 2008. 11. 4.자에 "광복회의 반대, 믿기지 않는다"라는 제목으로 기고한 글에서 다음과 같이 쓰고 있다: "한국의 역사에서 목숨을 바쳐 독립을 위해 싸워 오신 분들의 성지에 이러한 세계적으로 중요한 의미를 가진 '전쟁과 여성인권 박물관'이 건립되는 것은 반가운 일이다. 일본군 성노예제 피해 할머니들은 지금까지 식민지 지배 하에서 일제가 자행했던 여성에 대한 인권유린에 대해 인권과 존엄 회복을 희구하며 과감히 투쟁하고 있기 때문이다. 이 투쟁을 도와왔던 정대협의 여성들, 이 투쟁을 공감하고 지원하는 세계 각국의 여성들의 투쟁을 역사에 길이 남겨, 미래의 세대들에게 밝은 역사의 항목으로서 전하기 위한 가장 적합한 장소가 서대문독립공원이라 믿는다."

52 제7장, 각주 45 참조

53 제7장, IV. 참조

54 연합뉴스 2008. 12. 9.자 「일 외무성 '독도는 일본 땅' 대외 홍보 강화」 보도에 의하면, 일본 외무성은 외무성 홈페이지에 '독도 문제'라는 사이트를 만들어 여기에 10개국 언어로 만든 독도 관련 팜플릿을 올려 열람하게 하고 있는데 여기에서 "한국은 다케시마(독도)를 불법 점거하고 있으며, 일본은 다케시마 영유권에 관한 문제를 국제사법재판소에 회부할 것을 제안하고 있지만 한국이 이를 거부하고 있다"고 주장하고 있다고 한다.

고 볼 것 같지는 않다. 반대로 일본인들은 일본정부가 그렇게 함으로써 국제사회에 독도 영유권 주장에 관한 나름대로의 명분을 얻게 한 것으로 생각할지 모른다.

그렇다면 한국과 일본이 상호 합의한 바가 없는데도 독도문제에서 일본은 적극적으로 국제사법재판소 회부 주장을 하며 외교력을 발휘하고 있는 데 비해, 일본군 위안부 문제에서 한일협정에도 명기되어 있는 분쟁 해결 절차인 중재조항을 활용하지 않는 이유가 무엇인가. 한일협정의 중재조항은 바로 일본군 위안부 문제와 같은 경우의 합리적 해결을 위해 마련된 것이 아닌가. 전망컨대 세계여론의 지지를 받고 있는 일본군 위안부 문제에서 중재조항에 의한 문제 해결 요구는 국제사회의 환영을 받을 것이 틀림없다. 이는 한국정부의 외교력에도 큰 도움을 줄 것이 명백하다. 따라서 이 문제에 관한 근원적인 방향 전환이 필요하다고 생각된다.

한편 자유권규약위원회 등 여러 중요한 인권 관련 조약기구에서 일본군 위안부 문제에 대해 새로운 관심을 표명하고 있고, 2007년 이래 미국 연방 하원을 비롯하여 각국이 일본군 위안부 관련 결의를 해 나가고 있는 발전된 상황 변화에 대응하여 일본군 위안부 문제 해결을 위해 그동안 많은 노력을 해 온 시민단체들도 이 변화가 문제 해결을 위한 궁극적인 방향으로 유도될 수 있도록 지혜를 모아야 하지 않나 생각한다.

그 전열 정비 내용에는 가급적 장기적이고 유기적인 계획 마련과 국내외 관련 단체들 간의 새로운 교류와 결속을 확보해 나가는 것이 중요하다고 여겨진다. 국제여론의 흐름을 주도하는 움직임을 놓치지 않는 것이 필요하고, 일본 국회의 입법을 위해 일본의 시민단체들과의 연대활동도 보다 긴밀하게 이루어져야 한다고 본다.

그리고 일본의 교과서에서 점점 사라져 가고 있거나 왜곡 표현되고 있는 일본군 위안부 관련 서술 부분을 바로잡고 교육현장에서 일본군 위안부와 관련된 과거사 이해가 올바로 이루어지도록 실천해 나가는 노력도 한국과 일본의 시민단체가 해야 할 주요한 활동목표의 하나라고 생각된다.[55,56]

아울러 북한의 경우에도 일본군 위안부 문제에서 국내외 시민단체들과 협력하여 상호 도움을 줄 수 있는 방안을 모색할 수 있도록 꾸준히 소통 기회를 가져가는 것이 필요하다고 생각한다.[57]

55 일본군 위안부 관련 일본 교과서 서술의 문제점에 대해서는 이영선, 『일본군 '위안부'에 관한 교과서 서술과 문제점 – 한일 역사 교과서 서술을 중심으로 –』, 서강대학교 교육대학원 석사논문, 2004, 21–36쪽 참조

56 2007년 4월에 발간된 '일본군 위안부 시스템'에 관한 미 의회 조사국 보고서는 "일본이 위안부 제도에 대한 책임을 인정한 이래, 일본 역사 교과서에 위안부에 대해 기술해야 하는가에 대해 종종 논쟁이 일고 있다. 현재 일본에서 위안부를 둘러싼 논의의 초점은 일본 역사 교과서에서 위안부 문제를 논의해야 하는지 여부이다. 1997년에 일본 문부성은 몇몇 새로운 중학교 교과서에서 위안부가 여성의 '강제징용'에 기초한 성노예의 한 유형이라 기술하는 것을 허용했다. 이 결정 및 이들 교과서 발행은 20세기 전반의 일본 역사는 일반적으로 서술되고 있는 것처럼 부정적이지 않다고 주장하는 일본의 일부 정치가라든가 이익단체로부터 상당한 비판을 초래하였다. '새로운 역사 교과서를 만드는 모임'은 일본사를 긍정적으로 보는 역사교과서 발행을 위해 결성되었다. 2005년 검정에 합격한 8개 출판사의 새 교과서가 위안부에 대해 언급하지 않았던 것은 이와 같은 비판과 '새로운 역사 교과서를 만드는 모임'의 캠페인 결과라는 것은 의심할 여지가 없다."고 역사 교과서 문제를 언급하고 있다. 래리 닉쉬, 동북아역사재단 제1연구실 옮김, 「일본군 위안부 시스템」, 『의회 조사 보고서』, 2007, 21 · 22쪽 참조

57 2008년 11월 12일부터 15일까지 평양에서 열린 '일본의 역사 왜곡 및 독도 강탈 책동 반대 남북(북남) 공동토론회'에서 한국정신대문제대책협의회 윤미향 상임대표는 '대일과거사 청산 운동과 과제 – 일본의 공식 사죄와 법적 배상 실현을 위하여!'라는 제목의 발표 속에서 일본군 위안부 운동의 현황을 소개하였다.

참고문헌

제1장 일본군 위안부 문제의 선결 쟁점들

정진성 『일본군 성노예제 – 일본군 위안부 문제의 실상과 그 해결을 위한 운동』, 서울대학교출판부, 2004

한영우 『다시 찾는 우리 역사』, 경세원, 2006

강성은 / 한철호 옮김 『1905년 한국보호조약과 식민지 지배책임』, 선인문화사, 2008

도츠카 에츠로(戸塚悦郎) / 박홍규 옮김 『위안부가 아니라 성노예이다』, 소나무, 2001

吉見義明 「일본군 위안부 문제의 강제성 재논의, 강제성이란 무엇인가 : 일본군 위안부 문제」, 『2007 한일 공동세미나 종합토론집』

강만길 「일본군 위안부의 개념과 호칭 문제」, 『일본군 위안부 문제의 진상』, 역사비평사, 1997

김명기 「정신대에 대한 비인도적 행위와 전쟁범죄」, 한국정신대문제대책협의회 엮음 『일본군 위안부 문제에 대한 법적 해결의 전망』, 풀빛, 2001

김창록 「일제 및 일제강점기의 법적 실체」, 위의 책

장완익 2000년 일본군 성노예전범 여성국제법정에서 남북공동기소장이 갖는 의의」, 위의 책

김부자 「일본군 위안부 문제의 강제성 재논의, 강제성이란 무엇인가 : 일본군 위안부 문제」, 『2007 한일 공동세미나 종합토론집』

김태기 「1950년대 초 미국의 대한(對韓) 외교정책 : 대일강화조약에서의 한국의 배제 및 제1차 한일회담에 대한 미국의 정치적 입장을 중심으로」, 『한국정치학회보』, 제33집 제1호

박원순 「도쿄전범재판의 시작과 끝」, 『근현대사강좌연구』, 한국현대사연구회, 1995

하종문 「천황제, 도쿄재판, 샌프란시스코 강화조약 : 일본식 과거극복 과정의 세 계기」, 『고려대학교아세아문제연구소』, 아세아연구, 통권 106호, 2001

Ms. Radhika Coomaraswamy Report on the Democratic People's Republic of Korea, the Republic of Korea and Japan on the Issue of Military Sexual Slavery in Wartime, Report of the Special Rapporteur on Violence against Women, its Causes and Consequences, in accordance with Commission on Human Rights resolution 1994/45, (E/CN.4/1996/53/Add.1)

Ms. Gay J. MacDougall Systematic rape, sexual slavery and slavery-like practices during armed conflict, 22 June 1998, (U.N. Doc. E/CN.4/

Sub.2/1998/13)
Ustinia Dolgopol and Snehal Paranjape Comfort Women : An Unfinished Ordeal, International Commission of Jurists, Geneva, 1994
문화일보 2007. 12. 4.자 기사
국민일보 2008. 8. 13.자 기사

제2장 일본에서의 일본군 위안부 소송

정진성 『일본군 성노예제 – 일본군 위안부 문제의 실상과 그 해결을 위한 운동』, 서울대학교출판부, 2004
김부찬 「개인의 국제법적 지위」, 『동아시아연구논총』 제5권, 제주대학교 동아시아연구소, 1994
김창록 「"한일협정"과 한국인 개인의 권리」, 『법학연구』 제43권 제1호(통권51호), 부산대학교 법학연구소, 2002
김창록 「한일간 과거청산에 있어서의 국가의 논리와 개인의 논리」, 『법사학연구』 제30호, 한국법사학회, 2004
김창록 「일본군 '위안부' 문제에 관한 법적 검토」, 『국제법논문선집』, 동북아의 평화를 위한 바른역사정립기획단, 2006
최봉태 「일본에서 진행되고 있는 일본군 '위안부' 재판의 현황과 과제」, 『일본군 '위안부' 문제에 대한 법적 해결의 전망』, 풀빛, 2001
최철영 「일본군위안부문제의 국제법적 검토」, 『대구법학』 제5호, 2002
홍성필 「국제인권발전에 대한 한국여성의 기여와 역할」, 『저스티스』 통권 제102호, 한국법학원, 2008

제3장 일본군 위안부 문제와 유엔 인권기구 – 국제 NGO 활동을 포함하여

김창록 · 이승욱 「일본 위안부 문제에 관한 국제사회의 동향」, 여성가족부, 2003
박찬운 『국제인권법』, 한울아카데미, 1999
박찬운 『인권법』, 한울아카데미, 2008
신혜수 『여성관련 국제인권협약과 여성운동』, 『한국여성인권운동사』, 한울아카데미, 1999
신혜수 「일본군 '위안부' 문제 해결을 위한 국제활동의 성과와 과제」, 『일본군 위안부 문제의 진상』, 역사비평사, 1997
양기호 「전후보상과 한국 정부의 대응」, 『일본학보』, 53권
이민아 『사회운동 조직간의 연대 형성과 변화에 관한 연구 : 일본군 위안부 문제 해결을

위한 운동을 중심으로』, 서울대학교 대학원 석사논문, 1998
이장희 「종군위안부 인권침해에 대한 국제적 차원에서의 해결방안」, 『정신대 자료집 IV. 강제종군위안부 문제와 일본의 법적 책임』, 한국정신대문제대책협의회
장복희 「국제법상 전쟁범죄로서의 무력 충돌시 여성에 대한 성폭력」, 『일본군 위안부 문제에 대한 법적 해결의 전망』, 풀빛, 2001
정진성 「국제연합(유엔)에서의 일본군성노예문제」, 『일본군 성노예제 – 일본군위안부 문제의 실상과 그 해결을 위한 운동』, 서울대학교 출판부, 2004
戸塚悅郎 / 박홍규 옮김 『위안부가 아니라 성노예이다』, 소나무, 2001
http://www.awf.or.jp/e4/un-03.html
http://www.unhchr.ch/huridocda/huridoca.nsf/(Symbol)/A.CONF.157.23.En
http://www1.umn.edu/humanrts/instree/e5dplw.htm
E/CN.4/1996/53/Add.1.
E/CN.4/SuB.2/1998/13

제4장 ILO와 일본군 위안부(성노예) 문제

강충호 국제노동기구 제92차 총회 보고서
노동부 ILO 강제노동금지에 관한 협약 비준 검토(2006.7.)
노동부 『ILO 협약집』, 2002
박홍규 『한국과 ILO』, 형성사, 1991
이승욱 「ILO 강제노동협약에 비추어 본 일본군 위안부제도의 적법성」, 『법과사회』 제24호, 2003
이승욱 · 정인섭 · 박은정 『국제노동기준과 우리나라 노사관계 법제의 비교 연구』, 노동부 연구용역 보고서, 2007
이을형 「강제노동과 고용의 국제적 규제」, 숭실대학교 『법학논총』, 1997
전광석 「국제노동기구(ILO)의 사회보장 국제기준」, 강원대학교 비교법학연구소, 『강원법학』제10권, 1998
정진성 「국제노동기구에서의 일본군성노예문제」, 『일본군 성노예제 – 일본군위안부 문제의 실상과 그 해결을 위한 운동』, 서울대학교 출판부, 2004
정진성 「국제노동기구(ILO)에의 문제제기의 구조 : 강제노동조약(ILO Convention 29)/전문가위원회를 통한 군위안부문제제기」, 서울대 국제지역원, 『국제지역연구』 제10권 제1호, 2001
조홍석 「국제노동기구의 헌장 및 기본조약과 국내노동법의 충돌」, 『(한터)이철원교수 정년기념 논문집』, 1998

한국정신대문제대책협의회 · 한국노동조합총연맹 · 전국민주노동조합총연맹 · 태평양전쟁피해자보상추진협의회 주최 국제 심포지엄 「일본군성노예 · 강제노동 피해자 문제해결과 ILO의 역할(2003. 4. 17.)」 자료집 중 각 단체 발제문

戶塚悅郞 「일본이 모르는 전쟁책임 : ILO국제노동회의와 유엔현대노예제연구보고」, 대한변호사협회,『人權과正義』, 256 · 257호, 1997, 1998 등

戶塚悅郞 / 박홍규 옮김, 『'위안부'가 아니라 '성노예'이다』, 소나무, 2001

戶塚悅郞 『ILOとジエンダ』, 日本評論社, 2005

http://www.ilo.org/ilolex/english/newratframeE.htm

CAT/C/SR.76716 May 2007

CEACR : Individual Observation concerning Convention No. 29, Forced Labour, 1930 Japan (ratification: 1932) Published : 1996, 1997, 1999, 2001, 2002, 2003, 2004, 2005, 2007

FKTU · KCTU, Observation Submitted to: The ILO Committee of Experts on the Application of Conventions and Recommendations (2007. 8.).

ILO International Labor Standards Department Handbook of procedures relating to international labor Conventions and Recommendations (Rev. 2006)

ILO General Survey concerning the Force Labour Convention 1930 (No. 29), and the Abolition of Forced Labour Convention 1957 (No. 105), 2007

ILO Report of CEACR(2008)

제5장 2000년 일본군 성노예전범 여성국제법정

정진성 『일본군 성노예제 - 일본군 위안부 문제의 실상과 그 해결을 위한 운동』, 서울대학교 출판부, 2004

한국정신대문제대책협의회(책임연구 : 신혜수) 『2000년 일본군성노예전범 여성국제법정 자료집』, 여성가족부, 2004

하종문 「2000년 일본군성노예전범 여성국제법정」, 『신학사상』 제112호, 한국신학연구원, 2001

김명기 『정신대와 국제법』, 법지사, 1993

조정현 「국제법상 위안부 문제 - 국가책임과 개인의 형사책임 중심으로」, 『국제법평론』 제12호, 국제법평론회, 2000

한국정신대대책협의회 『일본군위안부 문제에 대한 법적 해결의 전망』, 풀빛, 2001
사토노부오 / 송완범 옮김 『동아시아역사와 일본』, 동아시아, 2005
2000년 일본군성노예전범 여성국제법정 한국위원회 『2000년 일본군성노예전범 여성국제법정 보고서』, 한국정신대문제대책협의회, 2001
마이클 크레이쉬 / 손정인 옮김 『존 F. 케리』, 지식의 날개, 2008
한겨레신문 2001. 12. 12.자 기사
여성주의저널 일다 2006. 5. 19.자 기사
헌법재판소 1996. 2. 16. 선고 96헌마2 결정

제6장 미국에서의 일본군 위안부 소송

한우성 「끝나지 않은 전쟁: 미국에서 진행중인 일본군 위안부 및 징용소송에 대한 보고서」, 『당대비평 』제13호, 2000
백태웅 「미국에서의 인권 소송: 일본군 위안부 소송을 중심으로」, 『고려법학』, 제43호, 2004
김대순 『국제법론』, 삼영사, 2008
정연진 「미국의 징용·위안부 소송 현황과 진상규명의 필요성」, 『일제강점하 강제동원 피해 진상규명 등에 관한 특별법 공청회 자료집』, 2002
최봉태 「정신대 배상사건의 미국 법정 소장」, 『형평과 정의』, 제15권, 2000
이재원 『섭외 민사소송에 의한 국제인권침해 구제방안 연구 : 미국 연방판례를 중심으로』, 이화여자대학교 대학원 석사 논문, 2001
양재혁 『국가면제이론의 예외에 관한 연구 : 미국 외국주권면제법(FSIA)의 '상업적 활동' 예외 규정을 중심으로』, 연세대학교 대학원 석사논문, 2004
Byoungwook Park 「COMFORT WOMEN DURING WWII : ARE U.S. COURTS A FINAL RESORT FOR JUSTICE?」, 『American University International Law Review Vol. 17』, 2002
여성신문 2001. 11. 23.자, 「미 위안부 소송 원고측 변호사 배리 피셔 인터뷰」
한겨레21 2001. 11. 8.자, 「특집 : 일본보다 미운 당신의 침묵」
법률신문 2006. 3. 23.자, 「법조광장 : 미국 법원의 위안부 소송 심리 거절」

제7장 일본군 위안부 문제에 대한 헌법소원

김광열 「1990년대 일본에서의 '전후보상론'과 한국인의 소송」, 한일민족문제학회, 『한일민족문제연구』 제2호, 2002

김창록 「한일간 과거청산에 있어서의 국가의 논리와 개인의 논리」, 『법사학연구』 제30호, 2004
김창록 「일본에서의 대일과거청산소송」, 『법사학연구』 제35호, 2007
박원순 「일본군 '위안부' 문제 해결의 전망」, 위의 책
사봉관 「행정청의 부작위로 인한 기본권 침해의 구제」, 한국헌법학회, 『헌법학연구』 제13권, 2007. 12.
양기호 「전후보상과 한국정부의 대응」, 『일본학보』 제53집, 2001
이효재 「일본군 '위안부' 문제 해결을 위한 운동의 전개과정」, 한국정신대문제대책협의회 진상조사연구회 엮음, 『일본군 위안부 문제의 진상』, 역사비평사, 1997
정인섭 「일본의 전쟁책임 이행상의 문제점」, 위의 책
정진성 『일본군 성노예제 – 일본군 위안부 문제의 실상과 그 해결을 위한 운동』, 서울대학교출판부, 2004
헌법재판소 『헌법재판 실무제요』, 제1개정 증보판, 2008
문화일보 2008. 2. 19.자 기사
한겨레신문 2008. 7. 17.자 기사
국무조정실 보도자료 2005. 8. 26.자 「한일회담 문서공개 후속대책 관련 민관공동위원회 개최」
국무조정실 보도자료 2007. 3. 9.자 「일제강제동원피해자 지원 대책 마련」

제8장 일본군 위안부 문제 관련 각국 결의를 비롯한 국제사회의 최근 동향

나가노 도시오 · 김부자 편저 / 이애숙 · 오미정 옮김 『역사와 책임』, 선인, 2008
조양현 「동아시아 역사 논쟁과 미 · 일 관계 : 미 하원의 위안부 논의를 중심으로」, 『주요 국제 문제 분석』, 외교안보연구원, 2007
정연진 「미국에서의 일제 과거사 청산 운동 – 성과와 앞으로의 과제 」(2008. 11. 12. 제2회 노근리 국제평화학술대회 발표 글)
UK, House of Commons, Foreign Affairs Committee, 『Global Security : Japan and Korea』, 2008
스즈키 유코 「국민기금 문제란 무엇이었으며, 현재 무엇인가」, 한국정신대연구소, 2008
이영선 『일본군 '위안부'에 관한 교과서 서술과 문제점 : 한 · 일 역사교과서 서술을 중심으로』, 서강대학교 교육대학원 석사논문, 2004
서울고등법원 2006. 2. 14. 선고 2005나27906 판결
한겨레신문 2005. 11. 23.자 독자칼럼

일본 교토통신 2007. 7. 30.자, 2007. 11. 29.자 기사
Views & News 2007. 8. 3.자 기사 (김동석의 뉴욕 통신, 「감격적인 위안부 결의안 통과 막전 막후」)
Views & News 2008. 9. 5.자 기사(김동석의 뉴욕 통신, 「민주당 전당대회 참관기」)
아사히신문 2008. 3. 12.자 기사
연합뉴스 2007. 11. 7.자 기사
연합뉴스 2008. 3. 12.자, 10.3.자, 11. 11.자, 12. 9.자 기사
일본 시사통신 2008. 8. 31.자 기사
마이니치신문 2008. 10. 26.자 기사
오마이뉴스 2008. 11. 8.자 기사
동아일보 2008. 12. 10.자 기사
한국정신대문제대책협의회 2008. 3. 25.자 보도자료
참여정부 국정브리핑 2007. 11. 30.자 보도자료

부록

1. 대한민국과 일본국간의 재산 및 청구권에 관한 문제의 경제협력에 관한 협정
2. 일제하 일본군위안부 피해자에 대한 생활안정지원 및 기념사업 등에 관한 법률
3. ILO 전문가위원회 보고서(2003)
4. 「(제2차 세계대전 전후 아시아에서 성노예였던) '위안부'를 위한 정의」에 관한 2007년 12월 13일의 유럽의회 결의

대한민국과 일본국간의 재산 및 청구권에 관한 문제의 경제협력에 관한 협정

1965년 6월 22일 도쿄에서 서명
1965년 12월 18일 발효

대한민국과 일본국은, 양국 및 양국 국민의 재산과 양국 및 양국 국민간의 청구권에 관한 문제를 해결할 것을 희망하고, 양국간의 경제협력을 증진할 것을 희망하여, 다음과 같이 합의하였다.

제 1 조

1. 일본국은 대한민국에 대하여

(a) 현재에 있어서 1천8십억 일본 원(108,000,000,000원)으로 환산되는 3억 아메리카합중국불($ 300,000,000)과 동등한 일본 원의 가치를 가지는 일본국의 생산물 및 일본인의 용역을 본 협정의 효력발생일로부터 10년기간에 걸쳐 무상으로 제공한다. 매년의 생산물 및 용역의 제공은 현재에 있어서 1백8억 일본 원(10,800,000,000원)으로 환산되는 3천만 아메리카합중국불($ 30,000,000)과 동등한 일본 원의 액수를 한도로 하고 매년의 제공이 본 액수에 미달되었을 때에는 그 잔액은 차년 이후의 제공액에 가산된다. 단, 매년의 제공 한도액은 양 체약국 정부의 합의에 의하여 증액될 수 있다.

(b) 현재에 있어서 7백20억 일본 원(72,000,000,000원)으로 환산되는 2억 아메리카합중국불($ 200,000,000)과 동등한 일본원의 액수에 달하기까지의 장기 저리의 차관으로서, 대한민국 정부가 요청하고 또한 3의 규정에 근거하여 체결될 약정에 의하여 결정되는 사업의 실시에 필요한 일본국의 생산

물 및 일본인의 용역을 대한민국이 조달하는데 있어 충당될 차관을 본 협정의 효력 발생 일로부터 10년 기간에 걸쳐 행한다. 본 차관은 일본국의 해외경제협력기금에 의하여 행하여지는 것으로 하고, 일본국 정부는 동 기금이 본 차관을 매년 균등하게 이행할 수 있는데 필요한 자금을 확보할 수 있도록 필요한 조치를 취한다.

전기 제공 및 차관은 대한민국의 경제발전에 유익한 것이 아니면 아니된다.

2. 양 체약국 정부는 본조의 규정의 실시에 관한 사항에 대하여 권고를 행할 권한을 가지는 양 정부간의 협의기관으로서 양 정부의 대표자로 구성될 합동위원회를 설치한다.
3. 양 체약국 정부는 본조의 규정의 실시를 위하여 필요한 약정을 체결한다.

제 2 조

1. 양 체약국은 양 체약국 및 그 국민(법인을 포함함)의 재산, 권리 및 이익과 양 체약국 및 그 국민간의 청구권에 관한 문제가 1951년 9월 8일에 샌프런시스코우시에서 서명된 일본국과의 평화조약 제4조 (a)에 규정된 것을 포함하여 완전히 그리고 최종적으로 해결된 것이 된다는 것을 확인한다.
2. 본조의 규정은 다음의 것(본 협정의 서명일까지 각기 체약국이 취한 특별조치의 대상이 된 것을 제외한다)에 영향을 미치는 것이 아니다.

   (a) 일방체약국의 국민으로서 1947년 8월 15일부터 본 협정의 서명일까지 사이에 타방체약국에 거주한 일이 있는 사람의 재산, 권리 및 이익

   (b) 일방체약국 및 그 국민의 재산, 권리 및 이익으로서 1945년 8월 15일 이후에 있어서의 통상의 접촉의 과정에 있어 취득되었고 또는 타방체약국의 관할하에 들어오게 된 것
3. 2의 규정에 따르는 것을 조건으로 하여 일방체약국 및 그 국민의 재산, 권리 및 이익으로서 본 협정의 서명일에 타방체약국의 관할하에 있는 것에

대한 조치와 일방체약국 및 그 국민의 타방체약국 및 그 국민에 대한 모든 청구권으로서 동일자 이전에 발생한 사유에 기인하는 것에 관해서는 어떠한 주장도 할 수 없는 것으로 한다.

제 3 조

1. 본 협정의 해석 및 실시에 관한 양 체약국간의 분쟁은 우선 외교상의 경로를 통하여 해결한다.
2. 1의 규정에 의하여 해결할 수 없었던 분쟁은 어느 일방체약국의 정부가 타방체약국의 정부로부터 분쟁의 중재를 요청하는 공한을 접수한 날로부터 30일의 기간내에 각 체약국 정부가 임명하는 1인의 중재위원과 이와 같이 선정된 2인의 중재위원이 당해 기간 후의 30일의 기간내에 합의하는 제3의 중재위원 또는 당해 기간내에 이들 2인의 중재위원이 합의하는 제3국의 정부가 지명하는 제3의 중재위원과의 3인의 중재위원으로 구성되는 중재위원회에 결정을 위하여 회부한다. 단, 제3의 중재위원은 양 체약국 중의 어느편의 국민이어서는 아니된다.
3. 어느 일방체약국의 정부가 당해 기간내에 중재위원을 임명하지 아니하였을 때, 또는 제3의 중재위원 또는 제3국에 대하여 당해 기간내에 합의하지 못하였을 때에는 중재위원회는 양 체약국 정부가 각각 30일의 기간내에 선정하는 국가의 정부가 지명하는 각 1인의 중재위원과 이들 정부가 협의에 의하여 결정하는 제3국의 정부가 지명하는 제3의 중재위원으로 구성한다.
4. 양 체약국 정부는 본조의 규정에 의거한 중재위원회의 결정에 복종한다.

제 4 조

본 협정은 비준되어야 한다. 비준서는 가능한 한 조속히 서울에서 교환한다. 본 협정은 비준서가 교환된 날로부터 효력을 발생한다.

이상의 증거로서, 하기 대표는 각자의 정부로부터 정당한 위임을 받아 본 협정에 서명하였다.

1965년 6월 22일 토오쿄오에서 동등히 정본인 한국어 및 일본어로 본서 2통을 작성하였다.

대한민국을 위하여	일본국을 위하여
(서 명) 이 동 원	(서 명) 시이나 에쓰사부로오
김 동 조	다까스기 싱이찌

일제하 일본군위안부 피해자에 대한 생활안정지원 및 기념사업 등에 관한 법률

제1조 (목적) 이 법은 일제에 의하여 강제로 동원되어 위안부로서의 생활을 강요당한 피해자를 보호 · 지원하고, 일본군위안부 피해자의 명예 회복과 진상 규명을 위한 기념사업을 수행함으로써 이들의 생활 안정과 복지 증진을 꾀하고 국민의 올바른 역사관 정립과 인권 증진에 이바지함을 목적으로 한다.

제2조 (정의) 이 법에서 사용하는 용어의 뜻은 다음과 같다.

1. "일본군위안부 피해자"란 일제에 의하여 강제로 동원되어 성적(性的) 학대를 받으며 위안부로서의 생활을 강요당한 피해자를 말한다.
2. "생활안정지원대상자"란 일본군위안부 중 생존자로서 제3조에 따라 등록된 사람을 말한다.

제2조 의2 (국가의 의무)

① 국가는 일제하 일본군위안부 피해자의 명예 회복과 인권 증진을 위하여 진상 규명과 올바른 역사교육 등에 대하여 적극적으로 노력하여야 한다.

② 국가는 일본군위안부 피해자를 적극적으로 찾아내고 일본군위안부 피해자가 안정적인 생활을 유지할 수 있도록 필요한 조치를 마련하여야 한다.

제3조 (결정 및 등록)

① 생활안정지원대상자가 되려는 사람은 대통령령으로 정하는 바에 따라 여성부장관에게 등록신청을 하여야 한다.

② 여성부장관은 제1항에 따른 등록신청을 받으면 제6조에 따른 일본군위안부 피해자 생활안정지원 및 기념사업 심의위원회의 심의를 거쳐 신청인이 생활안정지원대상자인지 여부를 결정하여야 한다.

③ 여성부장관은 제2항의 결정을 하면 이를 등록하고, 그 결과를 신청인에게

알려야 한다.

제4조 (생활안정지원대상자에 대한 지원의 내용)

① 국가는 생활안정지원대상자에게 다음 각 호의 지원을 한다.

1. 「국민기초생활 보장법」에 따른 생계급여
2. 「의료급여법」에 따른 의료급여
3. 생활안정지원금의 지급
4. 간병인 지원

② 제1항의 지원을 할 때 생활안정지원대상자는 「국민기초생활보장법」 제5조에 따른 수급권자 및 「의료급여법」 제3조에 따른 수급권자로 보며, 「국민기초생활 보장법」 제3조 제2항은 적용하지 아니한다.

③ 제1항 제3호 및 제4호에 따른 생활안정지원금의 지급 및 간병인 지원에 드는 비용은 국가가 부담하며, 생활안정지원금의 지급 및 간병인 지원의 기준 및 방법 등에 필요한 사항은 대통령령으로 정한다.

제5조 (임대주택의 우선 임대) 국가 · 지방자치단체 또는 「대한주택공사법」에 따른 대한주택공사는 「주택법」에 따라 건설하는 임대주택을 임대하는 경우에는 생활안정지원대상자 중 주택을 소유하지 아니한 사람에 대하여 국토해양부장관이 정하는 바에 따라 우선 임대하여야 한다.

제6조 (일본군위안부 피해자 생활안정지원 및 기념사업 심의위원회)

① 다음 사항을 심의하기 위하여 여성부에 일본군위안부 피해자 생활안정지원 및 기념사업 심의위원회(이하 "심의위원회"라 한다)를 둔다.

1. 생활안정지원대상자 등록신청 사항의 사실 여부
2. 생활안정지원대상자의 지원에 관한 사항
3. 제11조에 따른 기념사업 등에 관한 사항
4. 그 밖에 여성부장관이 심의위원회의 심의에 부치는 사항

② 심의위원회의 구성 및 운영 등에 필요한 사항은 대통령령으로 정한다.

제7조 (협조요청) 심의위원회는 생활안정지원대상자 여부를 심의하기 위하여 필요한 경우에는 신청인 본인, 증인 또는 참고인으로부터 증언 또는 진술을 듣거나, 행정기관이나 그 밖의 관계 기관에 대하여 필요한 협조를 요청할 수 있다.

제8조 (권리의 보호) 이 법에 따른 생활안정지원금을 지급받을 권리는 양도하거나 담보로 제공할 수 없으며, 압류할 수 없다.

제9조 (생활안정지원금의 환수)

① 여성부장관은 이 법에 따라 생활안정지원금을 받은 사람이 다음 각 호의 어느 하나에 해당하는 경우에는 생활안정지원금의 전부 또는 일부를 환수할 수 있다.

1. 거짓이나 그 밖의 부정한 방법으로 생활안정지원금을 지급받은 경우
2. 과오급(過誤給)된 경우

② 여성부장관은 제1항에 따라 환수하는 경우 생활안정지원금을 반환할 사람이 정하여진 날까지 이를 반환하지 아니하면 국세 체납처분의 예에 따라 징수한다.

제10조 (실태조사)

① 특별시장 · 광역시장 · 도지사 또는 특별자치도지사는 매년 생활안정지원대상자의 생활실태를 파악하여 여성부장관에게 보고하여야 한다.

② 제1항에 따른 실태조사의 시기 · 내용 · 방법 등에 필요한 사항은 대통령령으로 정한다.

제11조 (기념사업 등)

① 국가와 지방자치단체는 일본군위안부와 관련한 다음 각 호의 사업을 수행할 수 있다.

1. 일본군위안부 피해자에 관한 기념사업
2. 일본군위안부 피해자에 관한 역사적 자료의 수집 · 보존 · 관리 · 전시

및 조사 · 연구
3. 일본군위안부 피해자에 관한 교육 · 홍보 및 학예활동
4. 일본군위안부 피해자에 관한 국제교류 및 공동조사
5. 제1호부터 제4호까지의 사업에 딸린 사업

② 제1항에 따른 사업을 수행하기 위하여 필요한 사항은 대통령령으로 정한다.

제11조의2 (국적 회복 등의 지원)

① 국가와 지방자치단체는 일본군위안부 피해자 중 대한민국 국적을 회복하지 못한 채 외국에 거주하는 사람에 대하여 필요한 지원을 하여야 한다.

② 제1항에 따른 지원에 관한 사항은 국적 회복과 고국 방문 등을 포함하여 대통령령으로 정한다.

제12조 (경비의 보조)

① 국가는 지방자치단체가 제11조 제1항 각 호의 사업을 수행하는 경우 예산의 범위에서 사업경비의 일부를 보조할 수 있다.

② 국가와 지방자치단체는 개인 · 법인 또는 단체가 제11조 제1항 각 호의 사업을 수행하는 경우 예산의 범위에서 사업경비의 일부를 보조할 수 있다.

③ 제2항에 따른 경비를 보조받을 수 있는 개인 · 법인 · 단체의 요건과 경비 보조 절차 등에 필요한 사항은 대통령령으로 정한다.

제13조 (국공유재산의 무상 대여)

① 국가나 지방자치단체는 「국유재산법」 또는 「공유재산 및 물품 관리법」에도 불구하고 일본군위안부 관련 법인 또는 단체가 제11조 제1항 제1호에 따른 기념사업을 수행하는 경우에는 국유재산이나 공유재산을 무상으로 대여할 수 있다.

② 제1항에 따른 대여의 대상인 법인 또는 단체의 요건과 대여 절차 등에 필요한 사항은 대통령령으로 정한다.

제14조 (권한의 위임 · 위탁) 이 법에 따른 여성부장관의 권한은 대통령령으로 정하는 바에 따라 그 일부를 외교통상부장관에게 위탁하거나 특별시장 · 광역시장 · 도지사 또는 특별자치도지사에게 위임할 수 있다.

부칙 〈제4565호,1993.6.11〉

① (시행일) 이 법은 공포한 날부터 시행한다.

② (신고자에 대한 경과조치) 1992년 2월 25일부터 1993년 2월 28일까지 내무부와 대한적십자사조직법에 의한 대한적십자사 및 관련 민간단체를 통하여 외무부에 일군(日軍)위안부로서 신고한 자는 제3조 제1항의 규정에 의하여 등록신청을 한 자로 본다.

부칙 〈제9167호,2008.12.19〉

이 법은 공포한 날부터 시행한다.

ILO 전문가위원회 보고서(2003)[1]

Report of the ILO Committee of Experts on the Application of Conventions and Recommendations, 2003

위원회는 노동조합들이 제출한 많은 주장들뿐만 아니라 위원회의 지난 2개의 조사 결과에 대한 것 및 4개의 첨부 파일을 포함해 회신으로 제공되었던 일본정부의 보고서를 받았다. 일본정부는 노동조합의 서신에 대한 추가 회신이 포함된 2002년 11월 1일 보고서를 제출했다.

2002년 6월 6일 도쿄 지역노동조합평의회(The Tokyo Local Council of Trade Unions)의 서신이 제출되었다. 5개의 첨부 파일과 2002년 7월 29일에 일본정부에 전달된 서신뿐만 아니라 전일본 조선기계노동조합(All Japan Shipbuilding and Engineering Union)이 2002년 7월 29일에 보낸 서신 그리고 7개의 첨부 파일과 국제노동기구(ILO)로부터 2002년 8월 12에 받은 서신과 2002년 9월 2일 일본정부로 전달된 서신도 있다. 한편 민주노총(KCTU)과 한국노총(FKTU)은 2002년 8월 27일 기록과 2002년 9월 4일에 받은 내용뿐만 아니라 2002년 10월 1일에 일본에 전달된 서신 11개의 첨부 파일을 제출하였다.

위원회는 제2차 세계 대전과 관련된 두 가지 문제에 대한 국제조약의 적용과 그 기간 동안 행해졌던 성노예 즉 전시'위안부'라고 언급된 희생자들 및 기업강제 징용에 관해 다루어줄 것을 최근 몇몇 분과들에 요청했다.

1. 전시 성노예의 희생자들

위원회는 이전에 2차 세계대전과 그 기간 동안에 일어났던 사건들 즉 소위 '위안소'라 불리는 군대 막사에 여성과 소녀들을 감금해 놓고 군인들에게 성

1 이 글은 한국정신대문제대책협의회, 일본군위안부 관련 국제기구 권고 자료집(2004)의 번역문을 일부 보완한 것이다.

적 행위를 하기를 강요했던, 완곡하게는 '위안부'로 언급되었던 계획적인 사건을 검토했으며, 이러한 사항이 강제노동협약의 주된 금지대상이라고 보았다. 위원회는 이 사건이 총체적 인권학대와 '위안소'라는 군대 속에서 행해진 여성과 소녀들에 대한 성폭력이며, 성노예로 규정되어야 한다고 판단했다.

2000년 의견(observation) 8, 10항에서, 위원회는 일본에서 상당수 소송이 판결이 내려졌거나 조사가 진행 중이거나 일본 최고재판소에 상고 대기 중임을 언급하고 있다. 위원회는 또한 이 의견 5단락에서, 위원회가 국제조약 하의 책임 있는 기구로서 일본정부에게 원조를 명령할 힘이 없었다는 것에도 주목하고 있다. 그러나 같은 의견 10항에서 위원회는 일본정부가 '위안부'와 그들을 대변하고 있는 조직들과의 협의 하에 너무 늦기 전에 그리고 그들의 기대에 미칠 만한 조치로 그들을 보상하는 대체 방법을 찾을 것을 언급했다.

그런 다음 2001년 의견에서 위원회는 일본정부의 소식통과 노동자 조직들의 서신에 따라 일본정부가 '위안부'의 주장이 만족스러운 방법으로 받아들여질 수 있도록 그리고 일본이 2002년 총회에서 상세한 내용들을 전해줄 것을 원한다는 것을 다시 여러 번 되풀이했다.

'위안부' 문제와 관련된 최근의 상세보고에서 일본정부는 다음 3가지 주요 사항을 언급하고 있다.

첫째, 2001년 의견은 그것을 준비하는 과정에서 다음 같은 절차상 위법이 있었다.

- 2001년 의견이, 노동조합측 의견이 추가로 제출되지 않을 것이라고 생각하여 정부의 추가 의견 제출이 보류되고 있는 상태에서 준비되고 출판되었다는 점
- 그 주제가 ILO 총회(ILC)에서 논의되어야 한다는 노동조합측 의견 내용에 대한 세밀한 조사 없는 "성급한 결론"이었다는 점
- 노동조합이 강제징용과 관련된 또 다른 문제를 공표했을 때 '위안부' 문제가 이슈화되었다는 점

둘째, 일본정부는 종군 위안부의 문제와 이와 관련된 보상이 개인적인 소송으로

제기되는 것은 합법적이지 않다는 것과 노동조합의 가설은 잘못되었다는 의견을 표명하였다. 그러면서 이 문제에 대해 위원회가 심사숙고하여 결론을 내리고 이 사건이 종결되었음을 선언할 것을 촉구한다.

셋째, 일본정부는 비록 개인적 소송에 관하여 합법적 책임은 없을지라도 그럼에도 불구하고 그에 대한 사과와 유감를 표현했고 아시아여성기금(Asian Women's Fund)에 일본 수상이 직접 사과를 표명한 편지를 전달했음을 강력히 주장한다.

(a) 절차상의 문제

처음 제기된 문제와 관련하여 위원회는 절차상 불법이 있었다는 것을 부인했다. 노동조합측 의견은 '위안부'와 관련된 전쟁 관련 보상 문제를 일반적으로 언급하고 있다. 2000년 의견에서 심각하게 지적된 문제들을 일본정부가 다루지 않았기 때문에, 노동조합이 특별하게 문제제기를 했든지 안 했든지 상관없이, 위원회는 전적으로 이러한 상황을 검토하고 총회에서 처리될 것을 요구할 권한이 있다.

(b) 개인 소송에 대한 합법적 근거

두번째 문제와 관련하여 일본정부는 이전에 배상금과 소유권 그리고 '전시 위안부'와 '강제징용'으로 잘 알려진 문제들과 같이 2차 세계대전으로 인해 제기된 소송들에 관해서는 "이미 그 의무가 이행되었다"라고 입장을 표명하고 있다. 이전에 연합군 정부들과 아시아 태평양지역 국가들과 전쟁 후 다자간에 그리고 양국간에 맺은 평화조약과 합의문, 그리고 국가들과 국민들 사이에서 전쟁 보상금과 소송 포기 조항들을 말하는 것이다.

(i) 조약들

전부는 아니지만 일본정부가 언급하고 있는 조약들은 다음과 같다.

- 1951년 일본과 맺은 조약(샌프란시스코 강화조약) 14조 b항 : 연합군은 "모든 보상소송과 연합군들과 그 국민들의 다른 소송들을 포기한다."
- 1965년 일본과 한국간의 경제협력과 소유권 및 소송과 관련된 현안 해결에 대한 협정서 2조 : "양국과 그들 국민의 관심과 권리 그리고 소유권에 관해 양국 당사자들 간의 문제는 완전하고 최종적으로 해결되었다."
- 일본과 중국정부와의 공동 발표문 5조 : "중국은 전쟁 보상금에 대한 요구를 포기한다."

일본정부는 "이러한 의미에서 국내법 안에서의 개인적인 소송을 포함한 소송에 대한 문제는 일본과 일본 국민들 그리고 협약체결국 국민들 및 그 연합국 사이에서 완전하고 깨끗이 해결되었다"라고 말하고 있다.

(ii) 이전의 일본정부 진술들

이전 의견(observation)에서 위원회는 전일본 조선기계노동조합이 전쟁 보상과 관련된 2001년 1월 서신에서 일본정부에 대해, 이 조약에는 보상요구의 권리와 국가차원에서의 외교권 보호에 관한 권리에 대해서는 결론이 났지만 피해에 대한 개인적인 권리에 대해서는 아직 해결되지 않은 상태라고 말한 것에 주목했다. 전일본 조선기계노동조합은 일본정부가 다음과 같은 많은 경우에 대해 확실한 입장을 취했어야 했다고 말했다.

- 원자폭탄 희생자들의 소송에 대한 일본정부의 진술: 샌프란시스코 조약 19조 a항은 일본정부가 트루만 또는 미국정부에 대한 보상 요구에 있어서의 개인적인 권리를 포기하는 것이 아니다.

- 시베리아 피수용자 보상소송에 대한 일본정부의 진술(1989년 마지막 판결문): 소련과 일본의 연합 선언서 6조 2항의 권리포기 조항은 일본 국민의 개인적인 소송이 아닌 일본의 외교적 보호의 권리만을 말하는 것이다. 여기서 외교적 보호라는 것은 일본이 외국에 가담한 국제법의 위반을 야기시킨 외국 영역에서의 일본 국민들의 고통과 같은 피해에 대한 외국의 책임을 묻는 국제적으로 인정된 권리를 뜻한다.
- 당시 외무성 협의부의 부장이었던 순지 야나이(Shunji Yanai)는 1991년 8월 27일 상원 예산위원회에서 1965년 일본과 한국간 기본합의문이 개인 희생자들이 일본 국내의 합법적 절차 안에서 피해를 요구하는 것을 박탈하는 것은 아니며 합의문은 단지 일본과 한국정부가 외교권의 문제로 받아들인 것이라고 말했다.

이러한 의견에 대한 전일본 조선기계노동조합의 언급에 대한 회신에서 일본정부는 외무성 협의부의 부장이었던 야나이의 진술은 일본과 연합군 사이에서 개인적인 소송을 포함한 지난 전쟁과 관련한 보상 소송의 문제는 일반적인 국제법의 개념인 외교권 보호의 권리라는 관점에서 이미 해결되었다는 것을 설명하는 것이었다고 하고 있다. 다시 말하자면 야나이는 연합군이나 그 연합국 국민들에 대한 일본 국민들의 소송이 기각된다 하더라도 일본은 더 이상 연합군의 책임을 물을 수 없다고 설명하였다. 더 나아가 일본정부는, “외무성 협의부 부장이었던 야나이가 1992년 2월 26일 일본 의회 외교위원회에서, ‘소유권이라고 하는 합법적 근간을 둔 실질적 권리와 관련해서, 이 조약에서 몇몇 예외를 빼놓고는 한국 국민들의 재산권은 무효되었고, 그러므로 한국 국민들은 사권으로서나 국내법상 권리의 두 가지 측면에서 일본정부에 대해서 더 이상 청구할 수 없다’고 분명히 설명했다”고 보충하여 언급하였다.

일본정부는 노동조합들이 지적한 다른 예 및 원자폭탄 희생자들의 소송(1963년에 마지막 판결)에 대한 진술 그리고 시베리아 피수용자 보상소송

(1989에 마지막 판결)과 관련된 소련과 일본의 공동합의문 6조의 내용 인용과는 다른 해석에 대한 어떠한 논박도 하지 않았다.

(iii) 유엔인권위원회에 대한 보고

게이 맥두걸(Gay McDougall)이 1998년 6월 22일 마지막 보고서로 전시의 계획적인 강간 및 성노예, 성노예와 같은 행위에 대한 내용을 제50차 회의에서 유엔 소수민족 보호 및 차별에 대한 소위원회(현재 인권 보호와 증진에 관한 유엔분과위원회)에 제출하였다. 유엔 분과위원회의 특별보고관으로 임명받은 게이 맥두걸은 국제인권법 모임의 위원장이며 민주노총과 한국노총의 의견과 함께 제출된 그녀의 보고서에서 이전의 유고슬라비아 사태를 국제형사법의 권위적 진술같이 국제형사법으로 지적하였다. 위원회는 또한 "제2차 세계대전 기간 동안 위안소에 대한 일본정부의 법적 책임 분석"이라는 보고서의 부록에 주목하고 있다.

게이 맥두걸의 보고서에서 그녀는 "일본이 2차 세계대전 기간 동안에 전 아시아 국가를 대상으로 저지른 여성의 군대 노예화는 그 시대에 통례적인 국제법이 노예제도를 금하고 있었음에 명백한 강제노동협약 위반이다. 국제법은 노예제도뿐만 아니라 강간과 강제매춘(12, 17항)도 금했다"고 한다. 위원회는 또한 더 많은 것들에 주목하고 있다. "최소한 반세기 동안 폭넓게 또는 계획적으로 사람을 노예화하는 것은 또한 인권에 위반되는 범법행위임을 인식해야 한다. 이것은 특히 전쟁 기간 동안 행해지는 범법행위에 있어서는 더더욱 그러하다 … 노예화뿐 아니라 계획적이고 광범위한 강간행위는 인류에 대항하는 전통적으로 공식화된 범죄에 포함되며 "비인도적 행위"의 일반적 금지에도 저촉된다." (18, 20항)

일본과 한국이 맺은 1965년 협정문 2조와 1951년 평화 협의문 14조 b항의 언급에 대해 게이 맥두걸의 보고서는 아래와 같이 설명한다. "이러한 평화협정들의 실행을 통해 책임을 회피하려는 일본정부의 시도는 두 가지 측면에서 실패한 것이다. (a) 일본의 강간캠프 설립에 대한 직접적인 개입과 관련한 부분은 조약들이 작성되었을 때 감추어졌으므로, 조약규정들로 그 책임을 회피하는 것은 형편성에 근거해 허용될 수 없다. (b) 조약들에서 일반적인 조항들은 일본 군대에 의해 행해진 인권 및 인도주의법의 위반에 대해 개인적인 폐해에 관한 보상의 소송까지 포기하는 것이 아니다."(55항)

노동조합은 또한 게이 맥두걸의 보고서 58항에 있는 "이것은 또한 일본과 한국 사이에서 소유권과 소송 그리고 경제 협력에 관한 문제를 해결하는 1965년 협정문 내용을 보면 두 나라의 소유권에 관한 문제에 관한 해결을 말하고 있지, 인권문제에 대해서는 언급하고 있는 부분이 없기에 이것은 경제조약임이 자명하게 나타난다"라는 의견을 제시하였다. 1965년 협정문에는 '위안부', 강간, 성노예 혹은 일본이 한국 국민들에게 행했던 다른 포악한 잔인한 일들에 대한 언급은 어디에도 없다. 오히려 그 협정문에는 소유권과 두 나라의 상업적 관례에 대한 부분만 조항들에 언급되어 있다. 사실 이 일본 협상가는 협상할 당시 일본이 한국인들에게 행했던 포악 잔인한 일들에 대해 보상할 것을 약속했다고 전해지고 있다. 위원회는 더 나아가 보고서 59항 "명백하게 1965년 한국과의 협정서 하에 일본이 지원한 원조는 원래 경제적 원조이었지 일본의 행위의 희생자들에 대한 개인적인 보상은 아니었다. 이와 같이, 1965년의 협정은 겉으로 보기에 일소된 것 같은 표현임에도 불구하고 개인적인 소송에 대한 언급은 없고 두 나라 사이의 경제와 소유권 소송에만 한정하고 있다"고 한 것에 주목한다.

더 나아가 위원회는 보고서 62항의 다음과 같은 언급에 주목한다. "1965년 한일협정과 관련해서 형평과 정의의 측면에서 일본이 위안소 설립 · 운영에 대한 일본군 개입범위조차 밝히지 않고 있는 상태에서 1951년 평화조약을 이유로 책임을 면하게 해서는 안된다. 평등의 부수적인 원리로서 강행규범(jus congens)에 위반하여 고소당한 상태에 있는 국가가 책임을 면하기 위해 단순히 전문적 사항에 의존하게 하는 것을 허용해서는 안 될 것이다. 그리고 어떠한 경우에도 일본이 항상 책임에 대한 조약에 근거를 둔 보호를 자발적으로 파기할 수 있도록 해야 할 것이며, 공명과 정의에 관심이 있음을 명확하게 하는 행동을 취하게 할 수 있도록 해야 할 것이다." 보고서는 12항에서 "노예금지는 명확하게 … 강행규범에 해당한다."고 인정하고 있다. 1969년 5월 23일의 협약에 관한 비엔나 조약 53조는 강행규범이란 "어떠한 훼손도 허용되지 않는다고 국가들 사이에서 국제적으로 받아들여지고 인정되는 규범이다"라고 하였다.

일본정부는 유엔 특별보고관 게이 맥두걸의 보고서에 대한 의견에서, 이 보고서의 결론들이 1998년부터 2002년까지 인권보장 분과위원회(the Sub-Commission on Promotion and Protection of Humana Rights)에서 채택되었다고 언급하면서, "이러한 결론들은 맥두걸 보고서를 '환영하기'만 하였을 뿐, 일본에 대한 언급이나 전시 '위안부'로 알려진 문제에 대한 언급도 없었다, 일본에 대한 어떠한 충고 또는 비난도 해결책 안에서는 언급되지 않았다"고 지적하고 있다.

그러나 2000년 6월에 유엔 특별보고관 게이 맥두걸의 마지막 보고에서 업데이트된 2002/13과 같은 분과위원회의 해결책들은 어떠한 개별적인 국가에 대한 특별한 언급도 또한 권유도 포함되어있지 않다. 그 해결책은 일반 보고 형식이었고 유엔인권고등판무관들이 검토하도록 회부되었으며 특별보고관이 그 해결책과 충고의 상황과 이행에 대해 분과위원회에 보고하였다.

위원회는 라디카 쿠마라스와미(Radhika Coomaraswamy) 유엔 특별보고관이 52차 유엔인권위원회에 제출한 1996년 "전시의 군사적 성노예 문제에 관한 조선민주주의인민공화국, 한국 및 일본 파견 조사 보고서"에 주목하고 있다.(UN document E/CN.4/1996/53/Add.1). 민주노총과 한국노총 의견에 첨부된 이 보고서 첨부자료 1은 그 107항에서, 일본정부에 의해서 언급된 조약들이 비인간적인 행위에 대한 개인적인 소송에는 절대 적용되지 않는다고 한 국제법률가협회(ICJ)의 1994년 출판물을 언급하고 있다. 국제법률가협회는 '소송(claims)'이라는 단어는 불법행위 소송에 적용되는 것이 아니며 그 용어는 합의된 의사록이나 의정서에서 정의된 바가 없다고 한다. 또한 국제법률가협회는 전쟁 관련 범죄와 인류에 위반되는 범죄와 결과가 개인 인권침해와 연관되어 협상이 이루어진 적은 없다고 한다. 그리고 덧붙여 1965년 일본정부의 배상금 지불과 관련된 한국과 일본과의 협정의 경우 일본정부가 국가에 대해 배상을 한 것이지 피해의 고통을 받고 있는 개인들의 소송이 포함된 것은 아니라고 말하고 있다.

(iv) 법정의 판정(Tribunal Rulings) : 일본군 성노예 심판을 위한 여성 국제전범법정

위원회는 2001년 9월 4일 일본군 성노예의 심의를 위한 여성국제전범법정에 의해 "손해 배상과 배상금을 위한 적용과 공동고발에 대한 판결"이 언급된 뉴욕타임즈의 기사(Case No PT-2000-1-T)와 전일본 조선기계노동조합이 이에 대한 의견으로 보낸 2001년 12월 4일(2002년 1월 31일자로 변경된)의 서신에 주목하고 있다. 스티븐 클레먼스(Steven C. Clemons)는 1951년 샌프란시스코 강화조약 이전에 일본 요시다 수상과 네덜란드 외무장관 사이에 오고간 편지들이 최근(2000년 4월) 비밀해제된 것을 언급하고 있는데 그 편지에서 요시다 수상은 "일본정부는 네덜란드가 이 조약체결로 그 국민들의 개인적 소송제기권을 박탈하고 그로 인해 조약발효 후에는 그런 소송이 없을 것이라고는 생각지 않는다"고 시사하고 있다.

일본군 성노예의 심의를 위한 여성국제전범법정에 의해 "손해 배상과 배상금을 위한 적용과 공동고발에 대한 판결"(Case No PT-2000-1-T)과 전일본 조선기계노동조합이 이에 대한 의견으로 보낸 2001년 12월 4일(2002년 1월 31일자로 변경된)의 서신이 있다. 2000년 12월 8일부터 10일 도쿄에서 열린 법정이 멀리 동아시아를 위한 국제군사법정, 즉 원래의 도쿄 법정은 이를 바로잡는데 실패했기에 성관련 범죄에 대한 판결을 내리기 위해 열린 민간법정이다. 판사들과 검사들 그리고 법정의 법률고문들이 "이전의 유고슬라비아 사태와 르완다 사태를 위해 열린 국제범죄법정에도 참여했던 국제적으로 잘 알려진 전문가였다" 라는 전일본 조선기계노동조합의 언급뿐만 아니라 판결에서의 몇 가지 중요한 언급이 있다. 더 나아가 한국의 노동조합들 즉 민주노총과 한국노총은 "높이 선망 받는 판사의 배심원으로 구성된 민간 최초"라고 이 법정을 평가하였다.

위원회는 이 법정 진술에 대해 주목하고 있다. 이 판결문 서론과 절차에 대한 배경에서 법정 준비위원회가 일본정부에 재판 진행 및 2000년 11월 9일과 2000년 11월 28일 재판에 참여하기를 요청했지만 대답이 없었다. 그럼에도 불구하고 이 법정은 잠재적으로 정부가 제기할 수 있는 모든 반론과 방어를 모두 고려하기 위하여 노력하였다. 결국 법정은 일본정부의 예상되는 논쟁을 위해 한 변호사에게 일본정부의 "법정의 우호인"(amicus curia)이 되어 줄 것을 요청했고, 그로부터 답변을 받았다. 더 나아가 이 법정은 일본정부가 이 법정 이전부터 미해결 중인 사건들에 대해 밝힌 입장들과 군 성노예 제도를 조사해왔던 유엔 특별보고관의 보고에 대한 일본정부의 대답을 고려했다.

이 법정은 한국과 일본 사이에 맺어진 1965년 협정과 관련된 내용을 밝혀내어 판결 1034항에서 다음과 같은 사실을 언급하였다. "'소유권과 권리들 그리고 이권'에 '위안부'여성들의 일본에 대한 소송이 포함되어 있는지 검토되어야 한다". 양국은 협정을 체결하면서 '재산, 권리와 이익은 재산법 하에서 인정되는 모든 종류의 실질적 권리를 포함한다'는 조항을 채택했다. 이에는 '위안부' 여성들의 소송들이 제외된 것으로 보인다. 한국은 이 협정에서 한국이 제기했던 소송(8가지로 불리는)의 전체적인 내용을 제출했다. 이 8가지 리스트에는 '위안부' 여성에 대해 행해졌던 비인간적인 행위의 범죄에 대한 소송이 포함되어 있었다는 증거는 없었고, 실제로 그 조약항목들은 부채 해결을 포함하여 양국간 경제적 부분에 대한 규정 혹은 소유권 처분을 포함하고 있다.

법정은 다음으로 1970년 국제사법재판소 견해(Barecelona Traction, Light and Power Co. Ltd, 1970 ICJ Rep.3.paras.33-34, 2월 5일)를 인용하였는데, 이 사건에서 국제사법재판소는 대세적으로 부담하는 의무라는 점을 다음과 같이 명확히 하였다 : 국가의 의무 개념에 관하여 그것은 본질적으로 국제사회 전체에 대하여 "이러한 의무는 노예와 인종차별로부터의 보호를 포함하여 인간 개인의 기본권에 관한 규칙과 원리들로부터 나온다." 국가 책임에 관한 유엔 특별보고관의 세번째 보고서를 언급하면서 법정은, "보편적인 수준에서 일반적으로 받아들여지고 그 내용면에서 대체가 불가능하며, 그리고 모든 국가들이 법률적 이해가 있는 그런 규범의 범주는 크지 않지만 '대량학살이나 노예제도를 금한다'는 것은 그 안에 포함되어 있다"는 점을 지적하였고, "이러한 원리 측면에서 이 법정은 비록 협정이 희생자들이 있는 국가들에 의해서 매듭지어진 것이라 할지라도 이미 행해진 상처를 바로 잡는데 동참하지 않은 국가의 이해관계를 포기하기 위한 양자간에 혹은 다자간에 맺어진 협정이 합법적일 수 없다(1041-1043항)"고 하였다.

위원회는 이러한 점들과 다른 법적 관점들을 반영하여 일본이 평화협정들에 대해 믿고 있는 바들에 대하여 다음과 같은 결론에 도달했다 : "협상 국가들은 인권침해가 행해진 범죄의 결과로 고통받고 있는 개인들의 소송을 포기할 수 없었고 우리는 이러한 소송이 결과적으로 그리고 영원히 포기한다는 가설을 거부한다"

일본정부는 여성국제전범법정과 판결에 대한 2001년 12월 의견에서 "이 법정은 개인적으로 이 일과 관련된 사람들로 구성된 것이며 이 조직은 공식적인 단체가 아니다. 그러므로 일본정부는 이 법정에서 내려진 이 판결에 어떠한 입장도 의견도 밝히지 않을 것이다"라고 하였다.

(v) 일본과 미국 법원의 판결

보고서에서 일본정부는 샌프란시스코 강화협정 14조 b항이 개인들의 권리 행사까지 포기한 것이라는 그 주장이 일련의 법원 판결과 일치한다고 지적하면서, 전시 전쟁포로들에 의해 제기된 두 가지 소송 즉 2차 세계대전 기간 중 일본의 강제노동에 관한 건이었던 캘리포니아 북 지방의 미국 지방법원 2000년 9월 21일 판결과 네덜란드 전쟁포로에 의해 제기된 소송에 관한 도쿄 고등법원의 2001년 10월 11일의 판결을 인용한다. 일본정부가 언급한 캘리포니아 지방법원 판결은 "협정은 전쟁 기간 중에 일본이 취한 행동에 대한 모든 보상금과 관련한 연합국 국민의 다른 소송들을 포기한다, 권리포기에 관한 용어는 두드러지게 폭넓고, 조건과 제한적인 것이 포함되지 않으며, 조약의 조항들에서 언급된 첫 구절들을 포함한다. 14조 b항의 포기항목은 노골적으로 현 소송의 고소인의 소송을 포괄하기에 충분하게 폭넓고, 법정에서는 일본과 맺은 평화협정이 고소인에 의한 이러한 소송을 예방할 의도가 있었다"라고 한 것이다.

위원회는 미국 판결들 중 일본정부가 인용한 부분에서 법원이, 조약이 그 구성요소들을 통해서 '전쟁 관련 경제적 손실'을 위한 화해 계획을 채택하고 있다는 점을 특정하여 지적하고 있다는 사실이 빠졌다는 점에 주목한다.

더욱이 일본정부의 마지막 보고서는 2001년 1월 1일부터 2002년 6월 30일까지의 기간 동안 2차 세계대전 당시 성노예의 희생자들이 제기한 소송들을 포함한 두 개의 소송이 일본고등법원에, 3개의 소송이 일본 지방법원에서 있었다고 말한다. 일본정부는 이들 법원이 "일본정부를 상대로 한 모든 소송을 기각했다"고 지적한다. 1998년 4월 야마구치지방법원의 시모노세키지방재판소 사건에 관하여, 일본정부는 원고와 피고 모두 히로시마고등법원에 항소했다고 밝혔다. 일본정부는 고등법원이 2001년 3월 29일 판결에서 일본정부의 항소를 인용하면서 정부에게 입법 의무가 있는지는 명확하지 않고 전후 화해 문제를 어떻게 다룰 것인지는 입법 재량의 정책적인 판단에 맡겨 있다고 판단하였다고 한다. 정부는 또한 원고들이 2002년 3월 최고재판소에 상고했고 최종 판단을 기다리고 있다고 한다.

이 사건에 대한 판결들이 2001년 12월 여성국제전범법정에서 논의되었다 : "히로시마고등법원은 국제법 하에서 개인의 지위가 보장되지 않는다는 전제에서 시모노세키 판결을 취소하였다. 이 법정은 히로시마고등법원 판결에 대하여 국제법적으로 동의하지 않을 뿐 아니라, 원리적으로도 국제법은 인권을 보다 보장하는 국내법이나 구제수단을 배제하지 않는다는 점을 지적한다."

개인적 권리주장 관련 법적 기초에 관한 결론

위원회는 이 문제의 복잡성을 반영하고 또한 보상 소송을 위해 '위안부' 여성들을 위한 합법적 근간이 있었는지 아닌지에 대한 표현에 대해 다양한 생각들을 드러내기 위해, 이 사안을 좀더 자세하게 검토해왔다. 위원회의 관점에서 이 문제는 포괄적인 질문들을 가지게 된다. 최근 몇년간 일본정부는 이러한 권리들이 협정에 의해 소멸되었다라고 표현해 오고 있다. 그러나 위에서 본 것처럼 그러한 견해가 반드시 독립적 전문가들의 지지를 받고 있지는 못하다.

위원회는 이미 이전부터 국제협약의 불이행에 대한 해결을 명령할 권한이 없다는 것을 강조해 오고 있다. 위원회는 2000년 의견에서 "일본정부가 보상 문제는 조약에 의해 이미 해결되었다는 그들의 진술이 옳다고 주장하고 있다"는 것을 받아들였다. 그러나 이러한 조약들이 법적으로 위안부 여성들 개인의 소송제기권을 박탈한 것인지에 관해서는 법적인 견해 표명을 자제해왔다. 위원회는 양자간 혹은 다자간의 국제적 조약의 합법적 결과를 지배하기 위한 어떠한 위임도 받지 않았다. 그래서 위원회는 어떤 행동도 할 수 없고 합법적 문제에 대해서 종국적으로 발표할 수도 없다, 그것은 다른 기구들의 관할이기 때문이다.

(c) '위안부' 소송에 대한 일본정부의 대응

일본정부가 세번째 주요 문제로 들고 있는 것과 관련하여, 일본정부는 보고서에서 다시 한번, 전시 '위안부' 문제를 인정하면서 많은 사죄를 표했다. 일본정부는 여성을 위한 아시아평화국민기금에 최대한 협조하고 있고 또 아시아여성기금에 기금의 운영비를 부담하고 일본 수상의 사죄편지를 전달했으며 희생자들에게 아시아여성기금을 통한 보상금 지급을 실행하고 있다고 밝히고 있다. 일본정부는 2002년 9월에 아시아여성기금 보상금의 조항을 위한 프로그램의 실행을 완전하게 마쳤다고 밝혔다. 일본정부는 2000년 10월 이후 일본정부 하의 위원회에 이전의 견해에 대해 제출하였을 때 114명의 희생자들이 추가적으로 보상금을 받아들였고 아시아여성기금은 필리핀과 한국과 대만의 총 285명의 희생자들에게 보상금을 전달했다고 밝히고 있다.

위원회는 또한 2002년 아시아여성기금이 보상금 전달 프로그램을 종료했다고 보고했다는 노동조합 조직들의 의견에 주목하고 있다. 2002년 7월 20일의 서신에서 전일본 조선기계노동조합이 2002년 7월 20일에 아시아여성기금이 285명의 생존자가 보상금을 받았다고 발표했다고 언급했다. 그러나 이 숫자에는 중국이나 조선민주주의인민공화국, 그리고 인도네시아의 희생자는 포함되지 않았으며 한국과 대만, 필리핀 그리고 네덜란드의 몇몇 생존자들에게만 보상금이 지급되었다고 한다.

한국노총과 민주노총은 AWF의 '좋은 뜻'이 그 기금과 관련된 사람들이 소위 '위로금'을 받아들이도록 설득하는 다양한 접근 방식으로 인해 괴로움을 당하는 많은 한국인 희생자들로부터 반발을 사고 있다는 점을 지적한다. 양대 노총은 그 기금이 일본 국민들의 선의의 표현이기는 하지만, 한국 희생자들은 기금과 그 활동을, 국제법 하에서 정부 차원의 법적 책임을 묻는 것에 대한 해법이라거나 그들의 요구에 대한 유효한 응답이라고 보지 않아 왔다. 그들은 나아가 AWF가 정부가 어떠한 공식적인 책임 인정 없이 재정적 지원을 하려거나 공식적인 조사 절차를 피하기 위한 노력이라고 지적한다.

이에 대한 회신에서 일본정부는, 부분적으로 AWF를, "이제 노인이 된 전직 '위안부'들에게 실용적인 구제수단을 제공하는 유일한 구제 방법"으로 간주하기에 이르렀다고 했다. 왜냐하면 소송문제가 일본정부와 그들 국가 사이에 조약들이나 합의문 형식으로 합법적으로 해결되었기 때문이다. 더 나아가 일본정부는 부분적으로 이 프로그램에 대한 많은 수익자들이 한 가지 또는 다른 방법으로 그들의 감사를 표현했으며, 이 기금 프로그램을 계속적으로 수행해 오고 많은 '위안부'들로부터 환영받고 있다고 회답했다.

위원회는 유엔 특별보고관이었던 게이 맥두걸의 1998년 보고서에 진술된 다음과 같은 내용에 주목하고 있다 : "분과위원회(소수민족 차별방지 및 보호)가 다른 유엔 위원회와 함께 1995년 AWF 탄생을 환영하였다. 이 기금은 1995년 7월에 '위안부'에 대한 도덕적 책임을 진다는 뜻에서 일본정부에 의해 설립되었고 '위안부'와 생존하는 '위안부'들을 위한 보상금의 사적인 기금을 모으기 위한 NGO 지원을 목표로 한다. 그러나 AWF의 '사죄'금은 2차 대전 중 일어난 범죄에 대한 일본정부의 법적 책임을 인정하려고 한 것이 아니었기 때문에, '위안부'라는 비극의 희생자였던 여성들에 대한 공식적, 법적 보상을 충족시켜 주지는 못하였다(첨부, 64항)".

일본정부로부터 추가적인 해결방법을 요구하는 조직들은 AWF가 희생자들에게 지급하는 직접적인 보상이 아니며 희생자들을 향한 합법적 책임의 인식을 토대로 한 사죄도 아니기 때문에 충분한 해결책을 주지 못했다고 간주하였다. 최근 일본정부와 노동조합 조직들로부터 제공된 의견과 지적을 고려하면, 이전에 있었던 AWF의 돈이 대부분의 '위안부'들에 의해 거절된 것은 그 돈이 일본정부로부터 오는 보상으로 여기지 않았기 때문이며 그리고 AWF를 통해 돈과 함께 보낸 일본 수상이 보낸 편지 또한 몇몇 사람들은 받아들이지 않았고 대부분의 희생자들의 기대에 미치지 못한다고 한다.

위원회는 쿠마라스와미(Coomaraswamy) 유엔 특별보고관의 1996년 보고서 첨부 1에 나타난 권고에 주목하고 있다. 쿠마라스와미는 특히 특별보고관과의 토론에서 이미 보여졌듯이, 일본이 얼마 남지 않은 일본군 성노예 생존희생자들에게 정의가 실현되도록 행동하는 것에 이미 개방성과 자발성을 보여왔다고 일본정부의 협조에 기대하면서, 다음과 같은 것을 받아들여야 한다고 요구했다. (a) '위안소' 계획이 2차 세계대전 기간 동안 일본 제국 군대에 의해 실행되었고 이는 국제법 하에서 그 의무를 위반했다는 것을 인정하는 것과 그 위반에 대한 법적 책임을 받아들일 것, (b) 기본적 자유와 인권을 유린당한 희생자들에 대한 명예회복과 보상 그리고 손해 배상권에 관한 소수민족의 차별방지 및 보호와 관련된 분과위원회의 특별보고관에 의해 개괄 보고된 원칙에 따라 일본군 성노예의 희생자 개개인들에게 보상금을 지급할 것.

유엔 특별보고관 게이 맥두걸의 마지막 보고서의 63-37항뿐만 아니라 2001년 12월 일본 성노예 재판에 대한 여성국제전범죄 법정의 판결문의 1086항에도 비슷한 권고사항이 있다.

유엔 인권단체들의 반복된 요구와 이 위원회의 권고에도 불구하고 일본정부의 접근방법에는 변화가 없었다고 한국노총과 민주노총은 지적하고 있다. 또한 전일본 조선기계노동조합에 의하면 나이든 희생자들이 일본으로 건너가 법정 앞에서나 일본 공무원들과 함께 협상하는 데 큰 어려움을 겪고 있고 "몇 년 후면 대부분의 희생자들이 죽을 것이고 과거의 잘못을 바로잡을 수 있는 기회는 영원히 사라질 것"이라고 한다.

전시 성노예 희생자들에 대한 마지막 결론들

위원회는 양자간 혹은 다자간의 국제적 조약의 합법적 결과를 조절하기 위한 권한이 없으며 따라서 위원회는 어떤 행동도 취할 수 없고 결과적으로 법적 문제에 대해서 발표할 수도 없음을 거듭 확인한다. 위원회는 이전에 국제협약을 일본이 종래 이행하지 않아 희생자들의 나이가 들어가고 있는 것과 다른 유력한 단체들과 사람들이 이 문제에 대해 공식적으로 비슷한 입장을 표현했음에도 불구하고 일본정부가 그들의 기대에 미치지 못하고 있는 것에 대한 우려를 표명해오고 있다. 위원회는 미래에 이러한 희생자들의 소송에 대한 응답으로 일본정부가 조치를 취하기를 희망한다고 거듭 밝히고 있다. 위원회는 관련 있는 법정 판결문이나 입법부와 정부의 행동 등 정보를 수집하기 위해 애쓰고 있다. 총회 위원회는 노사정 3자 구조 위에서 이 문제를 고려할 것을 희망한다.

2. 전시기업 강제노동

위원회는 이미 중국, 한국을 포함한 여러 다른 아시아 국가들로부터 전시 일본 민간 부분의 공장이나 탄광 그리고 건설시설 등에서 일을 시키기 위해 수천 명의 노동자들에게 강제징집이 행해졌는지를 검토해 오고 있었다. 위원회는 1946년 "중국인 노동자와 일본에서의 근로조건에 대한 조사"라는 제하의 일본 외무성(MOFA) 장관의 보고에 주목하고 있다. 이 보고서에는 17.5%의 사망률 및 최고 28.6%는 심하게 다쳤다는 내용을 포함하여 매우 힘든 근로조건과 난폭한 방법으로 노동자들을 다루었다는 것이 자세하게 나와 있다. 비록 이러한 근로자들에게 일본인 노동자들과 비슷한 임금과 근로조건을 약속했다 할지라도 사실상 강제징집된 노동자들은 보수를 아주 조금 받거나 받지 못했다. 위원회는 민간 기업을 위해 다수의 노동자를 그렇게 비참한 근로 조건 하에 징집하는 것이 강제노동협약 위반이라고 판단한다.

최근 두 개의 의견에서, 위원회는 종전 죄수들과 각각 다른 이유로 유치되어 있던 사람들로부터 많은 소송이 제기되고 있다는 점을 지적하였고, 희생자들의 연령과 시간이 빨리 흐른다는 점을 고려할 때, 일본정부가 이들의 권리 주장에 만족스런 방법으로 대응할 것을 희망했다.

최근 아주 자세한 보고서에 의하면 일본정부가 전시기업 강제노동의 문제에 관하여 전후 조약이나 합의문에서 이미 "의무를 실행했다" 라는 입장을 취하고 있다. 이 조약이나 합의문은 연합군 국가들과 아시아 태평양지역 국가들과 이루어졌고 이 문제는 이러한 합의문을 통해 합법적으로 해결되었다고 일본정부는 주장하고 있다.

이미 언급되었듯이 일본정부는 적극적으로 이웃 나라와의 협동과 우애를 증진시켜 왔음을 지적하고 있다. 일본정부는 특히 한국과 중국에 제공했던 경제 발전 원조를 언급하고 있다. 또한 일본정부는 다음과 같이 다양한 방법으로 "지난 역사"에 대해 공식적으로 사과를 표명했었다고 말하고 있다.

- 1972년 일본과 중국과의 공동 발표문에는 지난날 일본정부가 전쟁을 일으킴으로써 중국 국민들에게 큰 피해를 입힌 것에 대해 크게 책임을 느끼고 스스로 깊이 반성하고 있다는 내용이 포함되어 있다.
- 1993년 '위안부'문제 연구 결과에 대한 고노 요헤이 일본 내각 책임자의 발언: "학식있는 사람들의 이야기를 경청하면서 어떻게 우리가 이러한 사과의 감정을 잘 표현할 수 있을지 일본정부가 계속해서 심각하게 고민해야 하는 것은 당연한 우리의 의무이다. 일본은 위의 사실들을 회피하는 대신에 이러한 역사적 사실을 공명정대하게 직면해야 할 것이다."
- 1994년 일본 수상인 무라야마 도미치의 "평화 우정 그리고 변화의 주도"라는 발

언에서 그는 사죄의 감정이 "지난 과거를 똑바로 바라보고 이것이 미래 세대들에게 올바르게 전달되어야 한다"는 것으로 설명하였다.

- 1995년 8월 15일 일본 수상 무라야마가 종전 50주년 기념행사에서 한 발언
- 2002년 고이즈미 준이치로 일본 수상이 전시 성노예 희생자들에게 편지를 보냈다. 그 편지의 부분에 보면 "일본은 지난 과거에 대한 짐을, 또한 미래에 대한 우리의 책임을 회피해서는 안 된다. 나는 우리 일본이 사죄의 감정과 함께 이것의 도덕적 책임을 깊게 인식하고 있다고 생각한다. 우리는 지난 역사를 똑바로 바라보아야 하며 미래세대들에게 올바른 것을 전달해야 한다고 생각한다."

일본정부는 "지난 과거를 똑바로 바라보고" 또한 "도덕적 책임"을 회피하지 않을 것이라는 의지의 표현을 반복 언급한 것을 포함하여 사죄를 표현하고 말하였다.

2001년 의견(observation)에서 위원회는 미결 중이던 법 소송 중에서 가지마(Kajima) 회사가 생존자와 전쟁 기간 중 하나오카 구리광산에서 죽은 강제징용 중국인 노동자 친척들에게 중국적십자사가 지원하는 형식으로 약 45억 달러를 보상 원조하는 조정이 이루어진 것에 주목하고 있다. 위원회는 일본정부에게 이 사건 및 이와 비슷한 소송에 대한 영향에 관한 부수적인 정보를 제공해 줄 것을 요구했다.

위원회는 이것이 중국인들에 의해서 일본 개인회사에 대한 소송으로서 민법 사건이었고 또한 근본적으로 비슷한 소송들이 현재 일본 법정에서 소송 중이기 때문에, 일본정부가 하나오카 사건에 관한 정보를 위원회에 제공하지 않은 입장을 취했다는 것에 주목한다. 일본정부는 그 조정이 피고회사에게 사과나 보상의 측면에서 법적 책임을 인정하는 내용은 아니라고 언급했다.

도쿄 지역노동조합평의회에 의하면 합의사항의 이행에 진전이 있다고 한다. 가지마회사는 5억 엔의 기부금으로 하나오카 우호기금을 조성하였다. 도

쿄 지역노동조합평의회는 이 기금의 행정위원회가 2001년 3월 26일에 베이징 소재 적십자사 본부에서 첫 회의를 가졌으며, 2001년 9월 27일에는 21명의 생존자들에게 첫 기금분배가 돌아갔고, 같은 해 12월 15일에는 40명의 유족들에게 이와 유사한 형식의 기금이 지급되었다고 말한다.

도쿄 지역노동조합평의회는 전쟁 강제징용자들의 배상요구에 대한 지방법원의 세 건의 판결을 지적한다. 일본정부에 불리하게 내려진 판결이 두 건인데, 하나는 2001년 7월 12일 Liu Lianren 소송사건과 2001년 8월 23일 Ukishima-Maru 사건에 대한 도쿄지방법원의 판결이 그것이다. 2002년 4월 26일 후쿠오카지방법원의 판결에서는 한 민간기업이 패소하였다.

평의회는 Liu Lianren 와 Ukishima-Maru 소송 건은 주요한 승리라고 말하고 있다. 비록 이들 법원이 부당한 강제징용 정책과 그 실행에 대한 정부의 직접적인 책임을 인정하지는 않았지만, 일본정부가 정책의 피해 당사자였던 중국인 강제 징용자들을 구제하고 보호해야 할 의무가 있다는 사실, 그리고 그들의 본국 송환을 도와주어야 한다는 사실을 인정한 중요한 계기가 되었으며, 이 두 판결이 중요한 또 다른 이유는 일본정부가 앞서 언급된 책임을 완수하기 위해서는 부당한 무관심으로 야기된 피해를 보상해야 한다는 점을 인정하였기 때문이라고 강조하고 있다. 평의회는 정부가 "책임에 관한 법령과 각종 법적 내용들을 근거로" 최고재판소에 상고하였다고 한다. 평의회는 일본정부가 "갖은 법적 해명을 동원하여 자신의 책임을 회피하려고 하고 있다"고 하면서, "강제징용에 관련한 모든 주장과 요구를 묵살해오고 있다"고 덧붙이고 있다.

이에 대하여 일본정부는 2001년 1월 1일에서 2002년 6월 30일 사이에 전시 강제징용정책 관련 배상문제에 대한 5건의 대법원 판결과 2건의 지방법원 판결에서 원고 청구가 모두 기각되었다고 말하고 있다. 따라서 정부는 도쿄 평의회가 언급하고 있는 두 건의 호의적인 평결은 "매우 예외적이며", "과대평가 되어서는 안 될" 것이라고 하고 있다. 일본정부는 "피해에 대한 배상소송의 책임이 없다"면서 이미 두 건의 소송사건을 최고재판소에 상고한 상태이다. 일본정부는 또한 "중국인들과 한국민들의 소송은 전후 평화조약과 일본정부가 당사자인 양자간 합의사항들에 따라서 이미 "법적으로 해결"이 되었기 때문에 이번 Liu Lianren 과 Ukishima-Maru 소송 건에 대한 지방법원의 판결들은 전후 평화조약의 충분한 이해에 근거하고 있지 못하며," 또한 "완전히 부적절"하다고 주장하고 있다.

위원회는 2002년 4월 26일 후쿠오카지방법원 판결에 주목하고 있다. 일본정부를 대상으로 한 소송들이 기각되었지만 이 법정에서 미츠이광산회사(Mitsui Mining Company)가 정부와 함께 전시 강제징용과 원고인들의 강제노동을 요구했다는 행위 때문에 15명의 중국인 노동자들 각각에게 1100만 엔의 피해보상액을 지불할 책임이 있다고 판결이 내려졌다. 전일본 조선기계노동조합은 이것이 법원이 2차 세계대전 기간 중 강제노역과 강제징집 행위에 대한 손해배상 판결과 명령을 내린 첫번째 사례라고 지적한다. 법원은 1972년 일본과 중국 정부의 공동성명 제5조와 중국정부가 전쟁 보상금 요구 포기를 표명한 양국 정부 간의 평화우호조약을 참고하고 있다. 법원은 또한 다른 한편으로, 1951년 샌프란시스코 강화조약 체결 당시, 중국 국민 개인은 소를 제기할 수 있는 위치에 있다는 입장을 중국정부가 유지했다는 점과, 중국정부는 국가 차원에서 전쟁 보상금을 포기한 것이며 중국 국민 개개인의 차원에서 포기한 것은 아니라고 밝힌 1995년 3월 당시 중국 부수상(부총리) 겸 외교부장 치엔 치 천의 성명을 참고했다. 법원은 이러한 사실들을 고려하여, 중국 국민 개인의 배상금 요구가 최종적으로 포기된 것인지는 법적으로 명확하지 않다고 판결하였으며, 원고의 손해배상 요구가 양국 간의 평화우호조약에 의해 포기되었다고는 인정하지 않는다고 결론을 내렸다.

일본정부는 후쿠오카지방법원의 판결에 대한 논평에서, 법원이 일본정부에 대한 손해배상 요구를 기각했다는 점과, 일본과 중국 간의 전쟁 중에 입은 피해에 대한 중국 국민의 개별 손해배상 요구가 일본정부와 중국정부의 공동성명에 의해 포기된 것인지에 관해서는 법적으로 모호한 점이 있다고 판결내렸다는 점을 지적한다. 일본정부는 더 나아가, 이번 판결은 공동성명 및 다른 것들에 관한 일본정부와 중국정부의 시각을 고려하지 않고 원고들이 제출한 사소하고도 편파적인 정보에 의거했다고 발표한다. 미츠이광산주식회사는 이 판결을 받아들이지 않고 후쿠오카고등법원에 항소했으며 현재 심리중이라고 일본정부는 언급한다. 1995년 3월에 당시 부수상 겸 외교부장인 치엔치 천이, 중국정부는 전쟁 보상금 요구를 중국 국민 개인의 차원이 아닌 국가 차원에서 포기하였음을 밝히는 성명을 발표하였다는 점을 법원이 참고한 것에 관하여 일본정부는, "그 발언은 언론에만 보도된 것이며 중국정부가 확인한 것은 아니다"라고 말한다. 일본정부는 더 나아가, 1995년 3월 당시 부수상인 치엔 치 천의 발언과 상충되는 것으로 보이는, 중국관리의 다른 세 가지 언론 발표 발언을 인용한다.

전일본 조선기계노동조합은 H.R.1198 – 2차 세계대전 중 일본에 의해 전쟁포로로 억류되었던 미국 군인이 일본인을 상대로 부당한 처우 혹은 일본 내에서 일본인을 위해 이루어진 노동과 관련한 임금 미지급에 대한 보상 요구를 위해 연방법원에 제기될 어떠한 소송을 보호함을 목적으로 하는, 2001년 3월 22일 미국 하원의 107회 의회에 제출되었고, 2001년 6월 29일 미국 상원에 제출된 2001년 미군전쟁포로법(Rohrabacher Bill) –을 인용하였다. 이 법안 제3조 a항 1에서는 법원들이 이러한 소송과 같은 행동들을 막기 위해 "평화조약의 제14조 b항을 미국 국민들이 일본을 상대로 한 미국 소송의 포기를 규정한 것이라고 해석해서는 안 된다"고 명문으로 정하고 있다. 위원회는 Rohrabacher Bill의 예가 샌프란시스코 강화조약이 개인의 강제노동 보상소송을 막아서는 안 된다는 입장을 공고히 해주고 있다는 전일본 조선기계노동조합의 발언에 주목하고 있다.

이에 대하여 일본정부는 Rohrabacher Bill이 과거로 거슬러 올라가 평화협정의 해결책을 바꾸어 놓았기 때문에 심각한 문제를 가지고 있다고 하고 있다. 더욱이 미국정부는 샌프란시스코 강화조약에서 규정한 의무를 위반하고 일본과 미국의 관계를 훼손한 이 법안에 대해 강한 반대입장을 취하고 있다.

전시기업 강제노동에 대한 마지막 결론

전시 성노예 희생자들과 같이 위원회는 양자간에 그리고 다자간의 국제 조약의 합법적 결과를 설득하는데 아무런 권한도 없다. 위원회는 Liu Lianaren, Ukishima-Maru 사건과 후쿠오카지방재판소 사건들, 관련 판결문뿐만 아니라 입법부나 일본정부의 행동에서 나온 결론 등의 정보를 요구하는 조치를 취하고 있다. 총회 위원회가 이 또한 노사정 3자 구조 하에서 검토할 것을 고려해 주기를 희망한다.

「(제2차 세계대전 전후 아시아에서 성노예였던) '위안부'를 위한 정의」에 관한 2007년 12월 13일의 유럽의회 결의[1]

유럽의회는,

- 2007년이 노예무역 폐지 200주년이 되는 해임에 유의하며,
- 일본이 조인한 「여성과 어린이 인신매매 금지조약」(1921)에 유의하며,
- 일본이 비준한 ILO 강제노동금지조약 29호에 유의하며,
- 여성, 평화, 안전에 관한 유엔안전보장이사회 1325호 결의(2000)에 유의하며,
- '전시 하 조직적 강간, 성적 노예 및 유사 노예제'에 관한 유엔 특별보고관 게이 맥두걸의 보고서(1998년 6월 22일)에 유의하며,
- 유엔고문방지위원회 38차 회기의 '결론 및 권고'(2007년 5월 9-10일)에 유의하며,
- 일본 점령기 네덜란드 령 동인도제도에서의 네덜란드 여성에 대한 강제매춘에 관한 네덜란드 헤이그 정부 문서 연구보고서 (2004)에 유의하며,
- 2007년 7월 30일 미국 의회와 11월 29일 캐나다 의회에서 채택된 '위안부' 결의에 유의하며,
- 절차규칙 115(5)에 유의하며,

A. 일본정부는 1930년대부터 제2차 세계대전 종전에 이르기까지 아시아 및 태평양 제도의 식민지 지배기간 및 전시 점령 기간 동안 '이안후'[2]또는 '위안부'로 알려진 젊은 여성들을 일본군에 대한 성노예의 목적으로 공식 동원했다.

1 여성부, 「일본군 위안부 e역사관」의 문헌자료 중 「유럽의회 '위안부 결의안'(국문)」 자료를 내려받아 일부 보완하였다.
2 '위안부'의 일본어 발음("ianfu")이다.

B. '위안부' 제도는 집단 강간, 강제 유산, 수치, 그리고 불구와 사망 및 최후로 자살에 이르게 하는 성폭행을 포함하는 20세기 최대 규모의 인신매매 사례 중 하나이다.

C. 수십 건의 '위안부' 소송이 있었지만 일본 법원은 일본 군부의 직, 간접적인 관여와 국가적 책임을 인정하면서도 원고들의 배상 청구를 모두 기각했다.

D. '위안부'제도의 피해자들 대부분은 사망했고 남은 생존자들도 80세 이상이다.

E. 과거에 다수의 일본정부 고위 공직자들과 관료들이 '위안부' 제도에 대한 사과 발언을 했지만 최근 몇 명의 관료들이 그 같은 발언을 희석시키거나 철회하려는 유감스러운 기도를 드러냈다.

F. 일본정부는 성노예 제도에 대한 전모를 완전히 밝히지 않았고, '위안부'의 비참함과 제2차 세계대전 당시 일본의 전쟁범죄 서술을 학교에서 사용되는 새 교과서에서 최소화하려고 시도하였다.

G. 일본정부가 '위안부' 피해와 고통에 대해 보상하기 위한 프로그램과 프로젝트의 시행을 목적으로 만든 민간재단 '아시아여성기금'의 활동은 2007년 3월 31일 완료되었다.

1. 다당제 민주주의와 법의 지배 그리고 인권을 존중하는 상호의 공유 가치에 근거한 유럽연합과 일본간의 훌륭한 관계를 환영한다.
2. 제2차 세계대전 당시 '위안부'제도의 피해자였던 여성들에게 연대를 표한다.
3. 1993년 고노 요헤이 일본관방장관의 담화와 1994년 무라야마 도미이치 수상의 담화 그리고 위안부 피해자들을 포함한 전쟁피해자들에 대해 사과를 표명한 1995년과 2005년 일본의회(내각)의 결의를 환영한다.
4. 지금은 해체되었으나 1995년 일본정부가 대부분의 자금을 출연하여 설립을 주도했던 민간재단 '아시아여성기금'이 몇 백명의 '위안부'들에게 일부

'위로금'을 지불한 것을 환영하는 바이나, 이러한 인도적인 시도로는 유엔 특별보고관 게이 맥두걸의 상기 보고서에서 언급된 국제공법하의 법적 인정과 배상을 구하는 피해자들의 요구를 만족시킬 수 없다고 여긴다.

5. 세계에 '위안부'로 알려진, 1930년대부터 제2차 세계대전이 끝날 때까지 아시아와 태평양 제도의 식민지 지배기간 및 전쟁 점령기간 동안 일본군에 의해 젊은 여성들을 강제로 성노예화한 데 대해 일본정부는 공식적으로 인정하고 사죄하며, 분명하고 명확한 방법으로 역사적인 책임과 법적인 책임을 받아들이도록 요구한다.
6. 일본정부는 효과적인 행정제도로 모든 '위안부' 생존자들과 유족들에게 배상하도록 요구한다.
7. 일본의회(내각)는 특히 법원의 배상 판결을 막는 기존의 장애물을 제거하는 조치를 강구하도록 요구하며, 정부에 배상을 청구하는 개인들의 권리가 국내법에서 명확하게 인정됨과 아울러 국제법하의 범죄인 성노예 피해생존자들의 연령을 고려하여 이들을 위한 배상소송이 우선적으로 다루어지도록 요구한다.
8. 일본정부는 '위안부'의 자유를 박탈하여 노예화시킨 바 없었다는 어떠한 주장에 대해서도 공식적으로 반박하도록 요구한다.
9. 나아가 일본 국민과 정부는 국가의 역사 전체를 인식함과 아울러 '위안부' 문제를 포함해 1930년대와 1940년대에 있었던 일본의 행동을 깨닫게 하는 조치를 취하도록 장려하며, 일본정부가 현재와 미래 세대에게 그러한 사건들에 대해 교육하도록 요구한다.
10. 의장은 이 결의가 유럽 이사회, 위원회 및 회원국들의 정부와 의회, 일본정부와 의회, 유엔인권이사회, ASEAN 가맹국 정부, 조선인민민주주의공화국, 대한민국, 중국, 대만 및 동티모르 정부들에게 전달되도록 한다.

필자 약력

이석태

서울대학교 법과대학 졸업. 변호사(법무법인 덕수). 「민주사회를 위한 변호사모임」(민변) 회장을 역임했다. 저서로 『'무죄다'라고 말할 수 있는 용기: 인권 변호사 황인철, 그의 삶과 뜻』(공저) 및 『아름다운 삶, 사랑 그리고 마무리』(역서) 등이 있다.

김재영

고려대학교 법과대학 졸업(법학석사, 헌법). 변호사(법무법인 남강). 민변환경위원회 위원장, 녹색연합 환경소송센터 운영위원 및 국가인권위원회 전문상담위원 등으로 활동해왔다. 「문화재보호와 재산권 보장의 갈등과 조화에 관한 연구」 등의 논문을 썼다.

김진

서울대학교 법과대학 졸업(법학석사, 노동법). 변호사(법률사무소 이안). 민변 사무차장, 한국여성민우회 상담 · 자문위원, 방송위원회 방송심의위원 등으로 활동해왔다. 저서로 『교사의 권리, 학생의 인권』(공저)이 있으며, 「공공기관 비정규직 인권 실태 조사」 등의 논문을 썼다.

이상희

한림대학교 법과대학 졸업. 변호사(법무법인 한결). 민변 사무차장, 인권재단 「사람」 이사 및 인권연구소 「창」 연구위원 등으로 활동해왔다. 저서로 『세상을 밝히는 힘, 공익제보』(공저)가 있다.

이재정

경북대학교 법과대학 졸업. 변호사(법률사무소 가율). 참여연대 공익법센터 운영위원, 성매매 재활지원을 위한 '다시함께센터' 법률지원단 소속 변호사 및 대한안과의사협의회 자문변호사 등으로 활동해왔다.

정혜선

연세대학교 법과대학 졸업. 변호사로서 KBS 법무팀에서 일하고 있으며, 민변 회원으로 활동해왔다.

최중영

고려대학교 법과대학 졸업. 공익법무관. 참여연대 공익법센터 운영위원으로 활동해왔으며, 「대일 민간청구권에 관한 소고」 등의 논문을 썼다.

민족문제연구소는

1949년 친일파에 의해 와해된 반민특위 정신을 계승하고 친일문제 연구에 평생을 바친 고 임종국 선생의 유지를 이어 1991년 설립되었다.

설립목표

- 한국 근현대 민족문제 연구와 해명
- 친일인명사전 편찬
- 한일 과거사 청산을 통한 역사바로세우기
- 통일시대 역사문화운동

주요연혁

1989 임종국 선생 타계. 빈소에서 연구소 설립 뜻을 모음
1991 반민족문제연구소 설립(초대소장 김봉우)
1993 제3회 윤상원상 학술연구부문 단체상 수상
1995 민족문제연구소로 개칭. 사단법인 등록 (초대이사장 이돈명)
지부 · 지회조직 건설 시작(2009년 2월 현재 국내 25개 지부 3개 지회, 해외 일본 도쿄지회)
1999 '친일인명사전 편찬지지 전국교수 1만인선언' 기자회견
조문기 2대 이사장 취임
2000 박정희기념관반대국민연대 발족(247개 단체), 연구소에 사무국 설치
일제강점기강제동원진상규명연대 발족, 연구소에 사무국 설치
2001 한상범 2대 소장 취임
통일시대민족문화재단 창립
친일인명사전편찬위원회(초대위원장 이만열) 발족
2003 임헌영 3대 소장, 윤경로 2대 편찬위원장 취임
2004 '친일인명사전 편찬 국민의 힘으로' 국민모금운동 전개
제16회 심산상 수상

2004 일제강점하강제동원피해진상규명등에관한특별법 통과
일제강점하친일반민족행위진상규명에관한특별법 개정안 통과
2005 임종국선생기념사업회 출범(초대회장 장병화), 매년 11

월 임종국상 시상식
제19회 단재상 수상
친일인명사전 수록 예정자 1차 명단 발표
야스쿠니신사문제 한일공동다큐 〈안녕,사요나라〉 부산 국제영화제 운파펀드, 서울독립영화제 대상 수상
임종국 선생 보관문화훈장 추서
제17회 안종필자유언론상 특별상 수상
친일반민족행위자재산의국가귀속에관한특별법 통과

2006 야스쿠니반대공동행동 한국위원회 발족, 연구소에 사무국 설치
2007 친일인명사전 편찬현황 대국민보고회
2008 친일인명사전 수록대상자 명단발표 기자회견
제17회 참교육상 수상
김병상 3대 이사장 취임

학술활동

1992 식민지배 청산문제의 민족사적 이해
1993 한국현대사와 친일파 청산문제
1995 친일협정, 30년 동안의 굴욕
1996 보훈정책, 무엇이 문제인가
1997 민족사적 관점에서 본 역대정권의 대일정책 비교
1999 친일논리의 역사적 변천과 식민유제의 청산방향
1999 한국군과 식민유산
2002 강요된 부역인가 내재된 신념인가－문화예술계의 친일논리와 성격
2003 일제의 민족분열정책과 친일세력의 구조와 논리
무엇을 기억하고 기념할 것인가－한국 기념사업의 현주소
2004 21세기 한국사회와 '친일청산' 문제
일제의 민족분열정책과 친일세력의 구조와 논리 II
2005 식민지시대 예술 다시 읽기－친일예술의 내적 논리
2006 세계의 눈으로 야스쿠니를 본다－문명과 야만 사이
2007 효창원 성역화 문제 어떻게 할 것인가

2007 '강제성'이란 무엇인가－일본군 위안부 문제
인권 · 문명 · 평화의 눈으로 야스쿠니신사를 본다
식민지 경제사의 쟁점과 과제
기업재판에 대한 한국 · 일본 법원의 판단과 전후 보상

교육전시

1995 일제침략과 저항의 역사전
1996 사진으로 보는 독립운동사
1998 친일파 · 독립운동가 사진전
1999 사진으로 보는 민족수난사
2001 일제침략 역사왜곡전
일제침략 역사왜곡전, 평양 인민문화궁전 1개월간 전시 후 기증, 북한 전역 순회전시

2002 친일예술인과 그들의 작품전
2003 친일음악의 진상전
일제강제동원피해자 명부 전시
2004 식민지조선과 전쟁미술전

2006 '징게맹갱 외에밋들'－조정래의 아리랑과 식민지 조선인의 삶
2007 기(氣)와 예(藝)로 맞선 그들
헤이그 특사 100주년 기념 특별 기획전
'한시대 다른삶－항일과 친일' 캐리커처 전시
2008 대한민국 임시정부 27년사
2009 시베리아 억류자 귀환 60주년 기념 자료전

실천운동

· 친일파 기념사업 저지　　· 조선일보 반대운동
· 일제하 강제동원 진상규명　　· 한일협정 개정
· 독도주권수호 활동　　· 야스쿠니 반대 공동행동
· 한일 교과서 바로잡기　　· 신 독립군가 음반 제작 · 보급
· 박정희기념관 건립 저지 등 박정희 바로 알리기 운동
· 조선왕조실록 반환 운동 등 약탈문화재 환수
· 친일반민족행위자 재산 환수운동

일본군 위안부 문제- 법적 쟁점의 정리와 최근 동향의 분석

지은이 이석태 김재영 김진 이상희 이재정 정혜선 최중영

펴낸곳 민연

펴낸이 방학진

등록번호 제8-860호

주소 서울시 동대문구 청량리동 38-29 금은빌딩 3층

홈페이지 www.historybank.net

전화 02-969-0226

팩스 02-965-8879

인쇄 삼화인쇄주식회사

초판인쇄 2009년 3월 10일

초판발행 2009년 3월 15일

정가 15,000원

ISBN 978-89-93741-00-1 93360